新时代的中国式法治现代化研究丛书

公丕祥　总主编

# 新时代的中国式立法现代化

主　编｜王腊生

副主编｜张　鹏

XINSHIDAI DE ZHONGGUOSHI LIFA XIANDAIHUA

法律出版社
LAW PRESS · CHINA
北京

**图书在版编目(CIP)数据**

新时代的中国式立法现代化 / 王腊生主编 ; 张鹏副主编. -- 北京 : 法律出版社, 2024
(新时代的中国式法治现代化研究丛书)
ISBN 978-7-5197-8694-6

Ⅰ. ①新… Ⅱ. ①王… ②张… Ⅲ. ①立法-研究-中国 Ⅳ. ①D920.0

中国国家版本馆 CIP 数据核字(2024)第 014404 号

**新时代的中国式立法现代化**
**XINSHIDAI DE ZHONGGUOSHI LIFA XIANDAIHUA**

王腊生 主 编
张 鹏 副主编

策划编辑 肖 越 王 斓
责任编辑 肖 越 王 斓
装帧设计 汪奇峰

**出版发行** 法律出版社
**编辑统筹** 法商出版分社
**责任校对** 晁明慧
**责任印制** 胡晓雅
**经 销** 新华书店

**开本** 710 毫米×1000 毫米 1/16
**印张** 22 **字数** 266 千
**版本** 2024 年 1 月第 1 版
**印次** 2024 年 1 月第 1 次印刷
**印刷** 北京建宏印刷有限公司

地址:北京市丰台区莲花池西里 7 号(100073)
网址:www.lawpress.com.cn
投稿邮箱:info@lawpress.com.cn
举报盗版邮箱:jbwq@lawpress.com.cn

销售电话:010-83938349
客服电话:010-83938350
咨询电话:010-63939796

**书号**:ISBN 978-7-5197-8694-6
**定价**:88.00 元

凡购买本社图书,如有印装错误,我社负责退换。电话:010-83938349

# 前　言

2022年10月，在开启全面建设社会主义现代化国家新征程、向第二个百年奋斗目标进军的关键时刻，中国共产党召开了具有重大而深远意义的第二十次全国代表大会。这是党和国家政治生活中的一件大事。为了深入学习贯彻、研究阐释党的二十大精神，中国法治现代化研究院院务(扩大)会议经过慎重研究，决定编写六卷本的“新时代的中国式法治现代化研究丛书”。

在庆祝中国共产党成立100周年大会上的重要讲话中，习近平总书记明确提出了“中国式现代化新道路”的崭新概念，指出：“中国特色社会主义是党和人民历经千辛万苦、付出巨大代价取得的根本成就，是实现中华民族伟大复兴的正确道路。我们坚持和发展中国特色社会主义，推动物质文明、政治文明、精神文明、社会文明、生态文明协调发展，创造了中国式现代化新道路，创造了人类文明新形态。”党的十九届六中全会审议通过的《中共中央关于党的百年奋斗重大成就和历史经验的决议》(以下简称十九届六中全会《决议》)进一步强调，“党领导人民成功走出中国式现代化道路,创造了人类文明新形态,拓展了发展中国家走向现代化的途径,给世界上那些既希望加快发展又希望保持自身独立性的国家和民族提供了全新选择”。在党的二十大报告中,习近平总书记运用马克思主义世界观和方法论,深刻把握全面建成社会主义现代化强国、实现第二个百年奋斗目标、以中国式现代化全面推进中华民族伟大复兴这一新时代新征程中国共产党的中心任务,系统论述了中国式现代化的历史进程、本质要求、战略安排、目标任务、重大原则等一系列重大问题。这些重要论述精辟概括了中国共产党百年奋斗创造的伟大成就,深刻揭示了中国式现代化的内在特质、丰富内涵、基本要求和重大意义,为坚持和拓展中国式现代化指明了前进方向。

中国式现代化是一个内涵丰富、意义深刻的重大命题,涉及经济、政治、社会、文化、生态、中国与世界的关系等广泛领域,是一个与本国国情相适应的、体现社会主义性质的、反映现代化客观规律的全方位的崭新的现代化道路。中国式法治现代化,是中国式现代化在法治领域中的集中体现,是在中国的具体国情下所展开的法治变革过程,是超越西方法治现代化模式的法治现代化的中国道路,是既符合中国国情又汲取人类法治文明成果的现代化法治之路。

因此,这套六卷本的“新时代的中国式法治现代化研究丛书”的分析主轴是:深入考察党的十八大以来坚持和拓展中国式法治现代化的波澜壮阔的时代进程,充分展示新时代推进全面依法治国取得的历史性成就、发生的历史性变革。编写这套丛书的总体要求是:深入学习贯彻党的二十大精神,坚持以习近平法治思想为指导,全面系统地研究新时代中国式法治现代化的重要理论和实践问题,注重理论分析与实证研究的有机结合,深入考察党的十八大以来全面推进依法治国、加快建设法治中国、实现中国式法治现代化的重大进展,深刻总结推进中国式法治现代化的基本经验,对新时代新征程中国式法治现代化建设的重要领域及其发展前景进行战略性、整体性、前瞻性的深入研究,更加坚定中国特色社会主义法治道路自信,更加坚定不移走中国式法治现代化新道路,从而以高质量的研究成果为推进和拓展中国式法治现代化奉献智识和力量。

这套六卷本丛书的写作分工是：

中国法治现代化研究院法治发展战略研究所：《中国式法治现代化的理论逻辑》；

中国法治现代化研究院立法发展研究所：《新时代的中国式立法现代化》；

中国法治现代化研究院法治政府研究所：《新时代的中国式行政法治现代化》；

中国法治现代化研究院司法改革与现代化研究所：《新时代的中国式司法现代化》；

中国法治现代化研究院法治社会研究所：《新时代的中国式社会治理法治化》；

中国法治现代化研究院区域法治发展研究所：《新时代的中国式区域法治现代化》。

这套丛书的编写工作得到了法律出版社的鼎力支持，张雪纯副总编和薛晗分社长给予了热情指导和支持，各卷责任编辑做了精心的编辑工作；江苏省委宣传部及江苏省新型智库建设办公室、南京师范大学对这套丛书的编写工作给予了大力支持；中国法治现代化研究院办公室做了大量具体协调工作。在此，谨致以衷心的感谢！

编　者

2022 年 11 月于南京

# 总　序

公丕祥

党的十八大以来"新时代十年的伟大变革",[1]是党和国家事业取得历史性成就、发生历史性变革的十年,是坚持全面依法治国、推进中国式法治现代化取得重大进展的十年。以习近平同志为核心的党中央高瞻远瞩,总揽全局,科学把握共产党执政规律、社会主义建设规律和人类社会发展规律,把全面依法治国纳入"四个全面"战略布局予以有力推进,对全面依法治国、加快建设社会主义法治国家作出了一系列重大战略谋划和精心部署,创立了"习近平法治思想"这一原创性的法治理论,推动当代中国法治领域取得历史性成就,中国式法治现代化正在向纵深推进。在认真学习贯彻党的二十大精神的新形势下,以习近平法治思想为指导,深入回顾党的十八大以来全面推进依法

① 参见习近平:《高举中国特色社会主义伟大旗帜　为全面建设社会主义现代化国家而团结奋斗——在中国共产党第二十次全国代表大会上的报告》,人民出版社 2022 年版,第 15 页。

治国的历史性成就,深刻总结全面依法治国、建设法治中国的基本经验,无疑具有重要的意义。

## 一、创立原创性的法治理论

习近平法治思想是党的十八大以来最为重要的原创性的法治理论。习近平法治思想坚持和运用马克思主义法治基本原理和方法论原则,深入思考和研究为什么要推进全面依法治国、怎样推进全面依法治国这一重大时代课题,提出了一系列原创性的新时代坚持和发展中国特色社会主义法治的新理念新思想新战略,成为推进全面依法治国、实现中国式法治现代化的根本指导思想,对马克思主义法治理论在21世纪的发展作出了原创性的贡献。

习近平法治思想开启了马克思主义法治理论中国化时代化的新的历史性飞跃。20世纪以来,马克思主义法治理论在中国广泛传播和深入发展。中国共产党在领导人民进行革命、建设和改革的伟大斗争中,坚持把马克思主义法治理论同中国具体实际相结合、同中华优秀传统法律文化相结合,有力推动了马克思主义法治理论的新发展。在中华民族迎来从站起来、富起来到强起来的伟大飞跃的历史进程中,习近平法治思想应运而生,这在马克思主义法治理论中国化进程中具有里程碑意义,实现了马克思主义法治理论中国化时代化的新的历史性飞跃。习近平法治思想把握全面依法治国、建设法治中国的战略机遇和发展大势,系统阐述了新时代中国特色社会主义法治思想,将其精辟地概括为"十一个坚持",科学回答了建设中国特色社会主义法治的基本问题,它构成了习近平法治思想的核心要义,是马克思主义法治理论中国化时代化的最新重大理论成果。习近平法治思想注重加强对事关全面依法治国全局性、长远性、整体性重大问题的战略谋划,是一个博大精深、内容丰富、逻辑严密、系统完备的科学的法治理论体系,科学把握全面依法治国的政治方向、重要地位、工作布局、重点任务、重大关系和重要保障,具有深刻的理论逻辑和巨大的实践伟力。

习近平法治思想是中华文化和中国精神的时代精华。怎样对待本国传统文化,是世界各国在实现现代化的过程中都必须解决好的重大问题。中华民族有着悠久的文化传统。中华民族之所以能够在几千年的历史长河中生生不息、薪火相传、顽强发展,其中一个很重要的原因,“就是中华民族有一脉相承的精神追求、精神特质、精神脉络”。[①] 中国共产党人始终是中华优秀传统文化和中国精神的忠实继承者和弘扬者。在延绵经久的中华文明发展进程中,中华民族铸造了体现独特的民族法律品格的博大精深的法律文化。中华优秀传统法律文化为马克思主义法治理论中国化提供了文化沃土,也是中国特色社会主义法治赖以存在和发展的历史传承。习近平法治思想蕴含深厚的民族精神,鲜明体现中华民族五千多年来积累的伟大历史智慧,深入中华民族历久弥新的法律精神世界,科学对待中华优秀传统法律文化,悉心总结我国古代治国理政的有益经验,着力开掘和传承中华政治文明和法律文化精华,汲取营养,择善而用,努力实现中华优秀传统法律文化的创造性转换、创新性发展,使之与中国特色社会主义法治文明相融相通,共同服务于新时代建设法治中国、推进中国式法治现代化的历史使命。习近平法治思想注重把握世界法治文明发展大势,记载深厚的中国经验,融入丰富的中国元素,体现鲜明的中国精神,从而展现出深厚的历史逻辑和强大的理论生命力。

习近平法治思想是当代中国马克思主义法治理论、21 世纪马克思主义法治理论。20 世纪以来中国革命、建设和改革的历史进程的新进展,都伴随马克思主义法治理论中国化时代化的新飞跃。习近平法治思想着眼于推进新时代治国理政的战略考量,创造性地阐述和运用马克思主义历史唯物主义法治基本原理,深入考察当代中国法治发展的内在矛盾运动,创立了具有原创意义的 21 世纪马克思主义法治理论体系,标志着当代中国马克思主义法治理论创新发展进入了一个崭新的历史阶段。习近平法治思想不断深化对共产党执政规律的认识,创造性地论述坚持党的领

① 参见习近平:《论党的宣传思想工作》,中央文献出版社 2020 年版,第 111 页。

导、人民当家作主、依法治国有机统一的重大法治方针；不断深化对社会主义建设规律的认识，创造性地论述中国特色社会主义法治建设的重大战略问题；不断深化对人类社会发展规律的认识，创造性地阐述推动人类法治文明发展、构建人类命运共同体进程中的重大理论和实践问题，闪烁着马克思主义法治理论的真理光辉，开辟了当代中国马克思主义法治理论、21 世纪马克思主义法治理论创新发展的崭新境界。

## 二、推进法治领域变革性实践

党的十八大以来，随着中国特色社会主义进入新时代，法治在国家现代化进程中的地位更加突出、作用更加重大。以习近平同志为核心的党中央高度重视新的时代条件下法治建设的系统性、整体性和协同性，以前所未有的力度加强对全面依法治国的战略谋划和协调推进。在中央全面依法治国工作会议等重要会议上，习近平总书记回顾总结了十八大以来我们党坚定推进全面依法治国的变革性实践。

一是从全面依法治国的战略考量来看，党中央明确提出全面依法治国，并将其纳入“四个全面”战略布局予以有力推进。

二是从全面依法治国总体战略决策来看，党的十八届三中全会在我们党的历史上第一次提出“推进国家治理体系和治理能力现代化”和“推进法治中国建设”的重大命题，对全面深化改革进行系统整体设计，具有划时代意义。党的十八届四中全会在我们党的历史上第一次专门研究全面依法治国若干重大问题，并作出专门的决定，在新中国法治史上具有里程碑意义。党的十九大将“明确全面推进依法治国总目标”确立为习近平新时代中国特色社会主义思想的重要组成部分，将“坚持全面依法治国”确立为新时代坚持和发展中国特色社会主义基本方略的有机构成要素，并且对新时代推进中国式法治现代化作出战略安排。党的十九届四中全会专题研究坚持和完善中国特色社会主义制度、推进国家治理体系和治理能力现代化的重大问题，意义重大，影响深远。

三是从中央全面依法治国委员会的重要作用来看，党的十九大召开后，党中央组建由习近平总书记担任主任的中央全面依法治国委员会，从全局和战略高度对全面依法治国作出一系列重大的决策部署，推动新时代法治中国建设大踏步前进。

四是从健全完善党领导全面依法治国制度来看，通过完善党领导立法、保证执法、支持司法、带头守法制度，党对全面依法治国的领导更加坚强有力。

五是从全面依法治国总体布局来看，将建设中国特色社会主义法治体系确立为全面依法治国的“总抓手”，完善顶层设计，统筹推进法律规范、法治实施、法治监督、法治保障和党内法规体系建设，中国特色社会主义法治体系建设加快推进，全面依法治国总体格局基本形成。

六是从落实全面依法治国重点任务来看，适应党和国家事业发展要求，完善立法体制，加快重点领域立法；坚持依宪治国，宪法实施和监督得到全面加强；推进法治政府建设，推进严格规范公正文明执法；加快推进司法体制改革，依法纠正一批冤错案件；推进全民普法，人民群众法治意识进一步增强；坚持依法执政，加快党内法规制度建设；贯彻依法治军战略；等等。

显然，新时代推进全面依法治国的变革性实践波澜壮阔、深入展开，取得了重大进展。从党的十八届三中全会作出“推进法治中国建设”的重大战略决策，到十八届四中全会提出全面依法治国的总蓝图、路线图和施工图；从十九大提出坚持全面依法治国基本方略，并且对新时代推进中国式法治现代化作出“两步走”的重大战略安排，十九届四中全会作出加强国家制度与法律制度建设的重大决策，十九届五中全会描绘开启全面建设社会主义现代化国家新征程第一个五年的法治蓝图，十九届六中全会对十八大以来推进全面依法治国及其历史性成就进行深刻总结，到二十大对新时代新征程坚持全面依法治国、推进法治中国建设作出新的重大战略部署，全面依法治国、建设法治中国所取得的每一个重大进展，都是在以习近平同志为核心的党中央的坚强领导下取得的，凝结着当代中国共产党人领导人民治国理政的重大法治成果。

## 三、全面依法治国取得突破性进展

党的十八大以来，在习近平法治思想的指引下，社会主义法治建设迈出重大步伐，全面依法治国的重要领域和关键环节取得突破性进展，深刻改变着当代中国国家与社会生活的基本面貌，中国式法治现代化进入了一个新的历史发展阶段。

第一，党领导全面依法治国的体制机制更加健全。中国共产党的领导是中国特色社会主义最本质的特征，是推进全面依法治国的根本保证。这必然要求健全和完善党领导全面依法治国的体制、制度和工作机制，推进党对全面依法治国领导的制度化、法治化，把党对全面依法治国的领导构筑在坚实的法治基础之上。习近平总书记强调，“推进党的领导制度化、法治化，既是加强党的领导的应有之义，也是法治建设的重要任务”[①]。党的十八大以来当代中国法治建设的一个鲜明特点，就是党对全面依法治国的战略统筹及其组织化程度显著有效提升，成为中国式法治现代化向纵深推进的强大动力。党的十八大以后，全面推进依法治国、加快建设法治中国，已经成为全党的普遍共识，成为全党意志的集中体现。党中央还加大推进法治领域改革的组织领导力度。根据十八届三中全会精神，中央成立了以习近平总书记为组长的中央全面深化改革领导小组，“负责改革总体设计、统筹协调、整体推进、督促落实”。[②] 在中央全面深化改革领导小组的强有力的领导推动下，当代中国新一轮法治领域改革如火如荼、有声有色，法治领域改革的顶层设计方案、试点方案以及一系列具体的改革项目计划相继推出，法治领域改革的计划性和系统性大大增强。十八届四中全会明确提出，要健全党领导依法治国的制度和工作机制，完善保证党确定依法治国方针政策和决策部署的工作机制和程序，进而将党对全面依法治国领导的制度机制概括为

---

① 习近平：《论坚持全面依法治国》，中央文献出版社 2020 年版，第 223 页。

② 参见《中共中央关于全面深化改革若干重大问题的决定》，人民出版社 2014 年版，第 58 页。

“三统一”“四善于”。[①]

党的十九大以来,我们党加强和改进对全面依法治国领导所取得的重大制度创新成果,就是组建由习近平总书记担任主任的中央全面依法治国委员会。习近平总书记指出:“党中央决定组建中央全面依法治国委员会,这是我们党历史上第一次设立这样的机构,目的是加强党对全面依法治国的集中统一领导,统筹推进全面依法治国工作。”[②]根据十九大和十九届三中全会的精神,中央全面依法治国委员会作为党中央决策议事协调机构,旨在加强党中央对法治中国建设的集中统一领导,健全党领导全面依法治国的制度和工作机制,更好落实全面依法治国基本方略。其重要职责是统筹协调全面依法治国工作,研究全面依法治国重大事项、重大问题,协调推进中国特色社会主义法治体系和社会主义法治国家建设等。[③] 县级以上地方各级党委也相应成立统筹协调本地法治工作的决策议事协调机构。习近平总书记多次主持召开中央全面依法治国委员会全体会议并发表重要讲话,对推进新时代全面依法治国作出了一系列重大部署。在中央全面依法治国委员会的坚强领导和统筹协调下,新时代法治中国建设迈出了新步伐。

第二,更加坚定维护宪法尊严和权威。宪法是治国安邦的总章程,是国家长治久安的根本法治保证。我们党高度重视宪法在治国理政中的重要作用。党的十八大以来,以习近平同志为核心的党中央对依宪治国、依宪执政提出新的更高要求,采取一系列重大举措,把全面贯彻实施宪法摆在推进全面依法治国的突出位置,更加坚定维护我国宪法尊严和权威,加强宪法实施和监督。习近平总书记深刻阐述当代中国共产党人在新的历史条件下崭新的治国理念,指出:“依法治国首先要坚持依宪治国,依法执

---

① 参见《中共中央关于全面推进依法治国若干重大问题的决定》,人民出版社 2013 年版,第 49 页。

② 习近平:《论坚持全面依法治国》,中央文献出版社 2020 年版,第 222 页。

③ 参见《深化党和国家机构改革方案》,人民出版社 2018 年版,第 4 ~ 5 页。

政首先要坚持依宪执政。”[①]党的十八届三中全会提出，要健全宪法实施监督机制和程序。党的十八届四中全会进一步提出，要完善全国人大及其常委会宪法监督制度，健全宪法解释程序机制；加强备案审查制度和能力建设，把所有规范性文件纳入备案审查范围，依法撤销和纠正违宪违法的规范性文件；将每年12月4日定为国家宪法日；在全社会普遍开展宪法教育，弘扬宪法精神；并且决定建立宪法宣誓制度，明确凡经人大及其常委会选举或者决定任命的国家工作人员正式就职时公开向宪法宣誓。全国人大常委会先后于2014年11月和2015年7月，通过关于设立国家宪法日的决定和关于实行宪法宣誓制度的决定。2015年8月，依据宪法规定，全国人大常委会通过《关于特赦部分服刑罪犯的决定》，国家主席发布特赦令，这是我国改革开放以来第一次实行特赦，具有重大政治意义和法治意义。2017年3月，党中央提出明确要求，规定工作范围，全国人大常委会宪法解释程序机制进一步完善。党的十九届二中全会审议通过《中共中央关于修改宪法部分内容的建议》，强调要以这次宪法修改为契机，把依法治国、依宪治国提高到一个新水平。十三届全国人大一次会议审议通过现行宪法第五个修正案，充实完善现行宪法有关制度规定。党的十九届四中全会通过的《中共中央关于坚持和完善中国特色社会主义制度　推进国家治理体系和治理能力现代化若干重大问题的决定》基于坚持和完善中国特色社会主义制度、推进国家治理体系和治理能力现代化的战略考量，明确提出要“健全保证宪法全面实施的体制机制”，强调要“加强宪法实施和监督，落实宪法解释程序机制，推进合宪性审查工作”。

宪法的伟力来自人民的内心拥护和真诚信仰。党的十八大以来，遵守宪法、学习宪法、维护宪法的宪法宣传教育活动在中华大地蓬勃兴起。宪法教育纳入“八五”全民普法教育之中，并且作为党员干部教育的重要内容，在全社会大力营造有利于保证宪法实施、维护宪法权威的浓厚

---

① 习近平：《论坚持全面依法治国》，中央文献出版社2020年版，第230页。

氛围。

此外,根据现行《宪法》和《香港特别行政区基本法》,全国人大及其常委会还先后作出《关于〈中华人民共和国香港特别行政区基本法〉第一百零四条的解释》、批准《内地与香港特别行政区关于在广深港高铁西九龙站设立口岸实施"一地两检"的合作安排》,通过《关于完善香港特别行政区选举制度的决定》等一系列有关香港特别行政区宪制与法治问题的重要文件,充分表明中央贯彻"一国两制"方针的坚定决心和反对"港独"的坚定立场。

第三,中国特色社会主义法律体系加快完善。经过新中国成立以来特别是1978年改革开放以来40多年的不懈努力,中国特色社会主义法律体系形成,国家生活和社会生活各方面总体上实现了有法可依,"这是一个了不起的重大成就"。[①] 随着中国特色社会主义进入新时代,面对推进国家治理现代化的时代要求,立法工作的任务繁重而艰巨。党的十九大提出"以良法促进发展、保障善治"的重大战略任务。加快形成完备的法律规范体系,是法律体系内在和谐一致性的必然要求,是建设中国特色社会主义法治体系的前提和基础。

建设法治体系,必须坚持立法先行。以习近平同志为核心的党中央始终把完善中国特色社会主义法律体系放在治国理政法治化的大局来谋划和推进,着力推动法律体系随着时代前进的步伐和实践发展的要求而不断完善和发展。党的十八大以来,全国人大及其常委会围绕"五位一体"总体布局,深入推进全过程人民民主建设,紧紧抓住事关改革发展稳定的重大立法项目,加强立法工作组织协调,加强重点领域立法,《国家安全法》《慈善法》《网络安全法》《监察法》《外商投资法》《民法典》《反外国制裁法》等一批重要法律陆续出台,不断满足人民群众日益增长的法治新需求。在中央全面依法治国工作会议上,习近平总书记总结十八大以

---

① 参见《中共中央关于全面推进依法治国若干重大问题的决定》,人民出版社2014年版,第52页。

来我国法律体系建设取得的成就，指出："党的十八大以来，全国人大及其常委会通过宪法修正案，制定法律48件，修改法律203件次，作出法律解释9件，通过有关法律问题和重大问题的决定79件次。截至目前，现行有效法律282件，行政法规608件，地方性法规12,000余件。"[①]这为建设中国特色社会主义法治体系奠定了坚实的基础。

第四，法治政府建设加快推进。在当代中国，加快建设法治政府，是一场深刻的政府革命。习近平总书记强调，"法治政府建设是重点任务和主体工程，要率先突破"。[②] 党的十八大和十八届五中全会都把"法治政府基本建成"确定为2020年全面建成小康社会宏伟目标的重要内容。2015年12月，中共中央、国务院公布《法治政府建设实施纲要（2015—2020年）》，确立了法治政府基本建成的衡量标准，提出加快建设法治政府的7大主要任务和40项具体措施。2021年8月，中共中央、国务院颁发《法治政府建设实施纲要（2021—2025年）》，由10个部分、35条组成，展现了"十四五"时期全面推进法治政府建设的路线图和施工图，确立了到2025年法治政府建设的总体目标各领域分目标及其重大举措。

加强法治政府建设示范创建活动。活动要求从2019年启动第一批法治政府建设示范地区评估认定开始，每两年开展一次，梯次推进，树立一批新时代法治政府建设的新标杆，形成样板效应，营造法治政府建设创优争先的浓厚氛围，并且公布了《市县法治政府建设示范指标体系》，对法治政府建设进行量化评估，借以加强对建设法治政府的具体指引。在中央的强有力推动下，全国范围内的法治政府建设示范创建活动有序展开，法治政府建设的内生动力竞相迸发。

第五，法治经济建设深入展开。习近平总书记强调，"社会主义市场经济本质上是法治经济"，"必须坚持法治思维、增强法治观念，依法调控

---

① 习近平：《坚定不移走中国特色社会主义法治道路　为全面建设社会主义现代化国家提供有力法治保障》，载《求是》2021年第5期。

② 习近平：《论坚持全面依法治国》，中央文献出版社2020年版，第4页。

和治理经济”。[①] 党的十八届五中全会鲜明提出“加快建设法治经济”的历史性任务。这既是完善和发展社会主义市场经济的内在要求,也是建设中国特色社会主义法治体系的重要内容。

产权是现代市场经济的基石,是激励市场主体创新发展的制度安排,也是法治经济的价值所在。党的十八届三中全会、十八届四中全会都把完善产权保护制度作为全面深化改革、全面依法治国的重要内容;十八届五中全会把“产权得到有效保护”确定为全面建成小康社会的目标要求之一,明确提出要“推进产权保护法治化”,加快形成有利于创新发展的产权制度。因此,加快建设法治经济,必须把产权保护法治化放在更加突出的位置。2016 年 11 月,中共中央、国务院发布《关于完善产权保护制度依法保护产权的意见》,对完善产权保护法律制度机制提出了顶层设计方案,强调“推进产权保护法治化,在事关产权保护的立法、执法、司法、守法等各方面各环节体现法治理念”。这是在新的历史条件下推进产权保护法治化的纲领性文献。民法是调整市场经济关系的基本法律,是产权保护法治化的法典化样式,因而是法治经济的制度基石。《民法典》的编纂与实施,标志着当代中国法治经济制度建设的历史性进步。

“法治是最好的营商环境。”[②]运用法治思维和法治方式营造和优化稳定、公平、透明、高效、可预期的法治化营商环境,是发展社会主义市场经济、推进改革开放、推动经济高质量发展的应有之义。党的十八大以来,以习近平同志为核心的党中央采取一系列强有力的法治举措营造和优化法治化营商环境。继十三届全国人大二次会议审议通过《外商投资法》之后,国务院又于 2019 年 10 月发布《优化营商环境条例》,对标国际先进水平,对优化营商环境作出了制度安排,从市场主体保护、市场环境、政务服务、监督执法、法治保障等方面设置了具体规定。与此同时,中央全面依法治国委员会办公室还组织开展“营造法治化营商环境　保护民

---

① 参见《习近平关于全面依法治国论述摘编》,中央文献出版社 2015 年版,第 115 页。

② 习近平:《论坚持全面依法治国》,中央文献出版社 2020 年版,第 254 页。

营企业发展”专项督察活动，进一步推动法治化营商环境的持续改善。

第六，法治社会建设不断深入。法治社会是一个信仰法治、依法治理的社会。党的十八大以来，加快建设法治社会成为全面依法治国工作布局的有机组成部分，被提上党和国家的重要议事日程。习近平总书记指出：“法治社会是构筑法治国家的基础。”①继党的十八届三中全会、十八届四中全会和十九大之后，党的十九届四中全会对加快推进法治社会建设作出了新的部署，使之成为新时代国家制度和国家治理体系建设的重要内容。

坚持和发展新时代“枫桥经验”。形成于20世纪60年代初的“枫桥经验”，充分展示了在党组织领导下依靠群众化解基层矛盾纠纷、维护社会稳定、促进社会和谐的显著优势。在新的历史条件下，“枫桥经验”被赋予了新的时代内涵，党建引领、人民主体、“三治结合”、共建共享等构成了新时代“枫桥经验”的基本要素，成为加强和创新基层社会治理的有效载体。习近平总书记多次对坚持和发展新时代“枫桥经验”作出重要指示和批示，强调要“坚持把非诉讼纠纷解决机制挺在前面”，为促进纠纷多元解决机制建设、推进基层社会治理现代化指明了方向。中央政法委和最高人民法院、最高人民检察院、公安部、司法部以及各地党委政府和有关部门加大工作力度，提出具体实施方案，全面推进多元化纠纷解决机制建设，取得了显著成效。

加快推进市域社会治理现代化。在当代中国，市域（设区的市）是纵向的国家行政辖区层级体系的空间单元之一。市域社会治理在国家治理进程中具有承上启下的独特地位，是国家治理体系的基础性环节。近年来，各地从实际出发，坚持改革创新，强化问题导向，推进法治保障，努力构建市域社会治理制度机制，着力破解市域社会治理面临的突出问题，不断提升市域社会治理效能，取得了较为明显的成效。习近平总书记强调，要“推进市域社会治理现代化”。党的十九届四中全会着眼于构建新时

① 习近平：《论坚持全面依法治国》，中央文献出版社2020年版，第230页。

代基层社会治理新格局，提出“加快推进市域社会治理现代化”。2019年12月，中央政法委召开全国市域社会治理现代化工作会议，就贯彻落实习近平总书记重要讲话和十九届四中全会精神作出专门部署，提出推进市域社会治理现代化的总体思路、重点工作和具体措施，并且印发《全国市域社会治理现代化试点工作实施方案》和《全国市域社会治理现代化试点工作指引》，旨在解决市域社会治理突出问题，创新市域社会治理体制机制，为推进国家与社会治理现代化打下坚实的基础。时下，新时代市域社会治理现代化进程正在深入展开。

第七，司法体制综合配套改革不断深入。新中国成立70多年来，当代中国司法改革经历了一个极不平凡的过程。党的十八大以来，以习近平同志为核心的党中央从中国的国情出发，加强对深化司法体制改革的战略筹划和总体设计，党的十八届三中全会、十八届四中全会专门作出部署，增强推进司法体制改革的计划性、组织性和系统性，逐步推出深化司法体制改革的顶层设计方案、试点方案以及一系列具体的司法改革项目，健全机制，强化责任，因地制宜，狠抓落实，努力形成推进司法体制改革的强大动力，当代中国司法体制改革正在以空前的广度和深度全方位地展开，取得了历史性的重大进展。

加强深化司法体制综合配套改革的统筹谋划。习近平总书记强调，“要抓住司法责任制这个‘牛鼻子’，深入研究司法责任制综合配套改革方案，加快构建权责一致的司法权运行新机制”①。在习近平法治思想的指引下，党的十八届四中全会、十九大和十九届四中全会都提出要全面落实司法责任制。中央政法委制定的《关于政法领域全面深化改革的实施意见》提出，要推动政法领域工作质量变革、效率变革、动力变革。最高人民法院发布的《人民法院第五个五年改革纲要(2019—2023)》提出，要健全以司法责任制为核心的审判权力运行体系等十大体系，并提出65项具体改革举措。最高人民检察院发布的《2018—2022年检察改革工作规

---

① 习近平：《论坚持全面依法治国》，中央文献出版社2020年版，第234页。

划》提出，要完善检察权运行体系等六大体系改革构想，在全面落实司法责任制的深化和配套方面下功夫、见成效。与此同时，正确处理有序放权与有效监管的关系，进一步完善司法监督管理机制，规范起诉量刑权、量刑建议权，制定法官检察官权力清单和履职指引，严格司法责任追究。在党中央的统筹部署下，全国政法系统深入开展队伍教育整顿工作，查处了一批“害群之马”，得到了广大人民群众的好评。

第八，加快构建完善的党内法规体系。党内法规体系是中国特色社会主义法治体系的重要组成部分。习近平总书记强调，“加强党内法规制度建设是全面从严治党的长远之策、根本之策”，要“以改革创新精神加快补齐党建方面的法规制度短板，力争到建党一百周年时形成比较完善的党内法规制度体系”①。党的十八大以来，以习近平同志为核心的党中央加大依法治国与依规治党统筹推进、一体建设的力度，制定《关于加强党内法规制度建设的意见》和两个中央党内法规制定工作的五年规划，出台一批标志性、关键性、基础性的法规制度，有规可依的问题基本得到解决，到建党 100 周年之时形成了一个以党章为根本、以准则条例为主干、覆盖党的领导和党的建设各方面的党内法规制度体系，从而充分发挥依规治党对依法治国的引领和保障作用。

规范党内法规制定和备案审查程序，提升党内法规执行力。党的十八大以来，习近平总书记多次强调要切实提高党内法规制定质量，加大党内法规执行力度。党中央修订出台《中国共产党党内法规制定条例》，进一步明确党内法规的制定事项和制定权限，使党内法规制定程序更加完备；修订出台《中国共产党党内法规和规范性文件备案审查规定》，进一步细化合法合规性、合理性、规范性等审查标准，有力提升了党内法规和规范性文件的科学化规范化水平；出台《中国共产党党内法规执行责任制规定（试行）》，切实解决党内法规“执行难”问题，维护党内法规的权威性和严肃性。

---

① 习近平：《论坚持全面依法治国》，中央文献出版社 2020 年版，第 169 页。

第九,深入推进依法治军。党的十八大以来,以习近平同志为核心的党中央把依法治军纳入全面依法治国总体布局,全面贯彻依法治军战略,新时代依法治军实践取得重大进展。作为党中央总书记、国家主席、中央军委主席,习近平同志高度重视依法治军、从严治军,贯彻依法治军战略,强调"一个现代化国家必然是法治国家,一支现代化军队必然是法治军队。深入推进依法治军、从严治军,是全面推进依法治国总体布局的重要组成部分,是实现强军目标的必然要求"。① 按照党中央和习近平主席的要求,中央军委印发《关于新形势下深入推进依法治军从严治军的决定》,采取一系列有力措施,加大依法治军、从严治军工作力度,推动治军方式发生深刻变革,努力实现从单纯依靠行政命令的做法向依法行政的根本性转变,从单纯依靠习惯和经验开展工作的方式向依靠法规和制度开展工作的根本性转变,从突击式、运动式抓工作的方式向按条令条例办事的根本性转变,有力提高了国防和军队建设法治化水平。

着力构建中国特色军事法治体系。党的十八大以来,人民军队坚持以习近平强军思想、习近平法治思想为指引,准确把握依法治军战略的基本要求,既从战略和全局的高度加强系统谋划,推进贯彻依法治军战略的顶层设计,又抓住重点领域和关键环节,强化军事立法、法规制度实施、法规制度执行监督、涉外军事法治工作等方面的针对性、实效性,在构建系统完备、严密高效的军事法规制度体系、军事法治实施体系、军事法治监督体系、军事法治保障体系上落实举措,从而凝聚起贯彻依法治军战略的强大合力,加快形成中国特色军事法治体系。

第十,加快涉外法治工作战略布局。当今世界正处在一个全球治理体系大变革的进程之中。习近平总书记强调,"中国走向世界,以负责任大国参与国际事务,必须善于运用法治"②,要加快涉外法治工作战略布局,协调推进国内治理和国际治理,更好维护国家主权、安全、发展

---

① 习近平:《论坚持全面依法治国》,中央文献出版社 2020 年版,第 130 页。

② 习近平:《论坚持全面依法治国》,中央文献出版社 2020 年版,第 225 页。

利益。[①] 党的十八大以来，在习近平法治思想的指引下，涉外法治体系建设加快推进，健全促进和保障境外投资的法律、政策和服务体系，坚定维护中国企业的海外合法权益；健全外商投资国家安全审查、反垄断审查、国家技术安全清单管理、不可靠实体清单等制度；加快我国法域外适用法律体系建设，健全现行法律域外适用的标准和程序；建立健全法治工作应对机制，在重点国家和地区使领馆探索建立法务参赞制度，加强有关部门之间的协同配合，从法治上有效应对各种国际摩擦纠纷；运用法律武器坚决反击某些西方国家的"长臂管辖"，十三届全国人大常委会二十九次会议审议通过了《反外国制裁法》，此外，商务部经批准发布了《阻断外国法律与措施不当域外适用办法》；积极参与国际规则制定，推动《区域全面经济伙伴关系协定》（Regional Comprehensive Economic Partnership，RCEP）的正式签署和实施，有力提升我国在全球治理变革中的话语权和影响力。

进一步完善开放型经济新体制的法律体系。适应推进高水平对外开放的法治需要，2019 年 3 月，十三届全国人大二次会议审议通过《外商投资法》，明确规定国家对外商投资实行准入前国民待遇加负责清单管理制度，国家保障外商投资企业依法平等参与标准制定工作，依法通过公平竞争参与政府采购活动，国家保护外商投资者和外商投资企业的知识产权，国家建立健全外商投资服务体系，国家建立外商投资信息报告制度，从而构建了一个崭新的外商投资法律制度，为推动形成当代中国新一轮高水平对外开放新格局夯实法治基础。

## 四、形成法治建设标志性成果

党的十八大以来，以习近平同志为核心的党中央从坚持和发展中国特色社会主义全局和战略高度，对全面推进依法治国、加快实现中国式法

---

① 《习近平在中央全面依法治国工作会议上强调　坚定不移走中国特色社会主义法治道路　为全面建设社会主义现代化国家提供有力法治保障》，载人民网 2020 年 11 月 18 日，http://jhsjk.people.cn/article/31934590。

治现代化作出一系列重大决策部署,推动我国社会主义法治建设取得一系列重大成果,全面依法治国进入了一个新时代。

其一,召开中央全面依法治国工作会议。2020 年 11 月 16 日至 17 日,党中央在北京召开中央全面依法治国工作会议。这是继 2014 年 10 月党的十八届四中全会之后党中央召开的专门研究全面依法治国重大问题的又一次十分重要的会议,是新中国成立以来首次召开的中央全面依法治国工作会议。这次会议最重大的成果,就是正式提出"习近平法治思想",确立了习近平法治思想在全面依法治国中的指导地位,这是我国社会主义法治建设历程中具有里程碑意义的一件大事。习近平法治思想是顺应实现中华民族伟大复兴时代要求而生的重大理论创新成果,是马克思主义法治理论中国化最新成果,是习近平新时代中国特色社会主义思想的重要组成部分,实现了马克思主义法治理论同中国具体实际相结合、同中华优秀传统法律文化相结合的新的历史性飞跃,是全面依法治国、推进中国式法治现代化的根本遵循和行动指南,具有重大的政治意义、理论意义、实践意义和世界意义。在这次会议上,习近平总书记从十一个方面系统阐述新时代中国特色社会主义法治思想,将其精辟地概括为"十一个坚持",对新时代推进全面依法治国重点抓好的工作提出了明确要求。"十一个坚持"阐发透辟、思想深刻,集中体现了当代中国共产党人对坚持全面依法治国的重大理论与实践问题的全方位思考,科学回答了建设中国特色社会主义法治的基本问题,构成了习近平法治思想的核心要义。

其二,完善法治中国建设的战略规划。随着全面建成小康社会的第一个百年奋斗目标的实现,当代中国进入了全面建设社会主义现代化国家、向第二个百年奋斗目标进军的新发展阶段。2021 年 1 月,中共中央正式发布《法治中国建设规划(2020—2025 年)》。这是新中国成立以来我们党关于法治中国建设的第一个专门的战略规划,是"十四五"时期建设法治中国的总蓝图、施工图,是新时代推进全面依法治国的纲领性文献。《法治中国建设规划(2020—2025 年)》由九个部分构成,分为三个板块。第一板块为总论,即第一部分,主要阐述党的十八大以来推进全面依法治国取得的重大进展，新时代新阶段法治中国建设面临的新形势新任务新要求，“十四五”时期法治中国建设的指导思想、必须遵循的基本原则、主要目标以及到2035年的总体目标。第二板块为分论，总体上按照建设中国特色社会主义法治体系的“总抓手”来组织安排，分领域阐述“十四五”时期法治中国建设的重点任务，设定了七个部分，明确全面贯彻实施宪法、建设完备的法律规范体系、建设高效的法治实施体系、建设严密的法治监督体系、建设有力的法治保障体系、建设完善的党内法规体系以及依法维护国家主权、安全、发展利益等重点领域的思路和重点工作，作出具体工作部署。第三板块为结尾，即第九部分，主要阐述加强党对法治中国建设的集中统一领导，深入学习宣传贯彻习近平法治思想，推进依法执政，加强中国特色社会主义法治理论研究，加强党对全面依法治国的统一领导、统一部署、统筹协调等内容。与《法治中国建设规划(2020—2025年)》相配套，我国还发布了《法治政府建设实施纲要(2021—2025年)》《法治社会建设实施纲要(2020—2025年)》《关于加强社会主义法治文化建设的意见》等重要文件，从而形成了新时代全面依法治国、建设法治中国的总体战略构想。

其三，通过现行宪法第五个修正案。2018年3月11日，十三届全国人大一次会议根据党的十九届二中全会提出的《中国共产党中央委员会关于修改宪法部分内容的建议》，在充分审议的基础上，高票表决通过了《宪法修正案》(以下简称“宪法新修正案”)，亦即1982年发布并实施的《宪法》(以下简称“八二宪法”)的第五个修正案。这是党和国家政治生活中的一件大事，具有重大的现实意义和深远的历史意义。“宪法新修正案”坚持党的领导、人民当家作主、依法治国有机统一，在总体保持现行宪法连续性和稳定性的基础上，对宪法部分内容做了适当修改，充分反映党的十八大以来党和国家事业发展的新成就新经验新要求，充实完善宪法的有关重大制度规定，涉及国家指导思想、坚持党的领导、人大制度、统一战线制度、宪法宣誓制度、国家元首制度、国务院管理制度、监察制度、地方立法制度等关乎党和国家长治久安的重大制度安排。“宪法新修正案”第32条将习近平新时代中国特色社会主义思想确立为党和国家必须长期坚持的指导思想，丰富和发展了新时代国家和社会生活的指导思想；第36条在现行《宪法》“总纲”第1条第2款中增写“中国共产党领导是中国特色社会主义最本质的特征”的重要内容，使现行《宪法》关于我国国体的表述更加坚实、更加丰富、更加深刻；第32条完整地表述了中国特色社会主义事业“五位一体”总体布局，充分展示了新时代国家现代化进程的战略方向；基于坚持和完善中国特色社会主义制度、推进国家治理体系和治理能力现代化的战略考量，进一步完善国家制度的重要安排、国家机构的设置及其运行体制机制，意义重大，影响深远。

其四，编纂和实施《民法典》。党的十八大以来，以习近平同志为核心的党中央高度重视民法典编纂工作。十八届四中全会提出了“编纂民法典”的重大法治任务，十二届全国人大五次会议审议通过了《民法总则》，十三届全国人大常委会持续进行民法典各分编草案的审议工作。在此基础上，2020年5月28日，十三届全国人大三次会议审议通过《民法典》，2021年1月1日，《民法典》正式施行。这在新时代中国法治建设进程中具有里程碑意义。在新中国的立法史上，《民法典》是第一部以“法典”命名的法律，分为总则编、物权编、合同编、人格权编、婚姻家庭编、继承编、侵权责任编及附则，总计1260条，形成了和谐协调、有机统一的集大成的民事法律体系，具有鲜明的中国特色、实践特色、时代特色，在中国特色社会主义法律体系中具有基础性的重要地位。编纂和实施《民法典》，是坚持以人民为中心、保障人民权益实现和发展的必然要求。民法典是社会生活的“百科全书”，是公民民事权利保护的宣言书，充分反映人民利益和愿望，以保护民事主体合法权益为立法宗旨，确立了平等、自愿、公平、诚信等民事活动基本准则，注重解决人民群众最关心、最直接、最现实的利益问题，集中体现了对生命健康、财产安全、交易便利、生活幸福、人权尊严等各方面的权利平等保护，建构了一个更加完备、更加有效、更具时代性的民事权利体系和民事权利保护机制。《民法典》的编纂和实施，对于全面依法治国、建设法治中国，发展社会主义市场经济，依法维护人民权益,推进国家治理体系和治理能力现代化,更好发挥法治固根本、稳预期、利长远的保障作用,意义重大而深远。

其五,推进国家监察体制改革。党的十八大以来,以习近平同志为核心的党中央从新时代推进全面从严治党、完善和发展中国特色社会主义制度与国家治理体系的战略全局出发,对推进国家监察体制改革作出重大决策部署。2016 年 12 月 25 日,十二届全国人大常委会二十五次会议根据党中央的重大决策部署作出《关于在北京市、山西省、浙江省开展国家监察体制改革试点工作的决定》。经过一年多的试点实践,国家监察体制改革积累了可复制、可推广的经验。党的十九大强调要构建集中统一、权威高效的国家监察体系,并且提出"制定国家监察法,依法赋予监察委员会职责权限和调查手段,用留置取代'两规'措施"。根据十九大的精神,十二届全国人大常委会三十次会议通过《关于在全国各地推开国家监察体制改革试点工作的决定》。由此,这项改革试点工作在全国有序展开,迈出了坚实步伐。十九届二中全会审议通过的《中国共产党中央委员会关于修改宪法部分内容的建议》提出将监察委员会纳入国家机构体系。十九届三中全会审议通过的《深化党和国家机构改革方案》把组建国家监察委员会列在深化党中央机构改革方案第 1 条。十三届全国人大一次会议审议通过的"宪法新修正案",规定在《宪法》第三章"国家机构"中增加一节"监察委员会",并对国家监察委员会和地方各级监察委员会的性质、地位、名称、人员组成、任期任届、领导体制、工作机制等作出了具体规定。十三届全国人大一次会议审议通过的《监察法》明确了监察工作的指导思想、领导体制、工作原则和方针、监察委员会的产生和职责、监察委员会的监察范围、工作权限及监察程序等,为坚持党内监督与国家监督有机统一、坚持走中国特色监察道路提供了有力法治保障。

其六,改革和完善立法体制。立法体制是国家治理体制的重要制度安排。"八二宪法"基于我国国情特点,确立了"在中央的统一领导下,充分发挥地方的主动性、积极性"的宪法原则,建立了统一性与分层性相衔接、中央立法与地方立法相结合的中国特色立法体制。2000 年施行的

《立法法》,进一步明确了我国的立法体制。面对新时代对立法工作的新需求,习近平总书记强调,“推进科学立法,关键是完善立法体制”[①]。党的十八届三中全会提出改革立法体制的战略性任务,十八届四中全会进一步提出“依法赋予设区的市地方立法权”。在当代中国,从地方没有立法权,到赋予省一级地方立法权,再到少数设区的市(较大的市)拥有地方立法权,进而到所有设区的市均被赋予地方立法权,形成了从中央到地方的完整立法体系。这是一个与国家现代化与法治现代化进程相适应的循序渐进、逐步放开的过程,是当代中国立法体制的一次重大变革。

其七,建立健全香港特别行政区维护国家安全的法律制度和执行机制。自1997年香港回归以来,“一国两制”实践过程中面临的一个突出问题就是香港特别行政区国家安全风险日益凸显。一些外国和境外势力公然干预香港事务,利用香港从事危害我国国家安全的活动,香港反中乱港势力公然鼓吹“港独”“自决”“公投”等主张,特别是2019年“修例风波”以来发生的一系列严重危害公共安全、破坏社会稳定、破坏国家统一、分裂国家的激进暴力犯罪行为,严重危害国家主权、统一和领土完整,严重损害香港居民合法权益,严重危害香港长期繁荣稳定,严重挑战“一国两制”原则底线,必须采取有力措施依法予以防范、制止和惩治。对此,以习近平同志为核心的党中央高度重视在“一国两制”之下建立健全香港特别行政区维护国家安全的法治体系。针对《香港特别行政区基本法》第23条立法被长期“搁置”的风险,党的十九届四中全会明确提出要“建立健全特别行政区维护国家安全的法律制度和执行机制”。习近平总书记强调,“法治是香港长期繁荣稳定的重要基石”,“止暴制乱、恢复秩序是香港当前最紧迫的任务”。[②] 在党中央的坚强领导下,全国人大常委会从国家层面抓紧推进香港维护国家安全立法工作。2020年5月28日,根据宪法和香港基本法以及多年来的有关实践,十三届全国人大三次会议审

---

① 习近平:《论坚持全面依法治国》,中央文献出版社2020年版,第114页。

② 习近平:《论坚持全面依法治国》,中央文献出版社2020年版,第120、123页。

议通过《关于建立健全香港特别行政区维护国家安全的法律制度和执行机制的决定》,确立了香港特别行政区维护国家安全制度安排的基本原则和核心要素,为下一步制定相关法律提供了依据。2020 年 6 月 30 日,十三届全国人大常委会二十次会议通过的《香港特别行政区维护国家安全法》(以下简称《香港国家安全法》),分为六章,共 66 条,是一部兼具实体法、程序法和组织法内容的综合性法律,明确规定中央人民政府对有关国家安全事务的根本责任和香港特别行政区维护国家安全的宪制责任,明确规定香港特别行政区维护国家安全应当遵循的重要法治原则、相关机构及其职责,明确规定四类危害国家安全的罪行和处罚以及案件管辖、法律适用和程序,明确规定中央人民政府驻香港特别行政区维护国家安全机构及其工作机制等。上述决定和《香港国家安全法》的制定与实施,符合我国现行宪法规定和宪法原则,体现"一国两制"方针和香港基本法精神,从国家层面建构了香港特别行政区维护国家安全的法治制度,有力促进了香港特别行政区维护国家安全制度安排的法律化、规范化、明晰化,为加强香港特别行政区维护国家安全执法司法工作提供了有力的宪制依据和法律依据。实践充分表明,上述决定和《香港国家安全法》的制定与实施,成为香港特别行政区维护国家安全,维护宪法和香港特别行政区基本法确立的特别行政区宪制秩序,维护国家主权、安全、发展利益的"定海神针",具有十分重要的作用。

其八,制定和实施《反外国制裁法》。近年来,某些西方国家出于其不可告人的政治目的,打着所谓维护民主、人权等幌子,利用各种借口,肆意对中国内外政策进行歪曲、诋毁、遏制和打压,甚至依据其本国法律实行"长臂管辖",对中国有关国家机关、企业、组织和人员实施所谓"制裁",粗暴干涉我国内政,严重破坏国际法治。面对这一特殊形式的国际斗争,党的十八大以来,以习近平同志为核心的党中央综合运用政治、经济、外交、法治等多种手段加以应对,把法治应对摆在更加突出位置,坚持统筹推进国内法治和涉外法治,加强涉外领域立法,进一步完善反制裁、反干涉、反制"长臂管辖"法律法规,运用法治手段开展国际斗争。习近平总书记强调,“针对西方国家打着‘法治’幌子的霸权行径,要加强反制理论和实践研究,建立阻断机制,以法律的形式明确我国不接受任何国家的‘长臂管辖’”①。在党中央的坚强领导下,2020 年 10 月全国人大常委会制定了《出口管制法》;经国务院批准,商务部先后于 2020 年 9 月和 2021 年 1 月发布《不可靠实体清单规定》和《阻断外国法律与措施不当域外适用办法》。根据实践和形势需要,借鉴国外相关做法,2021 年 6 月 10 日,十三届全国人大常委会二十九次会议审议通过《反外国制裁法》。这部法律是当代中国第一部系统规定反制裁、反干涉、反制“长臂管辖”的重要法律,共有 16 条,重申中国长期以来奉行的基本外交政策和原则立场,明确规定采取反制措施的情形和反制措施适用的对象,明确列举三类反制措施,建立了反制工作机制,并且对有关组织和个人的义务和违法行为的后果作出了规定。《反外国制裁法》的制定和实施,对于有效提升我国应对外部风险挑战的法治能力,维护我国的主权、安全、发展利益,保护我国公民、组织的合法权益,反对霸权主义和强权政治,推动构建人类命运共同体,无疑具有重大意义。

## 五、主要经验

党的十八大以来十余年推进全面依法治国的伟大实践,集中体现了以习近平同志为核心的党中央推进治国理政的重大战略抉择,充分彰显了中国特色社会主义国家制度与法律制度的显著优势,凝聚着丰厚的当代中国法治建设的宝贵经验,这些经验对新时代新征程坚持和拓展中国式法治现代化具有重要的指导意义,需要我们深入总结、倍加珍惜、长期坚持,在法治实践中不断丰富和发展。

一是必须坚持党对全面依法治国的领导。中国共产党是中国特色社会主义事业的坚强领导核心。党的领导是中国特色社会主义法治之魂,是推进全面依法治国的最根本政治保证。党的十八大以来,全面依法治

① 习近平:《论坚持全面依法治国》,中央文献出版社 2020 年版,第 257 页。

国、建设法治中国的每一个重大进展,都是在以习近平同志为核心的党中央坚强领导下取得的,凝结着中国共产党治国理政的重大法治化成果。在新的征程上,我们要始终不渝坚持党对全面依法治国的领导,把党的领导贯彻落实到全面依法治国各领域各方面各环节,确保新时代新阶段全面依法治国的正确政治方向。

二是必须坚持以科学的法治理论为指导。新时代伟大社会革命,有力推动了马克思主义法治理论中国化时代化的历史进程。习近平法治思想聆听时代的声音,探索实践的需要,紧跟科学的发展,悉心把握新时代推进全面依法治国伟大实践的时代主题,系统总结新时代全面依法治国的开创性的丰富实践经验,在坚持法治实践创新的基础上,提出了一系列事关法治建设全局的新理念新思想新战略。习近平法治思想对于新时代法治领域实践创新的科学理论总结,引领着新时代深化全面依法治国实践澎湃向前。在新的征程中,我们要坚定不移地坚持习近平法治思想的指导地位,推动进入新发展阶段的全面依法治国实践创新,奋力开创法治中国建设的崭新局面。

三是必须坚持人民至上的法治发展准则。全面依法治国最广泛、最深厚的基础是人民。坚持以人民为中心推进全面依法治国,做到法治建设为了人民、依靠人民、造福人民、保护人民,这是贯穿党的十八大以来全面依法治国实践全过程的时代主题。新时代法治建设的鲜明特点,就是践行全过程人民民主理念,努力回应人民群众对法治的新要求新期待,不断激发广大人民群众投身法治建设事业的巨大热忱,积极鼓励和充分尊重人民群众在法治建设中的实践探索。在新的征程上,我们要始终坚守人民至上的根本立场,顺应新时代社会主要矛盾的新变化,继续深化全过程人民民主建设,依法保障人民权益,坚定地维护和促进社会公平正义,不断增强人民群众获得感、幸福感、安全感,用法治保障人民安居乐业。

四是必须坚持完善和发展中国特色社会主义国家制度和法律制度。制度优势是一个国家的最大优势,制度竞争是国家间最根本的竞争。中国共产党人顺应社会基本矛盾的运动方向,领导中国人民进行伟大的社会革命，推进中国特色社会主义国家制度与法律制度建设，为当代中国发展进步提供了根本的制度保障。党的十八大以来推进全面依法治国的伟大实践，始终扭住完善和发展中国特色社会主义国家制度与法律制度这个关键，为创造“中国奇迹”、实现“中国之治”夯实法治制度根基，鲜明展示了中国特色社会主义国家制度与法律制度的显著优越性和强大生命力。在新的征程上，我们要坚定不移走中国特色社会主义法治道路，牢牢抓住建设中国特色社会主义法治体系这个全面依法治国的“总抓手”，推动中国特色社会主义国家制度与法律制度与时俱进、不断完善和发展。

五是必须坚持推进法治领域改革。党的十八大以来，全面依法治国进程的一个明显特点就是法治建设与法治改革内在地结合在一起。坚定不移推进法治领域改革，有效解决法治领域存在的突出问题，努力克服影响法治发展的体制性、机制性、保障性障碍，是新时代推进全面依法治国面临的一项重大战略任务。以习近平同志为核心的党中央高度重视法治领域改革的系统性、整体性和协同性，加强对法治领域改革的统筹谋划、协调推进，在加强顶层设计的同时，坚持从中国的国情实际出发，遵循法治领域的客观规律，积极稳妥有序地推进法治领域改革。对于一些关乎法治建设全局的重大改革举措，坚持试点先行，鼓励不同区域进行差别化探索，及时总结经验、逐步推开，确保法治领域改革绝不在根本性问题上出现颠覆性错误，新时代法治改革取得了重大进展。在新的征程上，我们要悉心把握社会主要矛盾的深刻变化，围绕全面建设社会主义现代化国家的战略目标，确立法治领域改革的战略重点、优先顺序、主攻方向、工作机制和推进方式，推动新时代新阶段的法治领域改革不断向纵深发展。

六是必须坚持走适合自己的法治道路。“独立自主是中华民族精神之魂，是我们立党立国的重要原则。走自己的路，是党百年奋斗得出的历史结论。”[①]当今世界正经历百年未有之大变局，当代中国的法治发展如何保持独立自主的法治品格，走出一条中国式的法治现代化新道路，是我

---

① 《中共中央关于党的百年奋斗重大成就和历史经验的决议》，人民出版社 2021 年版，第 67 页。

们必须面对的重大时代挑战。习近平总书记强调,“世界上没有放之四海而皆准的具体发展模式,也没有一成不变的发展道路。历史条件的多样性,决定了各国选择发展道路的多样性”①。党的十八大以来,我们党深刻总结推进法治建设的成功经验,充分运用党关于新时代加强法治建设的理论成果和实践成果,团结带领人民从国情条件和时代要求出发,坚持独立自主、开拓奋进,传承中华优秀传统法律文化,同时借鉴国外法治有益成果,继续探索适合自己的法治道路,成功地开辟、坚持和拓展自主型的中国式法治现代化新道路,超越了“西方中心主义”的法治现代化模式,开创了世界法治现代化进程的崭新范例。在新的征程上,我们要在习近平法治思想的指引下,在新时代伟大社会革命的进程中,牢牢把握全面依法治国的前进方向,更加坚实地走适合自己的自主型法治现代化道路,为全面建设社会主义现代化国家、实现中华民族伟大复兴构筑坚实的法治基础。

① 《习近平谈治国理政》(第一卷),外文出版社2018年版,第29页。

# 目　录


**绪　论　新时代中国立法的主要特征** ………… 001

**第一章　独具中国特色的立法体制** …………… 027

一、立法体制概述 ………………………… 028

二、我国立法体制的形成与发展 ……… 029

三、现行立法体制的优化完善 ………… 037

四、新时代立法工作格局 ……………… 042

**第二章　当代中国立法的基本原则** …………… 052

一、立法必须坚持中国共产党的
领导 …………………………………… 052

二、立法必须坚持以人民为中心 ……… 061

三、立法必须维护社会主义制度 ……… 065

四、立法必须体现社会主义核心
价值观 ………………………………… 068

五、立法必须发挥引领推动作用 ……… 070

**第三章　新时代立法的高质量发展** …………… 074

一、实现良法善治 ……………………… 076

二、科学立法 …… 084
三、民主立法 …… 094
四、依法立法 …… 102

**第四章 完善以宪法为核心的中国特色社会主义法律体系（上）** …… 108
一、中国特色社会主义法律体系形成和不断完善的过程 …… 109
二、中国特色社会主义法律体系的基本构成 …… 119
三、中国特色社会主义法律体系的基本特征 …… 129
四、完善中国特色社会主义法律体系的展望 …… 138

**第五章 完善以宪法为核心的中国特色社会主义法律体系（下）** …… 149
一、宪法及相关法律制度不断完善 …… 150
二、重点领域立法的新进展 …… 158
三、新兴领域立法的新涌现 …… 166
四、涉外领域立法的新要求 …… 173

**第六章 创造性推进地方立法工作** …… 180
一、地方立法权的新配置 …… 180
二、地方立法权的新要求 …… 195
三、地方立法权的新成果 …… 210
四、进一步做好地方立法工作的思考 …… 221

**第七章 创新发展区域协同立法** …… 225
一、区域协同立法的政策与法律依据 …… 226
二、区域协同立法的法理基础、创新模式与法治意义 …… 236

三、区域协同立法的实践样态、实施困境与改进建议 …… 243

**第八章 形成宪法法律法规有效实施的监督保障制度** …………… 253

一、推进合宪性审查工作 …………………………………… 253

二、规范性文件备案审查新要求 ……………………………… 263

三、增强执法检查成效 ……………………………………… 277

四、不断开拓有效保证法律法规实施的新途径 ……………… 288

**主要参考文献** ………………………………………………… 301

**后 记** ………………………………………………………… 316

# 绪　论　新时代中国立法的主要特征

法律是人类最伟大的发明。法律发明指的就是立法,即制定法律规则的活动。中国古人早就认识到立法的极端重要性,认为:“小智治事,中智治人,大智立法。”从人类立法的发展进程来看,无论是某一阶级性质的社会,还是在某个历史发展阶段,都有其显著标志的立法成果和特色。中华人民共和国成立,标志着我国进入崭新的社会主义立法时代。党的十一届三中全会实行改革开放的历史性决策,开启了我国立法工作的新征程。党的十八大以来,以习近平同志为核心的党中央提出了一系列全面依法治国新理念新思想新战略,标志着我国立法工作进入新时代。党的二十大从以中国式现代化全面推进中华民族伟大复兴的战略高度,对推进新时代新征程立法工作、完善以宪法为核心的中国特色社会主义法律体系作出了新的部署。新时代中国立法最本质的特征是以新时代中国特色社会主义思想特别是习近平法治思想作为根本遵循和指导。2020 年 11 月召开的中央全面依法治国工作会议上正式提出“习近平法治思想”,明确了习近平法治思想在全面依法治国、建设法治中国中的指导地位。这在马克思主义法治理论发展史和中国社会主义法治建设史上具有里程碑意义。“习近平法治思想是在波澜壮阔的时代背景下创立的，是对中国共产党领导法治建设丰富实践和宝贵经验的科学总结，是一个内涵丰富、理论深刻、逻辑严密、系统完备的科学理论体系，具有鲜明的理论风格、思维特征和实践特色。”①习近平总书记关于立法工作的重要论述，内容十分丰富，是习近平法治思想的重要组成部分。伟大时代孕育伟大理论，伟大理论指导伟大实践。在习近平法治思想的指导下，按照习近平总书记关于立法工作的指示要求，新时代中国立法工作取得突破成就，形成了独具中国特色、符合时代潮流的中国立法发展道路，为推动我国迈上全面建设社会主义现代化国家新征程，实现党的二十大报告指出的：“以中国式现代化全面推进中华民族伟大复兴”，奠定了坚实的法治基础。②

## 一、坚持立法的性质属性

立法的性质属性，不仅是一个重大理论问题，更是一个立法的根本方向问题。方向对了，才不会走错路。立法的性质属性，同国家的政权性质和发展道路息息相关。宪法规定：“中华人民共和国是工人阶级领导的、以工农联盟为基础的人民民主专政的社会主义国家。”“社会主义制度是中华人民共和国的根本制度。禁止任何组织或者个人破坏社会主义制度。”我国坚持的是中国特色社会主义制度，进行的是社会主义现代化建设。中国特色社会主义制度决定了我国走的是一条中国特色社会主义法治道路。习近平总书记指出，中国特色社会主义法治道路，是社会主义法治建设成就和经验的集中体现，是建设社会主义法治国家的唯一正确道路，从根本上保证了我国社会主义法治建设的

---

① 《习近平法治思想概论》编写组：《习近平法治思想概论》，高等教育出版社2021年版，第1页。

② 习近平：《高举中国特色社会主义伟大旗帜　为全面建设社会主义现代化国家而团结奋斗——在中国共产党第二十次全国代表大会上的报告(2022年10月16日)》，人民出版社2022年版，第41页。

正确方向。[①] 新时代立法工作坚持中国特色社会主义法治道路不动摇，充分彰显我国社会主义立法的本质特性。

新时代立法坚持中国特色社会主义法治道路，最主要的体现是加强党对立法工作的集中统一领导，确保党的主张通过法定程序成为国家意志。党的领导是我国社会主义法治之魂，是我国同西方资本主义国家法治最大的区别。习近平总书记指出："中国特色社会主义最本质的特征是中国共产党的领导，中国特色社会主义制度的最大优势是中国共产党领导。"[②]立法是体现一定阶级意志的活动，在私有制社会首先和主要是体现有产者意志，在社会主义社会体现工人阶级和全体人民的意志。[③]中国共产党是中国工人阶级的先锋队，同时是中国人民和中华民族的先锋队，代表了中国最广大人民的根本利益。我国立法是党的主张和人民意志的集中统一反映，在立法中坚持党的领导就是坚决维护人民的根本利益。立法法明确规定，立法应当坚持中国共产党的领导。党的十八大以来，不断加强党对立法工作的集中统一领导，健全党领导立法的制度机制，真正把党的方针政策通过法定程序转化为法律规范。

修改宪法和党章，全面加强党的领导。2018 年 3 月，十三届全国人民代表大会一次会议通过的我国第五个宪法修正案，把习近平新时代中国特色社会主义思想载入国家根本大法，成为国家的指导思想；充实党的全面领导内容，明确规定："中国共产党领导是中国特色社会主义最本质的特征"，为新时代坚持和加强党的领导提供了更加有力的宪法保障。党的十九大对党章进行了修改，党章增加规定："建设中国特色社会主义法治体系，建设社会主义法治国家……完善中国特色社会主义法律体系，加强法律实施工作，实现国家各项工作法治化"，明确了党领导

---

① 参见习近平：《关于〈中共中央关于全面推进依法治国若干重大问题的决定〉的说明》（2014 年 10 月 20 日），载习近平：《论坚持全面依法治国》，中央文献出版社 2020 年版，第 93 页。

② 习近平：《决胜全面建成小康社会夺取新时代中国特色社会主义伟大胜利》（2017 年 10 月 18 日），人民出版社 2017 年版，第 20 页。

③ 参见周旺生著：《立法学教程》，北京大学出版社 2006 年版，第 73 页。

包括加强立法工作在内的法治建设的重大任务。

制定和修改法律法规,明确规定党领导相关工作的法律地位。习近平总书记指出:“要进一步推进党的领导入法入规,善于使党的主张通过法定程序成为国家意志,转化为法律法规,推进党的领导制度化、法治化、规范化。”[①]《中共中央关于加强党的政治建设的意见》明确指出:“制定和修改有关法律法规要明确规定党领导相关工作的法律地位。”近年来,全国人大和有立法权的地方人大在一些重要的立法中都对党领导有关工作作出明确规定。比如,2021 年制定的监察官法明确规定:“监察官的管理和监督坚持中国共产党领导。”2022 年 3 月,十三届全国人大五次会议通过的地方组织法修改决定,就专门增加规定:地方人大和地方政府坚持中国共产党的领导,坚持马克思列宁主义、毛泽东思想、邓小平理论、“三个代表”重要思想、科学发展观、习近平新时代中国特色社会主义思想为指导,依照宪法和法律规定行使职权。

以党的路线方针政策指导立法。党的路线方针政策和国家的法律法规本质上是一致的,很多法律法规就是在政策基础上制定出来的,政策是法律法规的灵魂。习近平总书记要求将“党言党语”转化为“法言法语”。新时代立法工作自觉同党的基本理论、基本路线、基本方略对标对表,同党中央大政方针和决策部署对标对表,同习近平总书记关于人大工作的重要指示要求对标对表,确保党的路线方针政策和决策部署在立法工作中得到全面贯彻落实。比如,为了贯彻落实党中央提出的新发展理念,以高质量立法促进高质量发展,先后制定、修改资源税法、长江保护法、环境保护法、土壤污染防治法、专利法、科技进步法、安全生产法等;为了贯彻落实习近平总书记和党中央总体国家安全观的要求,先后制定国家安全法、反间谍法、反恐怖主义法、网络安全法等;为了贯彻落实党中央乡村振兴发展战略,制定乡村振兴促进法等;为了贯彻落实

---

① 习近平:《推进全面依法治国,发挥法治在国家治理体系和治理能力现代化中的积极作用》(2020 年 2 月 5 日),载习近平:《论坚持全面依法治国》,中央文献出版社 2020 年版,第 273 页。

党中央有关最新生育政策要求,及时修改人口与计划生育法等;为了贯彻落实党中央在新时代推进高水平对外开放的战略举措,制定外商投资法、海南自由贸易港法等。

健全和完善党领导立法的制度和机制。认真贯彻党中央《关于加强党领导立法工作的意见》,把党的领导贯穿立法工作的全过程和各方面。严格执行请示报告制度,"凡立法涉及重大体制和重大政策调整的,必须报党中央讨论决定;党中央向全国人大提出宪法修改建议,依照宪法规定的程序进行宪法修改;法律制定和修改的重大问题由全国人大常委会党组向党中央报告"。[①] 确保一切重要立法活动在党的领导下进行。在民法典编纂过程中,全国人大常委会党组先后三次向中央政治局常务委员会报告,习近平总书记作出重要指示。党的十八大以来,党中央全面加强对包括立法工作在内法治建设的集中统一领导,先后有两次中央全会专门研究法治建设,这在我党历史上是从未有过的。第一次是党的十八届四中全会,在我党历史上第一次审议通过《中共中央关于全面推进依法治国若干重大问题的决定》,提出180多项重大举措,其中很多方面涉及立法工作,在我国社会主义法制建设史上具有里程碑意义。第二次是党的十九届二中全会,这次全会专题研究宪法修改,对依宪治国、宪法实施作出重大部署,在我国宪法发展史上具有重大意义。

## 二、彰显立法的人民立场

马克思主义认为,人民群众是历史的主体,是推动历史前进和社会变革的最终决定性力量。法律应由人民意志创立。马克思曾说:"只有当法律是人民意志的自觉表现,因而是同人民的意志一起产生并由人民的意志所创立的时候,才会有确实的把握。"[②]人民立场是党和国家的根本政治立场,是中国特色社会主义法治与资本主义法治的根本区别所

① 《习近平法治思想概论》编写组:《习近平法治思想概论》,高等教育出版社2021年版,第86页。

② 《马克思恩格斯全集》第1卷,人民出版社1956年版,第184页。

在。党从诞生之日起就把为人民谋幸福作为初心使命,并融入自己全部奋斗实践之中。党与人民风雨同舟,生死与共。“江山就是人民,人民就是江山。”[①]进入新时代,以习近平同志为核心的党中央提出以人民为中心的发展思想,坚持人民主体地位,朝着实现人民共同富裕不断迈进。党的二十大报告明确坚持人民主体地位,充分体现人民意志,保障人民权益,激发人民创造活力。[②] 我国社会主义法律是党的主张和人民意志的集中统一体现,归根到底都是为人民谋幸福,维护人民利益。习近平总书记指出:“推进全面依法治国,根本目的是依法保障人民权益。”[③]“要把体现人民利益、反映人民意愿、维护人民权益、增进人民福祉落实到依法治国全过程,使法律及其实施充分体现人民意志。”[④]党的十八大以来,始终将人民作为依法治国的主体和力量源泉,坚持立法为了人民、依靠人民、造福人民、保护人民,把实现好、维护好、发展好最广大人民根本利益作为立法的出发点和落脚点,充分体现人民利益、反映人民意愿、增进人民福祉,保障人民权益的实现和发展。

依法保障全体公民享有广泛的权利。习近平总书记指出:“中国坚持把人权的普遍性原则和当代实际相结合,走符合国情的人权发展道路,奉行以人民为中心的人权理念,把生存权、发展权作为首要的基本人权,协调增进全体人民的经济、政治、社会、文化、环境权利,努力维护社会公平正义,促进人的全面发展。”[⑤]我国宪法全面规定了公民的基本权

---

① 习近平:《在党史学习教育动员大会上的讲话》(2021年2月20日),人民出版社2021年版,第15页。

② 习近平:《高举中国特色社会主义伟大旗帜 为全面建设社会主义现代化国家而团结奋斗——在中国共产党第二十次全国代表大会上的报告(2022年10月16日)》,人民出版社2022年版,第37页。

③ 习近平:《以科学理论指导全面依法治国各项工作》(2020年1月16日),载《习近平论全面坚持依法治国》,中央文献出版社2020年版,第2页。

④ 习近平:《加快建设社会主义法治国家》,载《习近平论坚持全面依法治国》,中央文献出版社2020年版,第107页。

⑤ 习近平:《走符合国情的人权发展道路》(2018年12月10日),载《习近平谈治国理政》第3卷,外文出版社2020年版,第288页。

利和义务,以国家根本大法保障公民的各项基本权利。党的十八大以来,及时根据国情和实际需要修改完善代表法、选举法和有关组织法,人民代表大会及其常委会议事规则等,对公民选举权和被选举权,代表的产生和组成,有关国家机关的保障职责等进一步作出明确规定,完善工作机制,实现城乡按相同人口比例选举人大代表,适当增加县乡两级人大代表、地方人大常委会组成人员数量。修改村民委员会组织法、居民委员会组织法,完善基层自治制度。党的十九大报告提出,保障人民知情权、参与权、表达权、监督权,保护人民人身权、财产权、人格权。民法典的编纂,是我国公民权利保护的新的伟大成就。民法典强调人身自由、人格尊严受法律保护,在全世界开创性地单列"人格权"编,对公民的生命、健康、名誉、肖像等人格权益作了详尽规定。民法典规定国家、集体和私人等物权和其他权利人的物权受法律平等保护,并明确了权利救济方式和侵权责任等。修改专利法、著作权法、商标法等,为知识产权保护进一步提供法治保障。修改妇女权益保障法、未成年人保护法、老年人权益保障法、残疾人保障法等,制定反家庭暴力法等,保护好妇女、儿童、老年人、残疾人等特殊群体权益。

立法维护社会公平正义。公平是法治的生命线。法者,平之如水也。我们党全心全意为人民服务的宗旨,决定了我们在立法中必须维护公平正义、保护人民权益、伸张正义。宪法规定,任何组织和个人都没有超越宪法和法律的特权。习近平总书记要求:"努力让人民群众在每一项法律制度、每一个执法决定、每一宗司法案件中都能感受到公平正义。"[①]党的十九届四中全会明确提出:"健全社会公平正义法治保障制度。""不论处在什么发展水平上,制度都是社会公平正义的重要保证。"[②]党的十八大以来,通过创新法律制度安排,建立健全以权利公平、

---

① 习近平:《在中央全面依法治国委员会第一次会议上的讲话》(2018 年 8 月 24 日),载《习近平论坚持全面依法治国》,中央文献出版社 2020 年版,第 229 页。

② 习近平:《切实把思想统一到党的十八届三中全会精神上来》(2013 年 11 月 12 日),载中共中央文献研究室:《十八大以来重要文献选编》(上),中央文献出版社 2014 年版,第 553 页。

机会公平、规则公平为主要内容的社会公平保障体系，积极营造公平的社会环境，保障人民平等参与、平等发展的权利。制定乡村振兴促进法、扶贫开发条例等，助推脱贫攻坚，让老百姓共享改革发展成果，实现共同富裕。加强社会领域法律制度建设，制定、修改社会救助法、基本医疗卫生与健康促进法、社会保障法、慈善法、个人所得税法、教育法等，努力使全体人民在幼有所育、学有所教、劳有所得、病有所医、老有所养、住有所居、弱有所扶上持续取得新发展。制定外商投资法等，建立内外资一律平等对待的法律制度，修改反垄断法、反不当竞争法、消费者权益保护法等，维护公平交易的市场秩序和生产者、消费者的合法权益。

立法规范权力行使。为保护人民权益，必须依法设定权力，依法行使权力。习近平总书记多次强调要把权力关进制度的"笼子"，明确指出："各级领导干部都要牢记，任何人都没有法律之外的绝对权力，任何人行使权力都必须为人民服务、对人民负责并自觉接受人民监督。"①权力不论大小，只要不受制约和监督，都可能滥用。修改宪法，明确监察委员会法律地位和监察职权，确立中国特色监察体制。制定监察法，落实国家监察体制改革要求，赋予监察委员会具体监察权，加强对所有行使公权力的公职人员的监督，实现国家监察的全覆盖。制定监察官法，加强对监察官的管理和监督。国务院制定重大行政决策程序暂行条例，明确重大行政决策程序，健全科学民主依法决策机制，规范重大行政决策行为。江苏省在全国率先制定行政程序条例，湖南等省市政府制定行政程序办法（规定），通过地方立法探索推动行政程序的法治化、法典化。修改行政处罚法，根据新形势、新要求、新实践，进一步完善行政处罚的设定和实施制度，更好保护公民、法人和其他组织合法权益。修改法官法、检察官法，全面推进高素质法官队伍、检察官队伍建设，保证法官、检察官忠实执行宪法和法律，维护社会公平正义，全心全意为人民服务。

---

① 《〈习近平总书记系列重要讲话读本（2016 年版）〉七、打铁还需自身硬——关于全面从严治党》，载《人民日报》2016 年 4 月 28 日，第 9 版。

## 三、发挥立法的引领推动作用

改革开放初期，整个国家百废待兴，很多改革部署还在“摸着石头过河”。这个阶段，强调的是法律的稳定性即“先改革，后立法”，各项重大改革先用政策来指导，在实践经验基本成熟后再立法。随着改革开放的深入，立法工作开始强调与改革协调推进，较多采用“边改革，边立法”的模式，实践经验比较成熟各方面认识比较一致的，规定得具体一点；实践经验尚不成熟，但现实又需要规范的，则规定得原则一些，待条件成熟后再修改补充。党的十八大以来，以习近平同志为核心的党中央坚持依法治国、依法执政、依法行政共同推进，在谋划发展、深化改革等方面，特别注重运用法治思维和法治方式加以推进。党的十八届四中全会提出：“建设中国特色社会主义法治体系，必须坚持立法先行，发挥立法的引领和推动作用。”习近平总书记明确指出：“在整个改革过程中，都要高度重视运用法治思维和法治方式，发挥法治的引领和推动作用，加强对立法工作的协调，确保在法治轨道上推进改革。”[①]发挥立法的引领推动作用，在法治轨道上推进改革，“先立法，后改革”，是新时代确立的新的立法思路，是党中央和习近平总书记对立法工作提出的新的重大要求，也是党的十八大以来，我国立法工作的重要任务和突出特点。“当前，我国正处在改革发展的关键时期，转变发展方式的任务相当繁重。解决社会深层次矛盾的压力非常大，法律不仅是实践经验的总结，更需要做好顶层设计，引领发展，推动发展。”[②]2023年修改的立法法将习近平总书记关于改革和法治关系论述法律化，作为一项原则加以规定。

立法怎样引领推动改革发展呢？党的十八届四中全会提出，要实现立法与改革决策相衔接。习近平总书记指出：“要把改革发展决策与立法决策更好结合起来，既通过深化改革完善法治，又通过更完善的法治

---

① 习近平：《在中央全面深化改革领导小组第二次会议上的讲话》（2014年2月28日），载《人民日报》2014年3月1日，第1版。

② 公丕祥主编：《全面依法治国》，江苏人民出版社2015年版，第171页。

保障各领域改革创新，确保国家发展、重大改革于法有据。”[①]“凡属于重大改革要于法有据，需要修改法律的，可以先修改法律，先立后破，有序进行。有的重要改革举措，需要得到法律授权的，要按法律程序进行。”[②]党的十八大以来，立法工作变“被动”为“主动”，充分发挥引领推动作用，通过打包修改、授权试点等多种方式努力使立法决策与改革决策相衔接，确保在法治轨道上推进改革。党中央深化改革的任务和举措部署到哪里，立法工作就跟进到哪里，立法对改革的参与之深、推动之大，在新中国历史上前所未有。一是落实改革任务举措需要立新法的，及时制定法律法规或作出相关决定。比如，贯彻党中央关于深化国家监察体制改革的重大决策部署，全国人大常委会先后作出在北京市、山东省、浙江省开展改革试点和在全国各地推开的决定，为监察体制改革试点工作有序推进提供法律支持；全国人大及时修改宪法，增加有关监察委员会的规定，及时制定监察法，创新和完善国家监察制度。二是适时修改或废止不适应改革要求的法律法规。比如，为推进行政审批、职业资格认定、国家机构调整等方面改革，激发市场和社会活力，在全国范围内全面开展法律法规清理工作。全国人大常委会就对相关法律不适应改革需要的个别条款，采取统筹修改法律的方式一并作出修改，审议通过16个统筹修改法律的决定，涉及修改法律101件次。特别是为落实国家机构改革要求，全国上下调整现行有关法律法规中的行政机关职责分工问题，确保在法治轨道上有序推进机构改革。三是实践条件还不成熟、需要先试先行的，及时作出授权决定。党的十八大以来，全国人大常委会依照法定程序先后作出几十项授权决定和改革决定，涉及自由贸易试验区、行政审批制度改革、农村集体土地使用权制度改革、金融体制改革、司法体制改革、海警队伍改革等方面，授权有关方面暂时调整法律实

---

① 习近平：《在中央人大工作会议上的讲话》(2021年10月13日)，载《求是》杂志2022年第5期。

② 习近平：《在中共十八届三中全会第二次全体会议上的讲话》(2013年12月12日)，载《习近平关于全面依法治国论述摘编》，中央文献出版社2015年版，第45～46页。

施或者开展有关试点工作,做到先作出法律的授权决定,再进行相关改革,确保有关改革试点在法治框架内依法有序推进。四是在制定或者修改的法律法规中体现有关改革要求。比如,2020 年修改的行政处罚法,与中央行政执法体制改革部署相衔接,增加规定了在重点领域推行综合执法、下沉行政处罚权由基层政府行使、实行行政处罚“三项”制度等内容。又如,为保证中央税制改革依法推行,新修改的个人所得税法推动个人所得税从分类税制向综合与分类相结合的税制改革,进一步发挥好个人所得税在调节收入分配和促进经济社会发展中的作用。

## 四、完善立法的内容体系

中华人民共和国成立以来特别是改革开放以来,我国社会主义立法从无到有、不断加强,形成了以宪法为核心的中国特色社会主义法律体系。从改革开放算起,我国立法大体经历了 3 个阶段:第一阶段是 1978 年党的十一届三中全会召开到 1996 年,以全面修改宪法,制定民法通则、刑法、刑事诉讼法,以构建社会主义市场经济体制立法等为标志,开启社会主义法制建设的新航程;第二阶段是 1997 年到 2011 年,党的十五大确立依法治国、建设社会主义法治国家的基本方略,立法工作紧紧围绕党和国家工作大局开展,经过各方面坚持不懈努力,2011 年中国特色社会主义法律体系宣告形成,国家政治生活和社会生活总体上实现了有法可依;第三阶段是 2012 年至今,中国特色社会主义法律体系形成后,立法工作进入了既要加快重点领域立法,又要提高立法质量的新时代。[①] 法律体系的形成,并不意味着法律规范体系已经完备,立法工作就不需要开展了。以习近平同志为核心的党中央明确要求建设中国特色社会主义法治体系,建设社会主义法治国家。这其中完备的法律规范体系是构建法治体系的第一要义。中国特色社会主义法律体系虽已形

---

① 参见栗战书:《在省级人大立法工作交流会上的讲话》(2019 年 9 月 4 日),载《中国人大》2019 年第 18 期。

成,但还存在许多不适应经济社会发展和民主法治建设的问题,与党和国家的新要求、人民群众的新期盼相比还存在不少差距。2014 年 9 月,习近平总书记在庆祝全国人民代表大会成立 60 周年大会上讲到法律体系形成时指出:“这是我们取得的重大成就,也是我们继续前进的新起点。形势在发展,时代在前进,法律体系必须随着时代和实践发展而不断发展。”①在党的十八届四中全会上习近平总书记又明确指出:“实践发展永无止境,立法工作也永无止境,完善中国特色社会主义法律体系任务依然很重。”②中国特色社会主义法律体系是动态的、发展的、开放的,必然随着实践的发展而发展,新时代的立法任务依然繁重,立法工作只能加强不能削弱。

对完善以宪法为核心的中国特色社会主义法律体系,党的十八届四中全会作了全面部署。习近平总书记多次强调要突出重要领域立法,并对有关立法项目等直接提出要求。习近平总书记在中央人大工作会议的讲话中指出:“要加强重点领域、新兴领域、涉外领域立法,注重将社会主义核心价值观融入立法,健全国家治理急需、满足人民日益增长的美好生活需要必备的法律制度。”③党的二十大报告强调,要完善以宪法为核心的中国特色社会主义法律体系,“加强重点领域、新兴领域、涉外领域立法,统筹推进国内法治和涉外法治。以宪法促进发展,保障善治。”④党的十八大以来,立法机关坚决贯彻落实党中央决策部署和习近平总书记指示要求,在保证立法质量的前提下加快立法步伐,立法工作

① 习近平:《在庆祝全国人民代表大会成立六十周年大会上的讲话》(2014 年 9 月 5 日),载习近平:《论坚持全面依法治国》,中央文献出版社 2020 年版,第 73 页。

② 习近平:《关于〈中共中央关于全面推进依法治国若干重大问题的决定〉的说明》,载《中国共产党第十八届中央委员会第四次全体会议文件汇编》,人民出版社 2014 年版,第 83 页。

③ 习近平:《在中央人大工作会议上的讲话》(2021 年 10 月 13 日),载《求是》杂志 2022 年第 5 期。

④ 习近平:《高举中国特色社会主义伟大旗帜 为全面建设社会主义现代化国家而团结奋斗——在中国共产党第二十次全国代表大会上的报告(2022 年 10 月 16 日)》,人民出版社 2022 年版,第 41 页。

呈现数量多、分量重、节奏快、质量高的特点，以宪法为核心的中国特色社会主义法律体系不断完善。截至2023年10月底，我国现行有效的法律299件，行政法规610多件，地方性法规13,000多件。

适时修改宪法，健全保证宪法实施的法律制度。十三届全国人大一次会议通过了宪法修正案，把党的十九大确定的重大理论观点和重大方针政策特别是习近平新时代中国特色社会主义思想载入国家根本法，充分体现了党和国家事业发展的新成就、新经验、新要求。设立国家宪法日，加强宪法学习教育。建立宪法宣誓制度，规定国家工作人员就职时公开进行宪法宣誓。实施宪法规定的特赦制度，作出对部分服刑罪犯实行特赦的决定。制定国家勋章和国家荣誉称号法、国歌法、监察法、监察官法等，修改立法法、全国人大组织法、地方组织法、选举法、国旗法、国徽法等，与宪法相关的法律制度不断健全，保证了宪法有效实施。制定香港特别行政区维护国家安全法、作出完善香港特别行政区选举制度的决定，修订香港基本法附件一和附件二等，健全特别行政区宪制秩序和法治秩序。

聚焦重点领域立法，不断完善相关法律制度。加快经济领域立法，制定契税法、资源税法、乡村振兴促进法等，修改公司法、企业所得税法、土地管理法、科学技术进步法、不正当竞争法、证券法、中小企业法等，为高质量发展提供法治保障。安全立法取得重要进展，先后制定国家安全法、反间谍法、反恐怖主义法、网络安全法、国防交通法、核安全法等，根据需要及时修订刑法，为维护国家核心利益和其他重大利益提供法治保障。生态环境保护立法不断推进，修改环境保护法、大气污染防治法、海洋环境保护法、水污染防治法等，制定土壤污染防治法、长江保护法、湿地保护法等，着力构建最严格的生态环境保护法律制度。社会和民生领域立法大幅增加，制定法律援助法、基本医疗卫生与健康促进法、慈善法、反家庭暴力法、家庭教育促进法、中医药法、疫苗管理法、英雄烈士保护法、退役军人保障法、医师法、反食品浪费法等，修改食品安全法、安全生产法、社会保险法、人口与计划生育法等，保障人民群众合法权益。文化领域立法取得重要突破，制定公共文化服务保障法、电影产业促进法、公共图书馆法等，加快构建保障人民基本文化权益的文化法律制度。

加强新兴领域立法，保障新业态新模式健康发展。数字经济、互联网金融、人工智能、大数据、云计算等新技术新应用快速发展，催生一系列新业态、新模式。及时跟进研究新兴领域相关法律制度，抓紧补齐法律短板，是近年来立法工作的一大新的任务。制定电子商务法，促进电子商务健康发展。制定生物安全法，防范生物风险，促进生物技术发展。制定数据安全法，提升数据安全保障能力。制定个人信息保护法，保障信息时代个人信息安全。制定反电信网络诈骗法，维护公民在网络空间的合法权益。有的地方在新兴领域立法方面积极探索，先行先试，如浙江、广东、江苏等地制定数字经济促进条例，天津、辽宁等地制定智能制造发展条例、大数据条例等。

推进涉外领域立法，加快我国法域外适用的法律体系建设。制定外商投资法及其实施条例、海南自由贸易港法等，全面反映我国新时期改革开放的新思路新举措，推动我国新一轮高水平对外开放。面对国际上日趋激烈的制度规则博弈，特别是美国等西方国家滥用"长臂管辖"等霸权行径，加快涉外法治工作战略布局，占领法治制高点。制定出口管制法、不可靠实体清单规定等，完善外商投资国家安全审查制度。制定反外国制裁法，健全完善反制裁、反干涉、反制"长臂管辖"的法律制度。适应新要求，修改国际刑事司法协助法、国家情报法、进出口商品检验法等。

多种立法手段并重，科学推进法典化进程。改革开放初期，立新法是主要的立法手段，从 1993 年开始，修旧法数量显著上升。党的十八大之前，立新法修旧法是最主要的两种立法手段。党的十八大以来，习近平总书记强调："要坚持立法先行，坚持立改废释并举，加快完善法律、行政法规、地方性法规体系。"[①]从 2013 年开始，立、改、废、释、编、授

---

① 习近平：《加快建设社会主义法治国家》（2014 年 10 月 23 日），载《求是》杂志 2015 年第 1 期。

等多种立法手段综合适用,大大拓展了立法形式,使法律体系更加和谐统一。如第十二届全国人大常委会任期内,共出台法律解释9件。特别是2020年5月28日第十三届全国人民代表大会第三次会议审议通过的民法典,是新中国成立以来第一部以“法典”命名的法律,不仅是民事立法的里程碑,也是立法编纂的首次尝试。民法典的出台标志着我国民事权利保护进入一个新的历史阶段,是新时代我国社会主义法治建设的重大成果。民法典的编纂对其他领域法典编纂工作具有重要的示范引领意义,目前我国正在研究启动环境法典、教育法典、行政基本法典等条件成熟的行政立法领域的法典编纂工作。

## 五、突出立法的质量要求

改革开放初期,立法的主要任务是尽快将各个领域急需的、主要的法律法规制定出来,当时立法的理念是“有比没有好,快搞比慢搞好”,先解决“有”的问题。1979年7月第五届全国人民代表大会第二次会议一次就通过了7部法律,可见当时立法势头之猛。随着中国特色社会主义法律体系的形成,“有法可依”的问题基本解决。习近平总书记指出:“人民群众对立法的期盼,已经不是有没有,而是好不好,管用不管用,能不能解决实际问题;不是什么法都能治国,不是什么法都能治好国;越是强调法治,越是要提高立法质量。”①“要抓住提高立法质量这个关键,深入推进科学立法、民主立法,完善立法体制和程序,努力使每一项立法都符合宪法精神、反映人民意愿、得到人民拥护。”②习近平总书记关于“提高立法质量”的重大要求,标志着我国立法的理念目标从“数量型”向“质量型”的重大转变。我们不仅要有法,而且要有优质的法。立良法,行善治,是新时代立法的最基本的目标要求。党的十八届四中全会

---

① 习近平:《在十八届中央政治局第四次集体学习时的讲话》(2013年2月23日),载《习近平关于全面依法治国论述摘编》,中央文献出版社2015年版,第43页。

② 习近平:《在庆祝全国人民代表大会成立六十周年大会上的讲话》(2014年9月5日),人民出版社单行本,第9~10页。

决定明确指出“法律是治国之重器，良法是善治之前提”。党的十九大报告要求推进科学立法、民主立法、依法立法，以良法促进发展，保障善治。党的二十大报告对此作了进一步强调，并要求增强立法系统性、整体性、协同性、时效性。

科学立法、民主立法、依法立法，是立法工作的三个目标原则，是提高立法质量的根本途径。科学立法的核心在于要尊重和体现客观规律。“立法是为国家定规矩、为社会定方圆的神圣工作，需要讲求科学精神，全面认识和自觉运用规律。”[①]正如马克思所说：“立法者应该把自己看作一个自然科学家。他不是在创造法律，不是在发明法律，而仅仅是在表述法律，他用有意识的实在法把精神关系的内在规律表现出来。”[②]立法只有符合实际情况，才能在实施中得到遵行。党的十八大以来，立法机关不断建立完善科学立法的制度和机制，健全法律法规立项、起草、论证、协调、审议机制，出台立法项目征集论证、立法重大利益调整论证咨询、重要立法事项引入第三方评估等工作规范；完善立法专家顾问制度，发挥专家学者作用；建立并实施法律法规草案通过前评估制度，确保法律法规规定立得住、行得通、真管用；深入调查研究，强化量化分析，依托运用大数据等辅助立法；注重立法精细化，科学设定法律规范，合理调整权利义务关系，着力解决实际问题，增强法律法规的可执行性、可操作性；加强立法协同配套工作，实行法律法规草案与配套规定同步研究、同步起草；完善立法技术，丰富立法形式，注重“小快灵”立法，以“小切口”解决大问题。

立法不仅要符合客观规律，还要合乎民心民意。民主立法的核心在于为了人民、依靠人民。列宁说：“民主组织原则……意味着使每一个群众代表、每一个公民都能参加国家法律的讨论，都能选举自己的代表和执行国家的法律。”[③]只有反映人民意愿的法律，才是能得到人民拥护

---

① 《习近平法治思想概论》编写组：《习近平法治思想概论》，高等教育出版社 2021 年版，第 194 页。

② 《马克思恩格斯全集》第 1 卷，人民出版社 1995 年版，第 347 页。

③ 《列宁全集》第 27 卷，人民出版社 1958 年版，第 194 页。

的良法。党的十八大以来，以习近平同志为核心的党中央深化对民主政治发展规律的认识，提出全过程人民民主的重大理念。习近平总书记指出："我国全过程人民民主实现了过程民主和结果民主、程序民主和实质民主、直接民主和间接民主、人民民主和国家意志相统一，是全链条、全方位、全覆盖的民主，是最广泛、最真实、最管用的社会主义民主。"①党的二十大报告指出"全过程人民民主是社会主义民主政治的本质属性，是最广泛、最真实、最管用的民主。"②2019 年习近平总书记在视察上海市虹桥街道基层立法联系点时首次提出全过程人民民主重大理念，全过程人民民主与立法工作历史性地联系在一起。新时代立法机关深入推进民主立法，将"全过程人民民主"贯穿到立法活动全过程和各方面。通过修改宪法和选举法、代表法、地方组织法等，有效保障公民基本政治权利；制定、修改经济、文化、社会、生态等各领域的法律法规，实现公民各项权益保障法治化。立法工作公众参与度空前加强，立法规划和计划编制过程中，广泛听取各方面意见，从立项源头上发扬民主；通过调研、座谈、听证等方式，全方位、多层次听取各方面对法律法规草案的意见建议；设立基层立法联系点，充分发挥其民意直通车作用；推进立法协商，有效发挥政协委员、工商联、人民团体、社会组织等在立法协商中的作用；建立健全重要法律法规草案公开征求意见和意见采纳反馈制度，党的十八大以来，共有 190 多件次法律草案向社会公开征求意见，约 110 万人次提出 300 多万条意见建议，许多重要意见得到采纳，最大限度凝聚了立法共识。③

党的十九大报告将依法立法与科学立法、民主立法并列为立法的目

① 习近平：《在中央人大工作会议上的讲话》(2021 年 10 月 13 日)，载《求是》杂志 2022 年第 5 期。

② 习近平：《高举中国特色社会主义伟大旗帜　为全面建设社会主义现代化国家而团结奋斗——在中国共产党第二十次全国代表大会上的报告(2022 年 10 月 16 日)》，人民出版社 2022 年版，第 37 页。

③ 参见信春鹰：《人民代表大会制度是实现我国全过程人民民主的重要制度载体》，载《人民日报》2021 年 11 月 15 日。

标原则，从而形成良法善治的系统要求，反映了新时代对立法工作要求的新突破。依法立法的核心在于以宪法为根据，依照法定权限和程序进行立法活动。立法法明确规定："立法应当符合宪法的规定、原则和精神，依照法定的权限和程序，从国家整体利益出发，维护社会主义法制的统一、尊严、权威。"习近平总书记强调指出："要严格按照法定权限和程序制定行政法规、监察法规、部门规章，保证法规、规章的质量。有立法权的地方人大要严格遵循立法权限，围绕贯彻落实党中央大政方针和决策部署，做好地方立法工作，着力解决实际问题。"①党的十八大以来，建立了合宪性审查制度，在制定和修改有关法律法规过程中对是否符合宪法原则、精神和规定进行合宪性审查研究，确保不与宪法相抵触。明确立法权力边界，从体制机制和工作程序上有效防止部门利益和地方保护主义法律化。各具有立法权的机关在坚持不与上位法相抵触的前提下，依据立法法规定，在法定的可以立法的事项范围内起草制定法规、规章，并按照其他法律中关于特别重要事项的权限规定开展立法活动，如按照行政许可法、行政处罚法、行政强制法的要求设定行政许可、行政强制、行政处罚。同时，依照法定程序立法。立法法对法律的制定程序作了规定，目前国务院及有地方立法权的人大及其常委会和政府对行政法规、地方性法规、规章的制定程序作了规定，法律、法规、规章从立项、起草、审议、通过、公布，都按照法定的步骤、时间和方式进行，保证了立法活动有序开展。法律法规清理工作逐步实现常态化，及时解决法律法规之间不一致、不协调、不适应问题，保持法律体系和谐统一。

## 六、健全立法的体制机制

建立和完善人大主导立法工作的体制机制。党的十八大以来，突出立法的主体责任，有效解决立法中存在的部门化倾向、争权诿责现象、针对性不强、效率不高等问题。党的十八届四中全会提出，健全有立法权

---

① 习近平：《在中央人大工作会上的讲话》(2021 年 10 月 13 日)，载《求是》杂志 2022 年第 5 期。

的人大主导立法工作的体制机制，发挥人大及其常委会在立法工作中的主导作用。习近平总书记指出："要优化立法职权配置，发挥人大及其常委会在立法工作中的主导作用，健全立法起草、论证、协调、审议机制，完善法律草案表决程序，增强法律法规的及时性、系统性、针对性、有效性，提高法律法规的可执行性、可操作性。"[①]目前，人大主导立法工作的体制机制已基本建立。通过编制立法规划和立法计划，加强对立法项目的统筹安排，把好法律法规立项关。综合性、全局性、基础性法律法规草案由人大组织起草，对有关部门和单位起草的法律法规草案，提前参与、加强指导，把好法律法规草案起草质量关。更好发挥人大代表在起草和修改法律法规中的作用，规定特别重要事项的法律法规草案由人民代表大会审议通过。充分发挥人大常委会组成人员在立法中的作用，逐步提高人大常委会专职委员特别是有法治实践经验的专职委员比例。健全人大及其常委会议事规则，增加人大常委会审议法律法规草案的会议安排。探索实行对分歧意见较大的个别重要条款单独表决制度，避免久拖不决，把好法律法规草案审议决定关。对立法中的重大问题及时报请党中央或者地方党委决定后再按法定程序审议表决，注重发挥政府在立法工作中的重要作用，不断拓宽社会各方参与立法的途径和方式，从而形成了党委领导、人大主导、政府依托、各方参与的新时代立法工作格局。

地方立法权配置趋于完善。我国地方立法经历了从无到有，主体从少到多的过程。中华人民共和国成立初期，全国人民代表大会是行使国家立法权的唯一机关，由中央集中行使立法权。地方享有立法权，源于改革开放对立法工作提出的新要求，1979 年通过的地方组织法首次赋予省级人大及其常委会可以制定和颁布地方性法规，1982 年通过的新宪法确认了这一规定并赋予民族自治地方有权制定自治条例和单行条例。1986 年在对地方组织法进行第二次修改时规定，省、自治区人民政府所在地的市和国务院批准的较大的市人大及其常委会可以制定地方

① 习近平：《加快建设社会主义法治国家》（2014 年 10 月 23 日），载《求是》杂志 2015 年第 1 期。

性法规,并报省、自治区人大常委会批准后施行。2000 年通过的立法法进一步赋予了经济特区所在地的市地方立法权。党的十八大以来,适应推进国家治理体系和治理能力现代化的需要,更好发挥中央和地方两个积极性,以习近平同志为核心的党中央对进一步完善我国立法体制作了深入思考和推进。党的十八届三中全会提出,逐步增加有地方立法权的较大的市的数量,十八届四中全会进一步要求明确地方立法权限和范围,依法赋予所有设区的市地方立法权。贯彻落实党中央重大决策部署,2015 年全国人大修改立法法,明确规定设区的市人大及其常委会在不与上位法相抵触的前提下,可以对城乡建设与管理、环境保护、历史文化保护等方面的事项制定地方性法规。2018 年通过的宪法修正案,增加规定了设区的市的立法权,为设区的市立法工作提供了宪法依据。2023 年全国人大又对立法法作出修改,进一步扩大了设区市立法权限。目前,我国地方立法主体增加到 354 个,包括 31 个省、自治区、直辖市,289 个设区的市,30 个自治州,4 个不设区的地级市。至此,我国统一而又分层次的立法体制日益完善,形成了独具中国特色的立法体制安排。[①] 改革开放40 年来,有地方立法权的人大及其常委会制定地方性法规 13,000 多件,为推动地方经济社会发展,形成和完善中国特色社会主义法律体系做出了重要贡献。特别是党的十八大以来,各地方紧紧围绕贯彻落实党中央的方针政策和地方党委的决策部署,从地方实际出发,坚持"不抵触、有特色、可操作"的原则,创造性做好地方立法工作,制定和修改了一大批反映时代要求、体现地方特色的地方性法规,有力地促进了地方改革开放和社会主义现代化建设,为国家立法积累了丰富经验,充分发挥了地方立法的实施性、补充性、试验性作用。

---

① 根据宪法和立法法等法律规定,国家立法权统一由全国人大及其常委会行使,在此前提下,国务院可以制定行政法规,省级、设区的市人大及其常委会可以制定地方性法规,民族自治的地方可以制定自治条例、单行条例,国务院有关部门、省级人民政府、设区的市人民政府可以制定规章,立法权的配置主要分为中央、省级、设区市 3 个层级,立法的形式主要有法律、法规、规章 3 个层次。这个立法体制在全世界来说是独一无二的。

区域协同立法取得突破性进展。实施区域重大战略和区域协调发展战略,是以习近平同志为核心的党中央在新时代针对区域发展新特征作出的重大战略部署。区域协调发展需要通过协同立法来保障和推动。中共中央《法治中国建设规划(2020—2025 年)》明确要求:“加强京津冀协同发展、长江经济带发展、粤港澳大湾区建设、长三角一体化发展、黄河流域生态保护和高质量发展、推进海南全面深化改革开放等国家重大发展战略的法治保障。”2020 年全国人大常委会通过的长江保护法,是我国第一部全流域的专门法,是一部长江经济带绿色发展、高质量发展的促进法。目前,全国人大常委会正在制定黄河保护法,这是继长江保护法之后又一部十分重要的全流域保护的法律。建立健全地方区域协同立法工作机制,做好区域协同立法工作,是推动区域协调发展战略有效实施的重要保障。区域协同立法的最初动议始于 21 世纪初,具有实质意义的区域协同立法活动是在党的十八大以后,特别是近年来区域协同立法不断创新实践,取得突破性进展。① 京津冀三地分别于 2020 年 1 月、2021 年 7 月共同通过了《机动车和非道路移动机械排放污染防治条例》和《关于授权市人民政府为保障冬奥会筹备和举办工作规定临时性行政措施的决定》,长三角地区分别于 2020 年 9 月、2021 年 3 月通过了《关于促进和保障长三角生态绿色一体化发展示范区建设若干问题的决定》和《关于促进和保障长江流域禁捕工作若干问题的决定》,云贵川三地于 2021 年 5 月通过了《关于加强赤水河流域共同保护的决定》,这些协同立法在法规名称、规范事项、主要制度等方面保持一致,体现了决策相同、文本协调的特点。区域协同立法是适应区域协调发展而产生的一种新的立法形式,2022 年 3 月 11 日第十三届全国人民代表大会第五次会议通过的《关于修改〈中华人民共和国地方各级人民代表大会和

---

① 2006 年东北三省签订的《东北三省政府立法协作框架协议》,2007 年长三角地区签订的《苏浙沪法制协作座谈会会议纪要》,是区域协同立法的初始动议;2015 年长三角三省一市共同制定的《大气污染防治条例》,标志着区域协同立法的实质性开展。

地方各级人民政府组织法〉的决定》首次确认了这一立法形式,[①] 2023年修改的立法法对这一新的立法模式予以了肯定,这是我国立法制度的重大创新发展,对推动和保障区域协调发展具有重要的意义。

## 七、强化立法的监督举措

保证立法质量,完善法律体系,维护法制统一,离不开对立法的有效监督。与西方国家不同,在我国对立法监督的主要途径是备案审查。备案审查是一项宪法性制度安排,也是完善宪法监督制度的基础和重要着力点。党的十八大以来,以习近平同志为核心的党中央高度重视备案审查工作。党的十八届三中全会指出:“健全法规、规章、规范性文件备案审查制度。”党的十八届四中全会指出:“加强备案审查制度和能力建设,把所有规范性文件纳入备案审查范围,依法撤销和纠正违宪违法的规范性文件,禁止地方制发带有立法性质的文件。”党的十九大指出:“加强宪法实施和监督,推进合宪性审查工作,维护宪法权威。”习近平总书记多次强调备案审查工作,明确指出:“要完善宪法监督制度,积极稳妥推进合宪性审查工作,加强备案审查制度和能力建设,依法撤销和纠正违宪违法的规范性文件,维护宪法权威。”[②]在党的二十大报告中,习近平总书记进一步强调,要“加强宪法实施和监督,健全保证宪法全面实施的制度体系,更好发挥宪法在治国理政中的重要作用,维护宪法权威。”[③]全国人大常委会和其他有关机关积极适应新时代、新形势、新任务,在完善备案审查制度和工作机制、审查纠正违宪违法规范性文件等方面不断开展新的探索实践,备案审查从过去的“备而不审、审而不

---

① 2022年3月11日,第十三届全国人民代表大会第五次会议通过的《关于修改〈中华人民共和国地方各级人民代表大会和地方各级人民政府组织法〉的决定》规定,省、自治区、直辖市以及设区的市、自治州的人大及其常委会根据区域协调发展的需要,可以开展协同立法。

② 习近平:《关于我国宪法和推进全面依法治国》(2018年2月24日),载习近平:《论坚持全面依法治国》,中央文献出版社2020年版,第217~218页。

③ 参见《中国共产党第二十次全国代表大会文件汇编》,人民出版社2022年版,第41页。

纠、纠而不改”,到现在的“有件必备、有备必审、有错必纠”,实现了有重大意义的历史性突破。

备案审查制度和工作机制更加健全。2015 年修改立法法,进一步完善备案审查法律制度。2015 年以来,逐渐建立有关国家机关之间的备案审查衔接联动机制。按照新修改的宪法,全国人大常委会对调整设立的宪法和法律委员会职责作出规定,增加宪法实施和监督、宪法解释等工作职责,加强了宪法实施的工作力量和组织保障。2019 年制定关于推进合宪性审查工作的实施意见,合宪性审查制度逐步建立。2019 年第十三届全国人民代表大会常务委员会第四十四次委员长会议通过的《法规、司法解释备案审查工作办法》对备案审查工作各个环节和要求作了具体规定,地方各级人大常委会也都根据本地实际情况制定了备案审查工作具体办法。建立备案审查工作专项报告制度,2017 年以来,全国人大常委会连续 5 年听取和审议法制工作委员会所作的备案审查工作情况年度专项工作报告,标志着备案审查作为一项重要工作实现了显性化,目前省级人大常委会也都先后开展了这项工作,正在推动这一制度向市、县延伸。备案审查信息化水平大幅提升,2016 年开始运行全国人大常委会备案审查信息平台,目前省级地方人大备案审查信息平台业已建成并与全国人大互联贯通,2020 年建成国家法律法规基础数据库。成立备案审查专家顾问库,建立法工委、相关委员会和专家顾问三方同步审查机制。

备案审查实现全覆盖。经过不断的努力,我国目前已形成由党委、人大、政府、军队等系统分工负责、相互衔接的备案审查体系。就人大和政府系统来说,全国人大常委会对行政法规、地方性法规、司法解释进行备案审查;国务院对地方性法规、部委规章、地方政府规章和国务院部门、省级人民政府制发的规范性文件进行备案审查;地方人大常委会对本级和下级地方政府规章以及下一级地方人大及其常委会的决议、决定和本级地方政府、监委、法院、检察院制发的规范性文件进行备案审查;地方人民政府对所属部门和下一级人民政府制发的规范性文件进行备案审查。党的十八大以来，到2021年年底，全国人大常委会备案审查法规、司法解释就有9560件。十三届全国人大以来，累计督促推动2.5万件规范性文件修改完善或废止。党中央提出的"有件必备"逐步得到落实，基本上做到了将所有规范性文件纳入备案审查范围。特别需要指出的，为实现备案审查全覆盖，全国人大常委会明确要求地方监委、法院、检察院制发的规范性文件需要向本级人大常委会备案，接受监督，这是适应新形势、新要求采取的重大举措，填补了地方人大常委会备案审查工作的空白点，做到了应备尽备。

备案审查工作力度进一步加强。对报送备案的规范性文件逐件进行主动审查，对公民、组织提出的审查建议认真研究处理，推进"有件必审"。[①] 近年来，不断增强审查刚性，对存在不符合宪法和法律法规规定、明显不适应等问题的，督促制定机关予以纠正，坚持"有错必究"。比如，全国人大常委会先后对有关预算审查监督、地方选举制度、行政审批制度改革、生态环境保护、道路交通管理、建设项目审计、计划生育管理、著名商标制度、小区业主选举、特种行业管理等方面的地方性法规，以及有关附条件逮捕、夫妻共同债务认定、民事诉讼监督、非法行医犯罪构成等方面的司法解释中存在的问题研究提出处理意见，这些问题都及时得到纠正和妥善处理，引起较好社会反响。2021年，国务院主管部门对有的民族自治地方民族教育条例等法规向全国人大常委会提出审查建议，认为条例中的有关规定存在合宪性问题，不利于促进民族交往交流交融，这是首次由国务院部门提出的合宪性审查建议，全国人大常委会法工委经审查认为有关法规中的相关内容不符合宪法和相关法律法规，应予纠正，制定机关根据审查处理要求已废止有关法规。[②] 在备案审查工作中，根据党中央最新决策部署和新制定、修改的法律，按照全国

---

① 目前公民、组织法律意识不断增强，提出审查建议不断增多，十三届全国人大以来，公民组织提出审查建议17,769件。

② 参见朱宁宁：《落实有件必备 推进有备必审 坚持有错必纠》，载《法治日报》2021年12月22日。

人大常委会的统一安排,拓展审查方式,有重点地开展专项审查和集中清理。2020 年,围绕疫情防控、野生动物保护、民法典实施、食品药品安全、优化营商环境等 5 个方面开展专项审查,修改或废止规范性文件 3372 件;2021 年,围绕长江保护、行政处罚、人口与计划生育等 3 个方面开展专项审查,修改或废止法规和司法解释 1069 件,有效维护了国家法治统一。

## 八、本书的内容结构

本书着力阐述在习近平法治思想指导下,新时代中国立法工作取得的新进展、新成就,为广大读者展现新时代中国立法现代化的重要进程。在内容结构上,首先阐明立法体制、立法基本原则、立法高质量发展等关于立法制度的优化完善和立法工作的总体性要求,接着对中国特色社会主义法律体系的形成过程、基本构成、主要成就,以及地方立法情况进行全面系统归纳总结,还特别介绍了区域协同立法这一新的立法模式,最后从监督保障的角度对宪法法律法规有效实施介绍了相关制度安排,体现了从立法权配置、立法基本要求到具体立法情况及至法律规范实施的内在逻辑。

绪论部分,从坚持立法的性质属性、发挥立法的引领推动作用、完善立法的内容体系、突出立法的质量要求、健全立法的体制机制、强化立法的监督举措等方面,概括阐述了新时代中国立法的基本特征。

第一章独具中国特色的立法体制。本章介绍了我国立法体制的形成和发展,重点介绍了党的十八届四中全会关于完善立法体制的要求、2015 年立法法修改对立法体制的完善,此外还对新时代我国立法工作格局进行了阐述。

第二章当代中国立法的基本原则。本章对新时代中国立法的基本原则进行了归纳,强调立法必须坚持中国共产党的领导、必须坚持以人民为中心、必须维护社会主义制度、必须体现社会主义核心价值观、必须发挥引领推动作用。

第三章新时代立法的高质量发展。本章论述了新时代良法善治的内涵要求,并从科学立法、民主立法、依法立法 3 个方面具体阐述了新时代立法高质量发展的具体实现路径和方法。

第四章完善以宪法为核心的中国特色社会主义法律体系(上)。本章从纵向、横向两个角度,介绍了中国特色社会主义法律体系的形成完善过程、主要构成,阐述了中国特色社会主义法律体系的基本特征,并对完善中国特色社会主义法律体系进行了展望。

第五章完善以宪法为核心的中国特色社会主义法律体系(下)。本章与第四章相关联,主要对党的十八大以来的重要法律制定修改情况进行全面介绍,重点介绍了宪法及相关法律制度不断完善情况、重点领域立法的新进展情况、新兴领域立法的新涌现情况以及涉外领域立法的新要求。

第六章创造性推进地方立法工作。地方立法是中国特色社会主义法律体系的重要构成。本章介绍了地方立法权的取得过程,重点对党的十八大以来地方立法权的新要求、新成果进行了阐述,对进一步做好新时代地方立法工作提出了相关建议。

第七章创新发展区域协同立法。区域协同立法是适应区域协调发展而产生的一种新的立法模式。本章论述了区域协同立法的政策与法律依据、法理基础及法治意义,介绍了国内有关地方开展区域协同立法的实践样态,对区域协同立法的实践困境进行了分析并提出了对策建议。

第八章形成宪法法律法规有效实施的监督保障制度。本章介绍了我国合宪性审查制度的主要内容及推进情况,对新时代规范性文件备案审查的新要求、新做法作了全面系统的阐述,还对执法检查、立法后评估、法规实施情况报告等有关保证法律法规实施的制度作了介绍。

# 第一章　独具中国特色的立法体制

党的二十大就完善以宪法为核心的中国特色社会主义法律体系作出明确部署：一是坚持党对立法工作的集中统一领导，坚持宪法确定的中国共产党领导地位不动摇，坚决贯彻党中央重大决策部署，使党的主张通过法定程序成为国家意志。二是加强宪法实施和监督。健全保证宪法全面实施的制度体系，完善和加强备案审查制度，提高合宪性审查工作质量，更好发挥宪法在治国理政中的重要作用，维护宪法权威和尊严，维护国家法治统一。三是加强重点领域、新兴领域、涉外领域立法。按照党的二十大提出的立法要求，深入分析中国式现代化的立法需求，把立法决策同改革发展决策更好结合起来，及时回应党和国家事业发展要求、人民群众关切期待。统筹推进国内法治和涉外法治，加强涉外领域立法，用法治方式有效应对挑战、防范风险，维护国家主权、安全、发展利益。四是深入推进科学立法、民主立法、依法立法。在立法中贯彻全过程人民民主重大理念，建立好基层立法联系点；统筹立改废释纂，增强立法系统性、整体性、协同性、时效性，加快完善以宪法为核心的中国特色社会主义法律体系，以良法促进发展、保障善治。[①]

## 一、立法体制概述

“体制”一词按照现代汉语词典的解释，包括3个层面的含义：一是指国家机关、企业和事业单位机构设置和管理权限划分的制度；二是指体裁、格局；三是指艺术作品的体裁风格。而关于“立法体制”一词，并不是一个古老的概念，也不是一个舶来品，而是1978年改革开放之后而逐步被学界所使用并认可的一个概念。立法体制一词的使用随着诸如“经济体制”“政治体制”“文化体制”等概念的使用而为大家所熟悉并广泛使用。

关于立法体制的概念理解，从学界理论沿革的考察来看，核心问题是立法权限问题，具体展开来看包括立法权主体问题、立法权划分问题与立法权运行问题等。例如，周旺生教授在其代表性的《立法学》一书中，将立法体制界定为：“立法体制是关于立法权、立法权运行和立法权载体诸方面的体系和制度所构成的有机整体，其核心是有关立法权限的体系和制度。”[②]而在朱力宇、张曙光两位教授主编的《立法学》（第三版）教科书中对立法体制的界定为：“立法体制是指关于立法权限划分的制度。”[③]又如，张永和教授主编的《立法学》中，对立法体制界定如下：“立法权限的体系和制度、立法权的运行和制度以及立法权的载体体系和制度是构成立法体制不可分割的要素。”[④]陈俊教授在《中国的立法体制研究》中强调指出，“中国的立法体制，是在党的领导下形成的具有中国特色的立法体制，它既不属于单一的立法体制，也不属于复合的或分权制衡的立法体制；从立法权限划分的角度看，它是中央统一领导和一

---

① 《全国人大常委会法工委举行记者会　回应立法工作如何贯彻党的二十大精神》，载《人民法院报》2022年10月25日，第4版。

② 周旺生：《立法学》（第2版），法律出版社2009年版，第145页。

③ 朱力宇、张曙光主编：《立法学》（第3版），中国人民大学出版社2009年版，第117页。

④ 张永和主编：《立法学》，法律出版社2009年版，第62页。

定程度分权、多层级并存、多类别相结合的立法权限划分体制。”[①]笔者认为在以上诸观点中，陈俊教授关于中国立法体制的概括较为全面透彻，因此本文关于立法体制概念的含义与理解，倾向界定为以立法权限为核心的有关立法权主体、载体以及立法权运行的制度体系的总和。

具体展开来说，全国人民代表大会及其常务委员会在立法权限划分中居于中央领导地位，并统一行使国家立法权，具体制定法律效力层级的法律文件；国务院及其组成部门在立法权限划分中具有重要地位，行使相当大的行政立法权，具体制定行政法规及部门规章层级的法律文件；有立法权的地方人民代表大会及其常务委员会以及地方政府在立法权限划分中行使一定的立法权，具体制定地方性法规及地方政府规章。这些不同层级、不同类别的立法主体所制定的效力等级各异的法律文件共同构成了我国现行的立法体系和制度。

## 二、我国立法体制的形成与发展

习近平总书记指出，“中国特色社会主义最本质的特征是中国共产党领导，中国特色社会主义制度的最大优势是中国共产党领导，党是最高政治领导力量”，并且旗帜鲜明地提出“党的领导是我国社会主义法治之魂”[②]的论断。因此，我国立法体制的形成与中国共产党的领导是密不可分的，考察我国立法体制的历史沿革也必须从中国共产党领导我国法治建设的发端着手。

没有规矩不成方圆，中国共产党历来重视法治建设。早在新民主主义革命时期，中国共产党就领导革命地区人民先后制定了《土地法》《中华苏维埃共和国宪法大纲》《陕甘宁边区宪法原则》等纲领性法律，并且配套制定了大量的法律法令，创设了一系列法律制度，如调解制度、“马锡五审判方式”等。新中国成立后，在党的领导下我国立法体制形成与

---

① 陈俊等：《中国的立法体制研究》，经济科学出版社2020年版，第16页。

② 《习近平法治思想概论》编写组：《习近平法治思想概论》，高等教育出版社2021年版，第10页。

发展,大致经历了以下几个阶段:

(一)立法体制的初创阶段

第一阶段是初创阶段,时间周期是从中华人民共和国成立到1954年《宪法》出台之前,这一阶段既是中国立法体制形成的初创阶段也是过渡阶段。1949年9月,中国人民政治协商会议第一届全体会议通过的《中国人民政治协商会议共同纲领》(以下简称《共同纲领》)起到了临时宪法的作用,《共同纲领》规定了我国的国体和政体,即中华人民共和国为新民主主义即人民民主主义的国家,实行工人阶级领导的、以工农联盟为基础的、团结各民主阶级和国内各民族的人民民主专政。中华人民共和国的国家政权属于人民。人民行使国家政权的机关为各级人民代表大会和各级人民政府;在普选的全国人民代表大会召开以前,由中国人民政治协商会议的全体会议执行全国人民代表大会的职权。同时政治协商会议还通过了《中华人民共和国中央人民政府组织法》。按照该法的规定,中央人民政府委员会依据中国人民政治协商会议全体会议制定的共同纲领,行使的立法职权包括:制定并解释国家的法律,颁布法令,并监督其执行;废除或修改政务院与国家的法律、法令相抵触的决议和命令。政务院依据并执行中国人民政治协商会议共同纲领、国家的法律、法令和中央人民政府委员会规定的施政方针,行使的立法职权包括:颁布决议和命令,并审查其执行;废除或修改各委、部、会、院、署、行和各级政府与国家的法律、法令和政务院的决议、命令相抵触的决议和命令;向中央人民政府委员会提出议案。

在上述法律文件中,《共同纲领》明确了新中国的国体、政体等带有根本性的重大问题,而《中华人民共和国中央人民政府组织法》则进一步确定了当时的基本立法框架与体制,为后续立法体制的进一步发展奠定了重要基础。在此立法体制初创基础上,中央人民政府和政务院又先后出台了《大行政区人民政府委员会组织通则》《省人民政府组织通则》《市人民政府组织通则》《县人民政府组织通则》《中华人民共和国民族区域自治实施纲要》等法律法规。在这些立法中,对各层级地方政府及民族区域自治地区都设定了相应的立法权限。例如，针对大行政区规定："各大行政区人民政府委员会由各大行政区各界人民代表会议或人民代表大会选举产生，执行中央人民政府的法律、法令和政策，有权拟定暂行性法令条例。"而省、市、县级组织通则也都规定了在上级人民政府领导下有权拟定与相应等级对应的暂行法令条例，报请上级人民政府批准或备案。《中华人民共和国民族区域自治实施纲要》则规定："各民族自治区自治机关在中央人民政府和上级人民政府法令所规定的范围内，依其自治权限，可制定本自治区单行法规。"由此，在党的统一领导下制定的上述系列法律法规初步形成了中华人民共和国成立后的法制初创，也初步形成了初创阶段的立法体制。

这一阶段的立法体制从当时的实际国情来看，是根据当时的国情实际需要而制定的，也是符合当时国情的。陈俊教授对该阶段的立法体制的形成原因作了较为客观的解释，"在中华人民共和国成立初期，我国一些地方的军事行动还未结束，稳固政权的任务还在继续，选举产生人民代表大会并由人民代表大会行使立法权的条件尚不具备，人民代表大会制度还没有建立。因此，在普选的全国人民代表大会召开以前，由中国人民政治协商会议的全体会议执行全国人民代表大会的立法职权；由各级政府行使相应的立法权；由各民族自治区自治机关依其自治权限制定本自治区单行法规。这样一种立法体制是适应当时我国国情的：开展军事斗争稳固政权的任务还在继续，选举产生人民代表大会的条件尚不成熟，各地政治、经济、社会、文化等发展很不平衡，这就需要由中央和地方共同享有立法权，在中央统一领导立法下，地方各级人民政府委员会行使相应立法权满足各地实际需求，同时地方各级立法要报请上级人民政府批准或备案。"[①]这样一种立法体制的制度安排，集中体现出一种中央统一领导立法而中央又与地方分别行使立法权的特点，包括县级人民政府也享有相应层级的制定暂行法令条例的权力。既保证了中央政府

---

① 陈俊等：《中国的立法体制研究》，经济科学出版社 2020 年版，第 19 页。

对立法的集中统一领导，又能够充分调动地方各级政府的积极性，这种立法体制的创设，是符合当时国情实际需要的，也为此后我国立法体制的不断发展奠定了良好的基础。

（二）立法体制的持续发展阶段

第二阶段是中国立法体制的持续发展阶段。时间周期从 1954 年《宪法》颁布到 1982 年现行《宪法》颁布的时期。“中华人民共和国成立后，我们党在不长时间内领导人民制定了 1954 年宪法和一批法律法规，确立我国政治制度、法律制度、立法体制、司法体制，确立了社会主义法制原则，为巩固社会主义政权和进行社会主义建设发挥了重要保障和推动作用。”①1954 年 9 月 20 日，第一届全国人民代表大会第一次会议通过了我国第一部社会主义类型的宪法，即《中华人民共和国宪法》（以下简称 1954 年《宪法》），该宪法是在党的领导下制定的，该部宪法对初创阶段的中国立法体制作出重大修改，将中央与地方分别行使立法权的体制安排调整为由中央集中统一行使立法权的制度安排。

根据 1954 年《宪法》第 22 条的规定：“全国人民代表大会是行使国家立法权的唯一机关”。第 31 条规定：“全国人民代表大会常务委员会行使下列职权：……（三）解释法律；（四）制定法令；”第 49 条规定：“国务院行使下列职权：（一）根据宪法、法律和法令，规定行政措施，发布决议和命令，并且审查这些决议和命令的实施情况；（二）向全国人民代表大会或者全国人民代表大会常务委员会提出议案。”同时，1954 年《宪法》也为地方和民族区域自治地方设定了有限的决议制定权，其中，第 60 条规定：“地方各级人民代表大会依照法律规定的权限通过和发布决议。民族乡的人民代表大会可以依照法律规定的权限采取适合民族特点的具体措施。”第 70 条规定：“自治区、自治州、自治县的自治机关可以依照当地民族的政治、经济和文化的特点，制定自治条例和单行条例，

① 中共中央宣传部、中央全面依法治国委员会办公室：《习近平法治思想学习纲要》，人民出版社、学习出版社 2021 年版，第 2 页。

报请全国人民代表大会常务委员会批准。”这种立法体制的重大调整，使得国家立法权过分集中于全国人民代表大会，同时产生两个方面的消极影响，一是由于国家立法权过分集中于全国人民代表大会，使得全国人民代表大会的立法任务繁巨，而全国人民代表大会每年仅举行一次，时间有限，如此又导致了立法效率的大大降低，使得国家和社会生活中诸多急需立法的法律难以在短时间内出台，诸多国家和社会事务短时间出现无法可依的局面，且当时的全国人民代表大会代表限于自身的能力水平，立法能力也有限。二是由于国家立法权过分集中于全国人民代表大会，使得地方各级人民代表大会及地方人民政府的立法积极性受到影响，不利于地方积极性主动性的发挥。

基于此，全国人民代表大会分别于1955年的第一届人大第二次会议作出关于授权全国人大常委会制定单行法规的决议，规定：“在全国人民代表大会闭会期间，有些部分性质的法律，不可避免地急需常务委员会通过施行。为此，特依照中华人民共和国宪法第三十一条第十九项的规定，授权常务委员会依照宪法的精神，根据实际的需要，适时地制定部分性质的法律，即单行法规。”1959年第二届全国人民代表大会第一次会议作出的《关于全国人民代表大会常务委员会工作报告的决议》，规定：“大会授权常务委员会，在全国人民代表大会闭会期间，根据情况的发展和工作的需要，对现行法律中一些已经不适用的条文，适时地加以修改，作出新的规定。”根据这两次授权，使得全国人民代表大会常务委员会可以在全国人民代表大会闭会期间，根据实际需要，及时地制定部分法律，对一些不适用的法律条文，可以及时地加以修改。一方面减轻了全国人民代表大会过分集中的立法压力；另一方面使国家立法能够及时有效地调整社会关系，适时地促进国家政治、经济、文化和社会生活。

此后的1975年宪法和1978年宪法有关立法体制的规定也基本延续了1954年宪法的规定，对立法体制基本没有作出调整。但1978年召开的十一届三中全会，具有深远的历史意义与现实意义，开启了我国社会主义现代化建设的新征程,实现了伟大的历史转折,全会的召开对我国的立法体制乃至整个法制建设都谱写了新的篇章。立法工作自此成为全国人民代表大会及其常务委员会的重要工作。

为了适应改革开放和我国社会主义现代化建设的伟大事业,党和国家对立法体制也开始进行调整。1979 年 7 月,第五届全国人民代表大会第二次会议通过了《中华人民共和国地方各级人民代表大会和地方各级人民政府组织法》(以下简称 1979 年《组织法》)。根据该法第 6 条的规定:“省、自治区、直辖市的人民代表大会根据本行政区域的具体情况和实际需要,在和宪法、法律政策、法令、政令不抵触的前提下,可以制订和颁布地方性法规,并报全国人民代表大会常务委员会和国务院备案。”同时还规定:“省、自治区、直辖市的人民代表大会常务委员会在本级人民代表大会闭会期间,根据本行政区域的具体情况和实际需要,在不同宪法、法律行政法规相抵触的前提下,可以制订和颁布地方性法规,报全国人民代表大会常务委员会和国务院备案。”由此,通过《组织法》的颁布实施,对此前过分集中于全国人民代表大会及其常务委员会的国家立法权作出调整,将一部分立法权下放到地方各级人民代表大会及其常务委员会,有利于推动改革开放和社会主义现代化建设事业。

(三)立法体制的发展成熟阶段

第三阶段是中国立法体制的发展成熟阶段。时间周期以 1982 年现行《宪法》的颁布实施起到 2012 年的发展成熟阶段。尤其是 2000 年《立法法》的出台,对我国的立法体制作出了系统性的制度安排和设计,虽然从今天的视角来审视《立法法》还存在诸多不足之处,但不可否认的是,该法的出台对我国立法体制的形成发展具有里程碑式的重要意义。

1982 年《宪法》对 1979 年《组织法》中有关地方立法权限的制度安排作了宪法上的确认。1982 年《宪法》第 100 条规定:“省、直辖市的人民代表大会和它们的常务委员会,在不同宪法、法律、行政法规相抵触的前提下,可以制定地方性法规,报全国人民代表大会常务委员会备案。”同时,1982 年《宪法》对民族自治地方的地方立法权作出了明确规定。该法第

116条规定:"民族自治地方的人民代表大会有权依照当地民族的政治、经济和文化的特点,制定自治条例和单行条例。自治区的自治条例和单行条例,报全国人民代表大会常务委员会批准后生效。自治州、自治县的自治条例和单行条例,报省或自治区的人民代表大会常务委员会批准后生效,并报全国人民代表大会常务委员会备案。"1979年《组织法》自1979年出台后,随着社会主义现代化建设进程的推进和法制建设的需要,分别于1982年12月①、1986年12月②、1995年2月③、2004年10月④、

① 1982年12月10日,第五届全国人民代表大会第五次会议通过的《关于修改〈中华人民共和国地方各级人民代表大会和地方各级人民政府组织法〉的若干规定的决议》,对地方组织法进行了修改,增加规定:省、自治区人民政府所在地的市和经国务院批准的较大的市的人民代表大会常务委员会,可以拟定本市需要的地方性法规草案,报请省、自治区的人民代表大会常务委员会审议制定;省、自治区、直辖市以及省、自治区的人民政府所在地的市和经国务院批准的较大的市的人民政府,可以根据法律和国务院的行政法规制定规章。

② 1986年12月2日,第六届全国人民代表大会常务委员会第十八次会议通过的《关于修改〈中华人民共和国地方各级人民代表大会和地方各级人民政府组织法〉的决定》,对地方组织法的修改主要包括:省、自治区人民政府所在地的市和经国务院批准的较大的市的人民代表大会可以制定地方性法规,报省、自治区人民代表大会常务委员会批准后施行;省、自治区人民政府所在地的市和经国务院批准的较大的市的人民代表大会常务委员会在本级人民代表大会闭会期间,可以制定地方性法规,报省、自治区人民代表大会常务委员会批准后施行;省、自治区、直辖市以及省、自治区人民政府所在地的市和经国务院批准的较大的市的人民政府,可以根据法律和国务院的行政法规,制定规章。

③ 1995年2月28日,第八届全国人民代表大会常务委员会第十二次会议通过的《全国人民代表大会常务委员会关于修改〈中华人民共和国地方各级人民代表大会和地方各级人民政府组织法〉的决定》,修改的内容主要包括:省、自治区、直辖市人民政府可以根据法律、行政法规和本省、自治区、直辖市的地方性法规,制定规章,报国务院和本级人民代表大会常务委员会备案;省、自治区的人民政府所在地的市和经国务院批准的较大的市的人民政府,可以根据法律、行政法规和本省、自治区的地方性法规,制定规章。

④ 2004年10月27日,第十届全国人民代表大会常务委员会第十二次会议通过的《全国人民代表大会常务委员会关于修改〈中华人民共和国地方各级人民代表大会和地方各级人民政府组织法〉的决定》,修改的主要内容包括:一是将地方各级人民代表大会和地方各级人民政府的每届任期统一修改为5年;二是将第30条第2款修改为:"各专门委员会的主任委员、副主任委员和委员的人选,由主席团在代表中提名,大会通过。在大会闭会期间,常务委员会可以任免专门委员会的个别副主任委员和部分委员,由主任会议提名,常务委员会会议通过";三是将第41条第4款第2项修改为:"(二)设区的市、自治州十九人至四十一人,人口超过八百万的设区的市不超过五十一人。"第3项修改为:"(三)县、自治县、不设区的市、市辖区十五人至二十七人,人口超过一百万的县、自治县、不设区的市、市辖区不超过三十五人。"

2015年8月[①]、2022年3月[②]进行了修改或修正，不断丰富和发展了我国的立法体制。

我国现行立法体制的基本框架是由1982年《宪法》所确立的。从立法权限划分的角度看："它是中央统一领导和一定程度分权的，多级并存、多类结合的立法权限划分体制。最高国家权力机关及其常设机关统一领导，国务院行使相当大的权力，地方行使一定权力，是中国现行立法权限划分体制突出的特征。"[③]具体来看，我国立法体制的发展成熟又以2000年《立法法》的颁布分为两个时期，在2000年《立法法》颁布施行以前，关于我国立法体制的具体构成和表述不尽一致，代表性观点有3种："一元二层次三分支立法体制""一元性、两级、多层次立法体制""中央统一领导和一定程度分权的、多级并存、多类结合的立法体制"。[④]上述观点尽管有所差异，但都可被追溯到"在中央的统一领导下，充分发挥地方的主动性和积极性"这一宪法原则。正是基于这一原则，《立法法》确立了我国"统一而又分层次的立法体制"。[⑤]《立法法》首次以法律的形式专门对我国立法进行系统性的制度安排，其中对立法体制也作了较为系统的规定。这种统一而又分层次的立法体制规定，对于保障中央和地方等各级立法主体在各自法定权限范围内发挥积极作用，维护法治的权威性与统一性发挥了重要作用。

但也要客观认识到：统一而又分层次的立法体制是由我国的国体、政体、国家结构形式、历史传统和革命传统等多种因素决定的，符合我国

---

① 2015年8月29日，第十二届全国人民代表大会常务委员会第十六次会议通过了《关于修改〈中华人民共和国地方各级人民代表大会和地方各级人民政府组织法〉〈中华人民共和国全国人民代表大会和地方各级人民代表大会选举法〉〈中华人民共和国全国人民代表大会和地方各级人民代表大会代表法〉的决定》第五次修正。

② 2022年3月11日，第十三届全国人民代表大会第五次会议通过了《关于修改〈中华人民共和国地方各级人民代表大会和地方各级人民政府组织法〉的决定》第六次修正。

③ 周旺生：《立法学》(第2版)，法律出版社2009年版，第145页。

④ 郭道晖总主编：《当代中国立法》，中国民主法制出版社1998年版，第767、768页。

⑤ 姜孝贤：《论我国立法体制的优化》，载《法制与社会发展》2021年第5期。

的基本国情且行之有效,但也存在一些问题。例如,在中央立法层面,有的法律反映客观规律和人民意愿的全面性不够,解决实际问题的有效性不足,针对性、可操作性不强;有的立法过细,给地方立法预留的制度空间不足;有的立法无法兼顾各个地方的利益,立法实效不显著。在地方立法层面,也存在诸如重复立法、越权立法、立法抵触与冲突、立法过于原则不具操作性等问题,甚至有的立法不但没有解决问题,反而制造出更多的问题,引发"内卷式"的协调困境。导致上述问题的原因有很多,包括立法者的理性有限、地方保护主义、立法能力不足,等等,但最终无不可以追溯到立法体制这一"元问题"上来。① 因此,有关立法体制问题是一个带有"根本性"的"元问题",需要对此予以高度重视,从顶层设计的层面优化现行的立法体制。

## 三、现行立法体制的优化完善

党的十八大以来,以习近平同志为核心的党中央站在推进国家治理体系与治理能力现代化的角度,将立法体制的优化完善工作放在全面推进依法治国的伟大工程中进行顶层设计、谋篇布局。"加快建设社会主义法治国家,必须全面推进科学立法、严格执法、公正司法、全民守法进程。"②在"法治新十六字方针"中,科学立法是法治体系建设的基础和前提。③ 而关于"如何推进科学立法",习近平总书记强调,"关键是完善立法体制",④提高立法质量,实现良法善治。

习近平总书记强调指出,"当前,立法领域面临着一些突出问题。比如,立法质量需要进一步提高,有的法律法规全面反映客观规律和人民意愿不够,解决实际问题有效性不足,针对性、可操作性不强。同时立

---

① 姜孝贤:《论我国立法体制的优化》,载《法制与社会发展》2021年第5期。

② 《在首都各界纪念现行宪法公布实施三十周年大会上的讲话》(2021年12月4日),《十八大以来重要文献选编》(上),中央文献出版社2014年版,第89页。

③ 张文显:《中国法治40年:历程、轨迹和经验》,载《吉林大学科学学报》2018年第5期。

④ 习近平:《论坚持全面依法治国》,中央文献出版社2020年版,第114页。

法效率也需要进一步提高。数字经济、互联网金融、人工智能、大数据、云计算等新技术新应用快速发展，催生一系列新业态新模式，但相关法律制度还存在时间差、空白区。构建新发展格局，扩大社会主义民主，推进行政体制改革，保障和改善民生，加强和创新社会治理，保护生态环境，都对立法提出新的要求。”[①]“有些部门和地方反映，立法工作和改革发展不同步，慢半拍甚至拖后腿问题比较突出。我专门作过了解，其中一个主要原因是，相关部门形不成一致意见，就不能审议、没法通过。意见不一致有认识问题，但更多是守着自己的‘一亩三分地’、抱着部门利益不放。这种状况必须改变。”[②]习近平总书记在深入分析当下立法领域面临的诸多问题的同时，旗帜鲜明地指出现阶段“人民群众对立法的期盼，已经不是有没有，而是好不好、管用不管用、能不能解决实际问题；不是什么法都能治国，不是什么法都能治好国；越是强调法治，越是要提高立法质量”。[③] 而提高立法质量，首先需要从优化完善立法体制着手。

（一）党的十八届四中全会对立法体制的完善

2014 年 10 月 23 日，中国共产党第十八届中央委员会第四次全体会议通过了《中共中央关于全面推进依法治国若干重大问题的决定》（以下简称《决定》）。这是党的历史上第一次出台专门的《决定》，对当下和未来相当长一段时间内我国全面推进依法治国进行顶层设计、系统部署，其中对我国当下立法体制的完善也作出具体部署和安排。

根据《决定》的具体安排，主要包括：一是坚持党的领导。《决定》旗帜鲜明地指出：“必须坚持党领导立法”“把党的领导贯彻到依法治国全过程和各方面，是我国社会主义法治建设的一条基本经验”。[④] 在立法

---

① 习近平：《坚持走中国特色社会主义法治道路　更好推进中国特色社会主义法治体系建设》，载《求是》2022 年第 4 期。

② 习近平：《为做好党和国家各项工作营造良好法治环境》（2019 年 2 月 25 日），载习近平：《论坚持全面依法治国》，中央文献出版社 2020 年版，第 254 页。

③ 习近平：《论坚持全面依法治国》，中央文献出版社 2020 年版，第 20 页。

④ 《中共中央关于全面推进依法治国若干重大问题的决定》，人民出版社 2014 年版，第 5 页。

工作中强调坚持党的领导并不意味着党要包办立法一切工作，党的领导是总揽全局、协调各方的领导。《决定》指出，“把党总揽全局、协调各方同人大、政府、政协、审判机关、检察机关依法依章程履行职能、开展工作统一起来，把党领导人民制定和实施宪法法律同党坚持在宪法法律范围内活动统一起来。”[①]这个要求为党对立法工作的领导与各国家机关依法依规做好立法相关工作有机统一起来，优化完善了具体工作机制。二是党领导立法的方式方法问题。《决定》通过“四个善于”的方式来把握党对立法工作的领导，即“善于使党的主张通过法定程序成为国家意志，善于使党组织推荐的人选通过法定程序成为国家政权机关的领导人员，善于通过国家政权机关实施党对国家和社会的领导，善于运用民主集中制原则维护中央权威、维护全党全国团结统一”。[②] 三是对优化完善现行立法体制的具体部署和要求。《决定》指出：“要把公正、公平、公开原则贯彻立法全过程，完善立法体制机制，坚持立改废释并举，增强法律法规的及时性、系统性、针对性、有效性。”[③]同时根据《决定》的具体安排，还增加了党对立法工作中重大问题决策的程序。例如，关于宪法的修改，一般由党中央向全国人大提出宪法修改的建议，然后再依照宪法规定的程序进行宪法修改。再如，建立全国人大常委会党组向党中央的请示报告制度。关于法律制定和修改的重要问题，由全国人大常委会党组向党中央请示报告。

### (二)2015 年《立法法》修改对立法体制的完善

2015 年 3 月 15 日，十二届全国人大三次会议通过了《关于修改〈中华人民共和国立法法〉的决定》，修改后的《立法法》，条文从原来的 94 条增加到 106 条，其中修改了 35 条，增加了 11 条。本次《立法法》的修改，从 4 个方面进一步优化完善了我国的立法体制。

一是充分注重立法与改革决策的衔接。《决定》强调指出，“实现立

---

① 《中共中央关于全面推进依法治国若干重大问题的决定》，人民出版社 2014 年版，第 5 页。

② 《中共中央关于全面推进依法治国若干重大问题的决定》，人民出版社 2014 年版，第 5 页。

③ 《中共中央关于全面推进依法治国若干重大问题的决定》，人民出版社 2014 年版，第 8 页。

法和改革决策相衔接,做到重大改革于法有据、立法主动适应改革和经济社会发展需要。实践证明行之有效的,要及时上升为法律。实践条件还不成熟、需要先行先试的,要按照法定程序作出授权。对不适应改革要求的法律法规,要及时修改和废止。"[①]因此,修改后的《立法法》第6条增加了立法"适应经济社会发展和全面深化改革的要求",而且强调"法律规范应当明确、具体,具有针对性和可执行性"。同时根据"重大改革于法有据"的要求,党的十八大后,凡涉重要改革,全国人大及其常委会都对相关法律实施作出授权决定,诸如《全国人大常委会关于授权国务院在北京市大兴区等三十三个试点县(市、区)行政区域暂时调整实施有关法律规定的决定》(2015年2月)、《全国人大常委会关于授权国务院在中国(广东)、中国(天津)、中国(福建)自由贸易试验区以及中国(上海)自由贸易试验区扩展区域暂时调整有关法律规定的行政审批的决定》(2014年12月)、《全国人大常委会关于授权最高人民法院、最高人民检察院在部分地区开展刑事案件速裁程序试点工作的决定》(2014年6月)、《全国人大常委会关于授权国务院在中国(上海)自由贸易试验区暂时调整有关法律规定的行政审批的决定》(2013年8月)、《全国人大常委会关于授权国务院在广东省暂时调整部分法律规定的行政审批的决定》(2012年12月)等。

二是明确落实税收法定原则。有关税收法定的事宜。早在1984全国人民代表大会常务委员会就出台了《全国人民代表大会常务委员会关于授权国务院改革工商税制发布有关税收条例草案试行的决定》(1984年出台,已于2009年6月废止)和1985年出台的《全国人民代表大会关于授权国务院在经济体制改革和对外开放方面可以制定暂行的规定或者条例的决定》。由于历史和现实的诸多原因,目前我国现行征收的18个税种中,除个人所得税、企业所得税、车船税由法律规定征收外,其余15个税种均由行政法规规定。此外,还有财政部、税务总局等

---

① 《中共中央关于全面推进依法治国若干重大问题的决定》,人民出版社2014年版,第11页。

国务院部门的数千件部门规章和规范性文件加以规定。这与我国《宪法》确立的税收法定原则的具体落实要求还有相当的距离，因此《立法法》第8条在法律保留事项中，增加第（六）项，规定“税种的设立、税率的确定和税收征收管理等税收基本制度”。属于法律保留事项，必须由全国人大及其常委会通过制定法律加以调整。

三是立法权扩容，进一步调动地方立法的积极性与灵活性。较大的市的立法权始于1982年12月五届全国人大五次会议修改地方组织法。1986年12月修改地方组织法和2000年制定的《立法法》，对较大的市立法作了进一步完善。

目前我国共284个设区的市，《立法法》修改前，共有49个享有地方立法权的较大的市（包括27个省会市、18个经国务院批准享有地方性法规制定权的较大的市以及4个经济特区所在地的市），此次《立法法》修改后，其余235个设区的市也获得地方立法权。关于地方立法权的扩容，当时还存在几种不同的意见，第一种意见认为：从以往看，49个较大的市制定的地方性法规遵循地方组织法和《立法法》规定的“不抵触”原则，总体情况是好的，加之目前省级人大常委会批准机制，在扩大地方立法主体的范围后，可以保证法治统一，不致出现地方立法的混乱，不应对其立法权限进行限制。第二种意见认为：全面推进依法国，维护法治统一非常重要，对设区的市的立法权限作出限定是十分重要的，不能无限扩大地方立法范围，应防止立法大跃进。第三种意见认为：将设区的市的立法权限限定在“城市建设、城市管理、环境保护”等方面，范围太窄，应当根据设区的市的实际需求，将立法权限的范围扩大到公共服务、社会管理、民生保障以及教育、卫生、社会保障等。还有的提出，设区的市行政区域范围不仅包括城市，还有广大农村，立法权限也要与之相匹配。从《立法法》赋予所有设区的市地方立法权这几年的实践来看，总体效果还是值得肯定的，各地方从各地实际出发，制定了一批富有地方特点、针对性强、可执行的地方立法，也充分调动了地方立法的积极性与活力。但个别地方也存在重复立法、立法能力不足的问题。

四是规范授权立法。根据修改后的《立法法》第10、11、12条相关规定,明确了授权立法中"授权决定应当明确授权的目的、事项、范围、期限以及被授权机关实施授权决定应当遵循的原则等。"同时规定:"被授权机关应当在授权期限届满的六个月以前,向授权机关报告授权决定实施的情况,并提出是否需要制定有关法律的意见;需要继续授权的,可以提出相关意见,由全国人民代表大会及其常务委员会决定。授权立法事项,经过实践检验,制定法律的条件成熟时,由全国人民代表大会及其常务委员会及时制定法律。法律制定后,相应立法事项的授权终止。授权的期限不得超过五年,但是授权决定另有规定的除外。被授权机关应当严格按照授权决定行使被授予的权力。被授权机关不得将被授予的权力转授给其他机关。"通过对授权立法的明确规范,对当下的全面深化改革,注重立法与改革决策的衔接,推进国家治理体系与治理能力现代化都具有重要的保障作用。

总的来看,"通过完善立法体制机制和程序,努力使制定和修改的法律能够准确体现党的主张和人民意愿的统一,有效地解决实际问题。"[①]本次《立法法》的修改对我国现行立法体制中长期存在的问题予以优化完善,进一步从体制机制层面激活立法,充分发挥立法的引领、规范与保障作用。

## 四、新时代立法工作格局

2017年10月,党的第十九次全国代表大会胜利召开,党的十九大是在中国特色社会主义建设关键时期召开的一次十分重要的大会,标志着中国特色社会主义进入新时代。党的十九大正式将习近平新时代中国特色社会主义思想确立为党必须长期坚持的指导思想并写进党章,这是党的十九大最重要的理论创新与重大贡献。同时党的十九大正式把

① 李建国:《关于〈中华人民共和国立法法修正案〉(草案)的说明》,引自《中华人民共和国立法法》,法律出版社2015年版,第51页。

全面依法治国上升为新时代坚持和发展中国特色社会主义的基本方略，提出了新时代全面依法治国的宏伟蓝图，为建设法治中国指明了前进方向。此外，党的十九大报告明确提出："推进科学立法、民主立法、依法立法，以良法促进发展、保障善治。"[①]首次正式提出"依法立法"，并与"科学立法""民主立法"相提并论，对党领导立法、遵循依法立法，提出了新时代新要求。

2018年3月11日，第十三届全国人民代表大会第一次会议根据中共中央的建议通过了《中华人民共和国宪法修正案》，正式将习近平新时代中国特色社会主义思想写入宪法，确立了习近平新时代中国特色社会主义思想在国家政治和社会生活中的指导地位，明确规定："中国共产党领导是中国特色社会主义最本质的特征"，提出了物质文明、政治文明、精神文明、社会文明、生态文明协调发展，把我国建设成为富强民主文明和谐美丽的社会主义现代化强国的宏伟目标等。这对于坚持和发展中国特色社会主义、建设社会主义现代化强国具有重大的现实意义和深远的历史意义。

### （一）习近平法治思想是新时代立法工作的根本遵循和行动指南

2020年11月16日至17日，中央全面依法治国工作会议隆重召开，习近平总书记出席会议并发表重要讲话，强调推进全面依法治国要从把握新阶段、贯彻新发展理念、构建新发展格局的实际出发，围绕建设中国特色社会主义法治体系、建设社会主义法治国家的总目标，坚持党的领导、人民当家作主、依法治国有机统一，以解决法治领域突出问题为着力点，坚定不移走中国特色社会主义法治道路，在法治轨道上推进国家治理体系和治理能力现代化，为全面建设社会主义现代化国家、实现中华民族伟大复兴的中国梦提供有力法治保障。

从2015年党中央提出"习近平关于全面依法治国重要论述"，到

---

① 习近平：《决胜全面建成小康社会　夺取新时代中国特色社会主义伟大胜利——在中国共产党第十九次全国代表大会上的报告（2017年10月18日）》，人民出版社2017年版，第37页。

2018 年党中央提出“习近平全面依法治国新理念新思想新战略”，再到 2020 年 11 月 16 日至 17 日召开的中央全面依法治国工作会议，党中央正式明确提出了“习近平法治思想”，确立了习近平法治思想在全面依法治国工作中的指导地位。这是我国社会主义法治建设进程中具有重大现实意义和深远历史意义的大事。“习近平法治思想是马克思主义法治理论中国化时代化的最新成果，是习近平新时代中国特色社会主义思想的重要组成部分，是新时代全面依法治国长期坚持的指导思想。”[①]并以“十一个坚持”[②]集中阐释了习近平法治思想的主要内容与核心要义。

习近平法治思想中的“十一个坚持”，“深刻阐明了全面依法治国的政治方向，围绕全面依法治国向哪里走、走什么路作出深刻阐述，抓住了中国特色社会主义法治建设的根本，明确了全面依法治国必须遵循的政治准绳；深刻阐明了全面依法治国的重要地位。在深刻总结我国社会主义法治建设、准确把握当今时代和实践发展提出的新要求的基础上，对全面依法治国作出战略部署和总体安排，明确了新时代法治中国建设的前进方向；深刻阐明了全面依法治国的重点任务、重大关系、重要保障”。[③] 加强党对全面依法治国集中统一领导，完善党领导立法、保证执法、支持司法、带头守法制度，党对全面治国的领导更加坚强有力。适应党和国家事业发展要求，完善立法体制，加强重点领域立法，中国特色社

---

① 中共中央宣传部、中央全面依法治国委员会办公室：《习近平法治思想学习纲要》，人民出版社、学习出版社 2021 年版，第 1 页。

② 习近平法治思想的“十一个坚持”，即坚持党对全面依法治国的领导；坚持以人民为中心；坚持中国特色社会主义法治道路；坚持依宪治国、依宪执政；坚持在法治轨道上推进国家治理体系和治理能力现代化；坚持建设中国特色社会主义法治体系；坚持依法治国、依法执政、依法行政共同推进，法治国家、法治政府、法治社会一体建设；坚持全面推进科学立法、严格执法、公正司法、全民守法；坚持统筹推进国内法治与涉外法治；坚持建设德才兼备的高素质法治工作队伍；坚持抓住领导干部这个“关键少数”。

③ 中共中央宣传部、中央全面依法治国委员会办公室：《习近平法治思想学习纲要》，人民出版社、学习出版社 2021 年版，第 8 ~ 9 页。

会主义法律体系日趋完善。[①] 新时代中国特色社会主义法治建设之所以发生历史性变革、取得历史性成就,根本在于有以习近平同志为核心的党中央的坚强领导,有习近平法治思想的科学指引。因此,做好新时代的立法工作,首要的就是要坚持以习近平法治思想为指导,把习近平法治思想作为新时代立法工作的根本遵循和行动指南。

(二)把握好新时代立法工作的格局

实践是法律的基础。发展实践永无止境,立法工作也永无止境。马克思指出:“立法者应该把自己看作一个自然科学家。他不是在创造法律,不是在发明法律,而仅仅是在表述法律,他用有意识的实在法把精神关系的内在规律表现出来。”[②]随着实践的发展,立法也必须随之不断发展,坚持立改废释多种立法手段综合并举,充分发挥立法的规范、引领和保障作用。

当下,在习近平法治思想的科学指引下,把握好新时代立法工作的具体格局,必须加强和改进党对立法工作的领导,完善党委领导、人大主导、政府依托、各方参与的立法工作格局。

1. 加强和改进党对立法工作的领导

党的十九大报告指出:“坚持党对一切工作的领导。党政军民学,东西南北中,党是领导一切的。”[③]法是党的主张和人民意志的统一体现,把握好新时代立法工作格局,首先要加强和完善党对立法工作的领导。具体来说,“党中央领导全国立法工作、研究决定国家立法工作中的重大问题,凡立法涉及重大体制和重大政策调整的,必须报党中央讨论决定。党中央向全国人大提出宪法修改建议,依照宪法规定的程序进行宪法修改。法律制定和修改的重大问题由全国人大常委会党组向党

---

① 中共中央宣传部、中央全面依法治国委员会办公室:《习近平法治思想学习纲要》,人民出版社、学习出版社 2021 年版,第 19 页。

② 《马克思恩格斯全集》第 1 卷,人民出版社 1995 年版,第 347 页。

③ 习近平:《决胜全面建成小康社会 夺取新时代中国特色社会主义伟大胜利——在中国共产党第十九次全国代表大会上的报告(2017 年 10 月 18 日)》,人民出版社 2017 年版,第 20 页。

中央报告。”[①]同时，“党的地方委员会在本地区法治建设中发挥领导核心作用，按照协调推进四个全面战略布局，对本地区法治建设实行全面领导。地方各级党委法治建设议事协调机构要加强对本地区法治建设的牵头抓总、运筹谋划、督促落实等工作。各级党委要健全党领导法治的制度和工作机制，履行对地区本部门法治工作的领导责任，将法治建设与经济社会发展同部署、同推进、同督促、同考核、同奖惩。”[②]同时，需要注意的是，加强党对立法工作的领导并不是说要党包办一切，也不是要代替哪个部门，而是发挥总揽全局、协调各方的作用，做到总揽而不包办、统筹而不代替、到位而不越位。

加强和改善党对立法工作的领导，需要不断健全规范党对立法工作领导的体制机制，强化领导本身的制度化、规范化、民主化。2016 年 2 月 28 日党中央出台了《中共中央关于加强党领导立法工作的意见》（以下简称《意见》），按照《意见》的规定：“起草政治方面以及重大经济社会方面的法律法规，应经过党中央或者同级党委（党组）讨论。”[③]该意见从今天来看，对于指导党如何领导立法仍然具有重要的意义，为党领导立法工作作了系统谋划和部署。同时，从地方立法实践来看，“各地普遍坚持党委领导地方立法的体制机制，健全常委会党组对同级党委负责、重大事项请示报告等制度和党组工作规则。”[④]此外，从长期来看，还有必要将“党领导立法机关立法工作的内容、方式和程序以党内法规的形式规定下来，保障党领导立法工作的权威性、严肃性、稳定性，以及领

---

① 中共中央宣传部、中央全面依法治国委员会办公室：《习近平法治思想学习纲要》，人民出版社、学习出版社 2021 年版，第 19 页。

② 《习近平法治思想概论》编写组：《习近平法治思想概论》，高等教育出版社 2021 年版，第 85 页。

③ 中华人民共和国国务院新闻办公室：《中国人权法治化保障的新进展》，载《人民日报》2017 年 12 月 16 日，第 6 版。

④ 沈春耀：《在新的起点上推动地方立法工作与时俱进完善发展——在第二十四次全国地方立法工作座谈会上的小结》，载《法制日报》2018 年 9 月 25 日，第 9 版。

导程序的法律化、制度化。"[①]这些具体的制度机制之规定，也可以看作党的十八届四中全会通过的《中共中央关于全面推进依法治国若干重大问题的决定》中，有关党如何领导立法的"四个善于"要求的具体制度化之举措。

2. 发挥人大在立法工作中的主导作用

2015 年修改后的《立法法》第 51 条规定："全国人民代表大会及其常务委员会加强对立法工作的组织协调，发挥在立法工作中的主导作用。"党的十九大报告也指出："要支持和保证人民通过人民代表大会行使国家权力。发挥人大及其常委会在立法工作中的主导作用，健全人大组织制度和工作制度，支持和保证人大依法行使立法权、监督权、决定权、任免权，更好发挥人大代表作用。"[②]可见，无论是党中央的文件要求还是《立法法》的规定都明确了人大在立法工作中的主导地位与作用。人大主导立法，有两个关键问题需要解决，一是如何理解和把握人大在立法工作中的主导地位；二是人大如何主导立法，具体的实施路径如何。

关于如何理解和把握人大在立法工作中的主导地位问题，首先要搞清楚"主导"一词的含义与边界，《现代汉语词典》对主导的解释为"主要的并且引导事务向某方面发展的"。[③] 人大主导立法，并不意味着人大及其常委会在立法中包办一切，事无巨细地承担所有的立法工作，而是要充分发挥人大及其常委会在立法工作中的优势主动地位，具体体现在立法方向主导、立法进程主导、立法决策主导等。"方向主导是指人大制定立法规划计划时要发挥主导作用，使立法选题选项能够围绕中心、服务大局、回应民生、契合发展，确保立法工作朝着正确的方向发展。进程主导是指人大在立法的立项、起草、调研、修改、审议、表决、实施、清理等整个立法过程中要起到主导作用，发挥好组织协调的职能，积极推

① 参见陈俊等：《中国的立法体制研究》，经济科学出版社 2020 年版，第 42 页。

② 习近平：《决胜全面建成小康社会　夺取新时代中国特色社会主义伟大胜利——在中国共产党第十九次全国代表大会上的报告(2017 年 10 月 18 日)》，人民出版社 2017 年版，第 37 页。

③ 中国社会科学院语言研究所编：《现代汉语词典》，商务印书馆 2002 年版，第 438 页。

进立法进程的顺利进行。决策主导是指人大对立法中遇到的各方争议较大、涉及经济社会发展全局或者人民群众切身利益的重大问题时，要积极组织开展研究论证，在各方利益充分表达、权衡的基础上，果断作出决策，敢于并善于在矛盾焦点上划杠杠。”[①]因此，人大对立法工作的主导作用恰恰要求人大及其常委会或专门委员会不能包办所有立法具体工作，而是要抓住立法工作的关键环节和核心问题。

关于发挥人大主导立法的实施路径，需要从几个方面着手：

一是要加强人大自身立法能力建设。具体来说包括：首先是进一步改革完善人大代表制度，加强人大代表专职化建设，提高人大及人大代表个人的议事能力和议事效率。其次是加强人大常委会、人大专门委员会、人大常委会法制工作委员会等组织建设，增加人大常委会专职委员数量，尤其是具有立法理论与实践经验的专职委员，充分从人员编制、财政经费等人力物力层面提高人大及其常设组织的立法能力与立法效率。最后是充分调动社会各方面立法资源，如建立立法专家顾问制度；委托专家参与立法起草、立法论证、立法评估等制度；探索设立立法助理、委员助理等制度，吸收立法专家学者参与立法等。

二是健全人大主导立法的具体工作机制。党的十八届四中全会报告提出要“健全有立法权的人大主导立法工作的体制机制，发挥人大及其常委会在立法工作中的主导作用”。因此，在解决了人大主导立法工作的体制问题之后，还要注重优化完善人大主导立法工作的机制问题。从立法的具体实践环节展开来说，包括：(1)健全立项机制。这是立法活动的源头问题，决定“人大立什么法”的问题。2015 年修改后的《立法法》第 52 条规定：“全国人民代表大会常务委员会通过立法规划、年度立法计划等形式，加强对立法工作的统筹安排。”同时第 66 条还明确规定：“国务院年度立法计划中的法律项目应当与全国人民代表大会常务委员会的立法规划和年度立法计划相衔接。”这就通过《立法法》的规

① 参见陈俊等：《中国的立法体制研究》，经济科学出版社 2020 年版，第 46 页。

定，从源头上对人大主导立法的动议，宏观的立法规划与具体的立法计划予以法定化、明确化、规范化。立项机制的健全，能够使人大对立法工作化被动为主动，使人大及其常委会在立法动议阶段就掌握充分的主动权。(2)健全起草机制。法律的草案构成了一部法律的“底色”，也是一部法律最初的“雏形”，因此立法起草机制是人大主导立法的关键环节之一。从我国立法实践来看，相当数量的法律草案都是由政府及其职能部门完成的，甚至一度被批评为“政府主导人大立法”的奇特现象。毋庸讳言，在实际的立法过程中，确实存在“部门利益”“利益集团”的问题，因此须从立法起草环节开始健全机制，在加强人大及其常委会自身立法能力建设的基础上，改变过度依赖政府及其职能部门起草立法草案的问题，逐步形成由人大常委会法制工作部门、人大各专门委员会来具体负责法案起草，此外还可以综合利用各方面资源，创新法案起草，例如，现在不少地方立法机关都在探索委托第三方起草法案，构建立法起草的公众参与机制等。(3)健全审议机制。审议是立法活动的关键环节，需对立法草案的科学性、合法性、合理性、可行性等进行综合把关，是立法草案的“总开关”。当下，加强人大及其常委会的立法能力建设，核心的议题就是加强立法审议表决能力建设，进一步提高人大及其常委会立法审议的质量和效率。

3. 注重发挥政府在立法工作中的重要作用

在我国现行立法体制中，政府的行政立法是立法体制的重要组成部分，行政法规也是我国法律体系中不可或缺的重要部分。由于“政府及其主管部门处于管理行政事务的最前沿，有熟悉业务、了解情况的优势，能更及时和更全面地了解政治、经济、文化和社会生活等各个方面的发展变化，能更透彻和准确地把握现实社会生活中各方面的需求及发展趋向，能更敏锐地发现需要法律调整的社会问题及通过立法加以调整的途径和方法等。”①因此，政府在立法工作中具有天然的优势，应充分注重

① 苗连营：《立法程序论》，中国检察出版社 2001 年版，第 175 ~ 176 页。

发挥政府在立法工作中的重要作用,加强和改进政府立法制度建设,完善行政法规、行政规章的制定程序。重要的行政管理法规由政府法制机构组织起草,避免法规起草的“部门利益”,专业性较强的行政法规可以吸收专家学者参与起草或委托第三方独立起草,加强政府部门之间的立法统筹与协调机制建设,提高行政法规、行政规章的立法质量。

在注重发挥政府在立法工作尤其是行政立法中重要作用的同时,还要严格遵照《宪法》《立法法》等法定的权限、职责和程序,不能越权立法。因此,发挥政府在立法工作中的重要作用需要注意以下几点:一是政府要严格按照法定的权限和职责范围,明确政府的立法权力边界,从体制机制和工作程序上有效防止部门利益和地方保护主义法律化。《立法法》第 11 条通过列举式的方式,明确了只能由全国人民代表大会及其常委会制定的事项,也即法律保留原则。政府在立法过程中,要严格遵循该原则,对于法律保留事项,在没有得到全国人大及其常委会的授权之前,不能越俎代庖。二是政府立法要严格遵照法定的程序进行,完善授权立法。《立法法》第 12 条规定:“本法第十一条规定的事项尚未制定法律的,全国人民代表大会及其常务委员会有权作出决定,授权国务院可以根据实际需要,对其中的部分事项先制定行政法规,但是有关犯罪和刑罚、对公民政治权利的剥夺和限制人身自由的强制措施和处罚、司法制度等事项除外。”政府在授权立法中,要格外关注授权立法的特殊规定,严格按照授权立法的权力职责范围与程序行使授权立法权。三是注重加强政府部门间的立法协调。建立健全重要立法争议事项协调机制,防止立法项目久拖不决。对部门间争议较大的重要立法事项,由决策机关引入第三方评估,充分听取各方意见,协调决定。

4. 建立健全区域协同立法机制

近年来,为了贯彻落实国家的区域发展战略,促进区域协同发展,全国很多地方都在积极探索区域协同立法,形成了跨区域协同立法的不少地方经验与做法,并取得了良好的成效。2022 年 3 月 11 日,第十三届全国人民代表大会第五次会议通过了《关于修改〈中华人民共和国地方各级人民代表大会和地方各级人民政府组织法〉的决定》(以下简称2022年《组织法》),2022年《组织法》第10条[①]第3款规定:“省、自治区、直辖市以及设区的市、自治州的人民代表大会根据区域协调发展的需要,可以开展协同立法。”这就从基本法律的层面正式明确了地方立法协同机制。通过不断建立健全地方立法工作机制,可以有效提高地方立法质量,切实避免地方越权立法、重复立法、盲目立法等问题。

区域立法的协同机制的建立健全,对于贯彻落实国家的区域协同发展战略,在立法层面提供了有力的地方法治保障与支撑。但在充分肯定区域协同立法机制的同时,也有值得注意的地方,一是加强全国人大常委会对跨区域地方立法的协调与指导,在充分总结地方经验与做法的基础上,对于有必要上升到国家层面立法的,要及时上升为国家立法,以便更好地惠及全国其他地方。二是注重区域协同立法的合法性审查,确保区域协同立法不能与上位法相抵触。

---

① 《中华人民共和国地方各级人民代表大会和地方各级人民政府组织法》第10条规定:“省、自治区、直辖市的人民代表大会根据本行政区域的具体情况和实际需要,在不同宪法、法律、行政法规相抵触的前提下,可以制定和颁布地方性法规,报全国人民代表大会常务委员会和国务院备案。设区的市、自治州的人民代表大会根据本行政区域的具体情况和实际需要,在不同宪法、法律、行政法规和本省、自治区的地方性法规相抵触的前提下,可以依照法律规定的权限制定地方性法规,报省、自治区的人民代表大会常务委员会批准后施行,并由省、自治区的人民代表大会常务委员会报全国人民代表大会常务委员会和国务院备案。省、自治区、直辖市以及设区的市、自治州的人民代表大会根据区域协调发展的需要,可以开展协同立法。”

# 第二章　当代中国立法的基本原则

当代中国立法的基本原则主要体现为：坚持中国共产党的领导、坚持以人民为中心、维护社会主义制度、体现社会主义核心价值观、发挥立法引领推动作用等五项。

## 一、立法必须坚持中国共产党的领导

坚持党对立法工作的领导是我国立法发展的一条基本经验，也是实现党对国家政权领导的基本形式。[①] 党的二十大报告指出："坚持宪法确定的中国共产党领导地位不动摇。"[②]坚持党领导立法，是中国特色社会主义制度的一大政治优势，是党依法执政、依法治国的根本政治要求。中华人民共和国成立 70 年特别是改革开放 40 多年来，我国立法工作取得了历史性成就，形成并不断完善了中国特色社会主义法

---

① 封丽霞：《中国共产党领导立法的历史进程与基本经验——十八大以来党领导立法的制度创新》，载《中国法律评论》2021 年第 3 期。

② 习近平：《高举中国特色社会主义伟大旗帜　为全面建设社会主义现代化国家而团结奋斗——在中国共产党第二十次全国代表大会上的报告(2022 年 10 月 16 日)》，人民出版社 2022 年版，第 38 页。

律体系，归根结底在于坚持了党的领导。正是由于我们党团结带领中国人民坚持和发展中国特色社会主义，坚定进行了社会主义现代化建设事业的伟大实践，开辟了中国特色社会主义法治道路，形成了中国特色社会主义法治理论体系，发展了中国特色社会主义法治文化，才形成和完善了以宪法为核心的中国特色社会主义法律体系，为确立、巩固、完善和发展中国特色社会主义制度，推进国家治理体系和治理能力现代化提供了有效的制度保障。[①] 党领导立法工作的直接体现是“党领导人民制定宪法和法律”，这也构成了依法执政和依法治国的前提。党领导立法的方式和内容亦不断规范化和制度化，党对于立法工作的认识以及领导立法工作的方式进入了成熟和发展时期。

加强党对立法工作的领导成为新时代立法事业发展的必然要求。马克思主义立法观认为，立法是体现一定阶级意志的活动，在私有制社会首先和主要是体现有产者意志，在社会主义社会体现工人阶级和其他人民的意志。[②]《中华人民共和国宪法》规定，中华人民共和国是工人阶级领导的、以工农联盟为基础的人民民主专政的社会主义国家。可见，坚持党对立法工作的领导，不仅是由立法本身的性质所决定，也是我国宪法的根本要求。习近平总书记指出：“中国特色社会主义最本质的特征是中国共产党领导，中国特色社会主义制度的最大优势是中国共产党领导”“党政军民学，东西南北中，党是领导一切的”。[③] 立法体现社会主义性质首先是要在立法中坚持党的领导，体现党的主张。[④] 自党的十八大以来，以习近平同志为核心的党中央始终着眼于在全面推进依法治国的过程中坚持和加强党的领导，不断深化对于党领导立法的方式和内容

① 冯涛：《党领导立法工作的理论发展与实践创新》，载中国人大网，http://www.npc.gov.cn/npc/dzlfxzgcl70nlflc/202108/6d2487ea21804d1aae3af0e3df35bec7.shtml。

② 参见周旺生：《立法学教程》，北京大学出版社 2006 年版，第 73 页。

③ 习近平：《决胜全面建成小康社会　夺取新时代中国特色社会主义伟大胜利——在中国共产党第十九次全国代表大会上的报告》（2017 年 10 月 18 日），人民出版社 2017 年版，第 28 ~ 29 页。

④ 王腊生：《习近平新时代中国特色社会主义思想指导下的立法工作思考》，载《法治现代化研究》2018 年第 1 期。

的认识,在党领导立法方面作出了一系列创新举措。

(一)党领导立法的内涵不断深化

自中华人民共和国成立以来,坚持党的领导就是我国立法工作始终坚持的一项基本原则。党的十八大之后,“党领导立法”的表述首次出现在2012年12月4日习近平同志在首都各界纪念现行宪法公布施行三十周年大会的讲话当中。他指出:“党领导人民制定宪法和法律,党领导人民执行宪法和法律,党自身必须在宪法和法律范围内活动,真正做到党领导立法、保证执法、带头守法。”①

党的十八届四中全会提出“法律是治国之重器、良法是善治之前提”,专门强调要完善党对立法工作中重大问题决策的程序,并且就须报党中央讨论决定的立法事项进行确定。党的十九大报告强调要着力“推进科学立法、民主立法、依法立法”,并“以良法促进发展、保障善治”“必须把党的领导贯彻落实到依法治国全过程和各方面”。党的十九届四中全会要求完善党委领导、人大主导、政府依托、各方参与的立法工作格局,提高立法质量和效率,不断完善以宪法为核心的中国特色社会主义法律体系。十九届五中全会继续提出“完善以宪法为核心的中国特色社会主义法律体系,加强重点领域、新兴领域、涉外领域立法”。这些重要论述都体现了党对立法工作前所未有的重视,意味着新时代党领导立法工作已站在一个新的历史起点,面临新的国家治理挑战与社会需求。

党的十八大以来,习近平总书记在多个场合阐述了以“良法”促进“善治”的思想,强调“小智治事,中智治人,大智立法。治理一个国家、一个社会,关键是要立规矩、讲规矩、守规矩。法律是治国理政最大最重要的规矩”。② 我国立法工作顺应新时代社会主义现代化建设的新情

① 中共中央文献研究室编:《十八大以来重要文献选编》(上),中央文献出版社2014年版,第91页。

② 习近平:《在中共十八届四中全会第二次全体会议上的讲话》(2014年10月23日),载中共中央文献研究室编:《习近平关于全面依法治国论述摘编》,中央文献出版社2015年版,第12页。

况，坚持党对立法工作的集中统一领导，在全面依法治国的目标之下推进科学立法、严格执法、公正司法、全民守法，坚持立法先行、围绕“五位一体”总体布局和“四个全面”战略布局加强重点领域立法，不断完善中国特色社会主义法律体系。

（二）党领导立法的方式规范完善

在实现党对立法工作集中统一领导的过程中，党领导立法的方式与内容逐步规范化、制度化。党的十八届四中全会决定专门对党领导立法的方式与内容进行了规定，即凡立法涉及重大体制和重大政策调整的，必须报党中央讨论决定；党中央向全国人大提出宪法修改建议，依照宪法规定的程序进行宪法修改；法律制定和修改的重大问题由全国人大常委会党组向党中央报告。实践当中，中共中央领导国家立法工作主要采取以下形式：

1. 中共中央加强对宪法修改、解释工作的领导

宪法作为国家根本大法，其修改和解释是国家最重要的立法活动。自中华人民共和国成立以来，每次宪法制定和修改都是由中共中央组织起草并向全国人大提出制定、修改建议。中共十八届四中全会决定明确要求“完善全国人大及其常委会宪法监督制度，健全宪法解释程序机制”，“党中央向全国人大提出宪法修改建议，依照宪法规定的程序进行宪法修改”。2016 年，《中共中央关于加强党领导立法工作的意见》对党领导宪法修改和解释的程序也作出具体规定。依据相关规定，宪法修改程序的启动主要有两种方式：一是中央政治局提出修改宪法的意见，并提交中央全会讨论通过后，再以中共中央的名义向全国人大提出修宪建议，由全国人大依照《宪法》《立法法》的相关法定程序进行审议。二是全国人大常委会党组或者全国人民代表大会会议期间设立的大会党的领导小组可以提出修改宪法的意见，提交中央政治局会议讨论并提请中央全会讨论通过之后，再按照法定程序由全国人大进行审议。2018 年，中共中央作出修改宪法的重大决策，中共十九届二中全会审议通过了中共中央关于修改宪法部分内容的建议。十二届全国人大常委会严格依

照法定程序推进宪法修改工作,形成宪法修正案草案并提请十三届全国人大一次会议审议通过。①

2017 年 3 月,全国人大常委会进一步对党领导宪法解释工作的原则和程序进行了明确规定。中共中央对宪法解释工作的领导通常采取以下程序进行:由中央政治局向全国人大常委会提出解释宪法的建议,再由全国人大常委会依照法定程序进行审议;或者,全国人大常委会党组提出解释宪法的建议,提交中央政治局常委会会议或者中央政治局会议讨论同意之后,再由全国人大常委会依照法定程序进行审议。②

2. 中共中央提出立法工作的目标、任务与方针战略

长期以来,中共中央通过制定关于国民经济和社会发展的五年规划对特定历史阶段的国家发展战略目标进行部署,同时确定了立法工作的阶段性目标和主要任务。例如,《中共中央关于制定国民经济和社会发展第十四个五年规划和二〇三五年远景目标的建议》专门强调,“完善以宪法为核心的中国特色社会主义法律体系,加强重点领域、新兴领域、涉外领域立法”,这就意味着在整个“十四五”时期和 2035 年之前,我国立法工作的主要目标和任务是围绕贯彻新发展理念,加强国家安全、科技创新、网络信息、涉外法治体系建设等重点领域的立法,推动我国法律体系不断完善和发展。③ 党的多次全国代表大会都专门提出立法工作的发展目标与方针、战略。如党的十五大提出“2010 年形成有中国特色的社会主义法律体系”,这就成为之后若干年我国立法工作的目标任务和基本方针。党的十八届四中全会提出建设中国特色社会主义法治体系的总目标,其中就涵盖了“完善的法律规范体系”和“完备的党内法规体系”的立法工作要求,全会还专门强调“坚持立法先行,发挥立法的引

---

① 封丽霞:《中国共产党领导立法的历史进程与基本经验——十八大以来党领导立法的制度创新》,载《中国法律评论》2021 年第 3 期。

② 封丽霞:《中国共产党领导立法的历史进程与基本经验——十八大以来党领导立法的制度创新》,载《中国法律评论》2021 年第 3 期。

③ 本书编写组编著:《〈中共中央关于制定国民经济和社会发展第十四个五年规划和二〇三五年远景目标的建议〉辅导读本》,人民出版社 2020 年版,第 59 页。

领和推动作用”“抓住提高立法质量这个关键。使每一项立法都符合宪法精神、反映人民意志、得到人民拥护”等。党的十九大强调“推进科学立法、民主立法、依法立法”“以良法促进发展、保障善治”。这些都是中共中央对立法工作提出的目标指引与基本遵循。[①]

3. 中共中央审定全国人大常委会立法规划

从1988年七届全国人大开始，全国人大常委会在每届任期之初都要根据特定阶段的经济社会发展目标编制立法规划，确定五年任期内立法工作的重点项目和主要任务，并报中共中央批准后执行。这是中共中央领导立法工作的一种重要形式，有利于增强国家立法工作的整体性、前瞻性和统筹性。党的十八大之后，中共中央加强对国家立法规划和年度立法计划的指导，审定全国人大常委会立法规划。如果社会形势和立法对象情况发生重大变化、立法规划需要作出重大调整，全国人大常委会党组也要及时报请中共中央按程序审批。如2013年9月，中共中央批准并转发《中共全国人大常委会党组关于〈十二届全国人大常委会立法规划〉的请示》（中发〔2013〕7号），对2013～2018年的立法工作进行统筹安排。2015年6月，中共中央再次批准并转发《中共全国人大常委会党组关于调整〈十二届全国人大常委会立法规划〉的请示》（中发〔2015〕15号），在2013年规划的基础上增加了一些与深化改革有关的立法项目，将原有68件立法项目增至102件。而且，全国人大常委会每年制订的年度立法工作计划，也要报请中共中央审定。

4. 中共中央加强对重要法律制定、修改工作的领导

中共中央加强对于一些主题重大、政治敏感、涉及面广、社会高度关注的法律的制定工作的领导，这也是党领导国家立法工作的重要体现。中共中央通常要讨论和决定重要法律所涉及的重大体制和重大政策调整，统筹协调立法过程中的重大立法争议。一些重要法律在起草、审议

---

① 封丽霞：《中国共产党领导立法的历史进程与基本经验——十八大以来党领导立法的制度创新》，载《中国法律评论》2021年第3期。

修改过程中,中共中央可以听取全国人大常委会党组关于立法工作进展情况、重要事项和重大问题的汇报,解决立法过程中的重大疑难问题,推动立法工作的顺利进行。显然,并不是所有提请全国人大及其常委会审议的法律草案都要报请中共中央研究讨论。只有那些主题重大、政治敏感、涉及面广、社会高度关注、情况复杂的重要法律草案才提交中共中央研究决定。党的十八大以来,中共中央高度重视对立法工作的集中统一领导,对重要立法项目和法律草案通常要以列入中央政治局常委会年度工作要点的形式予以确认。[①] 如《立法法》修改过程中,2015 年 2 月,习近平总书记主持召开中央政治局常委会会议,听取全国人大常委会党组《关于〈中华人民共和国立法法修正案(草案)〉几个主要问题的请示》的汇报,就立法法修改的主要问题作出重要指示,为立法法修正案顺利通过提供强大的政治保障。又如,习近平总书记专门就中共中央领导《民法典》的立法过程指出:"党的十八大以来,我们顺应实践发展要求和人民群众期待,把编纂民法典摆上重要日程。党的十八届四中全会作出关于全面推进依法治国若干重大问题的决定,其中对编纂民法典作出部署。之后,我主持 3 次中央政治局常委会会议,分别审议民法总则、民法典各分编、民法典 3 个草案。在各方面共同努力下,经过 5 年多工作,民法典终于颁布实施,实现了几代人的夙愿。"[②]这段话充分显示了中共中央对于《民法典》编纂工作的高度重视和统筹领导。

### (三)党领导立法的制度机制创新

第一,进一步加强立法机关的党组建设。党对立法工作的领导,很大程度要通过立法机关党组来组织实施。全国人大常委会党组是中共中央在全国人大常委会设立的领导机构,是实现党对全国人大及其常委会领导的重要组织形式和机制保障,是实现党领导立法的重要主体和关

---

① 参见沈春耀、许安标主编:《大智立法:新中国成立 70 年立法历程》,法律出版社 2019 年版,第 88 页。

② 习近平:《充分认识颁布实施民法典重大意义 依法更好保障人民合法权益》,载习近平:《论坚持全面依法治国》,中央文献出版社 2020 年版,第 278 页。

键纽带。党的十八大以来,中共中央不断加强全国人大常委会以及全国人大各专门委员会的党组建设。全国人大各专门委员会在国家立法工作中发挥着重要作用,通常在各自职责范围内,牵头起草、审议具有综合性、全局性、基础性的重要法律草案,依法提请全国人大常委会审议。[①]党领导立法既要支持和保障人大发挥法定职能,又要发挥党组的领导核心作用。[②] 党中央于 2015 年 6 月印发《中国共产党党组工作条例(试行)》(以下简称《党组工作条例(试行)》),其中第 19 条规定:"建立健全党组向批准其设立的党组织请示报告工作制度。党组每年至少作 1 次全面报告……"在当年 1 月,中央政治局常委会就已经专门听取了包括全国人大常委会党组在内的有关党组的工作汇报。2016 年党的十八届六中全会通过《关于新形势下党内政治生活的若干准则》,其中再次强调"全国人大常委会……其党组织要定期向党中央报告工作"。自 2015 年之后,中央政治局常委会在每年年初听取全国人大常委会党组的工作汇报就成为一项定期的制度安排。[③]

《中国共产党党组工作条例(试行)》第 6 条第 2 款规定:"已设立党组的有关组织,因行业、系统管理需要等确需在下属单位设立分党组的,由党组报本级党委组织部门审批。"根据该条例,全国人大下设的各专门委员会均设立了分党组。专门委员会在人大主导立法方面发挥了重要作用。在专门委员会设立分党组,将有利于党中央的路线方针政策在立法各环节中得到更好的贯彻落实,进一步强化了立法机关的党组建设。2019 年,党中央在修订后的《中国共产党党组工作条例》中将这一做法固定下来并推广至地方。[④]

第二,实行立法重大事项请示报告制度。坚持中共中央对国家立法

---

① 封丽霞:《中国共产党领导立法的历史进程与基本经验——十八大以来党领导立法的制度创新》,载《中国法律评论》2021 年第 3 期。

② 参见王建芹、赵银:《加强与完善党领导立法工作制度的若干思考》,载《廉政文化研究》2021 年第 1 期。

③ 参见赵一单:《党领导立法的组织演变》,载《环球法律评论》2021 年第 6 期。

④ 参见赵一单:《党领导立法的组织演变》,载《环球法律评论》2021 年第 6 期。

工作的集中统一领导,就必须严格执行请示报告制度。这既是党章党规的明确要求,也是组织纪律要求。1979 年,彭真同志起草了《关于草拟或修改法律、法规应先将问题和意见报经中央批准的请示报告》,首次确立了立法工作的“请示报告”制度。通过“请示报告”制度,全国人大常委会才能及时、全面地向中共中央反映重大立法工作中的情况和问题,请求中央研究决定、给予支持,这将有利于相关立法工作及时从中共中央获得支持和认可,有助于重大立法争议的化解、推动重大立法项目的顺利进行。党的十八大之后,立法工作中的重大事项请示报告制度以“准则”的形式被确定下来,成为全国人大常委会党组的一项常态化、制度化工作。2016 年,党的十八届六中全会通过《中国共产党第十八届中央委员会关于新形势下党内政治生活的若干准则》。该准则规定:“全党必须严格执行重大问题请示报告制度。全国人大常委会、国务院、全国政协,中央纪律检查委员会,最高人民法院、最高人民检察院,中央和国家机关各部门,各人民团体,各省、自治区、直辖市,其党组织要定期向党中央报告工作。研究涉及全局的重大事项或作出重大决定要及时向党中央请示报告,执行党中央重要决定的情况要专题报告”“省、自治区、直辖市党委在党中央领导下开展工作,同级各个组织中的党组织和领导干部要自觉接受同级党委领导、向同级党委负责,重大事项和重要情况及时向同级党委请示报告”。从 2015 年开始,中央政治局常委会会议每年听取全国人大常委会党组工作汇报。中共中央听取的报告主要包括全国人大常委会党组工作报告、重要法律案请示报告、重要立法工作请示报告等。①

第三,组建中央全面依法治国委员会。为更好落实全面依法治国基本方略、深化依法治国实践,党的十九大报告提出“成立中央全面依法

---

① 参见沈春耀、许安标主编:《大智立法:新中国成立 70 年立法历程》,法律出版社 2019 年版,第 88 页。

治国领导小组,加强对法治中国建设的统一领导"。[①] 党中央在 2018 年 3 月印发的《深化党和国家机构改革方案》中决定"组建中央全面依法治国委员会"。习近平总书记在阐述成立中央依法治国委员会的重大意义时就指出,"当前,立法、执法、司法、守法等方面都存在不少薄弱环节,法治领域改革面临许多难啃的硬骨头,迫切需要从党中央层面加强统筹协调。"[②]从官方的新闻报道来看,这一委员会在领导立法工作方面发挥了重要的作用。例如,2018 年 8 月 24 日召开的中央全面依法治国委员会第一次会议审议了《人民法院组织法(修订草案)》《人民检察院组织法(修订草案)》。全国人大宪法和法律委员会的审议报告进一步披露,"会后,中央组织部、最高人民法院、最高人民检察院、中央军委政法委员会等单位的领导同志提出了书面意见。"[③]这显然就是由于两部组织法涉及多个单位之间的关系,需要由中央全面依法治国委员会进行统筹协调和总体推进。又如,2019 年 2 月 25 日召开的中央全面依法治国委员会第二次会议审议通过了《全国人大常委会 2019 年立法工作计划》《国务院 2019 年立法工作计划》。可见,在中央全面依法治国委员会成立之后,它具体承担起了审定立法规划性文件的重要任务。[④]

## 二、立法必须坚持以人民为中心

以人民为中心,是习近平新时代中国特色社会主义思想的重要内容,是新时代坚持和发展中国特色社会主义的基本方略之一。党的二十

---

① 习近平:《决胜全面建成小康社会　夺取新时代中国特色社会主义伟大胜利——在中国共产党第十九次全国代表大会上的报告(2017 年 10 月 18 日)》,载《人民日报》2017 年 10 月 28 日,第 1 版。

② 习近平:《在中央全面依法治国委员会第一次会议上的讲话》,载习近平:《论坚持全面依法治国》,中央文献出版社 2020 年版,第 224 页。

③ 沈春耀:《全国人民代表大会宪法和法律委员会关于〈中华人民共和国人民法院组织法(修订草案)〉审议结果的报告》,载《全国人民代表大会常务委员会公报》2018 年第 6 号,第 746 页。

④ 参见赵一单:《党领导立法的组织演变》,载《环球法律评论》2021 年第 6 期。

大报告中强调,“坚持以人民为中心的发展思想。”[1]习近平总书记在中央全面依法治国工作会议上强调推进全面依法治国要坚持以人民为中心。[2] 习近平总书记多次强调:“我们必须始终坚持人民立场,坚持人民主体地位”“把人民拥护不拥护、赞成不赞成、高兴不高兴、答应不答应作为衡量一切工作得失的根本标准”。[3] 坚持以人民为中心、充分反映人民的意愿,切实保障人民的利益,不断满足人民对幸福美好生活的期盼,是社会主义法治的本质要求,也是新时代立法工作的价值取向和工作重点。立法工作坚持以人民为中心,核心就是法律要体现人民利益、更好地满足人民群众日益增长的美好生活需要。人民群众对美好生活的获得感、幸福感,有不少是通过法治、通过立法来保证和感受体验的。[4]

(一)坚持人民主体地位

在立法工作中,要坚持国家的一切权力属于人民。[5] 充分保障人民、人大代表的立法程序参与立法权。国家权力属于人民,由人民选举产生人大代表代为行使国家权力。全国人民代表大会和地方各级人民代表大会代表,代表人民的利益和意志,参与行使国家权力。[6] 保障人大代表充分参与立法,发挥人大代表来自人民、根植人民的桥梁纽带作

---

① 习近平:《高举中国特色社会主义伟大旗帜 为全面建设社会主义现代化国家而团结奋斗——在中国共产党第二十次全国代表大会上的报告(2022 年 10 月 16 日)》,人民出版社 2022 年版,第 27 页。

② 新华社:《习近平在中央全面依法治国工作会议上强调 坚定不移走中国特色社会主义法治道路 为全面建设社会主义现代化国家提供有力法治保障》,载《中国人大》2020 年第 22 期。

③ 习近平:《在第十三届全国人民代表大会第一次会议上的讲话》,载《中国人大》2018 年第 6 期。

④ 参见《新时代立法工作应当遵循的基本原则 坚持以人民为中心加强和改进立法工作》,载中国人大网,http://www.npc.gov.cn/npc/c30834/202011/071f408f9972496fba9a4d75e70df949.shtml,最后访问日期:2022 年 4 月 4 日。

⑤ 参见《新时代立法工作应当遵循的基本原则 坚持以人民为中心加强和改进立法工作》,载中国人大网,http://www.npc.gov.cn/npc/c30834/202011/071f408f9972496fba9a4d75e70df949.shtml,最后访问日期:2022 年 4 月 4 日。

⑥ 参见李振宁:《人大立法坚持“以人民为中心”的理论逻辑和制度展开》,载《山东行政学院学报》2021 年第 1 期。

用，既是全过程人民民主的制度优势，又是立法更好察民情、聚民智的重要保证。《全国人大常委会2020年度立法工作计划》要求“把代表议案、建议作为编制立法工作计划、起草法律草案、推动改进立法工作的重要依据”。[①]《全国人大常委会2021年度立法工作计划》指出：“在新冠肺炎疫情防控常态化情况下，持续扩大代表对立法工作的参与，认真研究代表提出的意见建议，发挥相关领域或具有相关专业背景的代表在立法中的作用。”[②]让代表成为立法程序的启动者、立法质量的把关者、立法实施的监督者。[③] 全国各级人大常委会要不断加强与代表、群众在立法工作方面的联系。《全国人大常委会办公厅关于完善人大代表联系人民群众制度的实施意见（2016年）》将人大及其常委会立法工作安排和立法调研等作为人大代表联系人民群众的重要内容。江苏省人大为了密切同人大代表的联系，在常委会会议期间召开列席代表座谈会，专门邀请列席代表共同座谈，面对面听取代表意见，并形成制度化安排。[④]

### （二）充分体现全过程人民民主

2021年3月修改的《中华人民共和国全国人民代表大会组织法》，增加规定了全国人大及其常委会“坚持全过程民主”、全国人大代表“充分发挥在全过程民主中的作用”，以这一重大理念引领新时代立法实践。2021年10月，习近平总书记出席中央人大工作会议并发表重要讲

---

① 《全国人大常委会2020年度立法工作计划（2019年12月16日第十三届全国人民代表大会常务委员会第44次委员长会议原则通过　2020年6月1日第十三届全国人民代表大会常务委员会第58次委员长会议修改）》，载中国人大网，http://www.npc.gov.cn/npc/c30834/202006/b46fd4cbdbbb4b8faa9487da9e76e5f6.shtml，最后访问日期：2022年4月4日。

② 《全国人大常委会2021年度立法工作计划（2020年11月27日第十三届全国人民代表大会常务委员会第78次委员长会议原则通过　2021年4月16日第十三届全国人民代表大会常务委员会第91次委员长会议修改）》，载中国人大网，http://www.npc.gov.cn/npc/c30834/202104/1968af4c85c246069ef3e8ab36f58d0c.shtml，最后访问日期：2022年4月4日。

③ 王良：《坚持开门立法推进立法民主化》，载《中国人大》2019年第24期。

④ 参见陈明慧：《我省探索人大代表联系新机制——常委会期间，来了列席代表》，载《新华日报》2019年3月27日，第3版。

话,系统阐述了全过程人民民主这一重大理念,强调必须坚持用制度体系保障人民当家作主,指出人民代表大会制度是实现我国全过程人民民主的重要制度载体。① 立法应努力实现"四个化",把全过程民主的原则和要求贯彻到立法的全流程、全链条、全方位。一是民主立法的全过程化。在立法中,深刻把握和认真践行全过程民主的要求,在法规立项、起草、审查、审议、通过和实施及监督等立法工作的全过程,通过一系列法规规范、制度安排和机制设计,广泛充分听取吸纳各方面意见,创新公众参与方式、改进公众参与举措、补齐公众参与短板。二是公众参与的全面化。"全过程人民民主"要求参与民主立法的公众具有广泛性,能够全面代表和反映各方面的利益诉求。三是民意采纳的实效化。民意不仅要认真"听",更要充分"纳"。民主不能仅是形式的,更重要的是要有效果。四是民生立法的凸显化。民意采纳的效果不仅体现在法规制度中,还体现在立法惠民上。立法工作要积极回应人民群众新要求、新期盼,系统研究和解决人民群众反映强烈的问题,切实增强人民群众的获得感、幸福感、安全感。②

### (三)切实发挥人大主导作用

《中共中央关于全面推进依法治国若干重大问题的决定》强调:"健全有立法权的人大主导立法工作的体制机制,发挥人大及其常委会在立法工作中的主导作用"。③《立法法》第 54 条规定:"全国人民代表大会及其常务委员会加强对立法工作的组织协调,发挥在立法工作中的主导作用。"坚持人大及其常委会在立法工作中发挥主导作用,有利于实现"以人民为中心"的立法理念。人大及其常委会是人民行使国家权力的机关。人民授权人大代表通过人民代表大会及其常务委员会行使国家

---

① 参见习近平:《在中央人大工作会议上的讲话》,载《求是》2022 年第 5 期。

② 参见王腊生:《在地方立法工作中贯彻"全过程人民民主"的做法和思考》,载《人大研究》2021 年第 12 期。

③ 《中共中央关于全面推进依法治国若干重大问题的决定(2014 年 10 月 23 日中国共产党第十八届中央委员会第四次全体会议通过)》,载《求是》2014 年第 21 期。

权力，是实现人民当家作主的主要方式。发挥人大及其常委会在立法工作中的主导作用，就是要使人民更多地参与国家治理，行使固有的权力。人大及其常委会是同人民群众保持密切联系的代表机关。依靠人民、根植人民、以人民为中心的基础，要求立法工作尽可能离人民更近。人大及其常委会比行政机关更为接近代表、人民。立法工作中要做到全面、及时、准确地反映人民群众意见，应由人民利益而非其他利益主导立法进程和制度设计。人大及其常委会是意见平衡、共识凝聚机关。对于政府而言，人大及其常委会立场相对超脱，可以避免部门利益的牵绊。可以在审议过程中充分听取委员、代表意见，有更充分的立法过程协调不同群体的利益诉求，把关法律议案是否符合人民利益，更好地表达、平衡、调整社会利益。[①] 坚持以人民为中心，切实发挥人大主导作用，要深入了解客观实际，科学分析立法需求，着力抓住人民群众普遍关心的热点难点问题，恰当确定立法项目。要完善立法工作机制和审议机制，充分发扬民主，广泛汇聚民智，努力做到民有所呼、我有所应。要把改革发展需要同保障人民共享发展成果有机统一起来，立符合实际的法，立有效管用的法，立百姓拥护的法，不断提升依法治理水平。[②]

## 三、立法必须维护社会主义制度

立法维护社会主义制度，是一个大是大非问题，是一个根本方向问题，也是一个宪法问题。我国立法是社会主义立法，不能在立法中挖社会主义墙角。习近平总书记指出："全党要更加自觉地坚持党的领导和我国社会主义制度，坚决反对一切削弱、歪曲、否定党的领导和我国社会主义制度的言行。"宪法明确规定，"社会主义制度是中华人民共和国的

---

① 参见李振宁：《人大立法坚持"以人民为中心"的理论逻辑和制度展开》，载《山东行政学院学报》2021 年第 1 期。

② 参见《新时代立法工作应当遵循的基本原则　坚持以人民为中心加强和改进立法工作》，载中国人大网，http://www.npc.gov.cn/npc/c30834/202011/071f408f9972496fba9a4d75e70df949.shtml，最后访问日期：2022 年 4 月 4 日。

根本制度。禁止任何组织或者个人破坏社会主义制度"。我们在立法中要鲜明地高举中国特色社会主义的旗帜,自觉维护社会主义制度。[①]

（一）立法必须遵循宪法的基本原则和规定

宪法是国家的根本大法,是治国安邦的总章程,具有最高的法律效力。依法治国,归根结底是依照宪法治国。维护法治的权威,首先是维护宪法的权威。党的二十大报告指出:"坚持依法治国首先要坚持依宪治国,坚持依法执政首先要坚持依宪执政,坚持宪法确定的中国共产党领导地位不动摇。加强宪法实施和监督,健全保证宪法全面实施的制度体系,更好发挥宪法在治国理政中的重要作用,维护宪法权威。"[②]宪法明确规定:"一切法律、行政法规和地方性法规都不得同宪法相抵触。"遵循宪法的基本原则和规定,是立法必须始终遵循的一条最重要的原则。

首先,立法要维护我国的国体、政体,坚持走中国特色的民主政治发展道路。《中华人民共和国宪法》第 1 条开宗明义地规定了国体,即中华人民共和国是工人阶级领导的、以工农联盟为基础的人民民主专政的社会主义国家。社会主义制度是中华人民共和国的根本制度。中国共产党领导是中国特色社会主义最本质的特征。禁止任何组织或者个人破坏社会主义制度。人民代表大会制度是我国的政权组织形式,通常称为政体。[③] 立法要维护我国的国体、政体,这是国之根基,不能搞西方资产阶级的"多党政治""三权分立"。[④]

---

① 参见王腊生:《习近平新时代中国特色社会主义思想指导下的立法工作思考》,载《法治现代化研究》2018 年第 1 期。

② 习近平:《高举中国特色社会主义伟大旗帜　为全面建设社会主义现代化国家而团结奋斗——在中国共产党第二十次全国代表大会上的报告(2022 年 10 月 16 日)》,人民出版社 2022 年版,第 41 页。

③ 沈春耀:《十三届全国人大常委会、专门委员会组成人员履职学习讲稿　中国宪法制度的若干问题》,载中国人大网,http://www.npc.gov.cn/npc/c541/201806/61f2a47be3014237b43a7958b32d0fd3.shtml,最后访问日期:2022 年 4 月 4 日。

④ 参见王腊生:《习近平新时代中国特色社会主义思想指导下的立法工作思考》,载《法治现代化研究》2018 年第 1 期。

其次，宪法对党和国家在社会主义初级阶段的基本路线作了完整、准确的规定，这就是“一个中心，两个基本点”，即以经济建设为中心，坚持四项基本原则，坚持改革开放。四项基本原则，就是坚持社会主义道路，坚持人民民主专政，坚持中国共产党的领导，坚持马列主义、毛泽东思想、邓小平理论和“三个代表”重要思想。宪法的基本原则，是宪法的灵魂，是立国之本，是全国各族人民团结奋斗的共同基础。无论是制定法律，还是制定行政法规、地方性法规、自治条例和单行条例，都必须始终坚持和维护宪法的基本原则，而不能损害宪法的基本原则。同时，宪法的各项规定，也都是立法必须严格遵循的，任何立法都不能同宪法相抵触。

最后，要维护我国的经济、社会、文化等方面的基本制度，如坚持以公有制为主体、多种所有制经济共同发展的基本经济制度，坚持按劳分配为主、多种分配形式并存的分配制度，坚持社会主义市场经济体制，等等。

（二）立法维护社会主义法治的统一和尊严

我国是一个统一的多民族的单一制国家。维护法治统一，是维护国家统一的重要保证。宪法规定：“国家维护社会主义法制的统一和尊严。”维护法制统一，首先要从立法做起。一切立法活动，都必须从国家整体利益出发，以最广大人民群众的根本利益为依归，不得以部门利益、地方利益等局部利益凌驾于国家整体利益之上，不得在立法中搞“上有政策，下有对策”。所有的法律、行政法规、地方性法规、自治条例和单行条例都不得同宪法相抵触，下位阶的法不得同上位阶的法相抵触，同位阶的法之间也要互相衔接和一致。为此，我国进一步完善了行政法规、地方性法规备案审查制度。如果出现与宪法和上位阶的法相抵触或同位阶的法之间不一致的，根据《中华人民共和国立法法》的规定，有关国家机关有权依法予以改变或者撤销。

## 四、立法必须体现社会主义核心价值观

每个时代都有每个时代的立法精神，每个国家都有每个国家的立法理念。立法总是受一定的价值观支配和影响的，特别是这个国家和社会的核心价值观。习近平总书记指出，核心价值观，承载着一个民族、一个国家的精神追求，体现着一个社会评判是非曲直的价值标准。社会主义核心价值观是当代中国精神的集中体现，激励着全体人民共同的价值追求。党的二十大报告指出："社会主义核心价值观是凝聚人心、汇聚民力的强大力量"；"坚持依法治国和以德治国相结合，把社会主义核心价值观融入法治建设、融入社会发展、融入日常生活。"[①]"历史走入当代，社会主义核心价值观作为当代中国的主流价值观念，把涉及国家、社会、公民的价值要求融为一体，既体现了社会主义本质要求，继承了中华优秀传统文化，也吸收了世界文明有益成果，反映了时代精神，代表着当代中国社会发展进步的方向。"[②]法律规范是用来定分止争的，必然要以体现一个社会评判是非曲直的价值标准为指导。习近平总书记在党的十九大报告中要求培育和践行社会主义核心价值观，把社会主义核心价值观融入社会发展各方面。[③] 2018 年，中共中央印发《社会主义核心价值观融入法治建设立法修法规划》，要求"坚持社会主义核心价值体系，着力把社会主义核心价值观融入法律法规的立改废释全过程，确保各项立法导向更加鲜明、要求更加明确、措施更加有力，力争经过 5 到 10 年时间，推动社会主义核心价值观全面融入中国特色社会主义法律体系，筑牢全国各族人民团结奋斗的共同思想道德基础，为决胜全面建成小康社

---

① 习近平：《高举中国特色社会主义伟大旗帜　为全面建设社会主义现代化国家而团结奋斗——在中国共产党第二十次全国代表大会上的报告（2022 年 10 月 16 日）》，人民出版社 2022 年版，第 44 页。

② 本书编写组：《党的十九大报告学习辅导百问》，学习出版社、党建读物出版社 2017 年版，第 43 页。

③ 参见王腊生：《习近平新时代中国特色社会主义思想指导下的立法工作思考》，载《法治现代化研究》2018 年第 1 期。

会、夺取新时代中国特色社会主义伟大胜利、实现中华民族伟大复兴的中国梦、实现人民对美好生活的向往,提供坚实制度保障。"2021 年,中央宣传部、中央政法委、全国人大常委会办公厅、司法部印发《关于建立社会主义核心价值观入法入规协调机制的意见(试行)》,明确成立社会主义核心价值观入法入规协调机构,负责统筹协调社会主义核心价值观入法入规审查工作,研究解决审查工作中的重大问题;明确社会主义核心价值观入法入规审查范围,主要是每年全国人大常委会、国务院立法工作计划中的相关立法项目以及有关司法解释。

在立法中体现社会主义核心价值观,首先,要自觉抵御西方"普世价值"的错误观念。社会主义核心价值观虽然借鉴了当代世界文明有益成果,但本质上是社会主义的,体现着社会主义核心价值体系的根本性质和基本特征。

其次,要体现系统性、差异性。社会主义核心价值观明确国家、社会、公民 3 个层面的价值目标、价值取向、价值准则,在立法中既要作为一个整体,全面予以体现,也要注意区分,富强、民主、文明、和谐是立法为国家治理努力追求的价值目标,自由、平等、公正、法治是立法为权利义务配置努力追求的价值取向,爱国、敬业、诚信、友善是立法为公民精神培育努力追求的价值准则。①

再次,选择适当的承载形式。把社会主义核心价值观的要求转换为法言法语,有 3 种形式:一是写入立法目的条款。国家、社会、公民个人层面的核心价值观都可以通过立法目的条款得到体现。二是转化为法的基本原则。国家层面的价值观无法直接对个体行为进行指引、评价和预测,可以通过法规的基本原则条款间接引入,发挥基本原则条款的桥梁作用,进行诠释转换,再具体化为社会规范或个体行为准则。三是在

---

① 参见王腊生:《习近平新时代中国特色社会主义思想指导下的立法工作思考》,载《法治现代化研究》2018 年第 1 期。

制度设计层面直接具体化为法律规则。[①] 社会层面和个人层面的价值观可以具体化为行为准则或评价标准,可规定为强制性规范,如不得实施某项或者某些行为、禁止某项行为,也可以规定为倡导性规范,如“鼓励和支持公民采取合法、适当的方式实施见义勇为行为”“倡导下列文明行为”等。

最后,合理设计法规制度内容。社会主义核心价值观入法,既要引导、激励、约束,又不能超出高限、强人所难,权利、义务、责任设置应当合理,坚持守法诚信褒奖激励和违法失信行为惩戒并重。一方面,行为模式的设定要具体明确。应尽量避免道德宣示型立法,对行为模式的权利和义务的设定应当尽量具体,评价标准务求明确,做到可预测、可操作,避免执法和司法环节的主观擅断给守法带来无所适从。另一方面,后果模式的设置应科学、适度。设置法律责任过重,有可能对公民权利和自由构成不当干预。设置法律责任过轻,又会降低违法成本、减损法的威慑力。因此,必须正确把握行为标准,设定奖惩合乎比例。[②]

## 五、立法必须发挥引领推动作用

党的十八届四中全会提出:“建设中国特色社会主义法治体系,必须坚持立法先行,发挥立法的引领和推动作用”。习近平总书记明确指出:“在整个改革过程中,都要高度重视运用法治思维和法治方式,发挥法治的引领和推动作用,加强对相关立法工作的协调,确保在法治轨道上推进改革。”[③]发挥立法的引领和推动作用,在法治轨道上推进改革,是新时代党中央和习近平总书记对立法工作提出的新的重大要求。党的二十大报告指出:“加强重点领域、新兴领域、涉外领域立法,统筹推

① 参见王怡:《社会主义核心价值观如何入法——一个立法学的分析框架》,载《法学》2019 年第 9 期。

② 参见张锦莉:《社会主义核心价值观融入地方立法的思考》,载《人大建设》2020 年第 10 期。

③ 习近平:《在中央全面深化改革领导小组第二次会议上的讲话》(2014 年 2 月 28 日),载《人民日报》2014 年 3 月 1 日。

进国内法治和涉外法治，以良法促进发展、保障善治。推进科学立法、民主立法、依法立法，统筹立改废释纂，增强立法系统性、整体性、协同性、时效性。”[①]长期以来，在很多人的观念中，立法、法律、法治仅具备保障功能，其对经济、社会发展的引领、推动作用很容易被忽视。法的功能和作用一般可归纳为两个方面：一是规范功能，二是社会作用。历史和现实充分表明，法律对行为方式的养成和社会生活的引领，具有十分重要的作用。在法治社会，法是调整社会关系最重要的方法，因而立法对人们行为方式和社会生活的引领和推动作用也是决定性的。“法律不仅是实践经验的总结，更需要做好顶层设计，引领发展，推动发展。”[②]

### （一）立法引领推动作用的主要体现

法律制度对经济社会发展的引领推动作用，主要体现在以下几个方面：一是明确发展取向和基本要求。立法的引领推动作用之一，表现在通过立法明确当前和今后一个时期某项事业的未来发展取向和基本要求，主要目的在于为某项事业的发展奠基调、明方向、提要求，以达成共识，振奋信心，使之有遵循、不动摇。比如，《慈善法》第4条规定：“开展慈善活动，应当遵循合法、自愿、诚信、非营利的原则，不得违背社会公德，不得危害国家安全、损害社会公共利益和他人合法权益。”二是规定促进和激励措施。这是立法引领改革、推动发展的主要实现途径，特别是促进、鼓励类立法能够发挥实际作用的重要措施。主要包括：减免税费，这是所有促进鼓励措施中最有力度的一类；资金支持，这是规定比较多的一类，如设立发展基金、专项资金，给予财政补贴等；奖励、表彰，对于在某项事业和工作中作出贡献的单位和个人给予奖励、表彰，具有示范效应和带动作用。三是明确权利义务。法是分配权利义务的，对推动发展的某项事业中的相关主体设定相应的权利和义务，是发挥立法引领

---

① 习近平：《高举中国特色社会主义伟大旗帜　为全面建设社会主义现代化国家而团结奋斗——在中国共产党第二十次全国代表大会上的报告（2022年10月18日）》，人民出版社2022年版，第41页。

② 参见公丕祥主编：《全面依法治国》，江苏人民出版社2015年版，第171页。

推动作用的又一条重要途径。也正是通过权利和义务的宣告和落实，执政党把自己的价值取向和政治决策变为国家的法的价值取向和立法决策，并借助国家权威而实现。在立法活动中，我们要特别注意科学合理配置权利义务，明确相关职责和要求，使法律制度成为助推前进发展的动力。四是创新体制机制。“发挥立法引领推动作用，需要在‘先’‘新’上下功夫，以新的体制机制，以领先的制度，引领人们的行为方式，推动改革的向前发展。特别是在经济发展方式转变、加强和创新社会管理等领域，实践起步较晚，缺乏成熟的经验和模式，亟须体制机制创新，从科学合理的率先的法律制度层面加强引导。”①

（二）做到立法决策与改革决策相同步

发挥立法引领推动作用，最主要的是要处理好立法与改革的关系。全面深化改革和全面依法治国，二者密切关联。“推进各领域各方面改革，都要坚持依法治国，这是一个破与立辩证统一的过程。从一定意义上讲，全面推进依法治国也是对全面深化改革战略部署的深化。”②立法与改革相伴而生，相伴而随，如果说改革开放之初强调更多的是先破而立，那么在全面深化改革的今天则要更加注重顶层制度设计，取得共识，先立后破。习近平总书记提出：“凡属重大改革要于法有据，需要修改法律的可以先修改法律，先立后破，有序进行。有的重要改革举措，需要得到法律授权的，要按法律程序进行。”③因此，我们要在立法工作中，努力把改革决策和立法决策更好结合起来，正确处理法律的稳定性与变动性、现实性与前瞻性的关系，努力做到重大改革于法有据、立法主动适应改革和经济社会发展需要。在这里，特别是要处理好改革创新与法制统一的关系。长期以来，我们强调先行先试，等条件成熟了再立法规范，这是惯有的立法思维方式。发挥立法的引领推动作用，就是要根据党的改

---

① 王腊生：《关于发挥立法引领推动作用的几点思考》，载《人民与权力》2013 年第 12 期。

② 王腊生：《关于发挥立法引领推动作用的几点思考》，载《人民与权力》2013 年第 12 期。

③ 习近平：《在中共十八届三中全会第二次全体会议上的讲话》（2013 年 12 月 12 日），载中共中央文献研究室编：《习近平关于全面依法治国论述摘编》，中央文献出版社 2015 年版，第 45 ~ 46 页。

革发展重大决策,先立法、后推行,改革要在法治框架下进行,不能以红头文件代替法律,更不能以领导人的讲话代替法律。同时,改革创新不能突破法律法规的底线,对重要改革创新的事项,应当从立法上及时研究提出解决问题的路径和办法,待法律法规制定和修改后再推进改革。对实践证明行之有效的,要及时上升为法律法规;对实践条件还不成熟、需要先行先试的,要按照法定程序由具有立法权的国家权力机关作出授权;对不适应改革要求的法律法规,要及时修改和废止。①

(三)增强立法的回应性和精确性

发挥立法的引领推动作用,对立法形式提出了很高的要求。一是在回应性上,立法应及时回应发展的需求,跟上改革的步伐,贴上社会生活的节奏,回应改革的需要,不失时机地启动制定或修改、废止法律法规的程序,防止落后或者制约改革发展的现象发生。二是在预测性上,需要深入调查研究,科学预见客观事物发展的规律和趋势,准确把握社情民意,从而正确引导和推动健康有序的发展,避免走弯路。三是在解决矛盾上,要"针对问题立法,立法解决问题",要善于发现问题,把社会生活中、改革发展中迫切需要用立法解决的热点难点问题作为立法重点,通过立法来明确是非、定分止争。四是在立法模式上,要小而精、真管用,尽量作出明确具体的规定,尽量减少授权性规定,对需要为改革发展留下空间的也要明确改革的基本方向和主要措施,从而使所立之法具有切实的针对性、可行性、可操作性。②

---

① 参见王腊生:《习近平新时代中国特色社会主义思想指导下的立法工作思考》,载《法治现代化研究》2018 年第 1 期。

② 参见王腊生:《习近平新时代中国特色社会主义思想指导下的立法工作思考》,载《法治现代化研究》2018 年第 1 期。

# 第三章　新时代立法的高质量发展

新时代的十年来，在党中央的坚强领导下，全国人大及其常委会制定法律70件，修改法律238件，通过有关法律问题和重大问题的决定99件，作出法律解释9件，以宪法为核心的中国特色社会主义法律体系日臻完善，系统性、完整性、协同性不断增强。[①] 党的十九大将坚持全面依法治国确立为新时代坚持和发展中国特色社会主义的基本方略之一，习近平总书记在党的二十大报告中指出“全面依法治国是国家治理的一场深刻革命，关系党执政兴国，关系人民幸福安康，关系党和国家长治久安”。并明确“要坚持走中国特色社会主义法治道路，建设中国特色社会主义法治体系、建设中国特色社会主义法治国家。完善以宪法为核心的中国特色社会主义法律体系。”[②]可以说，我国“有法可依”的问题基本解决，从“法律体

① 本报记者张天培：《一份沉甸甸的立法成绩单》，载《人民日报》2021年12月18日，第4版。

② 习近平：《高举中国特色社会主义伟大旗帜　为全面建设社会主义现代化国家而团结奋斗——在中国共产党第二十次全国代表大会上的报告（2022年10月16日）》，人民出版社2022年版，第41页。

系”到“法治体系”的目标转变也意味着从“有法可依”到“良法可依”的目标追求。着力提高立法质量，确保我国实现从“有法可依”到“良法可依”，从“法律大国”到“良法强国”是当前和今后很长一个时期立法工作的重中之重。[①]

“立法是法作用于国家治理的起点，乃法治之前提与首要环节”[②]，立法质量直接关系到法治的质量。作为法律体系建设的生命线，立法质量是一国法治状况的重要标尺，直接表征着一个国家法律制度的发展水平，“从立法质量这一页，可以窥一个国家立法乃至其法律文明之全貌”[③]。全面推进依法治国背景下，“不是什么法都能治国，不是什么法都能治好国；越是强调法治，越是要提高立法质量。”[④]改进立法工作，完善法律体系，发挥法律体系在“五位一体”建设中的引领、保障作用，必须“抓住提高立法质量这个关键”[⑤]，这是新时代对立法工作提出的重大改革要求。为此，如何提升立法质量已然成为完善中国特色社会主义法律体系、建设中国特色社会主义法治体系进程中的重大课题。

习近平总书记在党的二十大报告中指出“加强重点领域、新兴领域、涉外领域立法，统筹推进国内法治和涉外法治，以良法促进发展、保障善治。推进科学立法、民主立法、依法立法，统筹立改废释纂，增强立法系统性、整体性、协同性、时效性。”[⑥]科学立法更多地体现在内容上，

---

① 张鸣起：《学习十九大报告重要法治论述笔谈》，载《中国法学》2017 年第 6 期。

② 封丽霞：《新时代中国立法发展的理念与实践》，载《山东大学学报（哲学社会科学版）》2018 年第 5 期。

③ 黄文艺：《论立法质量：关于提高我国立法质量的思考》，载《河南省政法管理干部学院学报》2002 年第 3 期。

④ 习近平：《在十八届中央政治局第四次集体学习时的讲话》（2013 年 2 月 23 日），载中共中央文献研究室编：《习近平关于全面依法治国论述摘编》，中央文献出版社 2015 年版，第 43 页。

⑤ 习近平：《关于〈中共中央关于全面推进依法治国若干重大问题的决定〉的说明》，载《〈中共中央关于全面推进依法治国若干重大问题的决定〉辅导读本》，人民出版社 2014 年版，第 54 页。

⑥ 习近平：《高举中国特色社会主义伟大旗帜　为全面建设社会主义现代化国家而团结奋斗——在中国共产党第二十次全国代表大会上的报告（2022 年 10 月 16 日）》，人民出版社 2022 年版，第 41 页。

民主立法更多地体现在过程中，而依法立法主要体现在机制上，是科学立法民主立法的前提和保障，三者结合既是对立法工作的基本要求，也是提高立法质量、维护法治统一、实现良法善治的根本途径。[①] 作为立法工作的基本原则，科学立法、民主立法、依法立法是我们党长期以来领导全国各族人民逐步深化对共产党执政规律、社会主义建设规律和人类社会发展规律认识的基础上，对立法工作有益经验总结积累的结晶，在立法实践中被法律化和制度化后，引领着立法工作向高质量、高效率不断迈进。

## 一、实现良法善治

在十三届全国人大五次会议首场新闻发布会上，关于2021年全国人大及其常委会立法工作，大会发言人张业遂说，全国人大及其常委会围绕党和国家事业发展需要，加强重点领域、新兴领域、涉外领域立法，坚持科学立法、民主立法、依法立法，在立法提速的同时，更加注重提升立法的质量和社会效果。[②] 这凸显新时代我国立法理念由数量速度型立法向质量效益型立法的重大转变，立法先行，更应是良法先行。“法律是治国之重器，良法是善治之前提”[③]，党的十八大以来，以习近平同志为核心的党中央提出“良法善治”，这是“贯穿习近平法治思想的一个重要主题，它既是中国全面推进依法治国伟大实践的智慧结晶，也是加快建设社会主义法治国家的基本价值追求”[④]。立良法，行善治，是新时代立法的最基本的质量要求。[⑤] 通过提高立法质量源源不断地产生良

① 刘彦宁：《新时代如何推进科学立法民主立法依法立法》，载《中国党政干部论坛》2018年第9期。

② 《十三届全国人大五次会议举行首场新闻发布会：立法提升质量　民主真实有效》，载《经济日报》2022年3月5日，第2版：要闻。

③ 《中共中央关于全面推进依法治国若干重大问题的决定》，载《求是》2014年第21期。

④ 宋方青：《习近平法治思想中的立法原则》，载《东方法学》2021年第2期。

⑤ 王腊生：《习近平新时代中国特色社会主义思想指导下的立法工作思考》，载《法治现代化研究》2018年第2期。

法，是建设中国特色社会主义法治体系的前提与基础，也是实现国家善治的基本要件。[①]

何为良法，亚里士多德指出："法治应包含两重含义：已成立的法律获得普遍的服从，而大家所服从的法律又应该本身是制定得良好的法律。"[②]北宋著名的政治家、改革家王安石曾云："立善法于天下，则天下治；立善法于一国，则一国治。"[③]关于良法的判断标准，学者们亦众说纷纭。有学者认为，良法"能够反映客观规律，维护公平公正，体现人民主权、权力制约、权利本位以及人权保障等价值精神。"[④]有学者认为，"'良法'包含四层意义：一是法律应符合人性、人文、自然、经济、政治、社会等的规律，与作为法律调整对象的各种关系的存在与发展规律保持一致，而不能蔑视规律、违背规律。二是法律制定得良好。这是形式法治的基本要求，包括立法权法定，法律规则确定的行为标准适度、不强人所难，权利、义务、责任对等，公开透明，标准统一，普遍适用，连续稳定，非溯及既往，规则与规则、法律与法律、法律部门与法律部门、实体法与程序法之间协调一致等。三是法律实施得良好。法律合乎国情世情社情民情，具备良好的实施环境；法律规则可遵守、可执行、可适用；不仅全民自觉守法，而且国家机关尊重宪法、严格执法、公正司法。四是法律体现社会良善价值。这是实质法治的基本要义。是不是良法善治，关键是看法律体系和法治体系贯通什么样的价值观和价值标准。"[⑤]有学者认为，"所谓良法是符合法律的内容、形式和价值的内在性质、特点和规律性的法律。如果将法律的上述 3 个要素的内在规定性作为法的应然状态或者理想状态的话，那么良法就是符合法的应然状态的法律。良法的标准表现为 3 个方面：在法的内容方面必须合乎调整对象自身的规律；在

---

① 封丽霞：《新时代中国立法发展的理念与实践》，载《山东大学学报（哲学社会科学版）》2018 年第 5 期。

② ［古希腊］亚里士多德：《政治学》，吴寿彭译，商务印书馆 1965 年版，第 199 页。

③ 王安石：《临川先生文集》，中华书局 1959 年版，第 678 页。

④ 公丕祥主编：《全面依法治国》，江苏人民出版社 2015 年版，第 166 页。

⑤ 参见张文显：《治国理政的法治理念和法治思维》，载《中国社会科学》2017 年第 4 期。

法的价值方面,良法必须符合正义并促进社会成员的公共利益;在法的形式方面,良法必须具有形式科学性。这3个方面的要求共同构成了良法的标准。"[①]有学者认为,"良法具备公开、明确、稳定、可预期、无内在矛盾、可遵循、具有同一性、不溯既往等品质之法。"[②]还有学者认为,"良法应当反映最广大人民群众的意志和利益,符合公平正义要求,维护个人的基本权利,反映社会的发展规律。"[③]虽然学者们对良法的判断标准表述不尽一致,但对"良法"的应然构成还是达成了核心共识,即应体现党的主张,维护人民权利,彰显公平正义,体现社会主义核心价值观,符合国情,具有可操作性,便于遵守与执行。立良法的基本保证即为科学立法、民主立法、依法立法,如果没有科学精神、民主精神、法治精神来指导立法,良法是很难制定出来的。

(一)坚持党领导立法

把党的领导贯彻到立法工作全过程,确保立法反映党和国家事业发展要求、体现社会主义核心价值观、回应人民群众的关切和期待,实现良法善治。[④] 依法执政,首先就意味着要加强党对立法工作的领导,推进科学立法、民主立法,善于使党的主张通过法定程序成为国家意志,从制度上、法律上保证党的路线方针政策贯彻实施,实现党领导国家和社会事务的制度化、规范化、程序化。[⑤] 习近平总书记提出:"坚持党的领导,不是一句空的口号,必须具体体现在党领导立法、保证执法、支持司法、带头守法上"。[⑥] 十八届四中全会《决定》明确指出:"加强党对立法工作

---

① 李桂林:《论良法的标准》,载《法学评论》2000年第2期。

② 刘锐:《法律数量不足和质量不高:法治建设需要破除的两大掣肘》,载《行政管理改革》2016年第6期。

③ 王利明:《法治:良法与善治》,载《中国人民大学学报》2015年第2期。

④ 张文显:《习近平法治思想研究(下)——习近平全面依法治国的核心观点》,载《法制与社会发展》2016年第4期。

⑤ 封丽霞:《中国共产党领导立法的历史进程与基本经验——十八大以来党领导立法的制度创新》,载《中国法律评论》2021年第3期。

⑥ 习近平:《加快建设社会主义法治国家》,载《求是》2015年第1期。

的领导，完善党对立法工作中重大问题决策的程序。凡立法涉及重大体制和重大政策调整的，必须报党中央讨论决定。党中央向全国人大提出宪法修改建议，依照宪法规定的程序进行宪法修改。法律制定和修改的重大问题由全国人大常委会党组向党中央报告。”党对立法工作的领导是立法的政治保障，坚持党领导立法工作就是要确保党集中了人民意愿的主张，通过立法机关按照法定程序转变为国家意志，使之成为全社会一体遵循的行为规范和准则。“民法典编纂工作自 2015 年启动以来，始终在党中央的统一领导下进行。2016 年 6 月、2018 年 8 月、2019 年 12 月，习近平总书记 3 次主持中央政治局常委会会议，听取并原则同意全国人大常委会党组就民法典编纂工作所作的请示汇报，对民法典编纂工作作出重要指示，为民法典编纂工作提供了重要指导和基本遵循。”①立法中涉及的重大问题，如重大体制、政策调整问题，各方面意见分歧大、难以协调达成共识的社会高度关注的重大制度设计问题，决策权在中央和党委，需要报经中央和党委决定。保证立法决策与政治决策同步，及时将党的主张上升为国家意志是良法的首要标准。立法的引领推动作用，本质上是通过执政党采取立法的形式，提出相应价值目标和政策措施的途径来实现的。在全面深化改革的关键时期，最重要的是要做到立法决策与党关于改革发展的重大政治政策相衔接、相同步。党关于改革发展稳定的重大政治政策制定后，要及时向立法机关提出立法建议，通过立法机关的科学民主的立法决策，成为全社会共同遵守的行为规则。立法机关必须从改革发展的大局着眼，坚持立法进程与改革发展进程相适应，用立法解决改革发展中的重大问题。要制定出人民群众满意、管用、能解决问题的法律，必须在党的集中统一领导之下，遵循立法发展规律，完善立法工作机制和程序，扩大公众对立法过程的有序参与，推进科学立法、民主立法与依法立法的有机统一，使各项立法整体上符合中国

---

① 张毅、廖文根等：《人民美好生活的法治保障——写在〈中华人民共和国民法典〉诞生之际》，载《人民日报》2020 年 5 月 31 日，第 1 版。

经济社会发展的客观需求。[①]

(二)维护人民权利

习近平总书记指出:“江山就是人民,人民就是江山。”“为人民谋幸福、为民族谋复兴,这既是我们党领导现代化建设的出发点和落脚点,也是新发展理念的‘根’和‘魂’。”“推进全面依法治国,根本目的是依法保障人民权益”,“努力使每一项立法都符合宪法精神、反映人民意志、得到人民拥护”。[②] 为了人民、依靠人民,这是立法必须遵循的价值取向,也是提高立法质量必须遵循的基本规律。[③] 只有保证人民民主参与立法的权利,只有立法保障人民的合法权益,才能制定出良法,法律才能深入人心、走入人民群众,法律实施才能真正成为全体人民的自觉行动。[④] 立法是党的主张和人民意志的集中统一体现,党的主张本身也是人民利益的反映,因为我们党是代表工人、农民、知识分子和其他广大人民群众的政党,始终代表最广大人民的根本利益。从根本意义上来说,立法就是人民意志的体现,人民意志通过党领导立法、由立法机关制定法律制度来加以具体体现。立法的人民性就是立法的本色。我们在立法工作中,必须坚持党的领导,坚定人民立场,为了人民、依靠人民、造福人民、保护人民,努力保持立法的本色。立法理念应当由以政府权力、公民义务为本位,向以公民权利、政府责任为本位转变;由注重方便政府管理、约束管理相对人的“管理型立法”,向注重保护管理相对人合法权益、规范和约束政府行为的“维权型立法”转变。一方面,要树立权利保障理念。立法是为了保障和实现人民的权益,是为了保障宪法中所赋予人民的各项权利不受侵犯和得到落实,实现公民权利保障法治化。过

① 封丽霞:《中国共产党领导立法的历史进程与基本经验——十八大以来党领导立法的制度创新》,载《中国法律评论》2021年第3期。

② 本书编写组:《〈中共中央关于全面推进依法治国若干重大问题的决定〉辅导读本》,人民出版社2014年版,第7页。

③ 本报评论员:《完善立法机制　提高立法质量》,载《人民日报》2017年12月29日,第1版。

④ 张文显:《民法典的中国故事和中国法理》,载《法制与社会发展》2020年第5期。

去，在立法中往往对公民重设定义务，对行政机关重赋予权力，现在要从“立义务”向“维权利”转变，从“立权力”向“重责任”转变。另一方面，树立“权力限制”理念。习近平总书记强调将权力关进制度的笼子，并且明确提出：“要依法设定权力、规范权力、制约权力、监督权力。”在立法中特别要处理好公民权利与行政权力的关系，当需要更好保障公民权利不受侵犯、维护公共利益和社会秩序时，才会赋予行政机关必要的权力，并进行成本效益分析，使行政权力的赋予及行使更适当、合理。特别是要依法严格设定行政许可、行政处罚、行政强制、行政缴费等，对已设定的要根据新情况定期进行评价，适时予以修改或废止。在立法过程中，还要合理分配权力，不同性质的权力由不同部门、单位、个人行使，形成科学的权力制约和运行机制。[①]

（三）彰显公平正义

法治是良法与善治的有机结合。[②] 习近平总书记指出：“公正是法治的生命线。”公平正义是我们党追求的一个非常崇高的价值，全心全意为人民服务的宗旨决定了我们必须追求公平正义，保护人民权益、伸张正义。权利的背后是利益，维护好权利就要公正分配好利益。[③] 立法是对现实生活中各种利益需求的合理的确认和保护，对各种利益需求的有效平衡是立法的难点所在，也是根本要求所在。“一个国家的法律制度，只有其目的在于增进公众的利益，它才可能是良法。良法着眼于社会全体人民的利益而不是少数人的利益，而恶法只是为少数人特别是社会强势集团的利益服务，置社会多数人特别是社会弱势群体的利益于不顾。[④] 在利益的平衡中，需要以公平正义为价值取向，把公平、公正、公

---

① 王腊生：《在地方立法工作中贯彻“全过程人民民主”的做法和思考》，载《人大研究》2021年第12期。

② 王利明：《法治：良法与善治》，载《中国人民大学学报》2015年第2期。

③ 王腊生：《在地方立法工作中贯彻“全过程人民民主”的做法和思考》，载《人大研究》2021年第12期。

④ 李桂林：《论良法的标准》，载《法学评论》2000年第2期。

开原则贯穿于立法全过程:其一,立法实践中需要特别注意防止那些侵犯公民权利的部门利益倾向,因为大部分法律法规草案是由政府部门起草的,部门在起草中常常夹带"私货",要克服部门利益,树立权利保障理念;其二,还应建立客观公正的立法评估制度,对争议较大的重要立法事项,由第三方进行评估论证;其三,立法中要科学合理平衡好各种利益关系,尤其是要防止强势群体对弱势群体利益的侵犯,多数群体对少数群体利益的侵蚀,以及利益集团对立法的不正当干预。立法能起到定分止争的作用,取决于对各种利益分配的正当性,我们要努力在每一件地方立法中使老百姓感受到公平正义,决不能代表任何利益集团、任何权势团体、任何特权阶层的利益。

(四)融入社会主义核心价值观

法安天下,德润人心。习近平总书记在党的二十大报告中指出,"坚持依法治国和以德治国相结合,把社会主义核心价值观融入法治建设、融入社会发展、融入日常生活。"①礼法共治是我国自古以来的治理智慧,坚持依法治国与以德治国相结合是中国特色社会主义法治道路最鲜明的特点,"治理国家、治理社会必须坚持一手抓法治、一手抓德治,既重视发挥法律的规范作用,又重视发挥道德的教化作用,实现法律和道德相辅相成、法治和德治相得益彰"②。作为全国各族人民在价值观念上的"最大公约数",唯有融入社会主义核心价值观的法律才能更加契合全体人民道德意愿、符合社会公序良俗,才能真正为人们所信仰、所遵守,实现良法善治。2016 年 12 月,党中央、国务院发布的《关于进一步把社会主义核心价值观融入法治建设的指导意见》提出,把社会主义核心价值观的要求体现到宪法法律、法规规章和公共政策之中,转化为具有刚性约束力的法律规定,深入分析社会主义核心价值观建设的立法

---

① 习近平:《高举中国特色社会主义伟大旗帜 为全面建设社会主义现代化国家而团结奋斗——在中国共产党第二十次全国代表大会上的报告(2022 年 10 月 16 日)》,人民出版社 2022 年版,第 38 页。

② 《习近平关于全面依法治国论述摘编》,中央文献出版社 2015 年版,第 30 页。

需求,把法律的规范性和引领性结合起来,坚持立改废释并举,积极推进相关领域立法,使法律法规更好体现国家的价值目标、社会的价值取向、公民的价值准则。中共中央于 2018 年 3 月发布的《社会主义核心价值观融入法治建设立法修法规划》明确要求,着力把社会主义核心价值观融入法律法规的立改废释全过程,确保各项立法导向更加鲜明、要求更加明确、措施更加有力,力争经过 5 年到 10 年时间,推动社会主义核心价值观全面融入中国特色社会主义法律体系。2021 年 9 月,中央宣传部、中央政法委、全国人大常委会办公厅、司法部印发的《关于建立社会主义核心价值观入法入规协调机制的意见》提出建立社会主义核心价值观入法入规协调机制,并明确成立社会主义核心价值观入法入规协调机构,以及社会主义核心价值观入法入规审查范围。社会主义核心价值观是社会主义法治建设的灵魂,立法工作首应贯彻。如 2018 年 3 月,十三届全国人大一次会议通过的宪法修正案将社会主义核心价值观写入了宪法;《民法典》第 1 条明确规定“弘扬社会主义核心价值观”。立法工作中融入社会主义核心价值观,对于维护中国特色社会主义法律体系价值导向和内在逻辑的统一,推动社会主义核心价值观成为全体人民的共同价值追求具有重要意义。

(五)具备可操作性

根据《立法法》第 7 条第 2 款的规定,法律规范应当明确、具体,具有针对性和可执行性。作为《立法法》修订时的新增立法原则,该规定意在凸显提高立法质量的内在要求。针对新时代立法工作,习近平总书记多次强调要增强立法的针对性、适用性、可操作性,“要研究丰富立法形式,可以搞一些‘大块头’,也要搞一些‘小快灵’,增强立法的针对性、适用性、可操作性”。“人民群众对立法的期盼,已经不是有没有,而是好不好、管用不管用、能不能解决实际问题”。中国特色社会主义法律体系形成后,有法可依不再是立法工作的重点,精细化立法成为衡量立法质量的重要标尺。[①] 唯有贴合社会发展实际的法律才天然地具备可操作性。“在不与法律、行政法规等上位法相抵触的前提之下，地方立法的特色越突出、越明显，其实用性、可操作性就越强，越符合本地居民的偏好和越能获得民众的自觉遵守，也就越能发挥国家法治对于社会生活的整体规范作用。”[②]这表现为，其一，立法具有针对性。这要求充分认清国情实际，把握经济社会发展中迫切需要解决的问题，尤其是针对改革的重要领域和关键环节，通过深入实际调研以最小的立法成本加以制度设计，科学合理地设定法律规定内容，在立法模式和体例上，不追求大而全，结合现实需要突出关键条款，重在管用。党的十八大以来，在习近平新时代中国特色社会主义思想的引领下，“我国不断加强重点领域、新兴领域、涉外领域立法，填补相关领域立法空白。比如，为维护国家安全、保护人民权益提供有力法治保障，出台生物安全法、数据安全法、个人信息保护法等；为发挥区域立法、流域立法的作用，制定海南自由贸易港法、长江保护法等；为扩大对外开放，增进国际交往，维护国家主权、安全、发展利益，出台外商投资法、反外国制裁法等。”[③]其二，立法具有可执行性。法律的生命力在于实施，这要求在立法过程中要厘清特定权利义务关系，严密设计、细致规定法律条款，提升可执行性、可操作性。一旦社会现状发生变化，应及时作出补充、修改或解释。立法过程中，还要强化立法前论证评估、立法中调研、立法后评估等各关键环节，精细化立法。加强立法调查研究，找准立法重点难点，探求科学应对之策，切实增强法律的可执行性和可操作性。[④]

## 二、科学立法

“科学立法、严格执法、公正司法、全民守法”，是新时代社会主义法

---

① 任才峰：《科学立法、民主立法、依法立法的理论与实践》，载《人大研究》2019 年第 1 期。

② 封丽霞：《地方立法的形式主义困境与出路》，载《地方立法研究》2021 年第 6 期。

③ 本报记者张天培：《一份沉甸甸的立法成绩单》，载《人民日报》2021 年 12 月 18 日，第 4 版。

④ 张德江：《全国人民代表大会常务委员会工作报告——2014 年 3 月 9 日在第十二届全国人民代表大会第二次会议上》，载《中国人大》2014 年第 6 期。

治的建设方针。科学立法是第一个环节，只有科学立法，才可能有良好的法律产品，只有以良法为基础，才有可能做到严格执法、公正司法和全民守法。[①] 立法者应该把自己看作一个自然科学家。他不是在创造法律，不是在发明法律，而仅仅是在表述法律。[②] 2015 年《立法法》修改时还专门增加了立法应当“适应经济社会发展和全面深化改革的需要”。坚持立法的科学化，有助于产生符合经济社会发展需要的高质量良法，有利于尊重立法活动的规律、克服立法过程中的主观随意性和盲目性，也有利于避免或减少立法决策失误，降低立法成本，提高立法效益。[③] 从“有法可依”到“科学立法”，是我们党鉴于中国特色社会主义法律体系已经形成的现状，所做出的立法工作重点的重大调整，标志着我国立法工作已开始了从“数量型”向“质量型”的转变。[④]

（一）尊重客观规律

“科学立法的基本含义，即要求在立法过程中以科学的方法准确反映法律所调整的社会关系的本质及其内在规律。这就要求立法工作做到实事求是，一切从实际出发，主观符合客观，按照经济社会发展的客观规律来立法。”[⑤]习近平总书记指出：“科学立法的核心在于立法要尊重和体现客观规律。”[⑥]立法者要制定良好的法律，就必须认识客观规律并在立法活动中尊重和反映客观规律，[⑦]这既包括经济社会发展的客观规律，也包括法律体系的内在规律。这主要表现为：

---

① 封丽霞：《以科学立法引领良法善治》，载《领导科学论坛》2018 年第 10 期。

② 《马克思恩格斯全集》第 1 卷，人民出版社 1956 年版，第 183 页。

③ 封丽霞：《新时代中国立法发展的理念与实践》，载《山东大学学报（哲学社会科学版）》2018 年第 5 期。

④ 最高人民法院中国特色社会主义法治理论研究中心：《法治中国——学习习近平总书记关于法治的重要论述》，人民法院出版社 2014 年版，第 71 页。

⑤ 封丽霞：《新时代中国立法发展的理念与实践》，载《山东大学学报（哲学社会科学版）》2018 年第 5 期。

⑥ 习近平：《关于〈中共中央关于全面推进依法治国若干重大问题的决定〉说明》，载《人民日报》2014 年 10 月 21 日。

⑦ 李桂林：《论良法的标准》，载《法学评论》2000 年第 2 期。

其一，从实际出发，契合当前经济社会发展需要。习近平总书记指出："实践是法律的基础，法律要随着实践发展而发展。转变经济发展方式，扩大社会主义民主，推进行政体制改革，保障和改善民生，加强和创新社会管理，保护生态环境，都会对立法提出新的要求。"[①]科学立法，要求我们所制定的法律一定要切合中国社会实际，我们给予公民的权利，赋予公民的义务，不能超出中国社会的经济发展以及整个社会文化发展的要求。[②] 当时而立法，因事而制礼。作为上层建筑的重要内容，法是由经济基础决定的，其产生与发展是调整社会关系的客观需要决定的。马克思曾说："无论是政治的立法或市民的立法，都只是表明和记载经济关系的要求而已。"从实际出发是马克思主义辩证唯物主义思想对立法的要求，坚持党对立法工作的领导，要使立法科学化，意味着立法者应自觉地探索和总结立法本身的规律，不断根据实际和国情立法，从而契合现代化建设和改革开放的需要。[③] 彭真曾精辟地指出："实际产生法律，实际是母亲，法律是儿子。"认清国情是实现科学立法的必然要求，从实际出发，最根本的是从国情出发，应坚持问题导向，深入实际调查研究，以解决实践中存在的问题为出发点和目标，来决定立什么样的法，设定什么样的法律制度，切实增强立法的针对性、实效性。随着中国特色社会主义进入新时代，我国社会主要矛盾已经转化为人民日益增长的美好生活需要和不平衡不充分的发展之间的矛盾。但我国社会主要矛盾的变化，没有改变我们对我国社会主义所处历史阶段的判断，我国仍处于并将长期处于社会主义初级阶段的基本国情没有变，我国是世界最大发展中国家的国际地位没有变。应深入分析当下立法需求，准确把握不同地域、时期的经济社会发展需要，突出立法重点，注重法律制度的协调发展，统筹兼顾，"尊重和体现经济、政治、文化、社会、生态建设与发展客观规律，使法律准确适应改革发展稳定安全需要，公正合理地协

---

① 《习近平关于全面依法治国论述摘编》，中央文献出版社 2015 年版，第 43 页。

② 封丽霞：《以科学立法引领良法善治》，载《领导科学论坛》2018 年第 5 期。

③ 彭君：《党领导立法的规范分析与完善路径》，载《法学杂志》2018 年第 5 期。

调利益关系”[①]，“不能脱离当代中国社会政治条件和历史文化传统，不能生搬硬套某项外国的法律制度，而必须以中国国情为根本遵循，深入把握中国国情对于立法的影响并作出契合当代中国社会发展需要的法律规定，以真正有效解决中国特色的国家治理问题作为依归”[②]。

其二，把握法律体系的内在规律。立法是一项技术性很强的政治活动，搞立法就是搞科学。立法既包括制定新法，也包括现有法律法规的修改、废止、解释（包括立法解释和司法解释），是立改废释的集合概念。[③] 法律在静态上表现为一系列法律规范，但是在动态上，法律也有其自身从创制到适用、从产生到废止或失效的过程。[④] 法律法规制定中，专业性较强的法律法规草案可以委托有关专家学者、教学科研单位和社会组织等“第三方”起草；法律法规草案在表决通过前需要进行可行性评估，在通过后需要进行立法后评估；法律法规应当定期清理，及时修改、完善或废止，正确处理立法数量与质量的关系，确保法律法规运行活力，维护法治统一。此外，“遵循立法技术规范是遵循立法自身活动规律的必然要求。立法技术规范包括结构规范、语言规范、修改规范、废止规范、解释规范、授权立法规范、法典编纂规范等。立法技术规范科学与否对立法质量有直接重大影响。”[⑤]

### （二）科学合理设定权利与义务、权力与责任

科学立法还表现为需要科学合理地设定国家机关权力与责任，公民、法人和其他组织的权利与义务。其一，科学合理地设定公民、法人和其他组织的权利与义务。权利与义务是法律关系的基本内容，“立法应当以确认和保护人们的客观现实的利益需要为目的，亦即以保障权利为

---

① 张文显：《习近平法治思想研究（下）——习近平全面依法治国的核心观点》，载《法制与社会发展》2016 年第 4 期。

② 封丽霞：《高品质立法与国家治理现代化》，载《中国领导科学》2020 年第 1 期。

③ 张文显：《习近平法治思想研究（下）——习近平全面依法治国的核心观点》，载《法制与社会发展》2016 年第 4 期。

④ 李桂林：《论良法的标准》，载《法学评论》2000 年第 2 期。

⑤ 任才峰：《科学立法、民主立法、依法立法的理论与实践》，载《人大研究》2019 年第 1 期。

核心,同时要考虑享有权利的空间、时间及应承担的义务”[①]。在规定公民、法人和其他组织的权利义务时,应遵守宪法有关公民基本权利和义务的规定,法律既是保障公民权利的有力武器,也是公民必须遵守的行为规范;对宪法规定的公民基本权利,法律法规规章及其他规范性文件不得任意加以限制和剥夺。[②] 当然,也不能随意给公民设定义务,比如,公民的纳税义务依照宪法应由法律规定,行政法规、地方性法规以及规章都无权设定。其二,科学合理地设定国家机关权力与责任。“在立法过程中,就要既赋予行政机关必要的权力,又要注意对权力的行使加以规范、制约和监督,防止行政部门在立法中不恰当地扩张权力,突出部门利益。在赋予行政机关权力的同时,注意相关程序性规定和时限要求的设定,明确行政机关的责任和不作为的相应罚则,以达到权力和责任的平衡,从根本上维护好公民和法人的权利。”[③]对行政机关的每一项授权都要仔细考量,尤其是在设定行政许可、行政收费、行政处罚、行政强制等规范时,需反复研究,充分论证,进行成本效益评估,并且要与责任挂钩。[④] 在规定国家机关的权力和职责时,要坚持两者相统一的原则,既不能通过立法使行政部门利益法制化,也要赋予其必要的权力,满足社会治理的需要。[⑤] 同时,我国《宪法》第 27 条规定:“一切国家机关实行精简的原则,实行工作责任制,实行工作人员的培训和考核制度,不断提高工作质量和工作效率,反对官僚主义。一切国家机关和国家工作人员必须依靠人民的支持,经常保持同人民的密切联系,倾听人民的意见和建议,接受人民的监督,努力为人民服务。”立法过程中设定国家机关权力与责任时,要严格遵循该规定,反对官僚主义,处理好国家机关与人民

① 王腊生:《习近平新时代中国特色社会主义思想指导下的立法工作思考》,载《法治现代化研究》2018 年第 2 期。

② 任才峰:《科学立法、民主立法、依法立法的理论与实践》,载《人大研究》2019 年第 1 期。

③ 周俐、闫鹏涛:《关于科学立法的几个层次》,载《人大研究》2012 年第 11 期。

④ 王腊生:《习近平新时代中国特色社会主义思想指导下的立法工作思考》,载《法治现代化研究》2018 年第 2 期。

⑤ 任才峰:《科学立法、民主立法、依法立法的理论与实践》,载《人大研究》2019 年第 1 期。

的关系，提高工作质量和工作效率。

（三）能够处理好改革和法治的关系

科学立法是处理改革和法治关系的重要环节。[①] 这主要体现为，其一，立法的回应性。立法要能及时回应发展的需求，跟上改革的步伐，跟上社会生活的节奏，应兴应革的事需要不失时机地启动制定或者修改、废止法律法规程序，灵活、综合运用立改废释等立法方式，防止落后或者制约发展的现象发生。党的十八届四中全会提出，要实现立法与改革决策相衔接，做到重大改革于法有据，立法要主动适应改革和经济社会发展的需要，既对改革提出要求，也对立法提出要求，立法不能滞后，应主动适应经济社会发展的需要和改革的需要，发挥立法先行和立法引领的作用，这是对立法工作提出的更高要求。[②] 习近平总书记在主持召开中央全面深化改革领导小组第六次会议时再次强调，“在研究改革方案和改革措施时，要同步考虑改革涉及的立法问题，及时提出立法需求和立法建议。实践证明行之有效的，要及时上升为法律。实践条件还不成熟、需要先行先试的，要按照法定程序作出授权。对不适应改革要求的法律法规，要及时修改和废止。[③] 要加强法律解释工作，及时明确法律规定含义和适用法律依据。”在深入推进法治改革的过程中，必须正确处理改革与法治的辩证关系，坚持重大改革于法有据，需要修改法律的可以先修改法律，先立后破、有序进行；需要得到法律授权的，要按照法律程序进行；改革措施与现行法律有冲突，或者需要通过立法加以规范的，可以先行组织研究论证，待法律修改后再推进；对于现行法律规定完善且具有可操作性，但实践中没有遵循法律规定的，必须严格按照法律规定，坚决予以纠正；对于不需要通过立法修改法律，属于内部工作机制改革的，应当大胆探索、积极推进。[④] 其二，立法的预测性。需要深入调

---

① 《习近平关于全面依法治国论述摘编》，中央文献出版社 2015 年版，第 51 页。

② 封丽霞：《以科学立法引领良法善治》，载《领导科学论坛》2018 年第 5 期。

③ 江必新，戢太雷：《习近平法治建设重大关系理论》，载《东南法学》2021 年第 2 期。

④ 公丕祥：《习近平法治思想中的改革论述》，载《东方法学》2021 年第 2 期。

查研究，科学预见客观事物发展的规律和趋势，准确把握社情民意，体现立法的前瞻性，从而正确引导和推动健康有序的发展，避免走弯路。要采用小而精、真管用的立法模式，实行精细化立法，尽量作出明确具体的规定，尽量减少授权性规定，对需要为改革发展留下空间的也要明确改革的基本方向和主要措施，从而使所立之法具有针对性、可行性、可操作性。

（四）完善立法体制

习近平总书记提出："推进科学立法，关键是完善立法体制""要优化立法职权配置，发挥人大及其常委会在立法工作中的主导作用""要明确立法权力边界，从体制机制和工作程序上有效防止部门利益和地方保护主义法律化"。[①] "立法体制是立法制度的最重要组成部分，是国家法律体系建设的前提性环节。如果说法律是成品，立法是生产法律产品的过程，那么立法体制就是生产法律产品的发动机装置。没有良好的立法体制，便难有科学立法。"[②]这要求做到以下几个方面：

1. 优化立法职权配置，健全有立法权的人大主导立法工作的体制机制。发挥人大及其常委会在立法工作中的主导作用，"它的一个重要的实现方式是由全国人大相关专门委员会和全国人大常委会的法制工作委员会参与起草综合性、全局性、基础性的重要法律草案，这意味着对于一些综合性、全局性、基础性的重要法律，它的起草工作应当由全国人大专门委员会或者全国人大法工委相关部门主导"[③]"增加有法治实践经验的专职常委比例；依法建立健全专门委员会、工作委员会立法专家顾问制度"[④]"健全立法起草、论证、协调、审议机制，完善法律草案表决程

① 习近平：《加快建设社会主义法治国家》，载《求是》2015 年第 1 期。

② 封丽霞：《新时代中国立法发展的理念与实践》，载《山东大学学报（哲学社会科学版）》2018 年第 5 期。

③ 封丽霞：《以科学立法引领良法善治》，载《领导科学论坛》2018 年第 5 期。

④ 张文显：《习近平法治思想研究（下）——习近平全面依法治国的核心观点》，载《法制与社会发展》2016 年第 4 期。

序，增强法律法规的及时性、系统性、针对性、有效性，提高法律法规的可执行性、可操作性"[①]。

2. 科学赋予设区的市地方立法权，明确地方立法权限和范围。"立法体制的核心问题是对立法权限进行划分和配置，这是法律规则产生的现实基础。"[②]当前，"中央、省级、设区的市国家权力机关及有关行政机关分别享有立法权，从立法主体数量上呈正金字塔形，从立法权限上呈倒金字塔形，适应了国家和地方治理的需要。在新的立法体制下，一方面需要对中央和地方立法权限作更加缜密细致的划分，另一方面还应厘清地方省、设区的市两级立法机关的权限划分及各自立法重点，有效发挥其职能作用，调动地方立法的积极性、主动性，保证地方立法质量。"[③]尤其是地方立法权下放问题，通过《立法法》修改赋予设区的市地方立法权，但应严格限定地方立法权限和范围，即"城乡建设与管理、生态文明建设、历史文化保护基层治理等方面的事项"，以防地方超越权限范围立法，实行地方保护主义，对全国形成统一开放、竞争有序的市场经济造成障碍，损害国家法治统一。

3. 明确立法权力边界，从体制机制和工作程序上有效防止部门利益和地方保护主义法律化。习近平总书记曾强调，"各有关方面都要从党和国家工作大局出发看待立法工作，不要囿于自己那些所谓利益，更不要因此对立法工作形成干扰。要想明白，国家和人民整体利益再小也是大，部门、行业等局部利益再大也是小。彭真同志说立法就是在矛盾的焦点上'砍一刀'，实际上就是要统筹协调利益关系。如果有关方面都在相关立法中掣肘，都抱着自己那些所谓利益不放，或者都想避重就轻、拈易怕难，不仅实践需要的法律不能及时制定和修改，就是弄出来了，也可能不那么科学适用，还可能造成相互推诿扯皮甚至'依法打架'。这

---

① 《习近平关于全面依法治国论述摘编》，中央文献出版社 2015 年版，第 50 页。

② 封丽霞：《以科学立法引领良法善治》，载《领导科学论坛》2018 年第 5 期。

③ 王腊生：《新立法体制下我国地方立法权限配置若干问题的探讨》，载《江海学刊》2017 年第 1 期。

个问题要引起我们高度重视。”[①]“政府立法以其特有的专业性、及时性和灵活性迅速填补了国家立法的空白,弥补了人大立法的诸多缺憾,缓解了立法民主与立法效率的紧张关系,以及社会的迫切立法需求与国家立法供给不足之间的矛盾,使得我国立法规模基本适应改革开放与社会发展的需要。但部门主导和部门利益本位可能给整个法律体系建设以及法律实施带来负面的影响。”[②]重要行政管理法律法规由政府法治机构组织起草,但“在重视政府立法的同时,强调政府立法不得任性。《立法法》中加入了相关内容。比如部门规章、地方政府规章,如果没有法律法规的依据,不得设定减损公民、法人和其他组织的权利或者增加其义务的规范。另外,各级人大及其常委会对政府授权立法的期限不能超过5年。地方政府规章如果实施满两年,要么把它上升为地方性法规,要么废止。”[③]应加强和改进政府立法制度建设,完善行政法规、规章制定程序,完善公众参与政府立法机制。对部门间争议较大的重要立法事项,由决策机关引入第三方评估,充分听取各方意见,协调决定,不能久拖不决。加强法律解释工作,及时明确法律规定含义和适用法律依据。

### (五)科学的立法方法与技术

科学的立法方法与技术将促进立法臻于科学化。“在工具意义上,科学立法体现为立法技术手段的运用,特别是体例和语言的规范化。有别于立法指导思想和立法工作制度,立法技术更侧重于对法律案形式本身进行改进,提高法律案的结构和语言质量。”[④]这主要表现为,其一,立法结构层次。应积极推行精细化的立法方式,能具体明确的就具体明确,增强立法的可操作性;努力改变重复立法、层层转抄的做法,有几条定几条,管用几条就定几条,增强立法的特色性。“天下有定理而无定

---

① 《习近平关于全面依法治国论述摘编》,中央文献出版社2015年版,第44页。

② 封丽霞:《新时代中国立法发展的理念与实践》,载《山东大学学报(哲学社会科学版)》2018年第5期。

③ 封丽霞:《以科学立法引领良法善治》,载《领导科学论坛》2018年第5期。

④ 周俐、闫鹏涛:《科学立法的几个层次》,载《人大研究》2012年第11期。

法。2021年,全国人大及其常委会不断创新立法形式,‘小快灵’‘小切口’立法逐渐走向立法广阔舞台,成为一道亮丽的风景线。翻开反食品浪费法,条条都是‘干货’”“从立法技术上看,这是一次丰富立法形式、探索‘小快灵’立法方法的成功实践,也是推动立法走向科学化和现代化,健全丰富全国人大常委会立法机制的重大创新。”天津大学法学院院长孙佑海说:“除了制定反食品浪费法,全国人大常委会审议反电信网络诈骗法草案,对电信网络诈骗发生的信息链、资金链、技术链、人员链等关键环节作出制度性安排;审议黑土地保护法草案,对被誉为‘耕地中的大熊猫’的黑土地专门立法,量体裁衣,形式简明,直奔主题……‘小’而明亮、‘快’而温暖、‘灵’而高效,需要几条就定几条,能用三五条解决问题就不搞‘鸿篇巨制’。‘小快灵’‘小切口’立法靶向效应明显,让法律更能立得住、行得通、真管用。”[①]其二,立法语言规范。立法语言是指法律赖以表达其内容的工具和表现形式,立法语言的运用好坏直接决定了立法文本的质量高低。[②] 立法语言规范要求法律条文表述应力求准确、严谨,实现法律用语的标准统一;应简洁、平易,避免内容和表述上的重复;应使用法言法语,避免照抄照搬政策(文件)。[③] “全国人大常委会法工委发布的《立法技术规范(试行)(一)》中就明确规定了法律条文表述的规范、法律常用词语的规范、法律修改形式的规范和法律废止形式的规范,这些就是立法语言规范化的最基本要求。简单讲,就是立法语言要准确规范,概念明确,句式规范,标点精确,适用时间和空间准确,减少重复表述,避免使用感性色彩词语。对我们现阶段而言,提高立法语言质量关键就在于把这些规范落到实处。”[④]

---

① 李睿宸:《为法治中国的恢宏画卷再添新篇——十三届全国人大及其常委会一年工作亮点回眸》,载《光明日报》2022年3月3日,第1版。

② 周俐、闫鹏涛:《关于科学立法的几个层次》,载《人大研究》2012年第11期。

③ 任才峰:《科学立法、民主立法、依法立法的理论与实践》,载《人大研究》2019年第1期。

④ 周俐、闫鹏涛:《关于科学立法的几个层次》,载《人大研究》2012年第11期。

## 三、民主立法

习近平总书记在党的二十大报告中指出,“人民民主是社会主义的生命,是全面建设社会主义现代化国家的应有之义。”①习近平总书记指出:“民主不是装饰品,不是用来做摆设的,而是要用来解决人民需要解决的问题的”②“现代法治的民主性,主要是通过立法的民主性得以体现。这不仅是立法高质量的标志,同时也是立法民意基础的保证。”③“民主立法的核心在于为了人民、依靠人民”。④“民主立法使法得到公允,科学立法使法符合正义,二者如同剪刀之双翼,相辅相成,相倚为用,共同促进公正之法的产生”⑤。列宁说:“民主组织原则……意味着使每一个群众代表,每一个公民都能参加国家法律的讨论,都能选举自己的代表和执行国家的法律。”⑥只有让人民群众参与立法,才能反映人民群众的意愿和需要,避免少数人闭门造法,防止滥用立法权、个人独断。立法者应以公共利益为目标,最大范围的功利应成为他一切思考的基础。⑦立法应当突出开门立法、尊重民意,引导人民群众有效参与立法活动,健全和落实民主开放包容的立法工作机制,拓宽广大人民有序参与立法的渠道。

### (一)人大主导立法

在当代中国实现民主立法,要落实在人大主导立法的环节,在提高

---

① 习近平:《高举中国特色社会主义伟大旗帜 为全面建设社会主义现代化国家而团结奋斗——在中国共产党第二十次全国代表大会上的报告(2022年10月16日)》,人民出版社2022年版,第38页。

② 《习近平关于社会主义政治建设论述摘编》,中央文献出版社2017年版,第70页。

③ 封丽霞:《新时代中国立法发展的理念与实践》,载《山东大学学报(哲学社会科学版)》2018年第5期。

④ 《〈中共中央关于全面推进依法治国若干重大问题的决定〉辅导读本》,人民出版社2014年版,第54页。

⑤ 阮荣祥:《地方立法的理论与实践》,社会科学文献出版社2008年版,第46页。

⑥ 《列宁全集》第27卷,人民出版社1958年版,第194页。

⑦ [英]边沁:《立法理论》,李贵方等译,中国人民公安大学出版社2005年版,第1页。

立法质量方面首先要实现人大主导立法。[①] 党的十八届四中全会首次提出“健全有立法权的人大主导立法工作的体制机制,发挥人大及其常委会在立法工作中的主导作用。”“多年以来,政府部门主导立法以及由此形成的立法权的行政化、部门化问题,一直影响着我国立法的民主性与公正性。由人民选出代表组成代议机关实现对立法过程的主导,是立法获得正当性与公正性的基础。”[②]发挥人大在立法中的主导作用,是加强和改进立法工作的重要着力点,也是破除部门利益影响立法、地方滥用立法资源等问题的关键环节。[③] 人大主导立法站在全局、客观公正,既会考虑到政府的行政效率,又会更加注重公民法人的合法权益,使两者得到平衡。[④] 人民代表大会制度是我国的根本政治制度,是党领导立法工作的有效载体和实现形式。[⑤] 人大代表、常委会组成人员是立法的主体,人大的主导作用,应当体现在法律法规的立项、起草、审议、修改、表决等各个环节。其一,主导立法规划。通过每届任期的立法规划、年度立法计划,加强对立法工作的统筹安排,把握立法项目决策的主导权。法律法规的立项规划是体现人大立法主导作用的关键,是立法主导性的第一道关卡,要经过立法预测、调查研究和科学论证等程序的锻造与打磨。[⑥] 要坚持从本地实际出发,注重自主立法项目,对拟列入计划立法项目的必要性、可行性、紧迫性进行论证和评估,科学选定立法项目,确定年度立法计划。[⑦] 在编制立法规划环节,要把党委关于经济社会发展

---

① 封丽霞:《以科学立法引领良法善治》,载《领导科学论坛》2018 年第 5 期。

② 封丽霞:《新时代中国立法发展的理念与实践》,载《山东大学学报(哲学社会科学版)》2018 年第 5 期。

③ 本报评论员:《完善立法机制 提高立法质量》,载《人民日报》2017 年 12 月 29 日,第 1 版。

④ 乔晓阳:《在新的起点上加强地方立法工作》,载《地方立法研究》2016 年第 1 期。

⑤ 封丽霞:《中国共产党领导立法的历史进程与基本经验——十八大以来党领导立法的制度创新》,载《中国法律评论》2021 年第 3 期。

⑥ 彭君:《党领导立法的规范分析与完善路径》,载《法学杂志》2018 年第 5 期。

⑦ 刘彦宁:《新时代如何推进科学立法民主立法依法立法》,载《中国党政干部论坛》2018 年第 9 期。

的重大立法决策部署，作为重点立法项目，编制到立法规划中。[①] 其二，主导法律法规起草。通过加强和改进法律法规起草方式，一些重要的法律法规由人大自主起草，探索和逐步形成立法机关主导，有关部门参加，专家学者、人大代表和人民群众共同参与起草法规草案的工作机制，广泛凝聚社会共识；涉及综合性、全局性、基础性等事项的法律法规草案，要由人大有关专门委员会、常委会工作机构组织起草。通过多种途径发挥人大代表参与起草、修改法律法规的作用，从而切实改变行政主导立法的模式。[②] 其三，还要加强人大对立法工作的组织协调，健全法律法规规章的起草制度，征求人大代表意见，发挥人大代表参与起草和修改法律的作用，这些都是对发挥人大立法主导作用进行的具体制度设计。[③] 2021 年，“常委会审议的 68 件法律草案、决定草案中，由相关专门委员会、工作委员会牵头起草的有 34 件，占总数的一半。由其他部门或单位负责起草的法律草案，人大提前介入，做好组织协调，发挥审议把关作用。出台关于加强立法调研工作、改进法律草案征求部门和地方意见工作等实施意见。制定常委会执法检查工作办法，引入法律评估、大数据分析、关联法律分析方法，规范执法检查工作流程。出台关于完善听取审议专项工作报告前期工作流程、加强专门委员会调研成果转化的研究意见。”[④]

（二）公众全过程参与

2019 年 11 月，习近平总书记在上海虹桥街道考察时深刻指出，“人民民主是一种全过程民主”。在庆祝中国共产党成立 100 周年大会上的重要讲话中，习近平总书记强调要“发展全过程人民民主”。习近平总

① 乔晓阳：《在新的起点上加强地方立法工作》，载《地方立法研究》2016 年第 1 期。

② 王腊生：《从“有法可依”迈向“良法之治”——解读修改后的〈立法法〉》，载《群众》2015 年第 5 期。

③ 封丽霞：《以科学立法引领良法善治》，载《领导科学论坛》2018 年第 10 期。

④ 栗战书：《全国人民代表大会常务委员会工作报告——2022 年 3 月 8 日在第十三届全国人民代表大会第五次会议上》，载《中国人大》2022 年第 6 期。

书记指出:“我国全过程人民民主实现了过程民主和成果民主、程序民主和实质民主、直接民主和间接民主、人民民主和国家意志相统一,是全链条、全方位、全覆盖的民主,是最广泛、最真实、最管用的社会主义民主。”[①]要尊重人民主体地位,尊重人民首创精神,拜人民为师,把政治智慧的增长、治国理政本领的增强深深扎根于人民的创造性实践之中,使各方面提出的真知灼见都能运用于治国理政。[②]“在立法中,深刻把握和认真践行全过程民主的要求,在法规立项、起草、审查、审议、通过和实施及监督等立法工作的全过程,通过一系列法规规范、制度安排和机制设计,广泛充分听取吸纳各方面意见,创新公众参与方式、改进公众参与举措、补充公众参与短板”[③],大力推进新时代高质量立法,使之成为实现和体现最广泛、最真实、最管用民主的典范,展现出全过程民主的立法实践全景图。立法过程应该自始至终贯彻人民本位、人民立场,这也决定了立法机关和立法者要自上而下地去征求人民的意见,人民也可以自下而上地表达自己的诉求,现代立法活动的本质在于公民私权利与国家公权力获得平衡。[④]“建设社会主义法治国家的真正标准在于法律法规体系的权威性与实效性,而并非立法规模的大小以及法律法规数量的多少。法律制度的实效性差、社会评价不高,其根本原因在于立法过程未能广泛听取各方面意见和建议,未能真正反映社会发展的客观需求和人民的真实意愿。”[⑤]广泛而普遍的公众参与,多元而全面的民意表达,各种利益公开的博弈与整合,为立法规划和立法计划提供了可能的方向和问题意识,集结更广泛的民意,这正是产生高质量的立法议案的源头。[⑥]

其一,拓宽公民有序参与立法渠道,扩大社会公众和人大代表对立

---

① 新华社记者:《全过程人民民主的中国实践》,载《求是》2022 年第 6 期。

② 《习近平关于社会主义政治建设论述摘编》,中央文献出版社 2017 年版,第 70 页。

③ 王腊生:《在地方立法工作中贯彻“全过程人民民主”的做法和思考》,载《人大研究》2021 年第 12 期。

④ 封丽霞:《以科学立法引领良法善治》,载《领导科学论坛》2018 年第 10 期。

⑤ 封丽霞:《高品质立法与国家治理现代化》,载《中国领导科学》2020 年第 1 期。

⑥ 彭君:《党领导立法的规范分析与完善路径》,载《法学杂志》2018 年第 5 期。

法工作的参与。习近平总书记在党的二十大报告中指出,“健全吸纳民意、汇集民智工作机制,建设好基层立法联系点。”[①]要改革立法调研方式,多到基层听取普通老百姓的意见。建设基层立法联系点和代表之家、代表联络站,收集原汁原味的基层和代表意见,充分发挥其立法民意直通车的作用。“早在反食品浪费法草案征求意见时,义乌基层立法联系点就将立法征询座谈会开到了‘网红’餐饮街区,与餐饮店、便利店、小酒店的从业人员围坐在一起,解读和讨论草案条文。一头连着最高国家权力机关,一头系着基层群众,作为国家立法‘直通车’,全国人大常委会法工委基层立法联系点让法治更好地体现人民意志、保障人民权益、激发人民创造。”[②]“没想到一个‘老外’也能参与中国立法,这让我真切感受到中国式民主的优越性。上海市虹桥街道居民诺扬·罗拿来自土耳其,在虹桥街道基层立法联系点设立之初就被聘为立法信息员,多年来他提出不少意见建议,被称为‘洋啄木鸟’。”[③]“全国人大常委会法工委基层立法联系点建立之初,就被赋予国家立法‘直通车’的功能定位,它的工作过程和运行机理,直接展示了人民有序政治参与、立法参与全过程,真实体现了全过程民主、实质民主的本质特征。全国人大常委会法工委办公室主任孙镇平表示。”[④]2021年,我国“建立22个基层立法联系点,其中增设12个,覆盖全国三分之二省份,带动省、市两级人大常委会建立立法联系点4700余个。增加法律草案征求意见系统和法规审查建议受理平台链接。34件法律草案通过中国人大网公开征求意见,

---

① 习近平:《高举中国特色社会主义伟大旗帜 为全面建设社会主义现代化国家而团结奋斗——在中国共产党第二十次全国代表大会上的报告(2022年10月16日)》,人民出版社2022年版,第38页。

② 本报记者李睿宸:《为法治中国的恢宏画卷再添新篇——十三届全国人大及其常委会一年工作亮点回眸》,载《光明日报》2022年3月3日,第1版。

③ 本报记者李睿宸:《为法治中国的恢宏画卷再添新篇——十三届全国人大及其常委会一年工作亮点回眸》,载《光明日报》2022年3月3日,第1版。

④ 本报记者刘华东:《奋力书写新时代良法善治新篇章》,载《光明日报》2021年10月11日,第1版。

共收到108,221人次提出的475,245条意见。各地共有22万多个代表之家、代表联络站等履职平台,成为全国人大代表就近参加履职活动的有效途径。"[①]建立线上、线下民意调查制度,运用大数据分析等现代科技和面对面调查访问等传统方法,充分掌握了解社情民意。在做好立法公开征求意见的同时,还要根据法规调整关系、规范事项的不同,注重听取相关群体、行业组织的意见,这样更能反映相关诉求,更加汇聚民智。

其二,健全公开征求意见和公众意见采纳情况反馈机制,广泛凝聚社会共识。"民意不仅要认真'听',更要充分'纳'。要建立民意收集采纳和反馈制度,对通过各种途径收集到的老百姓的意见和建议,要一条一条地分析研究,合理的、能够采纳的都要吸收到法规当中来,对不能够采纳的要向老百姓反馈并说明理由,使老百姓参与立法有一个可观可感的效果。在法规起草说明和法规审议结果报告中,要向人大常委会报告社会公众的主要意见及采纳情况,增强民主立法的实效性和规范性。"[②]"民法典编纂过程中,先后10次通过中国人大网公开征求意见,累计收到42.5万人提出的102万条意见建议。针对这些意见建议所涉及的问题,全国人大常委会认真研究,并在草案修改中加以体现。'禁止性骚扰本来应是妇女权益保障法规定的,在民法典编纂过程中,社会公众非常关心这一问题,提出了很多意见。立法机关对这些意见进行了认真梳理,并作了吸收,比如,为了防止职场、校园的性骚扰,要求用人单位,包括机关、企业、学校等在防治性骚扰方面承担相应责任和义务。'全国人大代表、陕西省律师协会副会长方燕举例说。"[③]"2021年4月29日,当听到反食品浪费法表决通过的消息时,浙江义乌的众多餐饮业主分外兴

---

① 栗战书:《全国人民代表大会常务委员会工作报告——2022年3月8日在第十三届全国人民代表大会第五次会议上》,载《中国人大》2022年第6期。

② 王腊生:《在地方立法工作中贯彻"全过程人民民主"的做法和思考》,载《人大研究》2021年第12期。

③ 张毅、廖文根等:《人民美好生活的法治保障——写在〈中华人民共和国民法典〉诞生之际》,载《人民日报》2020年5月31日,第1版。

奋,因为他们的意见建议被法律吸纳了。”[①]“截至2021年8月,全国人大常委会法工委立法联系点先后就115部法律草案、年度立法计划等征求基层群众意见建议6700余条,2200余条意见建议被不同程度采纳吸收,其中1300余条真知灼见被直接反映在法律条文之中。”[②]

其三,建立立法协商机制及重大利益调整论证咨询机制。“2020年6月23日,全国政协十三届常委会第十二次会议首次在常委会会议中采用互联网政协调研形式与地方开展联动协商。四级政协委员直接参与,连线点延伸至村,多名委员和基层同志通过远程连线现场发言……展现出协商民主的广度与活力。”[③]有序开展立法协商,加强沟通交流,充分发挥政协委员、民主党派、工商联、无党派人士、人民团体、社会组织在立法协商中的作用,使之成为一种立法程序制度。积极开展立法协商,健全立法机关和社会公众沟通机制,法律法规草案应当发送相关领域的人大代表、有关机关、组织和专家征求意见,法律法规草案说明中应当包括起草、修改过程中对重要分歧意见的协调、处理情况。健全审议和表决机制,审议法律法规草案要保证常委会组成人员充分发表意见;对个别意见分歧大的重要条款,实施单独表决制度,防止立法在个别问题上“卡壳”。创新立法咨询、论证、评估机制,对涉及重大利益调整或有较大分歧意见的地方立法,应当召开听证会,充分听取各利益相关方的意见,实现立法听证的经常化。

### (三)回应人民关切

在立法工作中要积极回应人民群众新要求新期盼,系统研究和解决人民群众反映强烈的问题,切实增强人民群众的获得感、幸福感、安全感。立足解决发展不平衡不充分的问题,切实改变主要由政府部门提出立法项目的做法,充分关注老百姓的立法需求,立老百姓所需之法,大力

---

① 李睿宸:《为法治中国的恢宏画卷再添新篇——十三届全国人大及其常委会一年工作亮点回眸》,载《光明日报》2022年3月3日,第1版。

② 刘华东:《奋力书写新时代良法善治新篇章》,载《光明日报》2021年10月11日,第1版。

③ 新华社记者:《全过程人民民主的中国实践》,载《求是》2022年第6期。

推进就业、教育、医疗、社保、住房、交通、养老、食品安全、生态环境、社会保障等领域的民生立法，不断完善人民美好生活需要的法律制度。立法既要关注涉及老百姓切身利益的重要领域，又要关注老百姓日常生活中的某些事项立法，以小切口解决大问题。以立法回应人民群众最关心、最直接、最现实的权益，体现在新时代人大立法工作的方方面面。加快重点领域维护国家安全立法，制定生物安全法、出口管制法、反外国制裁法等，修改国防法、人民武装警察法，制定海警法、退役军人保障法等；守护绿水青山，制定修改长江保护法、土壤污染防治法、固体废物污染环境防治法等，用最严格的制度划定生态红线；积极回应社会热点，刑法修正案（十一）对社会关注的高空抛物、非法集资、刑事责任年龄、冒名顶替上学就业等新情况新问题作出直接回应；未成年人保护法新增“网络保护”“政府保护”两章，条文由 72 条增加到 132 条；十三届全国人大三次会议审议通过《民法典》一字一句尽显“人民至上”的光辉。[①] 2021 年，围绕人民群众关注的热点难点问题，全国人大立法工作不断满足人民群众对美好生活的法治新期待——制定家庭教育促进法，家长们开启“依法带娃”时代，呵护未成年人健康成长；修改教育法，严格明确冒名顶替入学行为的法律责任，维护教育公平；制定医师法，关注医患矛盾，健康中国建设蹄疾步稳……[②]在加强民生和社会领域立法方面，制定反食品浪费法，杜绝“舌尖上的浪费”；制定个人信息保护法，对过度收集个人信息、“大数据杀熟”等作出规范；制定噪声污染防治法，有针对性地解决人民群众关心的噪声污染等突出问题。[③] “推进强化公共卫生法治保障立法修法工作，初次审议突发事件应对管理法草案，两次审议职业教育法修订草案，起草并初次审议反电信网络诈骗法草案，回应人民

---

① 刘华东：《奋力书写新时代良法善治新篇章》，载《光明日报》2021 年 10 月 11 日，第 1 版。

② 李睿宸：《为法治中国的恢宏画卷再添新篇——十三届全国人大及其常委会一年工作亮点回眸》，载《光明日报》2022 年 3 月 3 日，第 1 版。

③ 刘坤、贾月洋：《倾听人民呼声　回应人民期待——十三届全国人大五次会议首场新闻发布会侧记》，载《光明日报》2022 年 3 月 5 日，第 3 版。

群众反映强烈的电信网络诈骗问题，维护公民在网络空间的合法权益。起草并初次审议妇女权益保障法修订草案，对妇女权益保障中的突出问题深入调研，在预防性保障、侵害处置、救济措施、责任追究等方面完善相关规定。制定法律援助法，修改人口与计划生育法、安全生产法、工会法，初次审议农产品质量安全法修订草案，起草并初次审议体育法修订草案。”①

## 四、依法立法

“十九大报告首次提出依法立法并将其与科学立法、民主立法并列为立法原则，这是新时代对立法工作的新要求，反映了新时期对立法工作要求的新突破。依法立法是法治原则对立法的要求。”②“表明了党作为执政党，尊重法律、遵守法律的执政思维，既是对党领导立法的约束，更是对立法工作的要求。”③现代法治理论强调，任何一种权力都有被腐化和被滥用的可能，立法权也不例外。④“立法作为建设法治国家的前提和基础，也因此需要实行法治化，需要坚持法治原则。”⑤2000 年《立法法》制定前，我国法制不统一现象突出，这无疑将影响党的十五大所提出的到 2010 年中国特色社会主义法律体系形成的立法总目标实现。为此，在《立法法》第 5 条规定了依法立法原则，即“立法应当符合宪法的规定、原则和精神，依照法定的权限和程序，从国家整体利益出发，维护社会主义法制的统一、尊严、权威。”依法立法的基本要求是，国家法律体系内部层次分明、内容协调、法律法规规章等各种法律渊源形式不

---

① 栗战书：《全国人民代表大会常务委员会工作报告——2022 年 3 月 8 日在第十三届全国人民代表大会第五次会议上》，载《中国人大》2022 年第 6 期。

② 王腊生：《习近平新时代中国特色社会主义思想指导下的立法工作思考》，载《法治现代化研究》2018 年第 2 期。

③ 彭君：《党领导立法的规范分析与完善路径》，载《法学杂志》2018 年第 5 期。

④ 封丽霞：《新时代中国立法发展的理念与实践》，载《山东大学学报（哲学社会科学版）》2018 年第 5 期。

⑤ 参见周旺生：《立法学教程》，北京大学出版社 2006 年版，第 82 页。

得与宪法抵触、上位法与下位法之间不得相互冲突，从而维护国家宪法权威与法制统一。① 但时至今日，我国处于新时代的历史方位，立法工作也随之步入新时代，立法目标从过去的追求高速度向高质量转变，这就要求立法活动不仅需要做到不抵触、不违背现行实在法，还要严格遵循现行实在法所固有的法律思维，“不仅仅停留在立法活动本身的合法性问题上，而应进一步深入到如何维系整个法秩序的逻辑体系正确性”。②

（一）立法活动合乎现行法

立法工作必须严格依照法定权限、程序开展，维护宪法的权威和尊严，维护国家法制统一，这是“依法立法”原则的基本含义，也是初始含义。这主要体现为立法主体、内容以及程序合法 3 个方面：

其一，立法主体合法。习近平总书记在庆祝全国人民代表大会成立 60 周年大会上强调，“努力使每一项立法都符合宪法精神、反映人民意愿、得到人民拥护。”③依法立法，首先是依宪立法。“依照法定的权限和程序”之“法定”主要为《宪法》与《立法法》的相关规定，后者具体规定了法律、行政法规、地方性法规、规章的制定权限。立法是公权力行使的表现，必须遵循“法无授权不可为”的公权力行使原则，切实按照立法职权法定的要求进行。④ 依照法定的权限立法意在强调立法主体的合法性，“它强调有立法权的主体只能就自己享有的特定级别或层次、特定种类、特定形式的立法权进行立法，只能就自己所能调整和应当调整的事项进行立法活动”⑤。《立法法》规定了只能制定法律 11 个方面的事项，设区的市制定地方性法规的 4 个方面的事项等，有立法权的国家机

---

① 封丽霞：《新时代中国立法发展的理念与实践》，载《山东大学学报（哲学社会科学版）》2018 年第 5 期。

② 赵一单：《依法立法原则的法理阐释——基于法教义学的立场》，载《法制与社会发展》2020 年第 5 期。

③ 《习近平关于全面依法治国论述摘编》，中央文献出版社 2015 年版，第 47 页。

④ 任才峰：《科学立法、民主立法、依法立法的理论与实践》，载《人大研究》2019 年第 1 期。

⑤ 封丽霞：《高品质立法与国家治理现代化》，载《中国领导科学》2020 年第 1 期。

关都需要严格遵行,不能超越立法权限。当然,"还要注意人大立法与行政机关起草的问题。政府部门拥有丰富的执法经验和资源便利等优势,加强人大主导立法,不等于取消行政机关起草,而是要提高人大在立法环节上的沟通联系、统筹协调能力,及时掌握立法诸环节的进展状况和涉及到的重大问题,协商解决。"①

其二,立法内容合法。"立法内容的合法性,主要体现为立法内容的统一性,其前提是立法内容的合宪性,即强调各项立法的目的与任务、精神与内涵,必须遵守宪法的基本原则、精神和相关规定。立法的合法性还要求在等级有序的法的体系中,法律规范的内容应当保持高度一致,各种立法应当有法的依据或不与上位法相抵触。在所有法律规范性文件中,下位法不得与上位法抵触。凡是下位法违背上位法的均属违法立法。"②习近平总书记强调,"我们必须加强宪法和法律实施,维护社会主义法制的统一、尊严、权威。"③无论是宪法还是《立法法》都强调,"一切法律、行政法规、地方性法规、自治条例和单行条例、规章都不得同宪法相抵触。"我国是单一制的社会主义国家,地域辽阔,人口众多,各地政治、经济、文化发展很不平衡,在制定法律、行政法规、地方性法规时,要从国家整体利益出发,防止通过立法实行地方保护主义、妨碍公平竞争。④ 要保持法律体系内部的和谐一致,下位法不得同上位法相抵触,各部门法要相和谐,同一层次的法不得"前后左右"打架、冲突。⑤ 对报送的规范性文件要积极开展主动审查,不能束之高阁;积极办理公民、法人或其他组织提出的审查建议,并及时反馈办理情况,从而及时纠正、撤销不合法的规范性文件,确保法治统一。

其三,立法程序合法。立法程序是立法机关在规范性法律文件创制

---

① 彭君:《党领导立法的规范分析与完善路径》,载《法学杂志》2018 年第 5 期。

② 封丽霞:《高品质立法与国家治理现代化》,载《中国领导科学》2020 年第 1 期。

③ 《习近平关于全面依法治国论述摘编》,中央文献出版社 2015 年版,第 44 页。

④ 任才峰:《科学立法、民主立法、依法立法的理论与实践》,载《人大研究》2019 年第 1 期。

⑤ 王腊生:《习近平新时代中国特色社会主义思想指导下的立法工作思考》,载《法治现代化研究》2018 年第 2 期。

过程中所遵循的协调利益冲突、配置立法资源的路径。[①] 立法程序的法定性，是指在立法过程中必须遵循法定的步骤、顺序和期限，实现立法程序的规范性和制度化，从而增强立法行为的严肃性与权威性。[②] 法律规范从起草、审议到通过，需要遵循一定的程序，没有程序就不可能有质量保证。依法立法需要解决的另一个问题是违反程序立法的问题。《立法法》对法律的制定程序作了详细的规定，国务院及有立法权的地方人大根据《立法法》的要求，对行政法规、地方性法规的制定程序都作了具体规定。总体上看，关于立法程序的规定执行情况是比较好的，但有的地方，特别是有的设区的市还存在审议时间短、审议不充分等突出问题，需要加以改进。

（二）立法活动合乎实在法的固有法律思维

新时代高质量立法对立法活动的合法性要求，已不仅是“不得与上位法相抵触”“依上位法立法”，而更应是依“法教义”立法，“在立法活动中体现法教义学的精神，发挥法教义学的作用，用合乎固有法律思维的方式去表达和创制新的法律规范”[③]“强调立法与现行实在法之间的融贯”[④]而非一般意义上的“不抵触”原则，“要保证通过立法活动所创制出来的新规范能够与既有的法秩序在概念、逻辑、体系和价值上相互融贯，以便这些规范能够被准确地解释和适用”。[⑤] “法教义学本质上指运用法律自身的原理，按照逻辑的要求，以原则、规则、概念等基本要素制定、编纂与发展法律以及通过适当的解释规则运用和阐释法律的做法。其功能主要有维护裁判统一，确保相同事实相同对待；辅助权利人维护

① 任才峰：《科学立法、民主立法、依法立法的理论与实践》，载《人大研究》2019 年第 1 期。

② 封丽霞：《高品质立法与国家治理现代化》，载《中国领导科学》2020 年第 1 期。

③ 赵一单：《依法立法原则的法理阐释——基于法教义学的立场》，载《法制与社会发展》2020 年第 5 期。

④ 赵一单：《依法立法原则的法理阐释——基于法教义学的立场》，载《法制与社会发展》2020 年第 5 期。

⑤ 赵一单：《依法立法原则的法理阐释——基于法教义学的立场》，载《法制与社会发展》2020 年第 5 期。

自身的利益；使法律体系化；担当法学教育的载体”[①]“尊重体系与逻辑是法教义学的基本特征”[②]。

法教义学在立法、司法中都有体现，之于立法，“一方面，法教义学可以影响立法的内容，其影响途径又分为三种，即法教义转化为立法条款、为修法提供基础等直接为立法提供支持；作为‘法外材料’与相关制定法术语和条款配合使用构成‘法’的整体，从而实现制定法文本本身的‘去教义化’与法教义学作为制定法‘下层建筑’的统合，间接为立法提供支持；通过揭示出立法的漏洞、矛盾、价值缺陷等对立法进行批判。另一方面，法教义学也可以影响立法的体系，这种结构性影响更加稳定和持久。”[③]为此，欲达致与现行实在法之融贯、整个法秩序的逻辑体系正确性之维系，立法活动应做到：(1)反映正确价值判断。“但凡有生命力的法律制度，无不一方面反映社会的共同价值判断(常识或共识)，另一方面也深深嵌入在既有的法律体系之中。如何充分反映主流民意，并有效防范个别利益集团为谋求私益而改变规则的行为是我国现行立法体制面临巨大的挑战。”[④]“法教义学对于立法活动中恣意价值判断的拘束主要是通过宪法教义学进行的。价值判断在立法论证过程中的介入必须以宪法规范为基础，意味着任何价值判断都必须接受宪法的评判，都必须符合宪法所体现的根本价值目的，这也呼应了党的十八届四中全会所提出的‘使每一项立法都符合宪法精神’的要求。”[⑤](2)以教义学方法确定立法方法。立法的最终目的在于适用，最佳的立法方法将致力于实现最大限度便利化裁判。“立法者在创设法律规范之时，应当尽可能预想到司法裁判中的可能情景，创设更具有法律适用上的可操作性的

---

① 许德风：《论法教义学与价值判断——以民法方法为重点》，载《中外法学》2008年第2期。

② 许德风：《法教义学的应用》，载《中外法学》2013年第5期。

③ 雷磊：《法教义学能为立法贡献什么?》，载《现代法学》2018年第2期。

④ 许德风：《法教义学的应用》，载《中外法学》2013年第5期。

⑤ 赵一单：《依法立法原则的法理阐释——基于法教义学的立场》，载《法制与社会发展》2020年第5期。

规范。”[①]“法教义产生于当抽象法律规范适用于具体案件时，填补规范与事实之间落差的需要。”[②]“教义学方法作为法官在司法裁判阶段的‘操作说明书’，自然也应当对立法方法发挥‘调适’作用。”[③]立法者也应当主动调整立法方法，强化与教义学方法衔接，确保所立之法的科学性实现。

① 赵一单：《依法立法原则的法理阐释——基于法教义学的立场》，载《法制与社会发展》2020 年第 5 期。

② 雷磊：《作为科学的法教义学？》，载《比较法研究》2019 年第 6 期。

③ 赵一单：《依法立法原则的法理阐释——基于法教义学的立场》，载《法制与社会发展》2020 年第 5 期。

# 第四章　完善以宪法为核心的中国特色社会主义法律体系(上)

法律体系,是指一个国家的全部法律规范(由国家制定或者认可、体现统治阶级意志、调整社会关系并最终依靠国家强制力保证实施的社会活动准则),按照一定的原则和要求,根据不同法律规范的调整对象和调整方法的不同,划分为若干法律门类,并由这些法律门类及其所包括的不同法律规范形成相互有机联系的统一整体。[①] 判断一个国家是否形成了独立的法律体系,有一系列严格的衡量标准。因此,法律体系是衡量一个国家法治水平的重要标志,在法治国家建设中发挥着重要的基础性作用。经过改革开放30多年的努力,我国在2010年形成了中国特色社会主义法律体系,这不仅标志着"国家经济建设、政治建设、文化建设、社会建设以及生态文明建设的各个方面实现有法可依",也开启了中国法治现代化的

---

① 杨景宇:《形成并完善中国特色社会主义法律体系需要把握好的几点》,载《人民日报》2009年3月11日。

新进程,是中国法治建设中具有里程碑意义的一件大事。党的十八大以来,随着党和国家事业取得历史性成就、发生历史性变革,中国特色社会主义法律体系也不断发展完善,为协调推进"五位一体"总体布局和"四个全面"战略布局提供了有力的法治保障。站在"两个一百年"历史交会点上,踏上全面建设社会主义现代化国家新征程,全面回顾中国特色社会主义法律体系形成和完善的历程、深入研究和思考中国特色社会主义法律体系建设的有关问题,对于进一步加强立法工作,不断完善以宪法为核心的中国特色社会主义法律体系具有重要意义。

## 一、中国特色社会主义法律体系形成和不断完善的过程

关于法律与实践的关系,彭真同志曾经深刻指出:"是法服从实际情况,还是实际情况服从法?谁是母亲,谁是儿子?实际产生法律,实际是母亲,法律、法理是儿子。"[①]这充分表明法律源于实践。中国特色社会主义法律体系,并不是凭空产生的,而是中国共产党领导全国各族人民,经过几十年的探索,在推进中国特色社会主义建设伟大事业的历史进程中,特别是在与改革开放和现代化建设相伴而生、相互促进的过程中逐步形成并不断完善的。

### (一)中国特色社会主义法律体系形成的过程

中国共产党历来重视法制建设,早在土地革命、抗日战争、解放战争时期,就在根据地制定并颁行了《中华苏维埃共和国宪法大纲》《中华苏维埃共和国土地法》《中华苏维埃共和国劳动法》《赣东北特区苏维埃暂行刑律》《陕甘宁边区施政纲领》等一批代表人民意志和符合革命利益的政策、法令,不仅有力地巩固和发展了红色政权,也为中华人民共和国成立后的法治建设积累了宝贵经验。中华人民共和国成立后,中国特色社会主义法律体系从提出、建设到形成,经过了几十年的艰辛探索,可以从以下几个方面来回顾。

---

① 彭真:《论新时期的社会主义民主与法制建设》,中央文献出版社 1989 年版,第 76 页。

1. 改革开放前我国法治建设的情况

1949 年 9 月 29 日，中国人民政治协商会议第一届全体会议通过的具有临时宪法作用的《中国人民政治协商会议共同纲领》，确立了新中国的国家政权制度，明确提出在我国实行人民代表大会制度，奠定了中华人民共和国成立初期国家根本政治制度的法律基础。中华人民共和国成立初期，中国共产党根据共同纲领和中央人民政府组织法建立了中央国家机关和地方各级人民政府，领导了土地改革、抗美援朝、镇压反革命、“三反”、“五反”等运动和大规模的经济建设。与此相适应开展了全国范围内的法制建设，制定了地方各级人民政府和司法机关的组织通则、工会法、婚姻法、土地改革法、法院暂行组织条例、惩治反革命条例、惩治贪污条例和全国人民代表大会及地方各级人民代表大会选举法以及有关劳动保护、民族区域自治和公私企业管理等法律、法令。① 1954 年 9 月 20 日，中华人民共和国第一届全国人民代表大会第一次会议审议通过的新中国第一部宪法，明确了中华人民共和国是工人阶级领导的、以工农联盟为基础的人民民主国家，确立了我国的基本政治制度和人民享有的各项权利，为巩固社会主义政权和社会主义建设发挥了重要保障和推动作用。同时，还制定了全国人民代表大会组织法、国务院组织法、地方各级人民代表大会和地方各级人民委员会组织法、人民法院组织法、人民检察院组织法等，标志着国家的根本制度、国家生活的基本原则、公民的基本权利和义务等以宪法和法律的形式初步确立。此后，根据宪法和党的路线方针政策，又先后制定了一批法律、法规。据统计，截至“文化大革命”前，中央人民政府、全国人大及其常委会共制定法律 130 多件，还起草了刑法、刑事诉讼法、民法、民事诉讼法等一批重要法律草案；国务院制定行政措施、发布的决议或者命令 1500 多件。这些法

---

① 赵惜兵：《中国特色社会主义法律体系发展历程的全景回顾》，载中国人大网，http://www.npc.gov.cn/npc/c221/201102/918192491f0743f1b051a26fd3056c7b.shtml，最后访问日期：2011 年 2 月 17 日。

律法规的制定,为进一步推进社会主义法制建设奠定了重要基础。[①] 然而,1957 年之后,由于受到"左"倾错误思想的影响,社会主义法制建设经受较大挫折。到"文化大革命"时期,社会主义法制遭受严重破坏,几乎停滞。总的来看,中华人民共和国成立后至改革开放前的这一段时期,我国社会主义法律制度建设虽然取得了一些成果和进展,但受各方面因素的影响和制约,既没有建设社会主义法律体系的现实需求,建设社会主义法律体系的客观条件也远未成熟。

2. 改革开放后中国特色社会主义法律体系建设历程

1978 年 12 月召开的党的十一届三中全会,重新确立了马克思主义的解放思想,实事求是的思想路线,确定了"以经济建设为中心"的政治路线,作出了改革开放的伟大决策,开启了我国改革开放和社会主义现代化建设的新时期。改革开放的伟大实践,为构建中国特色社会主义法律体系提供了历史机遇和实践沃土。正是在改革开放的时代背景下,中国共产党领导广大人民,经过三十多年的艰苦奋斗,最终建成了中国特色社会主义法律体系,取得了举世瞩目的辉煌成就。这个过程大致可以分为 4 个阶段:

(1)1978 年至 1992 年,为奠定基础阶段。

面对百废待兴的局面,1978 年 12 月 13 日,邓小平同志强调,"现在的问题是法律很不完备,很多法律还没有制定出来……应该集中力量制定刑法、民法、诉讼法和其他各种必要的法律,例如工厂法、人民公社法、森林法、草原法、环境保护法、劳动法、外国人投资法等等,经过一定的民主程序讨论通过,并且加强检察机关和司法机关,做到有法可依,有法必依,执法必严,违法必究。国家和企业、企业和企业、企业和个人等等之间的关系,也要用法律的形式来确定;它们之间的矛盾,也有不少要通过

① 赵惜兵:《中国特色社会主义法律体系发展历程的全景回顾》,载中国人大网,http://www.npc.gov.cn/npc/c221/201102/918192491f0743f1b051a26fd3056c7b.shtml,最后访问日期:2011 年 2 月 17 日。

法律来解决。"[①]1979 年,邓小平同志再次强调:"要接着制定一系列的法律。我们的民法还没有,要制定;经济方面的很多法律,比如工厂法等等,也要制定。我们的法律是太少了,成百个法律总要有的,这方面有很多工作要做,现在只是开端。民主要坚持下去,法制要坚持下去。这好像两只手,任何一只手削弱都不行。"[②]在这一思想的指导下,立法工作全面恢复并迅速发展。为了尽快重建国家和社会秩序、促进经济建设和社会发展,这一时期立法的重点是修改宪法和制定有关国家机构、刑事、民事方面的基本法律,以及有关改革开放方面的法律。1979 年 7 月,五届全国人大二次会议通过地方组织法、选举法、人民法院组织法、人民检察院组织法、刑法、刑事诉讼法、中外合资经营企业法等 7 部法律,标志着我国立法工作在中断 20 多年后取得重大突破,迈出了健全社会主义法制的决定性步伐。1982 年,现行宪法的颁布和一些重要法律的出台,使得我国社会主义民主法制建设从根本上得以恢复。[③] 1982 年 9 月 6 日,彭真同志在全国经济法制工作经验交流会上的讲话中正式提出了"法的体系"这一概念。这充分说明,在立法工作恢复重建之初,中国共产党就已经着眼长远,同步考虑"法的体系化"问题。[④] 此后,民族区域自治法、民法通则、商标法、专利法、民事诉讼法(试行)、经济合同法、义务教育法、外资企业法等一大批在社会生活中发挥重要作用的法律也相继被制定出来。据统计,五届、六届、七届全国人大及其常委会先后通过了 138 件法律,并对 10 件法律作了修改,为法律体系的形成奠定了坚实基础。

(2)1992 年至 2003 年,为初步形成阶段。

党的十四大确立了建立社会主义市场经济体制的目标,党的十四届三中全会通过的《关于建立社会主义市场经济体制若干问题的决定》指

---

① 《邓小平文选》第 2 卷,人民出版社 1994 年版,第 146 ~ 147 页。

② 《邓小平文选》第 2 卷,人民出版社 1994 年版,第 189 页。

③ 《中国特色社会主义法律体系的提出、形成和完善》,载中国人大网,http://www.npc.gov.cn/npc/dzlfxzgcl70nlflc/202108/e68ea7fe189f499693e12a4d9a7156a0.shtml,最后访问日期:2021 年 8 月 24 日。

④ 《中国特色社会主义法律体系的提出、形成和完善》,载中国人大网,http://www.npc.gov.cn/npc/dzlfxzgcl70nlflc/202108/e68ea7fe189f499693e12a4d9a7156a0.shtml,最后访问日期:2021 年 8 月 24 日。

出,“社会主义市场经济体制的建立和完善,必须有完备的法制来规范和保障。要高度重视法制建设,做到改革开放与法制建设的统一,学会运用法律手段管理经济。”为了落实党中央决策部署,八届全国人大提出“建立市场经济法律体系”,大力加强经济领域立法,制定了公司法、商业银行法、反不正当竞争法、消费者权益保护法、城市房地产管理法、拍卖法、担保法、票据法、保险法、价格法、审计法、农业法、民用航空法、电力法、煤炭法、建筑法、证券法、信托法、个人独资企业法等一大批重要法律,有力促进了社会主义市场经济的完善和发展。国家赔偿法、行政处罚法、行政复议法等一批重要法律也相继出台。到八届全国人大任期结束时,中国特色社会主义市场经济法律体系框架已经基本形成。随着改革开放的深化和社会主义民主法治的发展,党和国家对法律体系的认识也在不断深化。1997 年,党的十五大确立了依法治国、建设社会主义法治国家的基本方略,提出“到二〇一〇年形成有中国特色社会主义法律体系”的目标和任务。根据这一要求,九届全国人大提出在任期内初步形成中国特色社会主义法律体系的立法目标。此后全国人大及其常委会重点研究制定、修改了立法法、刑法、合同法等一批重要的基本法律,为深化改革、加快发展、保持稳定提供了法律保障。八届、九届全国人大及其常委会任期内共制定了 104 件法律,对 57 件法律作了修改。经过这一阶段的努力,以宪法为核心的中国特色社会主义法律体系初步形成,为最终形成法律体系进一步奠定了坚实的基础。

(3)2003 年至 2008 年,为基本形成阶段。

2002 年,党的十六大重申了到 2010 年形成中国特色社会主义法律体系的立法工作总目标。十届全国人大明确提出任期内“以基本形成中国特色社会主义法律体系为目标、以提高立法质量为重点”的立法工作思路,将在中国特色社会主义法律体系中起支架作用、现实生活迫切需要的立法项目作为立法重点,进一步加快了立法进程,任期内共审议通过宪法修正案草案、法律草案、法律解释草案和有关法律问题的决定草案 100 件。2004 年通过的宪法修正案,把党的十六大确定的重大理论观点、重大方针政策载入宪法，并明确国家尊重和保障人权、依法保护公民的财产权和继承权等内容，体现了社会主义民主的本质要求。2005年制定的反分裂国家法，为反对和遏制“台独”分裂、促进祖国和平统一提供了法律武器。2006年制定的各级人民代表大会常务委员会监督法，完善各级人大常委会监督的形式和程序，推动人大监督工作制度化、规范化、程序化。2007年制定的物权法，进一步完善了中国特色社会主义物权法律制度，有力维护了社会基本经济制度和社会经济秩序。此外，还制定、修改了企业破产法、农民专业合作社法、劳动合同法、劳动争议调解仲裁法、就业促进法、义务教育促进法、妇女权益保障法、未成年人保护法、残疾人保障法、行政许可法、治安管理处罚法、公务员法、可再生能源法、海岛保护法等重要法律文件，涉及市场秩序维护、教育文化事业、民生保障、规范国家权力行使、环境资源保护等方面。至十届全国人大任期届满，以宪法为核心的中国特色社会主义法律体系基本形成。

(4)2008年至2010年，为形成阶段。

围绕2010年形成中国特色社会主义法律体系的目标，十一届全国人大及其常委会继续加大立法工作力度，制定出台了侵权责任法、社会保险法、人民调解法、循环经济促进法、企业国有资产法、食品安全法、农村土地承包经营纠纷调解仲裁法等一批重要法律，填补了相关领域的法律空白；修改了选举法、代表法、村民委员会组织法、国家赔偿法等法律，以更好适应经济社会发展要求。同时，为保证法律体系内部的科学和谐统一，还集中开展法律清理工作，督促有关方面清理行政法规和地方性法规、制定法律配套法规。这一阶段，全国人大及其常委会共制定法律13件，修改法律9件，通过法律集中清理，废止法律5件，“一揽子”修改法律59件。此外，还加强中国特色社会主义法律体系的理论研究和宣传工作，从理论上、思想上、舆论上为中国特色社会主义法律体系的形成做好准备。2011年3月10日，吴邦国同志在十一届全国人大四次会议上郑重宣布：“一个立足中国国情和实际、适应改革开放和社会主义现代化建设需要、集中体现党和人民意志的，以宪法为统帅，以宪法相关法、民法商法等多个法律部门的法律为主干，由法律、行政法规、地方性法规等多个层次的法律规范构成的中国特色社会主义法律体系已经形成，国家经济建设、政治建设、文化建设、社会建设以及生态文明建设的各个方面实现有法可依，党的十五大提出到2010年形成中国特色社会主义法律体系的立法工作目标如期完成。”[①]这是我国社会主义民主法制建设史上的重要里程碑，是中国特色社会主义制度走向成熟的重要标志，具有重大现实意义和深远历史意义。

（二）中国特色社会主义法律体系完善的情况

中国特色社会主义法律体系是动态的、开放的、发展的，必然随着中国特色社会主义实践的发展而发展。[②] 党的十八大以来，以习近平同志为核心的党中央高度重视法治，亲自谋划、亲自部署、亲自推动，全面依法治国取得历史性成就。在党中央正确领导下，我国立法工作开辟新局面、迈出新步伐、取得新进展，呈现数量多、分量重、节奏快的新特点，[③]中国特色社会主义法律体系建设不断完善。

1. 习近平新时代中国特色社会主义思想，为中国特色社会主义法律体系完善提供了根本遵循。党的十八大以来，以习近平同志为核心的党中央围绕回答好新时代坚持和发展什么样的中国特色社会主义、怎样坚持和发展中国特色社会主义这个重大时代课题，提出了一系列治国理政新理念新思想新战略，创立了习近平新时代中国特色社会主义思想。党的十九大将习近平新时代中国特色社会主义思想确立为党必须长期坚持的指导思想并载入党章。十三届全国人大一次会议通过的宪法修正案，把这一思想载入宪法，确立其在国家政治生活和社会生活中的指导地位。党的十九届六中全会作出的《中共中央关于党的百年奋斗重大

① 《吴邦国在十一届全国人大四次会议上作的常委会工作报告》，载《人民日报》2011年3月11日，第2版。

② 吴邦国：《形成中国特色社会主义法律体系的重大意义和基本经验》，载《求是》2011年第3期。

③ 《中国特色社会主义法律体系的形成和完善》，载中国人大网，http://www.npc.gov.cn/npc/wgggkf40nlfcjgs/202108/d102b9ded7a04069a6cd4a4e5ee0b43f.shtml，最后访问日期：2021年8月23日。

成就和历史经验的决议》进一步指出，“党确立习近平同志党中央的核心、全党的核心地位，确立习近平新时代中国特色社会主义思想的指导地位，反映了全党全军全国各族人民共同心愿，对新时代党和国家事业发展、对推进中华民族伟大复兴历史进程具有决定性意义。”[①]习近平新时代中国特色社会主义思想内涵丰富，其中关于“明确全面推进依法治国总目标是建设中国特色社会主义法治体系、建设社会主义法治国家”的重要思想，为中国特色社会主义法律体系建设提供了根本遵循。党的十八大以来，以习近平同志为核心的党中央从坚持和发展中国特色社会主义的全局和战略高度定位法治、布局法治、厉行法治，把全面依法治国纳入“四个全面”战略布局，创造性地提出了全面依法治国的一系列新理念新思想新战略，领导和推动我国社会主义法治建设发生历史性变革、取得历史性成就。[②] 在此过程中形成了习近平法治思想。习近平法治思想内涵丰富、逻辑严密、系统完备，形成了以“十一个坚持”为主要内容的科学体系，为中国特色社会主义法律体系建设提供了强大思想指引。

2. 党对全面依法治国的领导，为中国特色社会主义法律体系完善提供了有力政治保证。党的十八大以来，以习近平同志为核心的党中央把全面依法治国纳入“四个全面”战略布局，全面加强对全面依法治国的领导，为完善中国特色社会主义法律体系指明了前进方向、提供了根本保证。党的十八大报告提出，要“完善中国特色社会主义法律体系，加强重点领域立法，拓展人民有序参与立法途径”。党的十八届三中全会提出，要“完善中国特色社会主义法律体系，健全立法起草、论证、协调、审议机制，提高立法质量，防止地方保护和部门利益法制化”。党的十八届四中全会对全面推进依法治国作出战略部署，提出“建设中国特色社会主义法治体系，必须坚持立法先行，完善以宪法为核心

---

① 《中共中央关于党的百年奋斗重大成就和历史经验的决议》，人民出版社 2021 年版。

② 栗战书：《习近平法治思想是全面依法治国的根本遵循和行动指南》，载《求是》2021 年第 2 期。

的中国特色社会主义法律体系。"党的十九大报告再次提出,"完善以宪法为核心的中国特色社会主义法律体系,建设中国特色社会主义法治体系。"2020 年 11 月召开的中央全面依法治国工作会议提出,要加快形成完备的法律规范体系。2021 年 10 月,习近平总书记在中央人大工作会议上的重要讲话中指出,要加快完善中国特色社会主义法律体系,以良法促进发展、保障善治。党的二十大报告专章部署坚持全面依法治国,推进法治中国建设的战略任务,充分体现了以习近平同志为核心的党中央对法治建设的高度重视。其中明确要"完善以宪法为核心的中国特色社会主义法律体系""加强重点领域、新兴领域、涉外领域立法,统筹推进国内法治和涉外法治,以宪法促进发展,保障善治。推进科学立法、民主立法、依法立法,统筹立改废释纂,增强立法系统性、整体性、协同性、时效性",明确了完善中国特色社会主义法律体系的最新要求和重点任务。[①] 党中央作出的一系列重大决策部署,保证新时代中国特色社会主义法律体系沿着正确方向不断完善,取得历史性、开创性成就。

3. 重点领域立法不断加强,法律规范体系更趋完备。法律层面,一是健全保证宪法实施的法律制度。设立国家宪法日、建立宪法宣誓制度,加强宪法宣传教育,弘扬宪法精神。实施特赦制度,在中国人民抗日战争暨世界反法西斯战争胜利 70 周年之际,作出对部分服刑罪犯实行特赦的决定。制定国家勋章和国家荣誉称号法、国歌法、国旗法,维护宪法确立的国家重要象征和标志的尊严。二是制定了国家安全法、反间谍法、反恐怖主义法、香港特别行政区维护国家安全法、反有组织犯罪法、网络安全法、核安全法、生物安全法、国防交通法、深海海底区域资源勘探开发法,及时修订刑法,为维护国家长治久安和社会和谐稳定提供有力法治保障。三是加强经济领域立法,编纂了新中国首部以法典命名的

---

① 习近平:《高举中国特色社会主义伟大旗帜　为全面建设社会主义现代化国家而团结奋斗——在中国共产党第二十次全国代表大会上的报告(2022 年 10 月 16 日)》,人民出版社 2022 年版,第 41 页。

民法典,制定修改了外商投资法、电子商务法、海南自由贸易港法、证券法、保险法、中小企业促进法、农村土地承包法、土地管理法、广告法、反不正当竞争法、著作权法、专利法等,激发市场主体活力,维护市场交易秩序。四是加强民主政治领域立法,制定修改了全国人民代表大会和地方各级人民代表大会选举法、全国人民代表大会组织法、全国人民代表大会议事规则、城市居民委员会组织法、村民委员会组织法、行政处罚法、行政强制法、监察法、监察官法等,推进社会主义民主政治制度化、规范化、程序化。五是加强文化领域立法,制定了公共文化服务保障法、电影产业促进法、公共图书馆法,进一步完善保障人民基本文化权益的文化法律制度;制定了英雄烈士保护法、反食品浪费法,弘扬社会主义核心价值观。六是加强社会领域立法,制定修改了慈善法、反家庭暴力法、特种设备安全法、中医药法、未成年人保护法、老年人权益保障法、预防未成年人犯罪法、社区矫正法、法律援助法、家庭教育促进法、食品安全法、人口与计划生育法、红十字会法、民办教育促进法等,改善和保障民生,推进社会治理现代化。七是大力加强生态环境领域立法,制定修改了环境保护法、大气污染防治法、海洋环境保护法、水污染防治法、噪声污染防治法、固体废物污染环境防治法、湿地保护法、长江保护法、黄河保护法、黑土地保护法,生态文明建设领域法律制度更加系统。此外,国务院根据实施法律和行政管理需要,也制定了一批行政法规。2015 年十二届全国人大三次会议通过的修改后的立法法,赋予所有设区的市人大及其常委会地方立法权,地方立法活力被充分激发。有立法权的地方人大及其常委会,围绕城乡建设与管理、社会治理、民生保障、弘扬社会主义核心价值观、环境保护、历史文化保护等重点领域制定了一大批地方性法规,为中国特色社会主义法律体系注入新的动力。

4. 深入推进科学、民主、依法立法,立法质量持续提升。新立法法将实践中行之有效的推进科学立法、民主立法的经验做法上升为法律规范,并从发挥立法的引领和推动作用、发挥人大在立法工作中的主导作用、健全立法工作体制机制、赋予设区的市地方立法权、增强法律的可执行性、完善授权立法、加强备案审查等方面,提出了许多新举措新要求。以贯彻实施新立法法为契机,全国和地方人大及其常委会加强实践探索和创新,牢牢把握立项、起草、审议等关键环节的主导作用,着力提高立法质量,以良法促进发展、保障善治。完善立法规划和计划编制程序,健全了立法项目征集论证和立法规划评估等方面机制,增强立法的时效性、前瞻性。完善法律法规多元起草机制,全国人大及时出台建立健全专门委员会、常委会工作机构组织起草重要法律草案制度的实施意见,不少地方人大也制定了相关制度,人大自主起草综合性、全局性、基础性重要法律、法规的比例逐步加大,提前介入法律、法规起草阶段工作的做法更加规范,较好地保障了立法起草质量。从全国到地方普遍建立了基层立法联系点,完善了基层立法联系点运行机制,搭建起了立法民意直通车,进一步完善和创新公布法律法规草案征求意见机制,探索建立公众意见采纳情况反馈制度,保障社会公众有序参与立法过程,民主立法迈出坚实步伐。健全立法重大利益调整论证咨询、重要立法事项引入第三方评估、立法专家顾问等制度,充分发挥立法机关在表达、平衡、调整社会利益等方面的作用,最大限度地凝聚立法共识,不断增强立法决策的科学性。十二届全国人大常委会还建立并实施法律案通过前评估制度,就草案内容的可行性、出台时机以及实施后的社会效果、实施中可能出现的问题等进行论证评估,使立法更加科学缜密,确保法律规定立得住、行得通、真管用。

## 二、中国特色社会主义法律体系的基本构成

法律体系的构成涉及两个内容:一是法律规范的范围,即哪些规范性文件属于法律体系范围;二是法律规范的分类,即如何将体系内所有的法律规范科学、合理地划分为若干法律部门。[①] 中国特色社会主义法

① 乔晓阳:《关于中国特色社会主义法律体系的构成、特征和内容》,载中国人大网,http://www.npc.gov.cn/npc/c541/201306/4f1ffbf3b2054e559ee143e8a35f9949.shtml,最后访问日期:2013 年 6 月 25 日。

律体系,是以宪法为统帅,以法律为主干,以行政法规、地方性法规为重要组成部分,由宪法相关法、民法商法、行政法、经济法、社会法、刑法、诉讼与非诉讼程序法等多个法律部门组成的有机统一整体。可以从纵向和横向两个方面来了解这个法律体系的构成。

(一)纵向构成:中国特色社会主义法律体系的层次

法律体系的纵向构成,主要研究不同法律效力的规范性文件,也就是常说的法律层次和范围的问题。法律体系的纵向构成由立法体制决定。[①] 立法体制主要涉及立法权限在中央与地方、立法机关与其他国家机关之间的划分。从我国是统一的、多民族的、单一制的社会主义国家以及各地方经济、文化、社会发展不平衡的国情出发,宪法和立法法确立了我国实行统一而又分层次的立法体制。[②] 根据立法法确立的立法体制,我国法律规范的表现形式,包括宪法,全国人大及其常委会制定的法律,国务院制定的行政法规,省、自治区、直辖市、设区的市人大及其常委会制定的地方性法规,经济特区所在的市的人大及其常委会制定的经济特区法规,民族自治地方的人民代表大会制定的自治条例和单行条例,此外还包括国务院各部委和省、自治区、直辖市以及设区的市人民政府制定的规章。关于中国特色社会主义法律体系的范围,曾经存在过不同的认识。第一种意见认为我国的法律体系只包括宪法和法律,不包括行政法规、地方性法规及其他规范性文件。第二种意见认为除包括宪法和法律外,还应包括行政法规,特别是全国人民代表大会授权国务院制定的暂行规定和条例。第三种意见认为应当以宪法为统帅,法律为主干,同时包括行政法规、地方性法规、民族地方的自治条例和单行条例等规范性文件。[③] 中国特色社会主义法律体系形成后,根据吴邦国同志的讲

---

① 尹中卿:《有中国特色社会主义法律体系的构成、特征和要求》,载《楚天主人》2001年第9期。

② 乔晓阳:《关于中国特色社会主义法律体系的构成、特征和内容》,载中国人大网,http://www.npc.gov.cn/npc/c541/201306/4f1ffbf3b2054e559ee143e8a35f9949.shtml,最后访问日期:2013年6月25日。

③ 李家莹:《中国特色社会主义法律体系相关问题综述》,载《青春岁月》2013年第22期。

话和有关文件的正式表述,中国特色社会主义法律体系由宪法、法律、行政法规、地方性法规等层次的法律规范构成,规章不构成法律体系的一个层次。

宪法是国家的根本大法,是治国安邦的总章程,是党和人民意志的集中体现,具有最高的法律地位和法律效力,在中国特色社会主义法律体系中居于统帅的地位。现行宪法产生于 1982 年。这部宪法以 1954 年宪法为基础,深入总结了新中国成立以来的历史经验,体现了党的十一届三中全会所确立的路线、方针、政策,确立了国家的根本制度和根本任务,确立了中国共产党的领导地位,确立了马克思列宁主义、毛泽东思想、邓小平理论和"三个代表"重要思想的指导地位,确立了工人阶级领导的、以工农联盟为基础的人民民主专政的国体和人民代表大会制度的政体,规定国家的一切权力属于人民、公民依法享有广泛的权利和自由,确立了中国共产党领导的多党合作和政治协商制度、民族区域自治制度以及基层群众自治制度,确立了公有制为主体、多种所有制经济共同发展的基本经济制度和按劳分配为主体、多种分配方式并存的分配制度等,在国家政治、经济、文化和社会生活中发挥着极其重要的作用。为了适应经济社会的发展,全国人大先后通过了 4 个宪法修正案,与时俱进地对宪法作了修改。其中,2018 年修宪,全面贯彻党的十九大精神,把党的十九大确定的重大理论观点和重大方针政策特别是习近平新时代中国特色社会主义思想载入国家根本法,体现党和国家事业发展的新成就新经验新要求。以习近平同志为核心的党中央高度重视宪法实施,习近平总书记多次指出,"依法治国,首先是依宪治国;依法执政,关键是依宪执政。"党的十八大以来,党中央就加强宪法实施和监督作出一系列重大决策部署,切实维护宪法权威和尊严,宪法的完善和有效实施,夯实了中国特色社会主义法律体系完善的根基。

法律是指全国人大及其常委会依照法定程序制定的权威法律文件。法律调整的范围十分广泛,且解决的大多是国家发展中带有根本性、全局性、稳定性和长期性的问题,承担着保障宪法有效实施、为国家运行提供基础法治保障的重要作用,是中国特色社会主义法律体系的主干。为了保障全国人大及其常委会有效行使国家立法权,立法法规定了十一个方面的法律保留事项,明确国家主权、国家机构的产生、组织和职权、民族区域自治制度、特别行政区制度、基层群众自治制度、犯罪和刑罚、对公民政治权利的剥夺、限制人身自由的强制措施和处罚、对非国有财产的征收、民事基本制度、基本经济制度以及财政、税收、海关、金融和外贸的基本制度、诉讼和仲裁制度等事项,只能制定法律。这就明确了全国人大及其常委会立法权与行政立法权以及地方立法权之间的界限,保证了涉及国家根本制度、基本制度与公民权益等一些最重要的事项只能由法律进行调整,从而有力维护了国家法制统一,确保了中国特色社会主义法律体系内部的秩序。随着全国人大及其常委会立法节奏的加快,经济、政治、社会、文化、生态文明等各领域的新法律不断被制定出台,不适应新形势新任务的法律也及时被修改、废止,法律在引领保障经济社会高质量发展方面的作用愈加彰显,有力支撑和推动了中国特色社会主义法律体系的完善。

行政法规是国务院依据法定权限、遵循法定程序制定的法律文件,属于行政立法的范畴。根据宪法和立法法的有关规定,行政法规可以就执行法律的规定和履行国务院行政管理职权的事项作出规定,同时对于应当由全国人大及其常委会制定法律的事项,国务院可以根据全国人大及其常委会的授权决定先制定行政法规。与法律相比,行政法规的规定更加具体,能够对法律条文作出进一步细化、补充,有利于保障法律的实施,同时国务院根据行政管理需要及时制定行政法规,也有利于填补法律空白,行政法规在中国特色社会主义法律体系形成过程中发挥了重要的作用。法律体系形成后,为了适应行政管理的实际需要,国务院加强立法工作,制定修改了土地管理法实施条例、渔业法实施细则、外商投资法实施条例、优化营商环境条例、市场主体登记管理条例、不动产登记暂行条例、保障中小企业款项支付条例、关键信息基础设施安全保护条例等一大批重要的行政法规,有力保障和促进了经济社会发展。

地方性法规是指有立法权的地方人大及其常委会依法制定的、在本行政区内适用的法律文件。根据立法法等法律的规定,地方性法规可以就执行法律、行政法规的规定和属于地方性事务的事项作出规定,同时除只能由全国人大及其常委会制定法律的事项外,对国家尚未制定法律或者行政法规的其他事项,可以先制定地方性法规。从立法法的规定来看,地方性法规可以分为实施性法规、自主性法规和创制性法规 3 种类型,实施性法规的主要任务是保障法律、行政法规在本地区有效实施,自主性法规主要是调整地方性事务,创制性法规则是发挥地方立法试验田作用,为国家立法积累经验。地方性法规作为国家立法的延伸和完善,是中国特色社会主义法律体系的重要组成部分,为如期形成和不断发展完善中国特色社会主义法律体系作出了重要贡献。

(二)横向构成:中国特色社会主义法律体系的部门

法律体系的横向构成,主要研究具有法律效力的规范性文件的分类,即常说的法律部门划分问题。[①] 中国特色社会主义法律体系作为一个整体,是由一个个具体的法律部门构成的。现行全部法律是否构成了这个国家所需要的法律部门、每一个法律部门中最核心、最重要的、起支架作用的法律是否已经制定出来,是判断中国特色社会主义法律体系是否形成的重要标准。关于中国特色社会主义法律体系的部门,曾经也有过不同认识。例如,在部门划分上,有的主张宪法应独立于法律部门之上,以突出它的统帅地位;有的认为应增加环境资源法、国防军事法等法律部门;有的建议明确国际条约在法律体系中的地位。[②] 随着中国特色社会主义法律体系的形成和关于中国特色社会主义法律体系理论研究的不断深入,目前一致认为,我国法律体系应由 7 个法律部门组成。

1. 宪法相关法。宪法相关法,一般是指直接保障宪法实施和国家政权运作等方面的法律规范的总和,主要包括:一是国家机构的产生、组

① 尹中卿:《有中国特色社会主义法律体系的构成、特征和要求》,载《楚天主人》2001 年第 9 期。

② 胡康生:《对中国特色社会主义法律体系几个问题的研讨》,载《中国人大》2010 年第 19 期。

织、职权和基本工作制度方面的法律。二是有关民族区域自治制度、基层群众自治制度方面的法律。三是有关特别行政区方面的制度。四是有关维护国家主权、领土完整、国家安全、国家标志等方面的法律。五是有关保障公民基本政治权利方面的法律。① 宪法相关法大多属于全国人大及其常委会的专属立法权限。中国特色社会主义法律体系形成时,宪法相关法大约有 38 件,数量虽然不是很多,但都关系国家运行的根本,在维护国家主权、保证国家政权的运作、保障人民当家作主的权利、促进民主政治和法治建设等方面,发挥着重要作用。2011 年以来,全国人大及其常委会又制定修改了全国人民代表大会组织法、全国人民代表大会议事规则、人民法院组织法、人民检察院组织法、关于实行宪法宣誓制度的决定、全国人民代表大会和地方各级人民代表大会选举法、监察法、关于建立健全香港特别行政区维护国家安全的法律制度和执行机制的决定、香港特别行政区维护国家安全法、中华人民共和国香港特别行政区基本法附件一香港特别行政区行政长官的产生办法、中华人民共和国香港特别行政区基本法附件二香港特别行政区立法会的产生办法和表决程序、国徽法、国旗法等法律,地方人大及其常委会围绕人大组织运行等方面也制定修改了一些地方性法规,宪法相关法数量进一步增加,内容更加完善,为国家政权稳固和社会安定有序提供了坚实法律保障。

2. 民法商法。我国采取的是民商合一的立法模式。民法是一个传统的法律门类,调整的是平等主体的自然人之间、法人之间、自然人与法人之间的财产关系与人身关系,涉及民事主体、物权、合同、侵权、婚姻、继承、知识产权等方面的民事制度。商法是在民法基本原则的基础上适应现代商事活动的需要逐渐发展起来的,通过调整平等商事主体之间的商事关系,规范商事主体及其商事行为,促进社会主义市场经济的发展,主要包括公司、破产、证券、期货、保险、票据、海商等方面的法律。截至

---

① 李飞:《立法法与全国人大常委会的立法工作》,载中国人大网,http://www.npc.gov.cn/npc/c541/201806/9d6777a14f994ac59c1728a9fa84e9f4.shtml,最后访问日期:2018 年 6 月 29 日。

2011年8月底,我国已制定33部民法商法方面的法律和一大批规范商事活动的行政法规、地方性法规。[①] 法律体系形成后,随着我国社会主义市场经济体制的不断完善和民商事活动的日益活跃,民事商事立法进一步完善。民法方面,全国人大分两步走,在2017年制定民法总则的基础上,于2020年编纂完成民法典。民法典系统整合了中华人民共和国成立70多年来在司法实践中形成的民事法律规范,汲取和借鉴了中外优秀法治文明建设的有益成果,为民事活动提供了基本的法律依据。一些地方人大围绕农村土地承包经营权等方面,制定修改了相关地方性法规。商法方面,为了适应深化商事制度改革和扩大对外开放的要求,制定了统一的外商投资法,并修改了公司法、证券法、保险法、商业银行法、农民专业合作社法等。国务院制定了市场主体登记管理条例,建立了统一的市场主体登记制度,解决了商事登记立法分散、不同市场主体登记规则、标准、程序不统一、效力不明确等问题。此外,一些地方人大也出台了有关农民专业合作社、商事登记等方面的地方性法规。

3. 行政法。行政法是指规范国家行政管理活动和监督行政管理活动的法律规范的总和,包括有关行政管理主体、行政行为、行政程序、行政监督以及国家公务员制度等方面的法律规范。由于国家行政管理领域十分广泛并且不断拓展,行政法的调整范围涉及国防、外交、治安管理、司法行政、城市建设、环境保护以及教育、科技、文化、卫生、体育等方面,在我国法律体系中占有很大比重。截至2011年8月底,我国共制定行政法方面的法律79部和一大批规范行政权力的行政法规、地方性法规[②]。党的十八大以来,为了适应国家治理现代化和依法行政的新形势新任务,我国行政法制建设进一步提速。国家层面,制定修改了科学技术进步法、军事设施保护法、海警法、噪声污染防治法、社区矫正法、安全生产法、居住证暂行条例、医疗纠纷预防和处理条例等行政实体方面

---

① 《中国特色社会主义法律体系》白皮书,2011年10月,国务院新闻办公室发表。

② 《中国特色社会主义法律体系》白皮书,2011年10月,国务院新闻办公室发表。

的法律、行政法规；制定修改了行政处罚法、行政许可法、行政强制法等行政程序方面的法律，进一步规范了行政许可、行政处罚、行政强制的设定和实施；制定修改了公职人员政务处分法、政府信息公开条例、重大行政决策程序暂行条例等行政监督和公务员管理等方面的法律、行政法规，加强了对行政主体和行政行为的监督。地方立法层面，各地在大运河文化保护、长城保护、红色文化传承保护、电动自行车管理、警务辅助人员管理、流动人口服务管理、养犬管理、生活垃圾分类处理、违法建筑处置、行政综合执法等方面制定了一大批地方性法规，既保障行政主体依法有效实施管理，又有力维护行政管理相对人合法权益，国家管理法治化水平进一步提升。

4. 经济法。经济法是调整国家从社会整体利益出发，对经济活动实行干预、管理或者调控所产生的社会经济关系的法律规范。经济法调整的范围十分广泛，包括宏观调控、规范市场秩序和竞争规则、扩大对外开放和促进对外经济贸易发展、促进重点产业振兴和发展、自然资源保护和合理开发利用、经济活动规范化标准化等方面的法律。改革开放以来，在国家干预市场活动的过程中，预算法、价格法、反不正当竞争法、反垄断法、银行业监督管理法等相继被制定出来。截至2011年8月底，我国已制定经济法方面的法律60部和一大批相关行政法规、地方性法规。[①] 党的十八届三中全会通过的《中共中央关于全面深化改革若干重大问题的决定》明确指出，经济体制改革是全面深化改革的重点，核心问题是处理好政府和市场的关系，使市场在资源配置中起决定性作用和更好发挥政府作用。为了更好地发挥政府“有形的手”在保持宏观经济稳定、加强和优化公共服务、保障公平竞争、加强市场监管、维护市场秩序等方面的作用，从国家到地方进一步加强了经济立法。国家层面，制定修改了契税法、反不正当竞争法、出口管制法、海南自由贸易港法、广告法、民用航空法、电子商务法、防范和处置非法集资条例、土地管理法

① 《中国特色社会主义法律体系》白皮书，2011年10月，国务院新闻办公室发表。

实施条例、快递暂行条例、人力资源市场暂行条例等法律、行政法规。地方层面,地方人大及其常委会围绕地方金融监管、单用途预付卡管理、大数据产业和数字经济发展、民宿业促进和发展、地方特色产业促进、民营经济促进等方面,制定了大量地方性法规。

5. 社会法。社会法是指规范劳动关系、社会保障、特殊群体权益保障、社会组织等方面的法律规范的总和,主要包括有关劳动关系、劳动保障和社会保障、安全生产、有关特殊社会群体权益保障、有关社会组织和相关活动等方面的法律,是国家实现社会管理职能的重要手段。改革开放以来的一段比较长的时期里,我国立法重点一直在经济立法上,社会立法相对滞后,社会法的数量偏少。截至 2011 年 8 月底,我国制定的社会法方面的法律只有 18 件。[①] 党的十八大将社会建设纳入“五位一体”全面布局以来,我国社会建设和社会事业取得显著发展。党的十九大报告提出,我国社会主要矛盾已经转化为人民日益增长的美好生活需要和不平衡不充分的发展之间的矛盾。为了更好地满足人民群众美好生活需要,社会立法进入了快速发展阶段。国家制定修改了慈善法、家庭教育促进法、反家庭暴力法、未成年人保护法、预防未成年人犯罪法、安全生产法、特种设备安全法、食品安全法、疫苗管理法、药品管理法、中医药法、人口与计划生育法、基本医疗卫生与健康促进法、红十字会法、民办教育促进法、公共文化服务保障法、公共图书馆法、法律援助法、全国社会保障基金条例、志愿服务条例、校车安全管理条例、保障农民工工资支付条例、社会救助暂行办法等一大批法律、行政法规,地方人大及其常委会也围绕社会信用管理、构建现代养老服务体系、社会组织管理、公共卫生、公共法律服务促进等方面制定了大量地方性法规,全方位织牢织密民生保护网,充分维护人民群众的合法权益,捍卫社会公平正义,增强了人民群众的获得感幸福感安全感,彰显了社会主义制度的优越性。

---

① 《中国特色社会主义法律体系》白皮书,2011 年 10 月,国务院新闻办公室发表。

6. 刑法。刑法是指规定犯罪、刑事责任和刑事处罚的法律规范的总和。根据立法法规定，刑法属于全国人大及其常委会专属立法权。我国现行刑法制定于1979年，经过1997年的全面修订，已经形成了一部统一的、比较完备的刑法。此外，还有一部单行刑法，即1998年全国人民代表大会常务委员会制定的关于惩治骗购外汇、逃汇和非法买卖外汇犯罪的决定。为了适应经济社会发展的新情况，全国人大常委会通过修正案和作出法律解释的方式，适时对刑法作出完善。中国特色社会主义法律体系形成后，全国人大常委会先后制定了个四个刑法修正案和作出有关刑法适用的四个法律解释，进一步完善了刑法总则规定，明确了有关法条的含义和适用规则，取消了13个经济性非暴力犯罪的死刑，及时将酒驾、飙车、恶意欠薪、侮辱国歌、暴力或者抢控驾驶操纵装置，干扰公共交通工具正常行驶等严重违法行为规定为犯罪，不断健全我国的罪名和刑罚体系，有力维护了国家和社会安全、稳定和发展，保护公民的政治权利、人身权利和财产权利，保障市场经济的健康有序发展。

7. 诉讼与非诉讼程序法。诉讼与非诉讼程序法是指规范解决社会纠纷的诉讼活动和非诉讼活动程序的法律规范的总和。诉讼法调整在诉讼活动过程中产生的法院与诉讼当事人之间、诉讼当事人相互之间的法律关系，属于全国人大及其常委会专属立法权事项。中国特色社会主义法律体系形成时，我国已经制定出刑事诉讼法、民事诉讼法、行政诉讼法三大诉讼法，为刑事、民事、行政诉讼活动提供了程序保障。此外，还制定了海事诉讼特别程序法，作为民事诉讼法的补充，制定了引渡法，作为刑事诉讼法的补充。党的十八大以来，为了保证立法决策与改革决策相衔接，全国人大常委会多次作出授权决定，授权最高人民法院、最高人民检察院围绕刑事案件速裁程序、检察公益诉讼、刑事案件认罪认罚从宽制度、民事诉讼程序繁简分流等改革开展试点，并根据改革试点情况，及时修改刑事诉讼法、民事诉讼法、行政诉讼法，将改革实践成果和经验上升为法律规定，推动三大诉讼法不断完善，更好地适应了审判、检察工作实践需要，顺应了人民群众对高效、便民诉讼服务和司法公开、公正的期待。此外,一些地方人大及其常委会在立法权范围内,从支持和保障人民法院依法加强审判执行工作、人民检察院加强公益诉讼检察工作等角度,制定有关法规或者法规性决定,也为保障诉讼活动开展提供法律支撑。非诉讼程序法律制度是规范仲裁机构或者人民调解组织解决社会纠纷的法律规范,包括仲裁法、人民调解法、劳动争议调解仲裁法、农村土地承包经营纠纷调解仲裁法等。为了贯彻习近平总书记关于坚持和发展新时代"枫桥经验","将非诉讼纠纷解决机制挺在前面"的要求,党的十八大以来,全国人大常委会对仲裁法作出修改,地方各级人大常委会也制定修改了人民调解、劳动争议调解仲裁等方面的地方性法规,上海市、黑龙江省、辽宁省等人大常委会还制定了矛盾纠纷多元化解方面的法规,为构建多元解纷机制、加强诉源治理,提高社会治理现代化水平提供了法治保障。

## 三、中国特色社会主义法律体系的基本特征

中国特色社会主义法律体系,既不是立法者们凭空创造出来的,也不是从其他国家照抄照搬过来的,而是扎根于中国自己的土壤、在建设中国特色社会主义特别是改革开放的伟大实践中生长起来的,具有鲜明的民族特点和时代特征。准确把握中国特色社会主义法律体系的基本特征,对于深刻认识中国特色社会主义法律体系的显著优势,在新发展阶段更好地坚持和发展中国特色社会主义法律体系具有重大理论和现实意义。

### (一)体现了中国特色社会主义的本质要求

法律体系的本质特征是由它所包含的法律规范的本质特征所决定的,而法律规范的性质是由其所处的社会制度的性质所决定的。[①] 我国

① 乔晓阳:《关于中国特色社会主义法律体系的构成、特征和内容》,载中国人大网,http://www.npc.gov.cn/npc/c541/201306/4f1ffbf3b2054e559ee143e8a35f9949.shtml,最后访问日期:2013 年 6 月 25 日。

是工人阶级领导的、以工农联盟为基础的人民民主专政的社会主义国家。在社会主义初级阶段，我国实行公有制为主体、多种所有制经济共同发展的基本经济制度。这就决定了我们建设的是中国特色社会主义性质的法律体系，它包括的全部法律规范和确立的各项法律制度，必须有利于巩固和发展社会主义制度。① 这是中国特色社会主义法律体系与以私有制为基础的资本主义法律体系最本质的区别。

第一，坚持中国共产党领导为中国特色社会主义法律体系形成和完善提供了根本政治保证。和西方国家法律体系形成过程不同，中国特色社会主义法律体系不是自发演化形成的。废除国民党的“六法全书”打破旧法统之后，从中华人民共和国成立后开始法制建设的初步探索，到中国特色社会主义法律体系提出、初步形成、基本形成、最终形成，我国法律体系始终是在中国共产党的坚强领导下，在进行社会主义现代化建设和改革开放的实践中，有规划、有计划地从无到有建构起来的、以成文法为表现形式的法律体系，是我们党和国家在准确把握党的执政规律和社会主义建设规律的基础上所进行的一项自觉、理性的活动成果。② 坚持中国共产党领导是中国特色社会主义法律体系形成和发展最根本的政治保证。

第二，马列主义、毛泽东思想、中国特色社会主义理论体系和习近平新时代中国特色社会主义思想为中国特色社会主义法律体系提供了理论指导。作为马克思主义政党，中国共产党在运用马克思主义理论指导中国革命、建设和改革的同时，还在实践基础上推动马克思主义理论的创新发展，促进马克思主义的中国化，先后形成了毛泽东思想、中国特色社会主义理论体系，产生了习近平新时代中国特色社会主义思想。在党的基本理论的科学指导下，我国法律集中体现了马克思主义国家学说和法律思想，体现了中国特色社会主义的要求和客观规律。特别是党的十

---

① 王兆国：《关于形成中国特色社会主义法律体系的几个问题》，摘自王兆国在第十六次全国地方立法研讨会上的讲话。

② 陈斯喜：《中国特色社会主义法律体系的主要特征》，载《人民日报》2011 年 3 月 13 日。

八大以来,以习近平同志为主要代表的中国共产党人,坚持把马克思主义基本原理同中国具体实际相结合、同中华优秀传统文化相结合,坚持毛泽东思想、邓小平理论、“三个代表”重要思想、科学发展观,深刻总结并充分运用党成立以来的历史经验,从新的实际出发,创立了习近平新时代中国特色社会主义思想,为不断完善中国特色社会主义法律体系提供了根本遵循,确保了中国特色社会主义法律体系的正确政治方向。

第三,中国特色社会主义制度为中国特色社会主义法律体系提供了重要依托。中华人民共和国成立 70 多年特别是改革开放 40 多年来,中国共产党把马克思主义国家学说同中国具体实际相结合,在不断探索实践和改革创新中,形成和发展了由党的领导和经济、政治、文化、社会、生态文明、军事、外事等方面制度构成的一整套中国特色社会主义制度和国家治理体系。为了维护、巩固、发展中国特色社会主义制度,中国共产党领导人民围绕各个时期的历史任务,不断完善各方面的法律制度,在此基础上形成和完善了中国特色社会主义法律体系。中国特色社会主义法律体系作为中国特色社会主义制度在法律上的反映,必然反映了中国特色社会主义的根本属性,体现了保障人民当家作主的本质要求,代表了最广大人民群众的共同利益。

### (二)体现了改革开放和社会主义现代化建设的时代要求

改革开放是中国人民和中华民族发展史上一次伟大革命,推动了中国特色社会主义事业的伟大飞跃,也为中国特色社会主义法律体系形成和完善提供了内在动力。据统计,我国生效的法律中,除与治安管理有关的 8 部系在 1978 年前制定的以外,其余都是在十一届三中全会以后制定的。[①] 与改革开放相伴而生、相伴而行,是中国特色社会主义法律体系鲜明的时代特征。

回顾历史可以看出,中国特色社会主义法律体系是在深入总结改革开放和现代化建设实践经验基础上,随着改革开放进程逐步形成和完善

① 徐显明:《论中国特色社会主义法律体系的形成和完善》,载《人民日报》2009 年 3 月 12 日。

的。以市场经济体制改革与经济立法为例。从改革开放之初到党的十四大前，为了适应经济体制改革与对外开放的需要，制定修改了中外合资经营企业法、外资企业法、中外合作经营企业法、中外合资经营企业所得税法、外国企业所得税法等，构建起较为全面的对外开放法律框架，为实施以引进外资为主的对外开放战略提供了重要法律支撑。此外，全民所有制工业企业法、专利法、著作权法、涉外经济合同法、技术合同法、海商法、土地管理法、税收征收管理法、民法通则、民事诉讼法、继承法等法律也先后制定出来，为改革开放顺利进行提供了法治保障。邓小平发表南巡讲话后，随着财政、税收、金融、外贸、价格和社会保障等改革不断深入，到党的十五大召开前后又制定修改了公司法、合伙企业法、商业银行法、反不正当竞争法、消费者权益保护法、城市房地产管理法、广告法、拍卖法、担保法、票据法、保险法、仲裁法、预算法、中国人民银行法、价格法、审计法等一大批促进、引导、规范和保障社会主义市场经济建设的法律。从党的十五大召开到党的十六大召开前后，为了适应促进和保障社会主义市场经济建设的需要，制定修改了合同法、证券法、招标投标法、信托法、个人独资企业法、中外合资经营企业法、中外合作经营企业法、外资企业法、海关法、产品质量法、会计法、税收征收管理法；为了适应加入世界贸易组织的需要，修改了专利法、商标法、著作权法等。从党的十六大召开到2010年年底，为了进一步促进社会主义市场经济发展，制定修改了物权法、侵权责任法、涉外民事关系法律适用法、企业破产法、反垄断法、反洗钱法、企业所得税法、银行业监督管理法、公司法、中国人民银行法、商业银行法、合伙企业法、证券法、保险法、专利法等一批重要法律。党的十八大以来，为了适应全面深化改革的新形势新任务，又制定修改了民法总则、民法典、消费者权益保护法、反不正当竞争法、外商投资法、电子商务法、旅游法、对外贸易法等经济领域的重要法律，有效服务了经济高质量发展。经济立法以外的其他立法，也无不是与我国政治体制、社会体制、生态文明体制改革的进程和各个阶段的改革任务相适应的。

党的十八大以来,党对法治与改革关系的规律性认识进一步深化。习近平总书记深刻指出,"'改革与法治如鸟之两翼、车之两轮',要坚持在法治下推进改革,在改革中完善法治。"①"要坚持改革决策和立法决策相统一、相衔接,立法主动适应改革需要,积极发挥引导、推动、规范、保障改革的作用,做到重大改革于法有据,改革和法治同步推进,增强改革的穿透力。"②在这一重要思想指导下,全国人大常委会坚持在法治下推进改革、在改革中完善法治,通过授权试点、打包修改等多种方式,主动适应自由贸易试验区建设、监察体制改革、诉讼制度改革、农村土地制度改革、房地产税改革等改革需要,充分发挥引领推动作用,既适应改革的要求,又为改革留下空间,较好地实现了立法决策与改革决策相结合、相协调,法律与改革的关系更加紧密,中国特色社会主义法律体系在引领服务保障改革开放方面的作用更加彰显。

(三)体现了结构内在统一而又多层次的国情要求

前面介绍过,中国特色社会主义法律体系从纵向上看,是由宪法、法律、行政法规、地方性法规等不同层次、不同效力的法律规范组成的。法律体系的这种统一而又分层次的结构,是由我国的立法体制决定的,而我国的立法体制,从根本上讲又是由我国国情决定的。

根据我国的历史传统和民族情况,为了维护各民族的共同利益和促进各民族共同繁荣,宪法规定,中华人民共和国是全国各族人民共同缔造的统一的多民族的国家。中央和地方的国家机构职权的划分,遵循在中央的统一领导下,充分发挥地方的主动性、积极性的原则。这表明我国采取的是单一制的国家结构形式,不是联邦制,更不是邦联制。单一制国家必然要求国家的法制和法律体系是统一的、唯一的。行政法规、地方性法规都是也只能是这个统一的法律体系的重要组成部分。无论部门,还是地方,不能也不需要各搞各的所谓"体系"。不然的话,这里

① 习近平:《加强党对全面依法治国的领导》,载《求是》2019年第4期。

② 习近平:《在省部级主要领导干部学习贯彻党的十八届四中全会精神全面推进依法治国专题研讨班上的讲话》(2015年2月2日)。

一个“体系”,那里一个“体系”,那就难免会把统一的中国特色社会主义法律体系冲散、冲乱,形成“依法打架”,还怎么能依法治国?[①] 同时,我国国家大,情况复杂,各地经济、文化发展不平衡,为了使法律既能通行全国,又能适应各地方千差万别的不同情况,就需要由行政法规、地方性法规等规范性文件来辅助进行调整。为此,宪法和立法法在明确全国人大及其常委会集中行使立法权的同时,又赋予国务院制定行政法规的权力,赋予省级和设区的市人大及其常委会制定地方性法规的权力。这就形成了我国统一而又分层次的独特的法律体系。

基于我国法律体系统一而又分层次的特点,为了维护法治统一,保证法律体系内部的和谐,立法法作出了完善的制度安排。一是明确十一个方面的事项属于全国人大及其常委会的专属立法权,对于这些事项,行政法规、地方性法规无权作出规定。二是明确不同层次法律规范的效力,宪法具有最高的法律效力,一切法律规范都不得同宪法相抵触。法律的效力高于行政法规和地方性法规,行政法规的效力高于地方性法规,下位法不得与上位法相抵触。三是建立规范性文件备案审查制度,加强对行政法规和地方性法规合宪性、合法性审查,对于存在违法情形的法律文件,由有权机关依法予以改变或者撤销。

### (四)体现了继承中国法治文化优秀传统和借鉴人类法治文明成果的文化要求

一个国家在走向现代化的过程中,总是伴随法律体系的建设和完备,西方很多国家的这段历程一般要几百年,在我们国家主要是在最近30多年完成的。[②] 注重从中国的历史文化传统和社会主义初级阶段的现实国情出发,并积极借鉴国外法治建设的先进经验,充分吸收人类法治文明的积极成果,是我国在较短时间内建立起一个相对完备的法律体

---

① 杨景宇:《形成并完善中国特色社会主义法律体系需要把握好的几点》,载《人民日报》2009年3月11日。

② 2011年10月27日,信春鹰在国务院新闻办举行的新闻发布会上介绍《中国特色社会主义法律体系》白皮书有关情况,并答记者问。

系的重要路径。

一方面,继承中国传统法制文化优秀成分,适应改革开放和社会主义现代化建设需要进行制度创新,实现了传统文化与现代文明的融合。我国传统社会诸法合体、民行不分,没有产生法律体系的土壤。但并不是说我国法律体系与传统法律文化是完全割裂的。中华优秀传统法律文化中蕴含的丰富智慧,如出礼入刑、隆礼重法的治国策略,民唯邦本、本固邦宁的民本理念,天下无讼、以和为贵的价值追求,德主刑辅、明德慎罚的慎刑思想,援法断罪、罚当其罪的平等观念,保护鳏寡孤独、老幼妇残的恤刑原则,等等,对中国特色社会主义法律体系的形成和完善产生了深刻影响。如人民调解法、民事诉讼法等法律规定的人民调解、行政调解、司法调解制度,就是对我国历史上崇尚"无讼"思想和延安时期的马锡五审判方式的继承和发扬光大,同时坚持和发展新时代"枫桥经验",赋予其新的内涵,使调解这一纠纷解决方式焕发出新的生机。制定英雄烈士保护、反食品浪费、文明行为促进等方面的立法,以及民法典关于"因自愿实施紧急救助行为,造成受助人损害的,救助人不承担民事责任"。"对被继承人尽了主要扶养义务或者与被继承人共同生活的继承人,分配遗产时,可以多分"等一些具体法律条文,都是旨在弘扬社会主义核心价值观,体现了德治和法治相结合的法律思想。此外,根据学者的研究,我国宪法中的民族区域自治制度是对古代少数民族自治的传统的传承,民法中的"个体工商户""农村承包经营户"制度是对古代重视家庭、家族的传统的肯定,刑法的管制、死缓制度与古代性善论、"明刑弼教"的传统有着密切关系,等等。① 由此可见,中国特色社会主义法律体系是在充分吸收中华优秀传统法律文化,并推动其创造性转化、创新性发展基础上形成的,具有鲜明的本土性。

另一方面,研究借鉴国外立法有益经验,吸收国外法治文明先进成果,使法律制度既符合中国国情和实际,又顺应当代世界法治文明时代

---

① 郝铁川:《文化传统与当代中国立法特色的形成》,载《中国法学》1994 年第 5 期。

潮流。在构建我国法律体系过程中，积极学习借鉴人类法制文明先进经验，在改革开放的实践探索中逐步建立起刑法、民法商法、行政法、诉讼法等法律部门，建立了现代公司制度、法人制度、证券制度、信托制度、破产制度，确立了民事法律行为、行政行为、物权、侵权、犯罪构成要件等一大批法律概念、规则和原则。中国加入 WTO 之后，加强对国际社会通行的制度、惯例和原则的学习借鉴，也使我国法律更好地与 WTO 规则接轨。但是，我们对国外的做法和经验并不是简单地照搬照抄，而是汲取其合理的成分，结合我国实际加以改造，使之适应中国的土壤。比如，在法律体系的结构划分上，既不同于英美法系的普通法与衡平法，也不同于大陆法系的所谓“六法全书”，而是从我国实际出发划分成 7 个法律部门。[①] 这种划分方法，特别是宪法相关法、社会法等法律部门的提法，颇具中国特色。又如民法典编纂，我们虽然采用了德国潘德克顿式的立法体例，但既没有采取《法国民法典》三编制的模式，也没有采取《德国民法典》五编制的模式，而是采取了独特的七编制的模式，将人格权和侵权责任独立成编，并且不单独设立债法总则，这在其他国家的民法典中都是没有的。此外，将“绿色原则”规定为民事主体进行民事活动必须遵循的基本原则，总则编创新法人制度，增设特别法人，物权编落实中央关于农村承包地“三权分置”改革的要求，对土地承包经营权的相关规定作了完善，等等。民法典在体例结构和具体制度上所做的一系列重大创新，充分彰显了鲜明的中国特色、实践特色、时代特色。

（五）体现了动态、开放、与时俱进的发展要求

中国特色社会主义法律体系的形成，是我国在发展社会主义民主、健全社会主义法制方面取得的重大成果，标志着我国立法工作站在了一个新的起点上。但这并不是说我们的法律体系是尽善尽美的，不需要再加以完善了。吴邦国同志在形成中国特色社会主义法律体系座谈会上指出，“社会实践是法律的基础，法律是实践经验的总结。社会实践永

---

① 焦洪昌：《中国特色社会主义法律体系的鲜明特质》，载《光明日报》2021 年 11 月 3 日。

无止境,立法工作也要不断推进。建设中国特色社会主义法律体系是一项长期的历史任务,完善中国特色社会主义法律体系也是一项长期的历史任务,必须随着中国特色社会主义实践的发展而发展。更何况中国特色社会主义法律体系本身就不是静止的、封闭的、固定的,而是动态的、开放的、发展的"①,强调法律体系"本身就有一个与时俱进的问题,需要适应客观形势的发展变化,不断加以完善"。

党的十八大以来,以习近平同志为核心的党中央高度重视法治,从推动国家治理体系和治理能力现代化的全局高度谋划和推进法治。党的十八届四中全会首次以依法治国为主题,明确提出了全面推进依法治国的总目标、重大任务,作出了一系列关于全面推进依法治国的新论断、新部署;成立中央全面依法治国委员会,加强党对全面依法治国的集中统一领导,统筹推进全面依法治国工作;召开党的历史上首次中央全面依法治国工作会议,将习近平法治思想明确为全面依法治国的指导思想;召开党的历史上、人民代表大会制度历史上首次中央人大工作会议,明确提出新时代加强和改进人大工作的指导思想、重大原则和主要工作。党中央对全面依法治国作出的一系列重大决策部署,推动中国特色社会主义法律体系不断发展:2015 年修改立法法,进一步完善了国家的立法体制,明确了立法权限,健全了立法的机制和程序,为实现良法善治提供制度保障;提出了建设中国特色社会主义法治体系这个全面推进依法治国的总目标,明确了完备的法律规范体系是建设中国特色社会主义法治体系的基本前提和制度基础,以系统思维统筹谋划做好科学立法、严格执法、公正司法、全民守法等工作,深化拓展了法律体系建设的效果。加强经济、政治、文化、社会、生态文明等重点领域立法,各方面的法律制度供给更加充分完善,各个法律部门之间更加协调均衡;建立社会主义核心价值观入法入规协调机制,将社会主义核心价值观融入法治建

① 吴邦国:《在形成中国特色社会主义法律体系座谈会上的讲话》,载《中国人大》2011 年第 2 期。

设，积极维护中国特色社会主义法律体系价值导向和内在逻辑的统一；丰富和完善立法的形式，坚持立改废释纂并举，立法的及时性、系统性、针对性、有效性进一步增强，有力服务我国经济社会高质量发展；在处理立法与改革的关系问题上更加成熟，对于现行法律规定与党中央作出的改革决策不一致的，抓紧修改法律以适应改革的需要，对于改革决策需要法律授权的，法律及时作出授权，对于需要通过立法进一步完善的改革及时制定相关法律，对于尚需探索的改革事项，立法时注重为未来的改革发展预留空间，等等。

## 四、完善中国特色社会主义法律体系的展望

前面介绍过，中国特色社会主义法律体系是开放的、动态的、发展的，这是其保持旺盛生命力的源泉。自 2010 年正式形成以来，在党中央的正确领导下，中国特色社会主义法律体系不断健全、发展、完善，取得了一系列重大进展和显著成就，在国家治理中的独特优势和重要作用愈益彰显，为推进中国特色社会主义事业、实现第一个百年奋斗目标提供了有力法治保障。

党的十九届五中全会作出了我国进入新发展阶段的重大判断，高质量发展成为“十四五”乃至更长时期我国经济社会发展的主题。习近平总书记深刻阐述了高质量发展的内涵，指出“高质量发展不只是一个经济要求，而是对经济社会发展方方面面的总要求；不是只对经济发达地区的要求，而是所有地区发展都必须贯彻的要求；不是一时一事的要求，而是必须长期坚持的要求。”[①]这表明，中国特色社会主义法律体系既要为高质量发展提供法治保障，本身也要完整、准确、全面贯彻新发展理念，进一步补短板、强弱项，着力实现更高质量的发展。党的二十大报告对“完善以宪法为核心的中国特色社会主义法律体系”作出最新部署，

---

① 摘自习近平总书记 2021 年 3 月 7 日在参加十三届全国人大四次会议青海代表团审议时发表的重要讲话。

明确“加强宪法实施和监督,健全保证宪法全面实施的制度体系,更好发挥宪法在治国理政中的重要作用,维护宪法权威。加强重点领域、新兴领域、涉外领域立法,统筹推进国内法治和涉外法治,以良法促进发展、保障善治。推进科学立法、民主立法、依法立法,统筹立改废释纂,增强立法系统性、整体性、协同性、时效性。”①为进一步做好新时代立法工作指明了前进方向,提供了根本遵循。面对新发展阶段的新形势、新任务,我国法律体系将呈现新的发展趋势:

1. 法律体系的构成将更趋完善。一是法律体系的层次将更加丰富。2018 年 3 月,十三届全国人大一次会议通过了宪法修正案和监察法,组建了国家监察委员会,地方也成立了各级监察委员会。为了贯彻实施宪法和监察法,保障国家监察委员会依法履行最高监察机关职责,2019 年 10 月,第十三届全国人大常委会第十四次会议作出决定,授权国家监察委员会根据宪法和法律,制定监察法规。作为法律、行政法规、地方性法规之外的一种崭新的法律渊源,关于监察法规的性质、效力等问题还需要加强研究,但监察法规作为在监察领域适用的、具有普遍拘束力的法律规范形式,应当属于中国特色社会主义法律体系的有机组成部分,对此当无疑义。2021 年 9 月 20 日,国家监察委员会发布公告,公布《中华人民共和国监察法实施条例》,这是国家监察委员会根据全国人大常委会授权决定制定的第一部监察法规,标志着监察法规制定工作正式起步。

此外,全国人大常委会通过相关立法和决定,授权海南省人大及其常委会可以就投资、贸易及其相关管理活动,制定海南自由贸易港法规,上海市人大及其常委会可以制定浦东新区法规,这进一步完善了中国特色社会主义法律体系的形式。目前,海南省人大常委会制定了《海南自由贸易港海口国家高新技术产业开发区条例》《海南自由贸易港游艇产

① 习近平:《高举中国特色社会主义伟大旗帜　为全面建设社会主义现代化国家而团结奋斗——在中国共产党第二十次全国代表大会上的报告(2022 年 10 月 16 日)》,人民出版社 2022 年版,第 41 页。

业促进条例》《海南自由贸易港反消费欺诈规定》等各部海南自由贸易港法规。上海市人大常委会制定了《上海浦东新区深化“一业一证”改革规定》《上海市浦东新区文物艺术品交易若干规定》《上海市浦东新区绿色金融发展若干规定》等多部浦东新区法规。随着全面从严治党,党风廉政建设和反腐败斗争向纵深发展,以及改革开放的不断深入,监察法规、海南自由贸易港法规、浦东新区法规数量将逐步增加,我国法律体系的层次也将进一步丰富。

二是法律部门的划分将更加科学。现阶段我国的法律体系划分为7个法律部门,这种划分方法是科学的、符合实际的。但是,法律部门的划分方法不是绝对的、一成不变的,而是要根据实践和法律规范发展情况作出必要的调整,从而使我国的法律体系更好地适应经济社会高质量发展的要求。党的十八以来,在习近平生态文明思想指引下,我国生态文明建设取得了历史性成就,生态环境领域立法数量显著增加,也更加系统,在我国法律体系中占有十分重要的地位。在条件成熟时可以考虑将生态环境法从经济法中分离出来,成为独立的生态环境法部门。鉴于军队、国防建设对于维护国家领土完整、主权安全的极端重要性以及立法内容上的特殊性,可以考虑将军事、国防方面的法律从行政法中分离出来,成为独立的军事法部门。坚持统筹推进国内法治和涉外法治,是习近平法治思想的重要内容。习近平总书记多次强调,要加强涉外领域立法,推动我国法域外适用的法律体系建设。全国人大常委会明确提出,将加快推进涉外领域立法,围绕反制裁、反干涉、反制长臂管辖等,充实应对挑战、防范风险的法律“工具箱”。未来,涉外领域立法将覆盖国家安全、文化、社会、经贸、外事等多个方面,形成比较完善的涉外法律制度体系,届时也可以研究是否可以将涉外法作为一个独立的法律部门。当然,法律部门的划分与调整是一个严肃的事情,必须经过科学的研究和论证。相信随着立法实践的发展和理论研究的深入,我国的法律部门将与时俱进地作出优化、完善,以更好地彰显时代特色和中国特色。

2. 法律规范体系将更趋完备。党的十八大以来,在以习近平同志为核心的党中央坚强领导下,我国立法的数量多、份量重、节奏快、效果好,立法工作取得了历史性成就。一方面,随着立法效率的不断提高和重点领域立法的不断加强,法律体系中起"四梁八柱"作用的重要基础性、支撑性法律法规加快健全。以构成法律体系的主干——法律为例,从2013年至2021年,全国人大及其常委会共制定、修改法律及有关法律问题和重大问题的决定、作出法律解释297件,年均33件。立法效率之高、节奏之快,在全国人大及其常委会立法工作中是前所未有的。这一趋势在党的十九大以来更加明显。2018年至2021年,全国人大及其常委会每年制定、修改法律及有关法律问题和重大问题的决定、作出法律解释分别是58件、23件、25件、61件,年均近42件。各省区市人大及其常委会的立法工作也都呈现立法步伐不断加快的特点。以江苏省为例,该省人大及其常委会2013年全年共制定、修改地方性法规7件,此后立法数量逐年攀升,到了2021年,全年共制定、修改、废止的地方性法规数量达到了23件(其中,采取打包方式修改、废止的多件法规在统计上只算1件,实际制定、修改、废止的法规数量达到了70件)。立法进程加快的同时,立法的重点也更加突出。近10年来,国家安全和公共安全、教育文化医疗卫生事业、社会建设与社会治理、生态环境保护等重点领域法律、法规进一步完善,为经济社会高质量发展提供了有力支撑。另一方面,修改、废止旧法的力度明显加大,法律、法规修改、废止的及时性进一步增强,从而使法律体系能够更好地适应经济社会发展的要求。仍以法律为例,2000年修改法律的数量首次超过制定法律的数量,此后,修改完善现行法律被逐渐放到更加突出的位置。据统计,截至2017年12月底,十二届全国人大及其常委会制定法律25部,修改法律127件次,通过有关法律问题和重大问题的决定44件,作出法律解释9件,修改法律数量占到立法总数的62%左右,其中人口和计划生育法、民事诉讼法、行政诉讼法等法律经历了多次修改,及时将党中央最新决策部署和全面深化改革的成果用法律的形式固定下来,保证了法律与改革进程相协调、相同步。地方立法也是这样。以江苏省为例,该省十三届人大及其常委会履职以来，修改、废止法规的比例占立法总数的40%左右。同时也要看到，目前一些领域尚存在立法的空白点、薄弱点，一些已经不适应或者不完全适应新发展阶段要求的法律法规还没有及时作出修改或者废止，构建系统完备的法律规范体系仍有一段比较长的路要走。为了适应国际形势深刻复杂变化、党和国家事业快速发展的需要，落实中央全面依法治国工作会议、中央人大工作会议决策部署，今后必须在保证质量的前提下继续提高立法效率，综合运用立改废释等方式，进一步加快重点领域、新兴领域、涉外领域立法步伐，加快填补立法空白、完善现有法律法规规定，推动我国法律规范体系更加系统、完备。

3.法律部门之间将更加均衡。我国法律体系形成时，有宪法相关法38件，民商法33件，行政法78件，经济法60件，社会法18件，刑法1件，诉讼与非诉讼程序法10件。[①] 当时行政法、经济法数量明显多于其他几个法律部门，社会法的数量明显偏少，法律部门之间不均衡的问题相对比较突出。党的十八大以来，这一问题得到了显著改善。一方面，随着全面深化改革和国家治理现代化向纵深推进，行政法、经济法的数量稳步增加，仍位居各个法律部门的前两位。另一方面，其他法律部门也取得了前所未有的显著发展。为了满足人民群众对美好生活的需要，社会法立法步伐明显加快，慈善法、反家庭暴力法、特种设备安全法、中医药法、食品安全法、人口与计划生育法、红十字会法、民办教育促进法等一大批涉及社会事业与民生保障的法律、法规被制定出来，有力补强了社会领域立法不足的短板。此外，宪法及其相关法的不断完善、以民法典为核心的民事商事法律的进一步健全、多个刑法修正案的相继出台、三大诉讼法经历多次修改等，也使各有关法律部门得到了明显加强。从总体上看，各个法律部门呈现齐头并进、协调

① 徐显明：《中国特色社会主义法律体系之树有七条主枝》，载中国人大网，http://www.npc.gov.cn/zgrdw/npc/xinwen/lfgz/lfdt/2011-03/10/content_1640705.htm，最后访问日期：2011年3月10日。

发展的良好态势。当前,我们已经踏上全面建设社会主义现代化国家新征程。党的二十大报告科学描绘了在新的历史条件下全面建设社会主义现代化国家,夺取中国特色社会主义新胜利的宏伟蓝图,深刻阐述中国式现代化的科学内涵,中国特色和本质要求,对全面建设社会主义现代化国家,全面推进中华民族伟大复兴进行了战略规划,对统筹推进“五位一体”总体布局,协调推进“四个全面”战略布局作出了全面部署。[①] 随着中国式现代化的不断推进,未来随着我国各项事业发展更加均衡,更加充分反映到立法上,各个法律部门之间也将朝着更加均衡的方向不断发展、完善。

4. 法律体系内部将更加和谐有序。我国法律体系形成之初,由于当时立法工作的重心更多放在增加法律法规的数量上,加上规范性文件备案审查制度不够健全和完善,导致法律与法律之间不协调,行政法规、地方性法规与法律不一致甚至抵触等现象时有发生,一定程度上影响了法律体系的权威性和协调性。在完善我国法律体系的过程中,全国人大常委会将维护法律体系和谐统一、维护国家法治统一摆在更加突出的位置上。一方面坚持立改废释并举,统筹考虑立新废旧、法律间协调完善和衔接等问题,有效减少了法律之间“打架”的问题。另一方面围绕“有件必备、有备必审、有错必纠”的要求,不断加强规范性文件备案审查工作。明确和扩大了规范性文件备案范围,加强对备案法规的主动审查,规范审查流程,推进备案审查信息平台建设,提高审查质量和效率。同时加强专项审查和清理工作,组织开展了涉及食品药品安全、野生动物保护、民法典、长江保护法、人口与计划生育法、行政处罚法等方面法规、规章、司法解释及其他规范性文件的集中清理和专项审查工作,督促纠正了一批人民群众集中反映的、影响老百姓切身利益、直接涉及公民权利义务的法规,有效维护了法治统一。地方人大常委会也普遍建立了法

---

① 习近平:《高举中国特色社会主义伟大旗帜　为全面建设社会主义现代化国家而团结奋斗——在中国共产党第二十次全国代表大会上的报告(2022年10月16日)》,人民出版社2022年版,第41页。

规定期清理和集中清理结合的制度，常态化做好法律清理工作。这些举措有效地减少了地方性法规与行政法规、法律相抵触，行政法规与法律相抵触，以及行政法规之间、地方性法规之间相互冲突等问题，增强了法律规范的内在协调性与一致性。随着立法技术的不断进步，国家和地方立法技术与立法语言也更加科学化、明确化、规范化，法律规范在形式上和风格上也更加协调。中央人大工作会议对加强宪法实施和监督、提高备案审查工作质量等提出了新要求。全国人大常委会贯彻落实会议精神，对加强备案审查工作作出具体部署。全国人大常委会法工委成立了备案审查专家委员会，充分发挥专家学者作用，加强备案审查理论研究。党的二十大报告再次强调，要"完善和加强备案审查制度。"[①]下一步，随着备案审查制度和能力建设的不断加强，法律法规清理的力度将进一步加大，下位法与上位法之间、同位阶法律规范之间的冲突将进一步减少，我国统一分层次的法律体系内部将更加和谐统一。

5. 法典化趋势将更加明显。从 1954 年第一次启动民法典编纂工作，到 2020 年 5 月 28 日十三届全国人大三次会议审议通过民法典，历经 5 次编纂，经过新中国几代人 60 多年的接续努力，我国的民法典最终编纂成功。民法典的颁布，是我国全面依法治国、建设中国特色社会主义法治体系的重大标志性成果，具有里程碑式的意义，也开启了中国法典化时代。民法典的成功编纂，极大地增强了中国人的自豪感和自信心，也为编纂其他法典积累了经验，奠定了基础。2018 年，习近平总书记在《建立健全中国特色社会主义军事政策制度体系》的讲话中，明确提出要推进军事法规法典化。[②] 2021 年 3 月，习近平总书记在《坚定不

---

① 习近平：《高举中国特色社会主义伟大旗帜　为全面建设社会主义现代化国家而团结奋斗——在中国共产党第二十次全国代表大会上的报告（2022 年 10 月 16 日）》，人民出版社 2022 年版，第 41 页。

② 参见习近平：《建立健全中国特色社会主义军事政策制度体系》，载央广网，http://china.cnr.cn/news/20181115/t20181115_524415789.shtml，最后访问日期：2018 年 11 月 15 日。

移走中国特色社会主义法治道路为全面建设社会主义现代化国家提供有力法治保障》的文章中进一步指出："《民法典》为其他领域立法法典化提供了很好的范例，要总结编纂《民法典》的经验，适时推动条件成熟的立法领域法典编纂工作。"[①]在习近平总书记重要指示要求的鼓舞和激励下，全社会迅速掀起关于法典编纂问题的研究热潮，编纂"行政法典""教育法典""反腐败法典""知识产权法典""海洋法典""公共卫生法典""商法典""经济法典""证据法典""社会法典""劳动法典"等建议不断被提出来。[②] 目前，法学界围绕应当制定哪些法典、何时制定新的法典等问题深入开展研究并取得了阶段性成果，一些高等院校、研究机构还起草提出了生态环境法典、行政程序法典等草案专家建议稿。近年来，多位全国人大代表也提出了制定生态环境法典、知识产权法典等的议案、建议。可以说，编纂更多法典既是进一步完善我国法律体系的必然要求和重要举措，也是全社会的共同心声。全国人大常委会贯彻落实习近平总书记重要指示要求，积极顺应人民群众的法治需求，正在稳妥推进法典编纂相关工作。全国人大常委会 2021 年度立法工作计划中明确，将研究启动环境法典、教育法典、行政基本法典等条件成熟的行政立法领域的法典编纂工作，给出了相对具体的法典编纂的工作计划。同时也应当看到，法典的数量并不是越多越好，且法典编纂是一项政治性、技术性都很强的工作，某一个领域编纂法典的必要性、可行性以及编纂的时机、步骤等问题，都需要经过深入细致地研究和论证，才能做出科学的立法决策。因此，法典编纂工作不可能一蹴而就，而是要经历比较长的时间。相信随着法学理论研究的深入和立法条件的逐步成熟，今后将会有更多的法典陆续被编纂出来，且随着立法经验的积累，有理由期待

---

① 习近平：《坚定不移走中国特色社会主义法治道路为全面建设社会主义现代化国家提供有力法治保障》，载《求是》2021 年第 5 期。

② 王理万：《中国法典编纂的初心与线索》，载《财经法学》2019 年第 1 期；瞿郑龙：《新时代法典化的法理——"法典化时代的法理研究"学术研讨会暨"法理研究行动计划"第十五次例会述评》，载《法制与社会发展》2021 年第 2 期；《如何有序推进法典编纂？丨立法学研究会专题会议》，载微信公众号"中国法律评论"2021 年 3 月 24 日，https://mp.weixin.qq.com/s/JHnaXL3Lv-e3BEOopHGuQQ。

新编纂的法典在立法技术上将更加先进。更多法典被编纂出来，意味着各相关领域的法律规范将进一步整合完善，法律的体例结构将更加严谨，法律规范之间将更加协调，届时我国法律体系无论从形式上还是从内容上都将实现新的发展。

6. 地方性法规在法律体系中将发挥更加重要的作用。党的十八大以来，在全面依法治国的时代背景下，地方立法工作取得了长足的发展，特别是随着新立法法的颁布实施，我国的立法体制机制和程序更加完善，地方性法规的制定主体扩容，地方人大及其常委会立法的积极性、主动性、创造性被进一步调动起来，地方性法规在我国法律体系中的作用进一步凸显：一是地方性法规数量呈几何级快速增长，在我国法律体系中所占的比重越来越大。据统计，截至 2010 年年底，我国现行有效法律 236 件、行政法规 690 多件、地方性法规 8600 多件。目前，我国现行有效的地方性法规已经达到 12, 000 多件，远远超过法律、行政法规，构成我国法律体系的主体。二是地方性法规的地方特色愈加彰显。地方人大及其常委会在“不抵触”基础上，着力在“有特色”上下功夫，制定、修改了北京市生态涵养区生态保护和绿色发展条例、上海市城市更新条例、广东省人民代表大会常务委员会关于横琴粤澳深度合作区有关管理体制的决定、天津市推进北方国际航运枢纽建设条例、浙江省数字经济促进条例、安徽省林长制条例、河南省安阳殷墟保护条例、四川省三星堆遗址保护条例、吉林省黑土地保护条例、湖南省洞庭湖保护条例、山西省促进雁门关农牧交错带发展条例、贵州省茶产业发展条例、甘肃省废旧农膜回收利用条例等一大批有浓厚地方特色的地方性法规，较好地处理了地方性事务，有效解决了地方改革发展中遇到的实际问题。三是地方性法规先行先试、为改革发展探路的功能发挥得更加充分。各地人大及其常委会坚持问题导向，聚焦社会治理中的难点问题，制定了重庆市社会信用条例、江苏省电动自行车管理条例、安徽省警务辅助人员管理条例、江西省矛盾纠纷多元化解条例、黑龙江省司法鉴定管理条例、福建省儿童乘坐机动车使用安全座椅的规定等一批地方性法规，及时填补法律、行政法规的空白,既有力保障了本地区经济社会发展,也为国家立法积累了经验。可以预见,随着党中央和全国人大常委会关于加强地方立法工作的部署要求得到进一步落实,地方立法的活力将进一步增强,地方性法规将在我国法律体系的完善中发挥越来越重要的作用。特别是,从近年来上海市人大常委会为加强浦东新区高水平改革开放法治保障制定浦东新区法规的决定、关于进一步促进和保障"一网通办"改革的决定,海南省人大常委会制定海南自由贸易港优化营商环境条例、海南自由贸易港国际船舶条例、海南自由贸易港公平竞争条例,浙江省人大常委会制定关于促进和保障龙港市新型城镇化综合改革的决定,以及河北、山东、广西、江苏等省份制定自由贸易试验区条例的实践中可以看出,随着全面深化改革的不断深入,服务保障国家重大改革措施落地落实将是地方人大及其常委会的一项重要任务,今后地方性法规在这方面将展现出更大作为。

7. 法律法规的质量将更高。立法质量是衡量一国法治状况的重要标尺,直接表征着一个国家法律制度的发展水平,"从立法质量这一页,可以窥一个国家立法乃至其法律文明之全貌"。[①] 我国法律体系形成后,有法可依的问题得到解决,以良法促进发展、保障善治成为更高追求。回顾总结党的十八大以来我国法律体系完善的过程可以发现,推进高质量立法是贯穿其中的一条鲜明主线。近 10 年来,我国高质量立法取得了显著成效(这方面的内容在本章第一节中已有介绍,本书其他章节还将做专门介绍,这里不再赘述),但在立法的针对性、实效性等方面还存在一些不足,尚不能完全适应经济社会高质量发展的要求和人民群众对立法工作的新期待。进入新发展阶段,改革发展稳定的任务更加繁重,防范和应对各类风险挑战、纵深推进全面深化改革、推动构建新发展格局等,都需要更好地发挥立法的引领服务保障作用。习近平总书记深

---

① 黄文艺:《论立法质量:关于提高我国立法质量的思考》,载《河南省政法管理干部学院学报》2002 年第 3 期。

刻指出,“人民群众对立法的期盼,已经不是有没有,而是好不好、管用不管用、能不能解决实际问题;不是什么法都能治国,不是什么法都能治好国;越是强调法治,越是要提高立法质量。”[①]这就要求将立法质量摆在更加重要的位置上,努力推动高质量立法迈上新台阶。中央全面依法治国工作会议、中央人大工作会议和《法治中国建设规划(2020—2025年)》对推进科学、民主、依法立法,提高立法质量作出了一系列重大部署,明确了具体任务和要求。全国人大常委会、国务院和有地方立法权的人大常委会落实党中央要求,积极谋划推进高质量立法的新思路新举措。例如,探索大数据技术在立法中的应用,借助大数据辅助立法决策;贯彻全过程人民民主,创新开门立法、民主立法的举措,使立法更好地反映民意、集中民智、造福人民;在精细立法、精准立法上下功夫,加强“小切口”“小快灵”立法,调整事项相对单一、不设章节、有几条写几条的地方性法规逐步增加,等等。随着科学、民主、依法立法新举措的落实,法律、行政法规、地方性法规质量将持续提高,我国法律体系也将朝着更高质量的方向不断发展。

① 习近平:《在十八届中央政治局第四次集体学习时的讲话》(2013年2月23日)。

# 第五章　完善以宪法为核心的中国特色社会主义法律体系(下)

党的十八大以来,我国宪法及相关法律制度不断完善,极大地推动了全面依法治国的建设进程。尤其是在中国特色社会主义法律体系的完善上,我国不仅积极地完善既有的相关法律法规,以推动法律体系同经济社会文化发展水平相适应,还努力回应人民普遍关注的新问题、新要求,在重点领域、新兴领域以及涉外领域等方面推进以宪法为核心的中国特色社会主义法律体系建设。党的二十大报告也对以宪法为核心的中国特色社会主义法律体系做出了明确的定位。认为“全面依法治国是国家治理的一场深刻革命,关系党执政兴国,关系人民幸福安康,关系党和国家长治久安”。我国在全面推进依法治国的进程中,要始终坚持习近平法治思想为指引,全方位的推进以宪法为核心的中国特色社会主义法律体系建设,[①]具体如下。

## 一、宪法及相关法律制度不断完善

### (一)建立了宪法宣誓制度

在党的十八届四中全会上,习近平总书记指出:“宪法宣誓制度有利于彰显宪法权威,增强公职人员宪法观念,激励公职人员忠于和维护宪法,也有利于在全社会增强宪法意识、树立宪法权威。”宪法宣誓有助于将忠于宪法、捍卫宪法、遵守宪法的誓言落实到实际行动中,切实维护宪法权威,保障宪法有效实施。宪法宣誓不仅是一种仪式和象征意义,更是一种承认宪法的重要性、最高性和根本性的必要机制。

党的十八届四中全会通过的《决定》中提出了建立宪法宣誓制度,要求经人大及其常委会选举或决定任命的国家工作人员在正式就职时公开向宪法宣誓。2015 年第十二届全国人大常委会第十五次会议通过了实行宪法宣誓制度的决定,该决定对宣誓主体、宣誓形式、誓词和程序进行了具体规定,宪法宣誓主体不再限于由人大及其常委会选举或决定任命,扩大到了地方各级政府、人民法院、检察院任命的国家工作人员。宪法宣誓制度自此以立法形式得以确定。党的十九大确定了我国新的奋斗目标、提出了深化国家监察体制改革的要求,十九届二中全会通过了《中共中央关于修改宪法部分内容的建议》。为贯彻落实党的十九大和十九届二中全会会议精神,2018 年第十三届全国人大常委会第三十三次会议对原宪法宣誓制度的决定进行修改,在宣誓主体部分增加了监察委任命的国家工作人员,将宣誓誓词从 70 字改为 75 字,将奋斗目标改为“为建设富强民主文明和谐美丽的社会主义现代化强国努力奋斗!”还规定在宣誓仪式中奏唱国歌,以实现与《国歌法》的衔接。宪法

---

① 习近平:《高举中国特色社会主义伟大旗帜 为全面建设社会主义现代化国家而团结奋斗——在中国共产党第二十次全国代表大会上的报告(2022 年 10 月 16 日)》,人民出版社 2022 年版,第 41 页。

宣誓制度顺应中国特色社会主义发展的新形势新任务得到了完善。宪法宣誓制度自建立以来便被作为宪法制度的组成部分,2018 年宪法修改,在第 27 条增设宪法宣誓制度相关规定。至此,宪法宣誓制度正式入宪。习近平总书记在十三届全国人大一次会议上再次当选国家主席时手抚宪法庄严宣誓。每一位经人大及其常委会选举或决定任命的,以及各级人民政府、监察委员会、人民法院、人民检察院任命的国家工作人员在正式就职时都公开进行了宪法宣誓。习近平总书记等党的国家领导人带头做到遵守宪法、维护宪法权威,这充分体现我党依宪治国、依宪执政的坚定意志。为实施宪法,使宪法宣誓制度落地,各地方人大及其常委会结合各地实际制定了相应的地方性法规,对宣誓仪式组织主体、宣誓仪式举行的具体时间、宣誓形式为单独或是集体等内容进行了细化。以《天津市实施宪法宣誓制度办法》为例,宣誓时间、宣誓组织根据国家工作人员类型的不同有所区别,分为在依法定程序产生后和在就职时,宣誓组织主体有人大主席团、人大常委会主任会议、任命的国家机关等。

宪法的生命在于实施,立法不断完善宪法宣誓制度有助于宪法发挥实效。推进宪法宣誓制度法治化是宪法宣誓制度有效实施的根本保障。宪法宣誓制度凸显了宪法的根本法地位,体现依法执政首先是依宪执政、依法治国关键是依宪治国的价值观。之所以向宪法宣誓,正是因为宪法是国家的根本法、是全面依法治国的总依据,我国立法必须符合宪法,国家工作人员必须在宪法允许的范围内活动,其行使的公权力来源也因此能够明晰。最终,在全社会能够形成尊重、热爱、信仰宪法的良好氛围。

### (二)完善了国家象征与标志等宪法制度

国家象征与标志宪法制度,能够强化公民的国家意识和爱国主义精神,也是发展社会主义先进文化的重要体现,更是推进国家治理体系和治理能力现代化的重要支撑。我国宪法自“五四宪法”便设第四章专门对国家象征与标志予以规定。“五四宪法”明确了国旗、国徽的地位,规定了国旗和国徽的样态，但国歌未能作为国家象征与标志入宪，主要是因为《义勇军进行曲》中部分歌词不被广大人民所认同，未能满足“民主参与”和“情感共鸣”两条入宪标准。基于宪法实施的要求，国家象征与标志等宪法制度不断完善，将宪法第四章内容转化为立法或制度供给以使宪法制度产生实效。《国旗法》《国徽法》分别于1990年、1991年颁布实施。依法定程序修改后的《义勇军进行曲》也于2004年正式入宪。

党的十八大以来，党和国家积极推动宪法基本制度的贯彻实施。在国家象征与标志等宪法制度上，突出表现为国旗、国徽、国歌等宪法制度的贯彻实施，以及国旗、国徽、国歌意识的社会培育。国家象征与标志的专门立法不断完善主要体现在《国旗法》《国徽法》的修改和各地为落实这一制度而制定了地方性法规。2020年通过了《国旗法》《国徽法》的修正案，弥补了旧法对升挂国旗、悬挂国徽的场合、时间规定笼统，使用国家标志行为界定不清以及监管部门及职责不明的漏洞。新法扩大了使用国旗、国徽的场合，强化了国旗、国徽的权威性和严肃性。针对当下社会中普遍存在的个人或组织不规范使用国旗、国徽以致损害其尊严的现象，新法作出了禁止性规定，并设定了罚则。例如，禁止倒挂、倒插、随意丢弃国旗，在公共场合侮辱国旗、国徽，情节严重者将承担相应的刑事或行政责任。明确国务院办公厅和地方各级人民政府统筹协调国旗、国徽管理工作。同时，进一步确定各监管主体的职责范围，国旗、国徽的制作、销售与日常使用管理分别由不同监管主体负责。除发挥贯彻实施宪法制度的作用外，新法的相关制度还有助于培育国旗、国徽意识。新法建构了公民与国家象征和标志的常态化联系，增加使用国家标志的场合，在国家宪法日、烈士纪念日等重要纪念日升挂国旗、悬挂国徽，并对居民小区等在重要节日、纪念日升挂国旗作出规定。明确规定全日制学校应开展爱国主义教育活动，为爱国主义教育提供制度支持与保障。随着经济社会的发展，公民借助国家象征与标志表达爱国情怀的意愿更加强烈，修改《国旗法》《国徽法》是适应时代发展的必然需要，能够展现大国地位、强化国家观念，也表达了人民意志，符合人民的根本利益。

为贯彻实施《国旗法》,2020 年重庆市五届人大常委会通过了首个省级人大层面出台的地方性法规。制定地方性国旗法实施办法能够适应各地规范国旗使用的需要、有效监督管理的需要,以及加强国旗宣传的需要。由于实践中不当使用国旗情况时有发生且行为方式各异,而《国旗法》没有明确使用国旗的行为,因此各地需要结合实际情况对使用行为进行细化,才能使《国旗法》更好地发挥规范作用。重庆市实施办法在《国旗法》的基础上明确了使用国旗的 3 种情形即“悬挂、插置、放置”,同时对 3 种情形分别设定了具体规范(悬挂国旗于室内应悬挂在主席台或讲台上方,悬挂于室外应保证国旗旗面门幅下沿高于地面 2.5 米以上;插置国旗应采用垂直或倾斜方式,倾斜角度在 20 度以内;关于插置国旗,应当将国旗置于显著位置,采用垂直或者倾斜的方式,倾斜时旗杆与垂直线的夹角应当在 20 度内。放置国旗于桌面正中或两旁,不得被其他物品遮挡)。完善了法律责任相关规定,对不当使用行为增设了责令改正的处罚种类,同时明确处罚与教育相结合原则在该领域的适用。宪法制度贯彻实施与意识培育的共同作用有助于不断推进我国社会主义精神文明建设,实现宪法制度的贯彻落实。

国家象征与标志宪法制度,能够强化公民的国家意识和爱国主义精神,也是发展社会主义先进文化的重要体现,更是推进国家治理体系和治理能力现代化的重要支撑。尤其是党的十八大以来,党和国家积极推动宪法基本制度的贯彻实施。这体现在国家象征与标志等宪法制度上,就突出表现为国旗、国徽、国歌等宪法制度的贯彻实施,以及国旗、国徽、国歌意识的社会培育。通过宪法制度贯彻实施与意识培育的共同作用,不断推进我国社会主义精神文明建设,实现了宪法制度的贯彻落实。

### (三)依据宪法法律制定并实施《中华人民共和国香港特别行政区维护国家安全法》

近年来,有损“一国两制”原则底线的事件频发。从 2014 年的“占中”事件到 2019 年的“修例风波”,“港独”势力日渐猖獗,严重危及我国国家主权和安全,威胁我国香港特别行政区居民的基本权利与自由,

“一国两制”制度的稳定面临史无前例的考验。从立法角度来看,其原因在于香港特别行政区有关国家安全立法长期缺位,执法、司法无法可依,违法行为无法得到预防、制止和惩处,以至于危及国家安全的事件再三发生。基于“一国两制”这一基本国策,《中华人民共和国香港特别行政区基本法》(以下简称《基本法》)将香港特区国家安全的立法权授予特区,由其自行立法,实现高度自治。但自2003年香港特别行政区国家安全立法草案受阻,香港特别行政区因自身因素和外来势力干扰迟迟无法行使《基本法》授予的国家安全立法权,无法履行维护国家安全这一宪制义务。在冲突日益严重之时,中央有权有责立法维护国家安全,全国人大将其根据《宪法》第31条享有的以法律规定特别行政区制度的权力授予全国人大常委会,由全国人大常委会进行香港特别行政区国家安全的立法。2020年全国两会提出从国家层面为香港特别行政区维护国家安全立法。2020年第十三届全国人大通过《全国人民代表大会关于建立健全香港特别行政区维护国家安全的法律制度和执行机制的决定》。该决定授权全国人大常委会就香港特别行政区维护国家安全制定相关法律,为全国人大常委会原本享有的香港特别行政区国家安全立法权设定了权限范围和立法原则,保证“一国两制”“高度自治”方针坚定不移地贯彻落实。6月30日,全国人大常委会表决通过《中华人民共和国香港特别行政区维护国家安全法》(以下简称《香港特别行政区维护国家安全法》),并将该法列入基本法附件三,由香港特别行政区在当地公布实施。通过当晚,《香港特别行政区维护国家安全法》便在香港刊宪公布,17年未决的《香港特别行政区维护国家安全法》终于落地实施。《香港特别行政区维护国家安全法》的颁布实施是全面依法治国在“一国两制”上的经典体现。它不仅充分明确了国家安全属于“一国两制”框架下的中央事权,也充分体现了中央对于香港特别行政区全面管治权和特区高度自治权的有机结合。对此党的二十大报告特别强调,我国要“全面准确、坚定不移贯彻‘一国两制’、‘港人治港’、‘澳人治澳’、高度自治的方针,坚持依法治港治澳,落实中央全面管治权,落实‘爱国者治港’、‘爱国者治澳’原则，支持香港、澳门发展经济、改善民生、破解经济社会发展中的深层次矛盾和问题，促进香港、澳门长期繁荣稳定，支持香港、澳门更好融入国家发展大局，为实现中华民族伟大复兴更好发挥作用。”①

依据宪法法律来制定《香港特别行政区维护国家安全法》，是“坚持依宪治国、依宪执政”的集中体现，凸显了“一国”对“两制”的制度塑造能力和保护能力，全面准确展示了“一国两制”应有的法理基础和制度风貌。《香港特别行政区维护国家安全法》以宪法为立法依据，是宪法实施的表现，落实了宪法所保护的国家安全利益。宪法、基本法共同构成了《香港特别行政区维护国家安全法》立法正当性得以证成的基础。《香港特别行政区维护国家安全法》与《基本法》是相互补充的关系，二者不存在效力高低之分，共同构成了“一国两制”法律制度框架。《香港特别行政区维护国家安全法》延续了《基本法》中重要的法治原则如人权保障、司法独立、无罪推定、沉默权，对《基本法》进行了补充，明确了《基本法》未能具体规定的维护国家安全方面的内容。

《香港特别行政区维护国家安全法》完善了我国立法体系，健全了国家安全法律体系，其内容既符合“一国两制”的原则又尊重了香港特别行政区的高度自治权，具有中国特色。香港特别行政区国安法充盈了香港地区法律制度，列入基本法附件三中，成为香港特别行政区法律制度的组成部分。中央在香港特别行政区立法不能的情况下承担维护国家安全的根本责任，授权全国人大常委会立法，凸显了“一国”的底线。在《国家安全法》的实施上，又将权力让度于特别行政区，由香港特别行政区对绝大部分国安案件行使完全的管辖权，贯彻落实“两制”，为近年来备受关注的香港特别行政区国家安全问题，提供了解决对策，完善了国家安全这一重点领域的立法，补足了香港特别行政区维护国家安全机

---

① 习近平:《高举中国特色社会主义伟大旗帜 为全面建设社会主义现代化国家而团结奋斗——在中国共产党第二十次全国代表大会上的报告(2022年10月16日)》,人民出版社2022年版,第57页。

制的短板,为香港特别行政区的安全构筑了“防堤坡”。

（四）坚持和完善人民代表大会制度、基本政治制度、基本经济制度

党的十八大以来,以习近平同志为核心的党中央,不断坚持和完善人民代表大会制度、多党合作和政治协商制度、民族区域自治制度、基层群众自治制度、社会主义基本经济制度等基本宪法制度,对国家经济社会发展,产生了重大的积极影响。人民代表大会制度是我国的根本政治制度,能够保证、实现人民当家作主,筑牢人民主体地位。我国制定了全国人民代表大会和地方各级人民代表大会选举法、地方各级人民代表大会和地方各级人民政府组织法,全国人民代表大会和地方各级人民代表大会代表法以及全国人民代表大会议事规则等法律,共同构成了我国人民代表大会制度的基础性法律制度体系,为保证人民当家作主提供了制度保障,为国家机构的产生提供了合法基础。党的十八大以来,为了落实党中央关于加强县乡人大工作和建设的要求,地方人民代表大会制度特别是县乡人大组织制度和运行机制得到了完善。为了让基层人大依法履行职责、发挥有效作用,切实做到反映基层人民的意愿,选举法分别于 2015 年、2020 年进行了两次修改,代表法于 2015 年进行了修改,地方组织法分别于 2015 年、2022 年进行了两次修改。2015 年修改的选举法优化了选举程序,加强对选举全过程的监督,以促进实现“人民代表人民选,选好代表为人民”的目标。针对实践中出现的乡镇改设街道导致基层人大代表逐届减少的情况,2020 年修改的选举法增加了县乡两级人大代表名额基数,将不设区的市,市辖区、县、自治县的人大代表名额基数增加 20 名,将乡、民族乡、镇的人大代表名额基数增加 5 名。同时,为了让改设街道地区的基层人民更好地行使国家权力,在分配人大代表名额时重点向由乡镇改设的街道倾斜。各地为落实新修的选举法,也纷纷制定实施办法。2015 年修改的组织法明确了乡镇人大在闭会期间的职权和活动方式,要求乡镇人大主席团有计划地处理人民群众密切关注的突出问题,增加县级人大常委会组成人员名额,增设专门委员会

处理人大各项日常工作，加强市辖区、不设区的市的人大常委会与街道的联系，及时处理基层群众反映的各项问题。2015 年的代表法对人大代表履职提出了新要求。增设人大代表列席专门委员会会议，亲自参与视察、调研活动，定期向原选区选民报告履职情况等一系列规定，以此提高代表议案质量，保障人民有效通过人民代表大会行使国家权力。

多党合作和政治协商制度、民族区域自治制度、基层群众自治制度是我国的基本政治制度。自 1954 年以来，民族自治地方对本民族、本地方的内部事务享有自主管理权便被宪法规定和保障，民族自治地方人大有权依照当地的政治、经济和文化特点制定有变通的自治条例和单行条例。2001 年颁布实施的民族区域自治法为党和国家民族区域自治政策贯彻落实提供了法律保障，各民族区域自治地方制定自治条例和单行条例有法可依。随着新时代的到来以及全面依法治国进程的推进，各自治地方陆续开展新一轮的自治条例修改工作，以顺应铸牢中华民族共同体意识等新时代的要求。云南省 8 个自治州、29 个自治县的自治条例修改工作至今已全部完成，青海省计划在 2021 年完成 6 个自治州和 7 个自治县的自治条例修改，贵州等省的自治州、自治县的自治条例修改工作也陆续纳入当地立法计划中。各地方修改后的自治条例融入了习近平新时代中国特色社会主义思想，突出了构筑中华民族共同体意识的新时代要求，为促进各地经济社会发展提供了法治保障。

与基层群众自治组织有关的规定始于 1982 年宪法，后为实施宪法规定的基层群众自治制度，我国于 1989 年制定了城市居民委员会组织法，于 1998 年制定了村民委员会组织法，并在 2018 年对两部法进行了修改。有关基层群众自治制度的法律规范还散见于其他基本法中。由于基层群众自治组织的法律地位在私法上不明确，导致无法顺利开展民事活动。2021 年颁布实施的《民法典》确定了基层群众自治组织作为特别法人的私法主体地位，细化了组织法对居委会、村委会任务的规定。明确了基层组织在监护、遗产处理等方面的职能，增设居委会为业主自治管理组织设立的指导协助主体，更好地平衡居民自治和公权力对基层事务的管理之间的矛盾。《民法典》不仅完善了基层群众自治制度，还为市场经济发展提供了系统完备的法律保障，以法典的形式明确了我国坚持社会主义市场经济体制等社会主义基本经济制度。加强了产权保护制度，明确了私有财产和公有财产同等保护，促进物尽其用，创设了土地经营权，为新型交易方式提供了基本的法律规则。

人民代表大会制度、基本政治制度、基本经济制度事关人民根本利益，坚持和完善各项制度能够切实保证人民当家作主。立法需要做到民主立法，民主立法的核心在于为了人民、依靠人民。坚持和完善各项基本制度，保证人民依法实行民主决策，通过多种途径参与立法，使立法更好地反映人民意愿，维护人民基本权利，完善我国立法体系，真正做到立法为民。并深刻体现党和国家对执政规律、国家治理规律、社会主义建设规律认识的深化和发展，丰富和完善了中国特色社会主义事业的总体布局。

## 二、重点领域立法的新进展

### （一）立法引领优化营商环境

构建公平高效的营商环境要坚持立法先行。2019 年国务院出台的《优化营商环境条例》开创了立法引领优化营商环境的道路。《优化营商环境条例》聚焦市场主体在生产经营活动中的痛点难点问题，为打造良好营商环境，从市场、政务、法治、监管等多角度作出了全方位的规定，具有整合性立法特征。其中，主要围绕打造公平、自由、诚信的市场环境与高效便民的政务环境创设了相应制度。《优化营商环境条例》保证市场主体地位平等，实行全国统一的负面清单制度，负面清单以外的领域内外资企业、各类所有制经济主体均可平等进入。对民营企业、中小企业予以特殊保护，鼓励和支持民营企业、中小企业进行融资，政府提供融资担保，降低综合融资成本，解决因“融资难、融资贵”“卡脖子”的困境，实现实质公平。规定各市场主体平等使用生产要素、享受国家政策，创设“双随机，一公开”的监管模式，以打造公平竞争的市场环境。为促进企业进出市场、营业自由,《优化营商环境条例》提倡简化企业设立、注销流程,降低时间、经济成本。推行信用贷款制度,加大对民营、中小企业的信贷支持力度,增加信贷投放、提高贷款审批效率,为民营、中小企业提供更好的融资环境。确立告知承诺制,由“重审批轻监管”向“轻审批重监管”转变,实现事前阶段的信用监督,培养企业诚信行事。打造高效便民的政务环境,推进“马上办、网上办、就近办、一次办”。尽可能提供一站式服务,建立全国一体化在线政务服务平台,推行电子化政务,将线下办理转为线上办理。同时,提供“标准化”政务服务,使工作流程、监管、收费等事项适用统一标准。各地方人大及其常委会结合当地企业发展特征也纷纷制定了地方条例。在《优化营商环境条例》的基础上,各地方作出了创新性举措,并对已有制度进行了优化。江苏省对工程建设项目进行分级分类管理,适当简化低风险项目的审批流程,尝试将“容缺后补”机制适用于审查重大工程建设项目中不影响安全和公共利益的非关键要件。上海市、广州市创设性地在政府采购领域、知识产权领域适用失信惩戒机制。深圳市、上海市、江苏省扩展了简易注销范围,明确市场主体未发生债权债务或者已清偿,可按简易程序办理注销登记。北京市明确了应办理注销登记的具体范围,为部分企业减去不必要的注销程序。由于《优化营商环境条例》中的部分规范政策色彩较浓,国务院还对个别领域进行了专门立法。2021 年出台了《市场主体登记管理条例》,使“证照分离”等政策落入法律规则中。

除典型的优化营商环境立法外,正在不断完善中的海南自由贸易港法律法规体系为优化营商环境,推进海南自由贸易港建设提供了法治保障。2021 年出台的《海南自由贸易港法》赋予了海南自由贸易港法规制定权,主要针对自贸港内贸易、投资及其相关管理活动进行立法,这是我国立法体系中的一项创新设计。目前,海南已制定出与优化营商环境有关的配套法规共 8 部。除《海南自由贸易港优化营商环境条例》(以下简称《优化条例》)这一整合性立法外,还包括规范专门领域的“小切口”立法,分别以实现公平、诚信、自由的市场环境为立法目的。为构建诚信市场环境制定的《海南自由贸易港社会信用条例》，在《优化营商环境条例》的基础上进一步规范社会信用信息管理。行使海南自贸港立法权在公平竞争、反消费欺诈领域进行专项立法，制定了全国首创的《海南自由贸易港公平竞争条例》《海南自由贸易港反消费欺诈规定》。此外还有《海南自由贸易港企业破产程序条例》等与市场主体有关的法规。

法治是最好的营商环境。为营商环境提供法治保障的前提是立法先行，使有助于营商环境的行之有效的政策上升为法律法规，从制度层面为优化营商环境提供保障。通过立法，规制公权力，保障各类市场主体的合法权益，彰显自由竞争，发挥市场在资源配置中的主要作用。营商环境影响着我国经济发展，以立法引领优化营商环境足以凸显其重要地位，也符合建立完备的法律规范体系的要求。

（二）立法保障生态文明建设

生态文明建设以实现人与自然和谐相处、经济社会发展与环境保护相协调为目标，关注生态系统的健康。建设生态文明是中华民族永续发展的千年大计。随着环境保护手段由单一的行政手段保护转变为综合运用法律、经济等手段保护，立法对保障生态文明建设具有重要意义。自 2015 年修改《环境保护法》后，又相继修改了《大气污染防治法》《水污染防治法》等 10 部法律。同时，2016 年制定了《环境保护税法》、2017 年制定了《核安全法》、2019 年制定了《土壤污染防治法》、2020 年制定了《生物安全法》、2021 年制定了《长江保护法》5 部法律。此外，《民法典》也纳入了“绿色发展理念”，在总则编新增了“绿色原则”，其各分编的具体规定设置也体现了“绿色原则”的贯彻落实，如在行使物权、履行合同时应避免资源浪费、污染环境。2018 年十三届全国人大通过的宪法修正案将“生态文明”写入宪法序言部分，并规定了国务院领导和管理生态文明建设的职能，体现了党和国家建设生态文明的坚定意志，“生态文明建设”上升到国家战略决策层面，在根本大法层面获得了法律保障。2021 年全国人大常委会立法工作计划提出了编纂环境法典的要求，这不仅能适应现代环境治理体系改革的需求，也能改善我国环境保护立法数量多、重复率高的困境，为保障生态文明建设提供全面、系统的法律制度保障。党的二十大报告在总结过去五年的发展时，认为我国通过"坚持绿水青山就是金山银山的理念，坚持山水林田湖草沙一体化保护和系统治理，生态文明制度体系更加健全，生态环境保护发生历史性、转折性、全局性变化，我们的祖国天更蓝、山更绿、水更清。"这充分说明了党和国家对生态环境立法保护决策的正确性。①

新修的《环境保护法》作为环境保护领域的基本法，最先在法律层面引入了生态文明理念，并明确提出人与自然和谐相处、经济社会发展与环境保护相协调等一系列保护理念，确立了保护优先原则。同时，为了将这一系列理念运用到环保实践中创设了新的制度，为生态文明建设提供了制度保障，如划定生态保护红线制度、生态保护补偿制度等。相比旧法，新法明确了社会各主体参与环保的权利义务，为形成多元共治的治理新格局提供了制度保障。细化了政府的监管权力，并相应地设置了问责机制。通过加大处罚力度，强化企业环境义务与责任意识。专章规定公民和社会组织的对环境信息的知情权、对环境决策的参与权等监督环境保护的权利。将环境保护的权利义务落实到每一类主体，有利于实现人与自然和谐相处。在《民事诉讼法》的基础上完善了环境公益诉讼制度，进一步明确了诉讼主体与诉讼范围。

《环境保护税法》创设了环境保护税制度，以排污收费制度为模版，将环境保护费改税，用更严格的法律制度、效力更高的法律保护改善环境、减少污染。其余4部专门立法都是着眼于回应阻碍人与自然和谐相处、经济发展与环境保护相协调的一系列棘手问题，为推动生态文明建设扫清障碍。核电、土壤作为重要的自然资源一直没有专门立法进行规范，但其对人体健康影响的严重程度远大于大气、水污染。面对日益严峻的核污染、土壤污染，《核安全法》《土壤污染防治法》应运而生。《核

① 习近平:《高举中国特色社会主义伟大旗帜　为全面建设社会主义现代化国家而团结奋斗——在中国共产党第二十次全国代表大会上的报告(2022年10月16日)》，人民出版社2022年版，第11页。

安全法》是我国第一部核领域的专门性法律，对核电监管作出了独立监管的规定，并设置了处罚措施。《土壤污染防治法》对原有的环保法等相关法律制度进行了整合与完善，针对已存在的污染问题如何治理作出了规定，提出了土壤污染风险管控和修复等制度。对核电、土壤资源的利用进行规范，也能推动其永续利用，促进经济发展与环境保护相协调。《生物安全法》以保护生态环境为立法目的，并规定发展生物技术不得破坏生态系统与生物多样性，设计以对生态环境等造成危害的风险程度为标准的分类管理制度，体现生态文明思想中的系统性、完整性保护思路，维护生物技术可持续发展与人体健康的协调。

（三）立法促进社会民生改善

民生领域立法规范的事项是人民群众最关心、最直接最现实的利益，以立法促进社会民生改善是习近平法治思想的必然要求，即坚持人民为中心，做到法治为民。党的十八大以来，围绕教育、劳动就业、社会保障、医疗保障、社会救助、食品安全、医药卫生、未成年人保护等内容，我国民生领域的法治建设取得了长足进步，先后制定修改了约 30 部法律和行政法规，有关民生的法律制度不断得到完善。党的二十大也明确指出，要“加快建设法治社会，弘扬社会主义法治精神，传承中华优秀传统法律文化，引导全体人民做社会主义法治的忠实崇尚者、自觉遵守者、坚定捍卫者，努力使尊法学法守法用法在全社会蔚然成风。”[①]这不仅为我国改善民生、促进社会发展确立目标，还为立法工作坚持“以人民为中心”找准了方向。正是在党和国家的深切关怀下，立法机关才能够通过弥补社会民生领域的立法空白、修法满足民众新需求、回应民众关切问题，带来实实在在的好处，增强人民群众的幸福感、获得感。

《民法典》的制定、颁布与实施，无不体现着党和国家促进和改善民生一系列的决心和动作。从整个法律体系的构造上来看，民法构成中国

---

① 习近平：《高举中国特色社会主义伟大旗帜　为全面建设社会主义现代化国家而团结奋斗——在中国共产党第二十次全国代表大会上的报告（2022 年 10 月 16 日）》，人民出版社 2022 年版，第 42 页。

特色社会主义法治体系的重要组成部分,是对各类民事主体的人身关系、财产关系、经济和社会关系的规定,被称为"社会生活的百科全书"。因此,编纂民法典,既是新时代中国特色社会主义发展要求的法律诠释,也是整合和发展中国现行民事法律制度的一大创举。它整体上体现出以习近平同志为核心的党中央对民事权利、民生问题的关注和保障。尤其在民法典颁布实施之后,我国其他领域的法律规范同民法典之间进行了深刻的对照,这就使得整个法律体系经受了一次民法典的洗礼,各个领域的法律规范均是"以人民为中心",以保障民生为目标的。可以说,民法典的编纂和实施,又一次检验、整合、推动了中国特色社会主义法治体系。

教育和医疗是最大的民生,直接关系到人民群众的生活品质,完善教育和医疗法律法规体系是民生立法的重中之重。《教育法》在 2021 年进行了修改,完善了旧法中对法律责任规定不明的部分,补充了顶替入学资格行为的相关主体的行政法律责任,赋予被顶替者享有恢复入学资格的救济权利,与刑法、治安管理法等一系列法律形成治理链条,进一步保障了公民平等享有受教育权。教师法、学位法的修改工作也正在进行。同时,学前教育、民办教育、家庭教育这几个重点领域的立法进度也正在加快。2018 年修改了《民办教育促进法》,《民办教育促进法实施条例》也于 2021 进行了修订,鼓励民办学校进行在线教育,同时规定民办学校具有提供互联网安全保障的义务,在提升教育服务的同时确保了人身、财产安全。2021 年全国人大常委会颁布的《家庭教育促进法》作为教育领域的一部重磅法规,将"家庭教育"上升为"国事",使多元共建共治共享的理念在教育领域落地。明确各级政府、社会组织对促进家庭教育的指导、监督等职责,对不履行家庭教育责任的家长施行批评教育等措施,为建立起覆盖城乡的家庭教育指导服务体系提供法律保障。学前教育的立法工作也提上了日程,实现各学段的教育事业发展均有法可依,使教育法律法规体系不断完善。在医疗体制改革的背景下,为保证人民用药安全,确保药物的供应、提升医药服务,《药品管理法》在 2019

年首次全面修改，贯彻“以人为本”的立法理念，将药品管理与人民身体健康相结合，加大对药品违法行为的处罚力度。2019 年颁布了《基本医疗卫生与健康促进法》，该法是我国卫生健康领域首部基础性、综合性法律，对暴力伤医、个人信息在医疗服务中泄露等问题予以回应。

社会救助制度作为一项较为完备的制度一直以来都缺少立法层面对其进行规范，加之救助领域问题丛生，社会救助领域的立法问题一直是立法工作关注的重点。2020 年颁布了《社会救助法》，使我国社会保障体系有了支柱性法律。从《社会救助暂行办法》到《社会救助法》，社会救助制度的程序得到优化，提高了救助质量与效率。在特殊人群权益保障方面，2015 年颁布了《反家庭暴力法》，创设了强制报告制度、人身安全保护令制度以保护家庭关系中弱势一方的合法权益。2020 年修订了《未成年人保护法》，进一步规定了监护人、学校、网络服务提供者负有对未成年人的教育、保护责任。2020 年颁布了《退役军人保障法》，将行之有效的退役军人优待政策转变为法律，为构建退役军人保障制度体系打下扎实的法律基础。

立法为民是推进全面依法治国的一条重要经验，立法应切实保障民生、改善民生。不断完善社会民生领域立法是坚持以人民为主体的必然要求，也体现了我国立法以问题为导向，积极及时回应社会问题，实现科学立法、民主立法。深入推进科学立法、民主立法、依法立法是完善中国特色社会主义立法体系的重要途径。民生法治保障与社会法律体系完善相辅相成，加强民生立法、反映人民利益诉求，进一步完善了社会法律体系。

（四）立法防范化解重大风险

党的十九大报告提出要坚决打好防范化解重大风险攻坚战。我国面临的风险包括但不限于政治、经济、科技、环境等。防范化解风险要运用法治思维，找到导致风险的法律漏洞，制定新的法律规则、完善原有法律体系。我国风险规制立法主要表现在以行业为基础的单行立法中，或是专门立法应对新型风险。

防范化解重大风险要坚持贯彻总体国家安全观,国家安全是底线,首先要防范化解国家安全风险。自2015年修改了《国家安全法》后,我国加快了对国家安全重要领域的立法工作,先后制定出台了《反恐怖主义法》《网络安全法》等一批涉及国家安全的专门性法律法规,以应对暴力恐怖、民族分裂活动、网络政治安全等诸多风险挑战,其中包含了传统安全和非传统安全的国家安全立法。为维护国家完整、民族统一,特殊性地区的国家安全立法工作持续进行中,如新疆维吾尔自治区制定了《新疆维吾尔自治区实施〈中华人民共和国反恐怖主义法〉办法》《去极端化条例》等法规。其中,《去极端化条例》明确了禁止的极端化表现形式与内容,同时确定了各政府部门去极端化的职责分配,在治疆工作中具有里程碑意义。2021年《中华人民共和国香港特别行政区维护国家安全法》出台,控制了因香港特别行政区国家安全立法长期缺位导致的混乱局面。数据安全是国家安全的重要组成部分。为应对数据广泛运用带来的非传统安全风险,2021年颁布了《数据安全法》,该法以贯彻总体国家安全观为立法目的,为防范化解数据处理过程中存在危害国家安全的风险,建立了国家数据分类分级保护制度、国家数据安全审查、应急处置等基本制度。该法明确了企业个人信息安全保护义务,对企业数据安全提出更高要求,具有防范个人风险的功能。在新冠疫情的背景下,我国加快了《生物安全法》的立法进程,在2020年颁布了《生物安全法》,为防控生物安全风险建立了生物安全风险监测预警等14项基本制度。

为防范化解因金融监管职责"真空"而带来的金融风险,各地方纷纷出台了地方性法规以填补上位法缺失。2016年《山东省地方金融条例》出台开启了我国地方金融监管立法进程。至今,北京、上海、浙江等地均出台了地方金融条例,明确金融监管职责与风险处置责任,建立监管制度体系。2021年中国人民银行就《地方金融监管条例》的立法向社会公开征求意见,全国性统一监管条例这一法律空白将得到填补,央地金融监管框架将进一步完善。在防控重大事故导致的环境风险和应对突发环境事件方面,《环境保护法》以及其他环境单行法的修改吸纳了风险防控理念。2014 年新修订的《环境保护法》确立了保护优先原则,对突发环境事件的风险控制、应急准备、处置和事后恢复作出了规定。《大气污染防治法》《土壤污染防治法》等其他环境单行法通过提高环境标准、更加严格地审查与规范排污行为,落实保护优先原则,建立了环境风险评估制度、重点污染物排放总量控制制度、排污许可管理制度等一系列环保法律制度以降低突发环境事件的发生概率。在"基因编辑婴儿"事件发生后,国务院出台了《人类遗传资源管理条例》,专门规范包括基因编辑在内的涉及人类遗传资源的各项活动,预防科技发展过程中附带的风险。

## 三、新兴领域立法的新涌现

### (一)聚焦推动经济的高质量发展

推动经济的高质量发展,是党和国家对我国经济发展形势和发展方向的精准预判,极大地推动了我国经济的快速发展。对此,党的二十大报告总结指出,我国在过去五年里,"提出并贯彻新发展理念,着力推进高质量发展,推动构建新发展格局,实施供给侧结构性改革,制定一系列具有全局性意义的区域重大战略,我国经济实力实现历史性跃升。"①其中,自贸区建设是促进我国经济高质量发展的重大战略安排。中国开展自贸区建设已近 9 年,逐步实现"东中西协调、南北兼顾、江海陆边联动"的全方位开放格局。陕西自贸区作为西北地区唯一的自由贸易试验区自 2017 年揭牌运行以来就肩负着带动内陆改革开放的重要使命。推动自贸区发展,法治是关键。作为改革重阵的自贸区,应当做到"重大改革于法有据"。2021 年陕西省第十三届人大常委会通过了中国(陕

① 习近平:《高举中国特色社会主义伟大旗帜 为全面建设社会主义现代化国家而团结奋斗——在中国共产党第二十次全国代表大会上的报告(2022 年 10 月 16 日)》,人民出版社 2022 年版,第 28 页。

西)自贸区条例,标志着陕西自贸区建设进入新阶段。为推动黄河流域高质量发展,提高改革开放质量,该条例为非遗文化、中医药、健康养老等新型服务贸易的发展设置了许多制度,例如,建立产业专利导航、快速协同保护制度为服务贸易跨境交易提供便利;放宽服务贸易市场准入,在自贸区探索实行跨境服务贸易负面清单管理制度,扩大优质进口。

突如其来的新冠疫情给我国经济带来了极大的冲击,而中小企业在保就业、稳定社会、恢复经济等方面起到重要作用。2017 年第十二届全国人民代表大会常务委员会第二十九次会议通过了新修订的《中小企业促进法》。新冠疫情以来,湖北、湖南、陕西等省根据各省中小企业发展现状制定了具有地方特色的中小企业促进法实施办法,全面落实促进法关于优化中小企业发展环境、加强金融支持的倡议。如湖北省对符合奖励、扶持条件的中小企业实行"免申即享",为其提供便利的政务环境;设立了金融服务考核机制,将银行为小微企业提供金融服务的情况纳入考核内容;针对疫情中本省中小企业出现的风险化解能力弱的问题,陕西省建立了中小企业分级保护机制以应对公共卫生等突发事件。湖南省首创了白名单机制,让创新能力强、主营新兴优势产业等优质企业获得更多的融资机会。中小企业发展离不开金融支持,加强地方金融发展立法能够为地方产业高质量发展提供有力的金融支持和法治保障。随着经济社会发展,新型金融业态不断涌现,各地方人大为规范金融产业制定了地方金融条例,湖北、江苏等地的金融条例专设金融发展一章,规范了金融产业发展规划编制。湖北省金融条例创新性地提出了以绿色发展理念、新兴科技手段助力金融发展,江苏省金融条例为发展供应链金融这一新型金融业态提供了法治保障。然而,在金融监管方面,地方金融条例的相关规定并不完备,全国也没有对此统一立法,监管不严阻碍了金融健康发展。近两年来,各地加快了监管方面的立法,截至 2021 年,我国已有 7 个省、3 个直辖市、2 个自治区专门制定了地方金融监管条例。同时,国家层面统一的金融监管立法工作也正在进行。

大数据突破了技术、人才、资本形成的创新创业壁垒,是推动经济转型发展的新动力。我国在大数据这一新兴领域的立法表现为地方先行。贵州省在大数据立法中率先起跑,于2016年出台了《贵州省大数据发展应用条例》,这是我国首部大数据地方法规,从此大数据发展有法可依。后贵阳市专门立法规范了数据的共享开放以及政府对大数据的管理职责,于2017年出台了《贵阳市政府数据共享开放条例》、2018年出台了《贵阳市大数据安全管理条例》。有的地方采取综合性立法,对各种数据处理行为进行了规范,比如《深圳经济特区数据条例》于2021年通过实施,是我国首部大数据地方综合性专门立法,提出了"数据权益"保护,明确了数据权属问题,为日后国家层面立法提供了范本。上海等地也效仿综合性立法制定了数据条例,促进数据规范使用与发展。

(二)聚焦创造高品质生活

提高人民的生活品质,增强人民幸福感是立法为民的应有之义。还以人民绿色的生活环境是提高生活品质的必然选择。天然林是我国森林资源的主体部分,对维持生态健康起到根本性作用,但立法上一直未将天然林与其他林种予以明确区分,应适用更加严格的法律制度予以保护。2019年,中共中央办公厅、国务院办公厅发布了《天然林保护修复制度方案》,强调完善天然林保护修复法律制度,用最严密的法治保护修复天然林。同年修订的新《森林法》规定了天然林全面保护制度,授权国务院进行专门立法。陕西省作为天然林大省率先响应号召,落实制度方案与新《森林法》,于2021年第十三届人大常委会通过了《陕西省天然林保护修复条例》,弥补了当地在天然林保护与修复方面的立法空白,落实了政府管理职责,并要求各部门协作开展保护修复工作,明确各方天然林保护并引入约谈机制;建立了专门的天然林保护效益监测与评估、灾害预警、管护等制度。除此之外,陕西省还在2020年开展了渭河流域保护治理条例的修订工作,立法工作人员建议将科技手段运用于渭河流域水资源节约与水污染防治工作中;在监督方面,引入约谈制度、信用信息公示制度,督促政府、各企业事业单位履行保护渭河流域生态环境的职责与义务;将环境公益诉讼制度、生态损害赔偿制度在渭河流域生态环境诉讼中予以适用。

文化遗产的保护与传承对高品质精神生活的形成起到不可替代的作用。党的十八大以来,习近平总书记在文化遗产保护与传承方面作出了多个重要指示。近年来,物质文化遗产与非物质文化遗产保护立法体系得到了一定完善。2021 年陕西对秦始皇陵保护条例进行了修订,对为维护秦始皇陵原有的历史风貌与自然环境,厘清了各方主体责任。进一步明确了保护职责,分章规定了政府、部门、机构的职责;对公民个人及组织设置了禁止性行为规范,加大了处罚力度,弥补了责任不明这一法律漏洞;规定博物馆机构有责任配备一定设施以确保文物安全。除此之外,在建设工程审批中增设文物影响评估机制,落实保护优先原则,在保护中发展。同时,新条例更加注重对秦始皇陵文化价值的挖掘利用,在法律层面上提倡对文物的展示利用。在非物质文化遗产保护方面,各地方针对本地的非物质文化遗产进行了专门立法,比如陕西省制定的秦腔保护条例,福州市制定软木画技艺保护规定、脱胎漆器技艺保护规定。在非物质文化遗产富足的少数民族聚集区域,采取了综合性地方立法的方式,为非物质文化遗产提供了区域性整体保护,如 2021 年颁布施行的《五峰土家族自治县非物质文化遗产条例》《大理白族自治州非物质文化遗产保护条例》。

疫情下,身体健康问题成为了公众关注的焦点,公共卫生领域的法律法规不完备的弊端显露。近年来,福建、陕西等地修订了全民健身条例。陕西省条例凸显了对特殊群体开展健身活动的重视,专设特殊群体健身一章,做出了有关政府部门、社会组织、机构应当为特殊群体健身活动提供便利,收费的公共体育设施应当对未成年人、老年人和残疾人免费或者优惠开放等规定。疫情也为完善公共卫生法律体系带来了契机。针对疫情防控工作中出现的问题反映了法律上的漏洞,传染病防治法的修改工作对其进行了回应。立法工作人员欲修改完善疫情上报制度,明确各类传染病的上报时限;创设预警信息公开制度,明确各部门的预警责任,切实保障公众对疫情状态的知情权;构建综合救治体系,将行之有效的“方舱”经验上升为法律规定。面对疫情常态化的趋势,各地也陆续开展突发公共卫生事件应急条例等相关法规的制定修订工作,以实现依法防控。比如,北京制定了突发公共卫生事件应急条例,上海制定了突发公共卫生事件应对条例,重庆、广东也正在推进该类条例的制定修订工作。除此之外,2021 年施行的《生物安全法》、2022 年施行的《医师法》推动了公共卫生法律体系的完善。

(三)聚焦实现高效能治理

社会信用体系的建设是推动社会治理创新的重要途径,建设科学、规范、有序的社会信用体系离不开立法。2017 年,上海市十四届人大常委会通过的社会信用条例开创了我国社会信用体系立法之先河,“社会信用”“信用信息”的概念在立法上得到了确定。2018 年 5 月,中共中央发布《社会主义核心价值观融入法治建设立法修法规划》,提出要探索完善社会信用体系相关法律制度,研究制定信用方面的法律。此后,社会信用立法呈现“自下而上”的模式,各级地方性法规陆续出台,陕西、湖北、河北等多省均制定了社会信用条例,厦门、无锡、台州等地制定了地方信用条例。地方信用条例主要针对社会信用信息管理、守信激励和失信惩戒机制、信用主体权益保护等与社会信用体系建构有关的内容进行了规定。2021 年 9 月 17 日出台的《征信业务管理办法》是目前社会信用法律体系中法律层级最高的规范。该办法将个人信息保护融入了信用信息公开中,实现了社会信用法律体系与《个人信息保护法》的衔接。除此之外,还有大量新制定的法律法规包含了与信用有关的条款,如《民法典》《个人信息保护法》《优化营商环境条例》等。国家统一规范社会信用体系建设的《社会信用法》也已在制定中。

律师的法律服务活动涉及社会生活的方方面面,在化解社会矛盾上起到不可替代的作用,有助于提高社会治理能力,推进国家治理体系和治理能力现代化建设。我国现有《律师法》规范律师行业,但随着全面依法治国工作的深化,现有制度已无法为律师行业持续健康发展提供法律保障。实践中存在律师权益无法得到保障、行业管理不规范、从业人员专业性欠缺等问题。在《律师法》尚未进行大修之时,广东省在2017年制定了实施律师法办法,这是我国第一个细化律师法的地方性法规。该实施办法更加注重对律师权益的保障,有1/3的条款与律师权益保障有关,细化完善了律师的调查权、会见权等诉讼权利,如规定有关单位应当为律师取证提供便利、检察院和法院在收到律师的调查取证申请应当作出决定并告知,以及明确规定了会见时限和次数,解决过往因法律规定不明造成律师无法及时为犯罪嫌疑人提供辩护的问题。实施办法不仅有助于广东省律师事业的发展,也为日后修订律师法、推动律师制度改革提供了立法经验。

农村治理是社会治理的一个重要组成部分。党的十九大以来,党中央和国务院针对乡村振兴战略制定了许多意见、方针、政策,乡村振兴战略也取得了一定的成果,有必要将这些战略安排以及成果以法律的形式呈现出来。2021年《乡村振兴促进法》应运而生,该法解决了全国各地在乡村振兴战略中普遍存在的痛点难点,其规范具有原则性,为地方因地制宜立法预留了创新空间。2021年3月1日,江西省率先出台地方乡村振兴促进条例,将该省行之有效的经验转化为制度,为其他各省提供范本,如农村基础设施及村庄环境长效管护制度、乡村道德激励约束制度等。该条例还为产业发展、乡村治理、人才引进等方面提供了制度支撑。山东、四川、新疆等多地均进行了地方立法,江苏等地为实施乡村振兴促进法正在开展立法调研。

(四)聚焦立法为民

随着信息化时代的到来,立法方式转变、立法渠道拓展助推了科学立法、民主立法的实现。为了提高人民群众的立法参与度,做到民主立法、开门立法,党的十八届四中全会提出要“建立基层立法联系点制度”。基层立法联系点制度是公众有序参与立法的重要途径,是确保立法反映人民意愿的有效方式。2015年,我国首批基层立法联系点建成,分别为上海市虹桥街道办事处、甘肃省临洮县人大常委会、江西省景德镇市人大常委会、湖北省襄阳市人大常委会。2020年、2021年又建成了第二批、第三批基层立法联系点，至今，我国基层立法联系点已有 22 个，涉及 21 个省(区、市)，覆盖全国 2/3 省份。近年来，基层立法联系点制度运行良好，民法典、未成年人保护法、医师法、个人信息保护法等多部法律的制定修订以及国家年度立法计划编制均通过基层立法联系点向广大群众征求意见。截至 2022 年 1 月，共有 132 部法律草案、年度立法计划通过基层立法联系点征求基层群众意见，共获得建议 11, 360 余条，其中有 2300 余条被采纳。为了让基层立法联系点建设更加规范化制度化，不断充实基层立法联系点制度，全国人大法工委制定和完善了五项基层立法联系点制度机制，各地基层立法联系点也陆续出台联系点工作规定 80 余件，不断扩充联系点功能、丰富联系点形式、推动立法联系点发展。2022 年，第十三届全国人大对地方组织法修正草案进行审议，“坚持全过程人民民主”被写入草案，基层立法联系点制度首次被写入法律。

2021 年，国家法律法规数据库建成并投入使用，目前共收录法律 275 件，法律解释 25 件，有关法律问题和重大问题的决定 147 件，行政法规 609 件，地方性法规、自治条例和单行条例、经济特区法规 16, 000 余件，司法解释 637 件。国家法律法规数据库是一个具有很强权威性和规范性的数据库，打破了法律层面的信息壁垒，有助于维护法律体系完整、法制统一。通过对庞杂的法律法规分门别类，为公众搜法找法提供便利。但是该数据库没有收录全部的行政规章，在更新的及时性上也有所欠缺。为了让广大人民群众和市场主体更加及时、便捷地享受到法规服务，各地开始推进地方法规规章规范性文件数据库建设。浙江、广东、重庆、宁夏作为有良好的备案审查信息化工作基础的省份，是法规规章规范性文件数据库建设的试点地区。以广东省为例，2020 年初步建成了省法规规章规范性文件数据库，并利用该数据库制定和发布了 4 版省疫情防控工作法律法规汇编。

基层立法联系点建设、数据库建设对立法体系的发展与完善起到支撑保障作用。人民是全面依法治国最深厚的基础，基层立法联系点与数据库建设拉近了人民与法律的距离,增加了群众学法用法的机会,让法律“飞入寻常百姓家”,实现反映民意的高质量立法,提高法律意识,最终形成知法守法尊法用法的良好社会风貌。

## 四、涉外领域立法的新要求

党的十九届五中全会通过的《关于制定国民经济和社会发展第十四个五年规划和二〇三五年远景目标的建议》明确指出,要“完善以宪法为核心的中国特色社会主义法律体系,加强重点领域、新兴领域、涉外领域立法”。当前,中华民族伟大复兴战略实施全局以及世界前所未有的大变局,对我国加强涉外领域立法工作提出了新的要求。

### (一)着眼于防范化解风险的使命要求

现阶段,我国对外面对的是波谲云诡的国际环境,谁也无法正确地预料国际形势到底会走向何方;对内面对的是艰巨复杂的改革以及发展稳定的任务。因此在国内与涉外领域立法中,防范化解风险成为其使命要求。中国特色社会主义法治体系的建设需国内和国外两手抓,在建设国内法治体系时面临许多重大风险,在对涉外领域立法时,风险更甚,更需要格外防范。国内的风险有改革发展中经济发展过快的风险,以及政治上和意识形态方面的风险;国外的风险有国际形势复杂、国际经济发展和域外文化流入带来的风险等。特别是近年来,国内风险和国外风险显露出相互交织的新态势,无疑给我国的法治建设带来了新的挑战。国内风险,特别是经济增速放缓的情况下开始显露的新风险,主要体现在政府债务、房地产风险以及失业结构性风险等方面;国际风险,主要是世界面临的不稳定性和不确定性日益增多,边缘地区带来的政治动荡也引发了世界经济局势的变化,由此使得国际经济和政治面临的风险增多。这些互相关联、交织的国际、国内风险使得我国在对域外领域立法时要着眼于防范化解风险,以对风险的管控为主要使命。习近平总书记曾经提出:“我们要统筹国内国际两个大局、发展安全两件大事,既聚焦重点、又统揽全局,有效防范各类风险连锁联动。"[1]要达成习总书记提出的目标,就必须用法治的思维和法律的手段,用立法的方式建立法律的风险防控机制。在风险评估、预警、响应、防控协同、防控追责等环节建立健全风险法律防控机制,通过前瞻性、科学性的法律机制应对新的风险和挑战。[2] 同时政府要提高用法治识别风险的能力。对"灰犀牛"和"黑天鹅"事件都不能掉以轻心。

建立系统化的涉外领域立法体系是建设中国特色社会主义涉外法治体系不可缺少的环节。而我国也在实践中,将防范化解国内风险和国际风险作为使命要求,并践行在涉外领域立法中。习近平总书记指出,"加强涉外领域立法,进一步完善反制裁、反干涉、反制'长臂管辖'法律法规,推动我国法域外适用的法律体系建设。"[3]因此要在风险防控的理念使命指引下,以宪法为基础,适应对外开放不断深入的要求,完善涉外领域立法。关于涉外领域立法可以大致分为两大类,但是这两大类没有明确的分类界限,一些涉外事项可能同时属于这两大类。一是积极建构型涉外立法,二是消极防御型涉外立法。[4] 积极建构型涉外立法顾名思义就是国家以积极的姿态参与到涉外领域立法的改革进程中,力求涉外立法做到公平公正,维护民众权益和促进经济发展。这部分的立法大量涉及我国法律中有关国际合作的部分,内容主要展现的是风险防控的使命要求。如《网络安全法》第 7 条规定,国家网络安全领域就网络空间治理、网络的技术问题以及对网络犯罪的打击等方面要加强国际交流与合作,在安全合作的网络环境下,构建一个民主的网络治理体系;《数据安全法》第 11 条规定,国家积极开展数据安全治理,强调国际合作,在立法上对网络领域可能出现的跨领域风险进行防控。而在民商领域,对

---

① 习近平:《习近平谈治国理政》第 3 卷,第 222 页。

② 谢宇:《习近平法治思想中的涉外法治理念——时代背景、实践需求与具体路径》,载《云南社会科学》2021 年第 5 期。

③ 习近平:《坚持走中国特色社会主义法治道路 更好推进中国特色社会主义法治体系建设》,载《求是》2022 年第 4 期。

④ 张龑:《涉外法治的概念与体系》,载《中国法学》2022 年第 2 期。

于可能出现的因管辖权争议带来的风险以及国际经济于贸易条约无法在我国适用带来的风险,涉外领域立法也在不断地根据这些实践中新出现的风险制定出新的风险防控立法条例。第二类消极防御型涉外立法主要指的是反对西方的普世主义和霸权主义以及警惕普世主义和霸权主义在潜移默化中带来的影响。这类立法更多的是防范因国家尊严受辱带来的风险,是在维护国家尊严的立法理念和风险防控的立法使命下进行的。如《国家安全法》《反分裂国家法》《反外国制裁法》等都是据此做出的。我国目前关于有效应对和防范涉外法律关系风险的"工具箱"还不够完备,因此需要将防范化解重大风险作为涉外领域立法的使命要求。

尤其是在《反外国制裁法》的制定与实施上,我国坚持以习近平新时代中国特色社会主义思想为指导,深入贯彻习近平法治思想和习近平外交思想,坚持总体国家安全观,总结、提炼十八大以来应对西方国家单边制裁的有益经验,积极维护我国的国家主权、安全、发展利益,从3个方面对有关组织和个人的义务以及违法行为的后果作出了规定。首先,反制措施的对象,包括境内的组织和个人。在此,组织和个人并不区分其注册地或者国籍,而仅以行为实施地为管辖依据。其次,任何组织和个人不得执行或者协助执行外国国家对我国公民、组织采取的歧视性限制措施。该项措施属于属人主义保护原则,是对中国公民和组织的反国外制裁的保护性机制。最后,要求各组织和个人均要承担反制裁措施的执行和配合义务。上述3个方面的立法,实现了我国在反国外制裁领域的有法可依,使得我国在反国外制裁上能够以法治思维和法治方式应对外国的制裁行为,提升了我国依法管控国外制裁风险、应对国外挑战的能力和水平。

### (二)完善民商事涉外法律体系的立法要求

在防范化解重大风险的立法使命要求下,完善民商事涉外法律体系也成为了涉外领域立法新要求的其中之一。对民商事领域的涉外立法完善主要是分为民事领域和商事领域的涉外立法。随着改革开放的不断深入以及人类命运共同体理念的不断深入人心，我国国际贸易交往不断增多，金融领域的涉外法律关系也不断增多。首先在涉外金融领域的立法中，要以维护国家尊严和国家利益为理念顺应国际发展趋势，完善我国金融领域域外立法的适用效力。主要体现为以下两点：一是修改法定数字货币在跨境支付方面的国内立法。二是修改完善反洗钱的域外适用条款。在2020年中国人民银行就曾经指出要推进《商业银行法》修改等重点领域立法。在当前全球新冠疫情的蔓延下，跨境货币支付的需求越来越大，但是由于货币主权矛盾和货币的域外效力确认等问题给国际金融发展带来了不小的难题。因此对《人民银行法》的修改完善也是必须提上议程的；除此之外，数字人民币因为其特殊的技术特征，在跨境支付中的一些基础性的法律也需要修改和完善，如《人民币管理条例》《货币出入境管理办法》和《个人外汇管理办法》等。这些修改不仅仅是要将数字人民币纳入到具体的法律条款中去，更重要的是要对数字人民币在跨境流通中的过程和行为进行规制。在新的国际形势下，国际洗钱犯罪也表现出独立性、专业性的新特点，隐蔽性更高了。因此要加强国际合作，根据联合国《打击跨国有组织犯罪公约》的要求，我国的《反洗钱法》也应该结合国际形势及时修改相关条款的域外适用效力。其次是在国际贸易的域外立法中，我国在2009年出台了《外商投资法》，并将这个法律作为外商投资的基础性法律，随后又陆续出台了《民法典》《涉外民事法律关系适用法》《电子商务法》《出口管制法》等，并且积极推动自贸区的相关立法。

完善有关民事领域的涉外立法主要体现在以下几个方面：首先是在涉外民事的管辖权立法方面，缺少专门的涉外民事管辖权。[①] 从我国现行的民事诉讼法来看，关于民事诉讼涉外编是一直被忽略的。《民事诉讼法》关于涉外民事诉讼管辖权的规定基本上是参照国内民事诉讼管辖权来确定的，没有专章规定涉外民事诉讼管辖。但是在涉外民事领域

---

① 李晶：《涉外民事管辖权立法完善研究》，载《政治与法律》2013年第8期。

立法上,涉外管辖权的系统化规定却是不可忽视的。这不仅仅要求我们要区分国内管辖权和涉外管辖权之间的差异,还要将具体规定涉外管辖权条款之间的逻辑理顺;填补相关涉外法律管辖方面的空白;细化涉外法律关系的具体规定,避免因涉外管辖条款空洞而造成我国管辖权体系混乱。进而完善中国国际民事诉讼管辖权制度及对宽泛管辖进行限制等,确定我国涉外民事诉讼管辖权。① 其次是体现在完善跨国侵权冲突法的相关规定上。2010 年我国虽然通过《中华人民共和国涉外民事关系法律适用法》,但是该法在关于涉外侵权冲突的规定中存在部分概念的具体含义不够清楚,模糊不清,无法准确理解其含义;在太过于放宽意思自治原则的同时忽视了最密切原则的应用;②以及关于不同类别的涉外侵权冲突具体规则打磨不够等问题。因此在完善涉外民事领域立法时需要对不同类型的侵权冲突法进行细化,规定出具体的细则,合理适用意思自治原则和最密切联系原则,构建一般规则和特殊规则相结合的体系化的涉外侵权民事法律关系。最后是体现在涉外民事的婚姻家庭领域。从理论上来说,涉外家庭关系主要包括涉外婚姻的成立和效力、涉外夫妻关系、涉外收养关系和其他的涉外家庭关系。但是我国民法关于涉外婚姻家庭关系的立法仅仅是做出了原则性的规定,包括涉外结婚、涉外离婚、涉外收养、涉外扶养等。随着我国对外交往的深入,民间关于涉外婚姻家庭的民事法律关系纠纷也逐渐增多,因此为了保护民众权益,在涉外婚姻家庭关系立法原则的指引下,需要及时对涉外婚姻家庭关系进行规则细化。

(三)加强国内立法和域外适用的衔接的路径要求

当前中国有能力也有责任维护世界和平与发展,在当前复杂的国际环境的影响下,域外立法的路径要求应该加强国内立法和域外适用的衔

① 翟姝影、裴兆斌:《完善我国涉外民事诉讼管辖权分析》,载《沈阳农业大学学报》(社会科学版)2018 年第 5 期。

② 李先波、谢文斌:《我国有关涉外侵权民事关系法律适用立法评析》,载《湖南师范大学社会科学学报》2013 年第 1 期。

接,注意域外立法与国际规定的衔接适用。在国内立法和域外适用的衔接要求上主要体现在以下 3 个方面:首先是在国际私法方面,某些具体规则打磨不够,可操作性不强。国内立法和国际私法的衔接上主要依据的是《涉外民事关系法律适用法》。但是《涉外民事关系法律适用法》存在体系化不彻底、立法目的不明确、缺乏操作性、缺少统筹兼顾、规则不够细化等问题。这部法律虽然对大部分法律适用中的问题都做出了规定,但是对于国际条约和国际惯例的应用却缺乏相应的规定,导致在法律应用到具体案件中时,法官可能会因此展开某些不必要的逻辑推理。所以在衔接国内法和国际私法的时候要明确国际条约在我国如何适用。《民法典》取消了国际条约优先的条款,《宪法》、《缔结条约程序法》及《立法法》没有对国际条约的适用方法进行统一规定,国际条约只有基于"转化"和"纳入"方式才能使其法律效力得以在一国产生。[①] 同时立法目的不够明确,部分内容的立法目的难以达成。以信托为例,《涉外民事关系法律适用法》第 17 条规定,当信托当事人双方发生纠纷时,纠纷优先适用的法律是当事人自己选择的,若是当事人没有选择,那么信托财产所在地法律或者信托关系发生地法律由法官择一适用。当发生纠纷时,若信托双方有协议选择了适用法律的情况自不必说;但是若当事人没有事先合议适用的法律,而此时信托财产所在地法和信托关系发生地法关于信托合同效力或者内容的规则有不一致的地方,法官如何去选择法律呢?关于这一点,本法没有明确的规定,那么法律结果的可预见性也会大打折扣,也就无法完全实现立法目的。本法的部分条款是否具有操作性也是一个有待商议的点。例如,在抚养和监护问题上,该法都是依据有利原则来确定适用的准据法,但是这种规定在实践操作中给法官带来了繁杂的工作负担。同时《涉外民事关系法律适用法》依据有利原则所制定的规则并没有区分父母子女之间的抚养、配偶之间的扶养,不应将有利原则的适用范围加以扩大,而应予以适当地控制。

---

① 闫佳:《新时代加强涉外领域立法的思考》,载《中国司法》2021 年第 11 期。

其次是体现在完善《国际刑事司法协助法》的配套规定上。《国际刑事司法协助法》是为了国际刑事司法协作可以顺利开展,因此该法的配套规则是有必要在立法上做完备的体系化规定的,以便使高质量高水平的国际刑事司法协作有法可依、有理可据。近年来,我国虽然缔结了多项国际刑事司法条约,但是这些条约偏重于原则性的规定,缺少具体的操作流程和操作部门,在实践中的可操作性比较低。同时因为跨国刑事案件中的证据涉及国内法和国际法两个层面,跨国获取的证据如何适用也是需要制定相关细则的。因此,一方面要加强跨国获取的证据移送和审查等流程,另一方面也要加强《刑事诉讼法》与《国际刑事司法协助法》的衔接,构建境外电子数据的可采性规则。2021 年 6 月中国公布并实施的《反制裁法》在实践中也会存在大量与《国际刑事司法协助法》相适应的地方。《反制裁法》第 14 条明确规定了法律责任,但是在《国际刑事司法协助法》中关于法律责任的部分是空白的,因此,有必要完善这一部分的法律,在立法上填补空白,加强国内立法与域外立法的衔接。

最后是体现在海外劳工权益的保护上。我国每年输出海外的劳工数量庞大,但是他们的权益却没有得到充分的保障。针对这个问题,在涉外领域立法上对海外劳工权益的保护规则的制定也是必不可少的。目前国务院虽然出台了《对外劳务合作管理条例》《关于处理境外劳务纠纷或突发事件有关问题的通知》等,但是这些规章主要针对的还是海外劳务纠纷或者其他的突发事件的应急处理机制,很少涉及劳工权益的保护。要实现对我国海外劳工权益的充分保护,除传统的外交和领事保护外,还必须完善我国的涉外劳动立法。① 在域外立法上要强化国内立法和域外适用的衔接,回应域外立法在新时期的新要求。

---

① 王辉:《我国海外劳工权益立法保护与国际协调机制研究》,载《江苏社会科学》2016 年第3 期。

# 第六章　创造性推进地方立法工作

## 一、地方立法权的新配置

### （一）2000 年《立法法》颁布前我国地方立法权的立法沿革

首先，在 1954 年宪法颁布前，我国曾一度形成了中央立法与地方立法二元结合的模式。根据 1949 年 9 月 29 日通过的《共同纲领》的规定，在中央层面由中国人民政治协商会议全体会议和中央人民政府委员会行使立法权；在地方层面，大行政区、省、市、县人民政府委员会均享有与其自身政务有关的、层级分明的地方立法权。为了贯彻《共同纲领》的规定，政务院于 1949 年至 1952 年出台了一系列规定，以保障地方各级的立法权，具体来说：大区人民政府委员会享有大区组织条例草案拟定权和暂行法令条例的拟定权[①]、省人民政府委员会有权拟定与省政有关的暂行法令条例[②]、市人民政府委员会有权拟定与市政有关

① 参见政务院于 1949 年 12 月 18 日发布的《大行政区人民政府委员会组织通则》第 1 条、第 4 条之规定。

② 参见政务院于 1950 年 1 月 7 日发布的《省人民政府组织通则》第 4 条之规定。

的暂行法令条例①、县人民政府委员会有权拟定与县政有关的单行法规②。

其次,1954 年《宪法》的颁行,却打破了上述的二元立法格局,地方立法权或者行政立法权被取消,自此我国进入了立法权由中央立法机关独享的发展阶段。一方面,1954 年《宪法》取消了地方各级人民政府享有的法令、法规和条例的拟定权。另一方面,1954 年《宪法》以及相应的宪法性法律明确规定国家立法权的主体只能是全国人大及全国人大依据宪法第 31 条第 19 项的规定授权的常务委员会。③ 最初,依照 1954 年《宪法》第 22 条的规定,"全国人民代表大会是行使国家立法权的唯一机关。"但这种权力配置,难以满足国家各项事业的规范需求,很快第一届全国人大第二次会议就以决议的形式"授权全国人大常委会在全国人大闭会期间""依照宪法的精神、根据实际的需要,适时地制定部分性质的法律,即单行法规"。④ 值得注意是,1954 年《宪法》虽然保留了民族自治地方的自治条例和单行条例的制定权,但因为当时民族自治地方仅有人大而未设立常委会,因而民族自治地方的自治立法权未能得到常态化、制度化地行使。事实上,直至改革开放后,民族自治地方的自治立法权与立法草拟权基本上处于休眠状态。

最后,改革开放以后,为了适应社会、经济发展,国家主动放权赋予地方以立法权,自此中央高度集权的一元化立法体制开始解体。第一,1979 年《组织法》就规定了省、自治区、直辖市的人民代表大会及其常委会的地方性法规的制定权。⑤ 这一巨大的宪制变革,随后为 1982 年《宪法》所肯定。⑥ 第二,1982 年修正的《地方各级人民代表大会和地方各级

---

① 参见政务院于 1950 年 1 月 7 日发布的《市人民政府组织通则》第 4 条之规定。

② 参见政务院于 1950 年 1 月 7 日发布的《县人民政府组织通则》第 4 条之规定。

③ 刘松山:《国家立法三十年的回顾与展望》,载《中国法学》2009 年第 1 期。

④ 参见全国人民代表大会于 1955 年 7 月 30 日发布的《中华人民共和国第一届全国人民代表大会第二次会议关于授权常务委员会制定单行法规的决议》。

⑤ 参见 1979 年《地方各级人民代表大会和地方各级人民政府组织法》第 6 条、第 27 条之规定。

⑥ 张春生:《宪法和现行立法体制》,载《中国法学》2002 年第 6 期。

人民政府组织法》增设了“省、自治区的人民政府所在地的市和经国务院批准的较大的市的人民代表大会常务委员会的地方性法规草案的拟定权”。[①] 第三，六届全国人大常委会于 1986 年对《地方各级人民代表大会和地方各级人民政府组织法》进行了第二次修正，规定了“省、自治区的人民政府所在地的市和经国务院批准的较大的市的人民代表大会地方性法规的制定权”[②]。第四，为了加快经济特区的建设，全国人大及其常委先后三次通过决议授予深圳、厦门、珠海、汕头等经济特区所在地的市的人民代表大会及其常务委员会和市人民政府分别制定“经济特区法规”和“规章”的权力。[③]

由上可知，《立法法》颁布前，我国的立法权配置经历放权—集权—再放权的 3 个发展阶段，截至 2000 年我国的立法权不断下沉，地方立法权的主体扩张至市级，这标志着我国央地二元结合的立法体制初步形成。

### （二）2000 年《立法法》对地方立法权的配置

2000 年《立法法》是对我国既有立法权限划分以及主体间的权力配置之重大法治成果高度总结之上，对立法体制所做出的更加体系化、规范化以及细致化的表达。在我国，地方立法机关的地方性法规制定权与地方政府的规章制定权因主体之不同，而彼此相对独立与平行，共同构

---

① 参见 1982 年《地方各级人民代表大会和地方各级人民政府组织法》（修正案）第 27 条之规定。

② 这一立法修正弥补了 1982 年该法第一修正案的不足与漏洞——未规定省、自治区的人民政府所在地的市和经国务院批准的较大的市的人民代表大会地方性法规的制定权，却规定其常务委员会有权拟定地方性法规草案。参见倪洪涛：《新中国地方立法权：历史、歧视及矫正——以 2015 年〈立法法〉修改为中心的论证》，载《湘潭大学学报（哲学社会科学版）》2017 年第 6 期。

③ 参见 1992 年 7 月 1 日第七届全国人民代表大会常务委员会第二十六次会议通过的《全国人民代表大会常务委员会关于授权深圳市人民代表大会及其常务委员会和深圳市人民政府分别制定法规和规章在深圳经济特区实施的决定》；1994 年 3 月 22 日第八届全国人民代表大会第二次会议通过的《全国人民代表大会关于授权厦门市人民代表大会及其常务委员会和厦门市人民政府分别制定法规和规章在厦门经济特区实施的决定》，1996 年 3 月 17 日第八届全国人民代表大会第四次会议通过的《全国人民代表大会关于授权汕头市和珠海市人民代表大会及其常务委员会、人民政府分别制定法规和规章在各自的经济特区实施的决定》。

成了地方立法权的主要内容。但就我国地方立法权扩容的法治进程而言,地方政府之规章制定权总是与地方性法规制定权相关联,因而前者之效力位阶相对劣于后者。

至此,我国的地方立法权力的配置状况具体体现如下:

第一,省级政府享有相对完整的地方立法权。2000 年《立法法》第 63 条第 1 款规定:“省、自治区、直辖市的人民代表大会及其常务委员会根据本行政区域的具体情况和实际需要,在不同宪法、法律、行政法规相抵触的前提下,可以制定地方性法规。”据此,省、自治区、直辖市的人民代表大会及其常务委员会可就《立法法》第 7 条之国家立法权、第 8 条之法律保留规定以外之事项,享有相对完整的地方立法权:其一,为更好地执行法律、行政法规的规定,省级政权可以根据本行政区域的实际情况作具体规定的事项;其二,对于地方性事务需要制定地方性法规的事项;其三,对于法律、行政法规尚未规定之事项,省级政权可以出台地方性法规以填补法律空白。因而,从立法事项来看,省级政权的立法权基本实现了对地方立法事项的全覆盖。

第二,较大的市享有半个地方立法权。相较于省级政权的立法权而言,较大的市所享有立法权是有限制的,具体如下:其一,从主体方面来看,《立法法》对省级政权立法权是整体授权,但较大的市却仅占全体地市级政权 15% 左右,即地方立法权在市级层面未能实现全覆盖。其二,从效力层面看,市级地方性法规与地方规章的效力低于上级同一性质立法文件的效力,且不得与省级地方性法规与地方规章相抵触。其三,从程序方面看,市级地方性法规需要报经上级人大常委会批准,而省级地方性法规生效则不需经上级人大常委会批准;市级地方政府规章由省长或者自治区主席或者市长签署命令才能予以公布,而省级地方规章可由省长或者自治区主席或者市长自行签署命令予以公布。其次,当市级地方性法规或者地方规章存在权限、效力以及程序等方面的瑕疵,依法需要被改变或者撤销时,省、自治区的人民代表大会或者省、自治区的人民政府有权作出相应的决定。据此,相较于省级政权,较大的市所享有的仅是半个地方立法权。

第三,经济特区享有特区法规立法权。与一般的“较大的市”不同,经济特区的市所享有的是两种不同性质的地方立法权。一是与较大的市相同之地方立法权,包括地方性法规制定权与地方规章制定权;二是经济特区法规制定权。两种权力的权源、适用范围以及效力位阶存在不同:其一,在权力来源方面,一般地方立法权来自《立法法》的授权,而特区立法权来自授权机关的授权。其二,在适用范围方面,地方性法规以及地方规章适用于本市全部的行政区域,而特区法规仅适用于特区。[①]其三,在效力方面,市级地方性法规不得违反法律、行政法规、省级地方性法规,市级规章不得违反法律、行政法规、省级地方地方性法规以及省级规章,而特区法规可以根据授权对法律、行政法规、地方性法规作变通规定。[②]

第四,民族自治地方享有自治立法权。自治地方因主体不同,所享有的地方立法权亦有所不同:就自治区而言,其所享有的亦是两重立法权,一是省级的一般地方立法权,二是自治立法权;就自治州、自治县而言,其不是一般地方立法权的赋权对象,其所享有的仅是单一性质的自治立法权。与一般地方立法权相比,自治地方的自治权存在以下特点:从权源上看,一般地方立法权遵循的是单一制国家下“权力自上而下”的赋权向度,而民族自治立法权所依据的是“自下而上的权利让渡”。[③]

2000 年《立法法》的颁行,在一定程度上确实优化了我国立法体制,对我国央地立法权的二元配置阶段性探索实践予以了常态化、规范化的确认,自此我国统一而多层级的立法体制得以固定。这种植根于国情之上的特殊立法体制创新,既不同于普通单一制国家的一元化的立法体

---

① 最初,深圳、厦门、珠海以及汕头等市的行政区划与经济特区的范围并不一致,但后经国务院批复,上述四市的经济特区均扩大至全市范围,由此,在适用范围上市级地方性法规、地方规章与经济特区法规才实现地域范围上的一致性。

② 参见武增主编:《中华人民共和国立法法解读》,中国法制出版社 2015 年版,第 274 页。

③ 倪洪涛:《新中国地方立法权:历史、歧视及矫正——以 2015 年〈立法法〉修改为中心的论证》,载《湘潭大学学报(哲学社会科学版)》2017 年第 6 期。

制,也有别于联邦制国家多层立法体制,在保持法制统一的大前提下充分调动地方发展的积极性,因而具有鲜明的中国特色。[①] 但与此同时,我们也应当看到自从《立法法》出台后,我国自改革开放以来地方立法权配置的渐进性改革、阶段性法制创新陷入停滞。长期的立法更新迟滞,导致既有的立法权配置机制难以回应新时期民众迫切的立法需求,而且也阻碍了地方治理能力的全面提升和治理方式的法治转型。

(三)2015年《立法法》修正案对地方立法权的新配置

随着中国特色社会主义法律体系的立法工作目标如期完成[②],党中央对新时期的立法工作提出了更新更高的要求,对于既有法治建设中存在的"有的法律法规未能全面反映客观规律和人民意愿,针对性、可操作性不强,立法工作中部门化倾向、争权诿责现象较为突出"等不适应、不符合问题,对症下药地提出,"必须以规范和约束公权力为重点,坚持立法先行,发挥立法的引领和推动作用,抓住提高立法质量这个关键。使每一项立法都符合宪法精神、反映人民意志、得到人民拥护。要把公正、公平、公开原则贯穿立法全过程,完善立法体制机制,坚持立改废释并举,增强法律法规的及时性、系统性、针对性、有效性。"[③]

为了全面贯彻党中央关于《中共中央关于全面推进依法治国若干重大问题的决定》中各项重要部署,作为"诸法之法"的《立法法》修改成为推进"四个全面"战略布局中的先导工程得以启动。2015年3月15日十二届全国人大三次会议表决通过了《全国人民代表大会关于修改〈中华人民共和国立法法〉的决定》,就此《立法法》迎来了颁布施行15年以来的首次大修。虽然,基于法律稳定性的考虑,《立法法》的修改遵

---

① 李建国:《全面贯彻实施修改后的立法法　为实现良法善治提供制度保障》,载《中国人大》2015年第9期。

② 吴邦国:《全国人民代表大会常务委员会工作报告——2011年3月10日在第十一届全国人民代表大第四次会议上》,载《全国人大常委会公报》2011年第3期。

③ 本书编写组:《〈中共中央关于全面推进依法治国若干重大问题的决定〉辅导读本》,人民出版社2014年版,第7页。

循了“部分修改”“对可改可不改的暂不修改”的原则，但该决定依旧对《立法法》作了至少46处变动，增设了11个条文，内容涉及立法体制、民主立法、授权立法、配套立法、立法评估、备案审查、法律清理等诸多方面，亮点较多，进步较大，社会反响强烈。[①] 就地方立法权的配置方面，2015年《立法法》作了如下的重大立法修正：

第一，对2000年《立法法》中的一些固有缺陷与不足进行了适当的弥补和纠正。

2000年《立法法》是对我国多年立法成果所作的规范化、制度化总结，囿于立法经验的欠缺以及视野局限，这部探索性的“诸法之法”难免存在一些先天性的缺陷；与此同时，随着21世纪以来社会、经济发展的剧烈转型，这部诞生于“依法治国”方略初期的“粗线条”“管法之法”又暴露出一些后天性不足。具体来说：其一，修正案对授权立法作了严谨的规定，一方面要求授权主体的授权决定应当明确授权的目的、事项、范围、期限以及被授权机关实施授权决定应当遵循的原则等，并且对授权的期限作了更加细致的规定；另一方面对于被授权的机关立法权的行使加以更加严格的规定，被授权机关应当在授权期限届满的六个月以前，向授权机关报告授权决定实施的情况，并提出是否需要制定有关法律的意见；需要继续授权的，可以提出相关意见，由全国人民代表大会及其常务委员会决定，[②]同时对于经济特区法规对法律、行政法规、地方性法规作出变通的情况，经济特区在对法规进行报送备案时需要作出说明[③]。其二，修正案严格界定规章的边界，严禁地方政府在没有法律、行政法规、地方性法规的依据情况下，设定减损公民、法人和其他组织权利或者增加其义务的规范。[④]

---

① 李克杰：《〈立法法〉修改：点赞与检讨——兼论全国人大常委会立法的“部门化”倾向》，载《东方法学》2015年第6期。

② 参见2015年《立法法》（修正案）第10条、第12条。

③ 参见2015年《立法法》（修正案）第98条第5项后半句。

④ 参见2015年《立法法》（修正案）第82条第6款。

第二,2015 年《立法法》以"设区的市"取代原有"较大的市"实现了地方立法权在市级政权的全覆盖。

2000 年《立法法》对市级政权采纳的是点状授权的模式,仅规定了 49 个"较大的市"的一般地方立法权、30 个自治州的自治立法权以及 4 个经济特区市的经济特区法规制定权,因而地方立法权在市级政权层面的配置,呈现强烈的权力授予性、区域性特征。这种立法权的分配不公,不仅进一步加剧了地方发展的不平衡,而且极度限制了大部分市级政权的地方治理手段与执法措施的供给。这种特权式的立法权配置体制,无法因应普通的市级政权正当化的权力诉求,受到了广泛的批评。

2015 年《立法法》以"设区的市"取代原有"较大的市",从而在主体层面实现了地方立法权的平等化和均等化,破解了过去"较大的市"享有立法权而普通设区的市不享有立法权之权力配置不平等的宪制难题。[①] 修正后的《立法法》普遍赋予了设区的市取得地方立法权的资格,自此市级立法机关成为我国立法体制中的一个独立层级[②],这种重大立法修正无疑是对我国央地立法权限划分的巨大变革。具体来说,地方立法权在市级层面进行了大幅度的扩容[③]:一是在原来的 49 个"较大的市"的基础上新增了 235 个设区的市[④];二是 30 个自治州被一体授权,在自治权之外全部又获得了一般地方立法权;三是修正案在附则中还特别规定,广东省东莞市和中山市、甘肃省嘉峪关市、海南省三沙市,比照有关赋予设区的市地方立法权的规定,亦被授予了一般地方立法权[⑤]。

---

① 参见郑磊、贾圣真:《从"较大的市"到"设区的市":地方立法主体的扩容与宪法发展》,载《华东政法大学学报》2016 年第 4 期。

② 2000 年《立法法》采纳的是"较大的市"的概念范畴,享有地方立法权的"较大的市"仅包括 27 个省、自治区人民政府所在地的市,4 个经济特区所在地的市和 18 个经国务院批准的较大的市。彼时较大的市数量较少仅为 49 个,且呈零散分布因而不能视为一个完整独立的立法层级。

③ 焦洪昌、马骁:《地方立法权扩容与国家治理现代化》,载《中共中央党校学报》2014 年第 5 期。

④ 截至 2020 年 12 月 31 日,除原 49 个"较大的市",我国设区的市已经增至 244 个。此一数据来自中华人民共和国行政区划统计表(截至二〇二〇年十二月三十一日),http://xzqh. mca. gov. cn/statistics/2020. html。

⑤ 值得注意的是,2020 年 4 月 18 日,经国务院批准,海南省三沙市设立西沙区、南沙区。

2015年《立法法》对地方立法权的扩容，不仅是我国立法体制的重大变革更是实现国家治理现代化的重大举措，具有重大的战略意义：其一，从央地关系的角度看，地方立法权的扩容极具历史正当性，不仅是新时代央地立法权限划分的巨大变革，而且有利于充分调动中央和地方两个层面的积极性。其二，从改革理论层面看，地方立法权具有强大的创新力，地方立法主体的扩大是执政党兑现“共同富裕”和“科学发展”政治承诺的关键步骤和革命性举措，在全面深化改革和全面依法治国进程中具有基础性和关键性作用。其三，从提升国家治理能力现代化的角度看，地方立法权扩容具有强健的制度建构力，不仅有利于约束地方政府依法立法、依法改革、依法执法，从而减少乃至杜绝决策失误，进而推进国家治理能力与治理水平的整体提升。另外，从“立法为民”的角度看，地方立法权还具有深厚的生命力，地方立法权的扩容还可以有效回应地方民众正当的法权要求，夯实立法的民意基础，树立法律的权威，进而推动地方法治观念和规则意识的提升。

### （四）2023年《立法法》对地方立法权的新配置

#### 1.《立法法》二次修改的必要性以及重大意义

自2015年《立法法》颁布以来，以习近平同志为核心的党中央，从坚持和发展中国特色社会主义的全局和战略高度，为全面依法治国的战略布局制定了一系列具有重大意义的部署。在习近平法治思想的引领下，党中央不断推进一系列重大工作，致力于建设法治社会、构建法治国家，推动立法理论发展创新，立法工作取得一系列历史性成就。2019年，党的十九届四中全会决定提出，完善立法体制机制，坚持科学立法、民主立法、依法立法，不断提高立法质量和效率。2021年，党中央首次召开中央人大工作会议，对新时代坚持和完善人民代表大会制度、加强和改进人大工作作出全面部署，明确提出要加快完善中国特色社会主义法律体系、以良法促进发展保障善治等任务要求。2022年10月，党的二十大报告对完善以宪法为核心的中国特色社会主义法律体系提出新的要求。

“法治兴则国兴，法治强则国强”，为了贯彻落实党的二十大精神、中央人大工作会议精神和党中央的决策部署，全国人大在党中央的统一领导下，根据党和国家的重大理论创新成果以及新时代立法工作实践经验的总结，启动了对《立法法》的第二次修正工作。这一举措旨在进一步完善立法体制机制，规范立法行为，为提高立法质量和效率、加快形成完备的法律规范体系、建设中国特色社会主义法治体系、在法治轨道上全面建设社会主义现代化国家提供有力制度支撑。具体来说：第一，修改立法法是新时代加强党对立法工作的全面领导，通过法治保证党的路线方针政策和决策部署贯彻执行的必然要求。第二，修改立法法是新时代坚持和发展全过程人民民主，通过法治保障人民当家作主的客观要求。第三，修改立法法是新时代推进全面依法治国、依宪治国，建设社会主义法治国家的重要举措。第四，修改立法法是总结新时代正确处理改革和法治关系的实践经验，更好坚持在法治下推进改革和在改革中完善法治相统一的现实需要。①

2.《立法法》二次修改的过程与主要内容

根据中央的整体规划，全国人大常委会法工委于 2022 年年初启动了立法法修改工作，充分征求了各方意见并进行了详尽的研究，经过认真研究和深入论证，最终提出了立法法修正草案。以习近平同志为核心的党中央高度重视立法法修改工作。2022 年 9 月，习近平总书记主持召开中央政治局常委会会议，听取审议并原则同意全国人大常委会党组关于立法法修正草案有关问题的请示和汇报，为立法法修改工作提供了重要指导和遵循。2022 年 10 月，第十三届全国人大常委会第三十七次会议初次审议了立法法修正草案。2022 年 12 月，十三届全国人大常委会第三十八次会议再次审议了立法法修正草案。与此同时，会议认为修正草案的二次审议稿充分贯彻了党中央的重大决策部署，且较为完整地吸纳了常委会组成人员的审议意见和各方面的意见，修正草案已经达到

① 王晨：《关于〈中华人民共和国立法法（修正草案）〉的说明》，载《人民日报》2023 年 3 月 6 日，第 7 版。

相当成熟的阶段。因此,会议决定将立法法修正草案提请第十四届全国人大一次会议进行审议。在经过十三届全国人大常委会两次会议的审议后,立法法修正草案先后两次在中国人大网上全文公布,以积极征集社会公众的意见和反馈,吸纳群众意见,以推动修正草案的进一步完善。为推动修正草案更进一步完善,全国人大常委会办公厅将修正草案印发十四届全国人大代表,并组织部署全国人大代表研读讨论会议,以便征求代表们的宝贵意见。在全国人大常委会组成人员的审议意见、代表阅读讨论中提出的意见和各方面的反馈的基础上,2023 年 2 月 16 日,十三届全国人大宪法和法律委员会召开了会议,探讨对立法法修正草案进行了进一步的修改和完善。立法法修正草案经历了两次全国人大常委会会议的审议、广泛征求意见和多次修改完善的过程,充分吸纳了各方面的意见和建议,已达到相对成熟的阶段。2023 年 3 月 13 日,第十四届全国人民代表大会第一次会议审议通过了《关于修改〈中华人民共和国立法法〉的决定》(以下简称《决定》)。自此,《立法法》已完成第二次修改。

《决定》共 40 条,主要修改内容如下:第一,完善了立法的指导思想与原则。步入新时代,在新形势与新要求下,《决定》补充和完善了立法的指导思想和原则。具体来说:其一,根据党的二十大精神等重大理论成果,以习近平法治思想为指引,以及 2018 年《中华人民共和国宪法》[①]等法律规定,立足新时代,完善了立法的指导思想。[②] 其二,完善依法立

---

① 事实上,从 1986 年《地方组织法》赋予较大的市以地方立法权开始,学界即对其超越现行宪法第 100 条规定之外的立法权主体扩充问题展开了合宪与否的讨论。2015 年修改后的《立法法》是在此基础上将市级立法权主体进一步扩充,故此次修法面临的合宪性争议毋宁说是将一个老问题再次推向台前。而 2018 年 3 月 11 日《宪法》(修正案)的出台,则为这一问题的争议画上了句号。《宪法》(修正案)在原第 100 条之下,增加了第二款的内容,规定了“设区的市的人民代表大会和它们的常务委员会,在不同宪法、法律、行政法规和本省、自治区的地方性法规相抵触的前提下,可以依照法律规定制定地方性法规,报本省、自治区人民代表大会常务委员会批准后施行”。自此,2015 年《立法法》(修正案)中对于市级立法权限的配置,在宪法层面得到了确认。

② 参见《决定》第 1 条之规定。

宪、依法立法原则。[①] 其三，完善民主立法原则，贯彻全过程人民民主的重大理念。[②] 其四，将社会主义核心价值观融入立法，坚持依法治国与以德治国相结合。[③] 其五，明确立法与改革决策相衔接相统一的原则。[④] 第二，为加强宪法实施和监督，明确了合宪性审查的要求。宪法是全面依法治国的依据，在新形势下，加强宪法实施和监督，是全面实施依法治国的重要举措。[⑤] 根据近年来立法工作的实践经验，合宪性审查的要求，不仅涉及法律案的起草和审议，而且还关涉法律、法规以及规章的备案审查。[⑥] 第三，对全国人大及其常委会的立法权限、立法程序和合作机制上做出了具体要求。具体来说：其一，结合越来越活跃的立法现状，在明确了依宪行使国家立法权原则的前提下，规定了全国人大授权全国人大常委会制定法律的权力。[⑦] 其二，总结当下全国人大议事实践经验，[⑧]完善了全国人大的议事规则。[⑨] 其三，应对百年未有之大变局，细化了在特殊情况下经常务委员会会议审议即可交付表决的紧急立法规则。[⑩] 其四，完善了法律案的终止审议程序。[⑪] 其五，扩大了提起法律解释的主体范围，在此基础上，创设了法律案的提请制度。[⑫] 一是在现有的法律解释提请制度的基础上，结合现有国家机关改革，新增国家监察委员会为提请主体。[⑬] 二是在现有的有关国家机关可以向全国人大常委会提出法律解释的基础上，进一步明确国务院、中央军事委员会、国家

---

① 参见《决定》第 2 条之规定。

② 参见《决定》第 3 条之规定。

③ 参见《决定》第 4 条之规定。

④ 参见《决定》第 5 条之规定。

⑤ 童卫东：《新〈立法法〉的时代背景与内容解读》，载《中国法律评论》2023 年第 2 期。

⑥ 参见《决定》第 10 条、第 12 条、第 17 条、第 32 条、第 33 条、第 34 条之规定。

⑦ 参见《决定》第 10 条之规定。

⑧ 参见《中华人民共和国全国人民代表大会议事规则》第 6 条之规定。

⑨ 参见《决定》第 9 条之规定。

⑩ 参见《决定》第 11 条之规定。

⑪ 参见《决定》第 13 条之规定。

⑫ 参见《决定》第 14 条之规定。

⑬ 参见《决定》第 15 条、第 16 条、第 20 条、第 21 条等规定。

监察委员会、最高人民法院、最高人民检察院、全国人民代表大会各专门委员会,可以向全国人民代表大会常务委员会“提出相关法律案”。其六,针对全国人大及其常委会的工作程序进行进一步细化,完善立法的工作机制。一是创设“专项立法计划”,进一步规范法律决定的作出,丰富了立法形式,明确基层立法联系点的地位和作用,在总结立法工作经验的基础上,增强立法工作的系统性、整体性、协同性和实效性。[①] 二是进一步明确全国人大常委会的工作内容,规定全国人大常委会工作机构编制立法技术规范、加强立法宣传工作、拓展法律文本以及重要法律文件的权威发布渠道等,以完善全国人大常委会的工作机制。[②] 第四,根据《宪法》和《监察法》的有关规定,补充了监察体制改革所需的法律规定。具体来说:其一,维护法律权威,明确了监察委员会的产生及其组织和职权等事项,只能通过制定法律来实现。[③] 其二,创设了国家监察委员会制定监察法规的权力。[④] 其三,赋予国家监察委员会对法规、自治条例和单行条例向全国人民代表大会常务委员会书面提出进行审查的权力。[⑤] 第五,完备了备案审查制度。为了维护国家法制统一,基于对实践经验的综合总结,2023 年《立法法》进一步完善了备案审查制度。具体来说:其一,加强了主动审查制度,明确了主动审查内容[⑥]。其二,建立健全备案审查衔接联动机制。其三,明确法律法规的清理制度。[⑦]

3. 2023 年《立法法》对地方立法权的再度扩容

《立法法》第一次修改后七年有余的实践经验,为第二次修正提供了理论支撑,面对地方立法的新情况和新需求,十四届全国人民代表大会进一步扩大地方立法主体立法权限,发展和完善地方性法规、规章的

---

① 参见《决定》第 18 条、第 19 条、第 23 条等规定。

② 参见《决定》第 18 条、第 19 条、第 23 条等规定。

③ 参见《决定》第 7 条之规定。

④ 参见《决定》第 39 条之规定。

⑤ 参见《决定》第 32 条之规定。

⑥ 参见《决定》第 33 条之规定。

⑦ 参见《决定》第 37 条之规定。

立法权限和立法程序。

第一,《立法法》第二次修正,适度调整了中央与地方立法权的权限划分,在结果上,省级立法机关的立法权限得以适度扩张。其一,在限缩了中央立法机关关于"仲裁制度"的专属立法权范围的基础上,省级立法机关有了一定创制性立法的空间。一直以来,仲裁制度相关立法属于中央立法机关保留的专属立法事项,比如1994年《仲裁法》、1995年《体育法》中的体育仲裁制度、2007年《劳动争议调解仲裁法》以及2009年《农村土地承包经营纠纷调解仲裁法》等。对外开放是我国的基本国策,为了推进更高水平的对外开放,满足与国际接轨的实践需求,国家鼓励、支持部分地区开展国际商事仲裁试点,比如深圳、珠海等地开展探索建立国际仲裁院并出台国际仲裁条例。[①] 但这些地方立法的宝贵尝试,却始终面临法律依据不足导致无法适用仲裁法的风险。因此,为了贯彻党中央关于强化涉外法律服务的战略部署,《决定》第8条将2015年《立法法》第8条第10项中的"仲裁制度"修改为"仲裁基本制度",这样的改动,使得省级地方立法机关在"仲裁制度"领域有了立法空间。其二,在总结地方立法实践中不断加强的区域协同立法的创新做法和程序经验以及2022年《地方组织法》的修正基础上[②],《决定》第25条在肯定协同立法机制的基础上,作出了原则性规定。

第二,《决定》也针对实践中不断增长的市级地方立法需求,完善了市级地方机关立法权限。其一,《决定》第24条明确了市级地方立法机关立法事项的范围,赋予市级地方立法机关在"基层治理"领域的立法权限。2015年《立法法》一方面对市级地方立法机关进行广泛式授权,市级地方立法机关能够在"城乡建设与管理、环境保护、历史文化保护等"方面的事项制定地方性法规和规章,另一方面在经济社会快速发展的当下,严格限制了市级地方立法机关立法事项的范围,该限制与实践

---

① 闫然:《〈立法法〉修改:进一步发展和完善地方立法体制》,载《人民之友》2023年第5期。

② 参见2022年《地方各级人民代表大会和地方各级人民政府组织法》第10条之规定。

中地方不断增长的立法需求间的矛盾实难解决。为此,实践中市级地方立法主体往往只能通过扩大理解部分事项来达到事实上的立法权限扩张,以应对社会快速发展中因各地差异导致的不同需求和创新基层治理的现实需要。本次《决定》的重点内容、重大修改之一便是赋予市级地方立法主体在“基层治理”领域的立法权限,在市级地方立法事项的范围有所扩张。一是将“环境保护”修改为“生态文明建设”。该改动符合2018 年《宪法》的有关规定,从而使得该项立法的覆盖面更广,不仅仅局限于“环境”,而是涵摄“生态文明”,也更加精确清晰。二是在已有的三个具体立法事项新增“基层社会治理”,从而进一步扩展了地方立法的实践空间。[1] 其二,市级立法权主体也有所增加,不设区的地级市也有相应的地方立法权。2015 年《立法法》就开始扩大市级地方立法主体,用“设区的市”代替了传统的“较大的市”这个较为模糊的概念,而与此同时,也完全将未设区的市排除在市级地方立法权主体的范围之外,这限缩了实践中一些较大而又未设区的市的立法创新。因此,《立法法》第一次修改,通过明确规定赋予广东省东莞市和中山市、甘肃省嘉峪关市、海南省三沙市(后为设区的市)地方立法权的方法,来解决这一难题。在本次《立法法》修正过程中,《决定》适应实践需求,沿袭上一次修正中通过明确规定的方式,规定赋予海南省儋州市这个不设区的地级市以市级立法权。

第三,2023 年《立法法》吸收和改善了新形势下实践中授权地方立法机制出现的新形势。当下,我国地方立法体系中有“经济特区法规”、“海南自由贸易港法规”和“浦东新区法规”这三类特殊地方立法。呼应新时代全面深化改革对地方立法的时代要求,2021 年 6 月 10 日,第十三届全国人大常委会第二十九次会议正式通过了《海南自由贸易港法》和《关于授权上海市人民代表大会及其常务委员会制定浦东新区法规的决定》,这是我国立法实践中备受瞩目的重大事件。实践证明,浦东

① 冯玉军:《〈立法法〉修改:理念原则、机制创新与完善建议》,载《交大法学》2023 年第 2 期。

新区法规、海南自由贸易港法规是新时代地方立法的新形式，是国家立法体制创新发展的重大制度成果。当然，作为新型立法形式，在实践中，“海南自由贸易港法规”和“浦东新区法规”不论是理论层面，还是实践层面，都难免会遇到新的挑战。比如在“交通变通权”中，自贸港法规、浦东新区法规均未明晰如何变通、变通的范围，又需要进一步阐明这两种开创性的地方性法规与宪法、法律、行政法规等中央立法之间的关系，以及其与以往的地方性法规、经济特区法规之间的联系与区别等。因此，为了充分发挥这两类特殊地方性法规在全面深化改革、推进国家治理现代化进程中的先行先试与制度创新作用，挖掘我国地方立法的潜力，拓展地方立法的空间，并由此促进我国地方立法权的科学配置，探索中央、地方立法关系优化发展的新路径，[①]2023 年《立法法》新增了第 84 条第 2 款、第 3 款对此法制创新成果加以确认。

## 二、地方立法权的新要求

地方立法权的扩容，并非仅是单向度的立法权下沉，而是对我国地方立法体系的系统性变革。具体来说，《立法法》对地方立法权配置的重大调整，将对我国的立法权载体制度、权限制度以及运行体系产生一系列变化，从而对我国的地方政权提出如下的新要求。

### （一）坚持党对立法工作的领导牢牢把握地方立法的正确政治方向

坚持党的全面领导，这是人民代表大会制度建设和人大工作最核心的主题。首先，从宪法确立的党的执政地位看，坚持党对人大工作的全面领导，是依宪治国的一项重要内容。其次，从人民代表大会制度建立发展的历史进程看，坚持党对人大工作的全面领导，有其深刻的历史必然性。再次，从人大工作的性质内容看，坚持党对人大工作的全面领导，符合人大工作的实际需要。最后，从新时代人大工作的伟大实践看，坚

① 封丽霞：《地方立法的形式主义困境与出路》，载《地方立法研究》2021 年第 6 期。

持党对人大工作的全面领导,是人大工作取得历史性成就的根本原因。[①] 随着社会主义法治国家建设的深入推进,全面依法治国总体格局基本形成,中国特色社会主义法治体系加快建设,社会公平正义保障更为坚实,法治中国建设开创了新局面。[②]

党的十八大以来,以习近平同志为核心的党中央,从全面依法治国的高度,对人大立法工作作出一系列重要指示和部署:“坚持党领导立法,通过人民代表大会的形式把党的领导、人民当家作主、依法治国体现出来”;[③]“要构建完备的法律规范体系,以良法促进发展、保障善治、维护人民民主权利”;“要坚持立改废释并举,为改革发展稳定筑牢法治根基”。[④] 2019 年 7 月,习近平总书记在地方人大设立常委会 40 周年之际作出重要指示,提出“地方人大及其常委会要按照党中央关于人大工作的要求,围绕地方党委贯彻落实党中央大政方针的决策部署,结合地方实际,创造性地做好立法、监督等工作,更好助力经济社会发展和改革攻坚任务”。[⑤] 经过为期十年的艰苦奋斗,党和人民事业取得了具有重大现实意义和深远历史意义的伟大胜利。习近平总书记在二十大报告中指出,“中国共产党的领导是中国特色社会主义最本质的特征,是中国特色社会主义制度的最大优势,是中国最高的政治领导力量”“坚持党中央集中统一的领导是最高政治原则”“确保党中央权威和集中统一领导,确保党发挥总揽全局、协调各方的核心领导作用”。[⑥]

坚持和加强党的全面领导,是新时代地方立法工作牢牢把握正确政

---

① 王晓琳:《人大工作为什么必须坚持党的领导?——“坚持党对人大工作的全面领导”述评(一)》,载《中国人大》2022 年第 19 期。

② 习近平:《高举中国特色社会主义伟大旗帜　为全面建设社会主义现代化国家而团结奋斗——在中国共产党第二十次全国代表大会上的报告》,载《人民日报》2022 年 10 月 26 日,第 1 版。

③ 习近平:《在庆祝全国人民代表大会成立六十周年大会上的讲话》,载《中国人大》2019 年第 19 期。

④ 《习近平法治思想学习纲要》,学习出版社、人民出版社 2021 年版,第 19 页。

⑤ 《习近平对地方人大及其常委会工作作出重要指示》,载《人民日报》2019 年 7 月 19 日,第 1 版。

⑥ 习近平:《高举中国特色社会主义伟大旗帜　为全面建设社会主义现代化国家而团结奋斗——在中国共产党第二十次全国代表大会上的报告》,载《人民日报》2022 年 10 月 26 日,第 1 版。

治方向的必然要求。为了更好地学习领会、贯彻落实习近平总书记的重要指示精神，栗战书委员长强调，做好新时代地方立法工作，必须牢牢把握正确政治方向，坚持党对立法工作的领导，最根本的是要坚持以习近平新时代中国特色社会主义思想为指导，把增强“四个意识”、坚定“四个自信”、做到“两个维护”贯穿到立法工作全过程和各方面，善于将地方党委贯彻党中央大政方针的部署举措依法落实到位。因此地方立法工作要深入学习贯彻习近平总书记全面依法治国新理念新思想新战略特别是对立法工作的重要指示要求，着眼于构建完备的法律规范体系，自觉担负起新时代对地方立法提出的新任务。要健全完善地方立法体制机制，形成立法工作整体合力，共同提高人大立法工作水平。①

二十大报告指出，“坚持全面依法治国，推进法治中国建设”，首先要“完善以宪法为核心的中国特色社会主义法律体系”，具体来说就是“加强重点领域、新兴领域、涉外领域立法，统筹推进国内法治和涉外法治，以良法促进发展、保障善治。推进科学立法、民主立法、依法立法，统筹立改废释纂，增强立法系统性、整体性、协同性、时效性。”②因此，地方立法要围绕贯彻落实党的二十大精神，贯彻落实新发展理念突出地方特色，抓好重点领域立法。一是在中央和上级部门的统一部署下，着力推进高质量立法，推动构建新发展格局，实施供给侧改革，制定、修改与完善一系列具有重大区域战略意义的地方立法，推动我国经济实力实现历史性跃升。二是深入贯彻以人民为中心的发展思想，全方位改善人的生活，着力抓好惠民立法，围绕民生和社会治理，及时回应人民群众的期待，维护人民群众利益，从而使人民群众的获得感、幸福感、安全感更加充实、更有保障、更可持续；三是坚持绿水青山就是金山银山的发展理念，全方位、全地域、全过程加强生态环境保护，抓好生态环保立法，建立

① 《栗战书在省级人大立法工作交流会上强调 加强和改进新时代地方立法工作 更好助力经济社会发展和改革攻坚任务》，载《中国人大》2019 年第 17 期。

② 习近平：《高举中国特色社会主义伟大旗帜 为全面建设社会主义现代化国家而团结奋斗——在中国共产党第二十次全国代表大会上的报告》，载《人民日报》2022 年 10 月 26 日，第 1 版。

健全有效约束开发行为和促进绿色发展的法律制度，推动生态环境发生历史性、转折性、全局性变化；四是确立和坚持马克思主义在意识形态领域指导地位的根本制度，着力抓好弘德立法，将社会主义核心价值观融入法律法规的立、改、废、释全过程；五是抓好协同立法，依法保障和推动区域协调发展战略落实落地。①

党的十八大以来，为了有效践行党对立法工作的领导，中央系统性地采取了一系列措施，在地方立法领域形成了相对完善的组织和制度体系，为地方立法工作的顺利开展提供了坚实的基础和有效的保障。具体来说，在组织体系方面：一是根据 2019 年中央政治局会议审议通过的《中国共产党党组工作条例》的规定，县级以上的人大常委会均设立了党组，省级以上人大的专门委员会批准设立了分党组。二是以党内法规的形式，进一步明确党对立法工作领导的体制机制，从而将党的领导贯彻到立法工作的全方位和全过程，提供坚实的制度基础和法律保障。比如 2016 年 2 月中共中央印发的《关于加强党领导立法工作的意见》就明确规定，有立法权的地方的党委要切实领导本地区的立法工作，同时还对具体的领导事项和范围作了拓展规定。在制度体系方面：一是加强和完善党对立法规划和重大立法事项的审核、批准制度。二是加强和完善重要立法事项的请示汇报制度。三是健全和完善党领导立法工作的党内规范制度。四是加强党对立法工作的组织领导和督导落实制度。五是加强党组建设和领导，党组议事、决策应当坚持集体领导、民主集中、个别酝酿、会议决定，重大决策应当充分协商，实行科学决策、民主决策、依法决策。②

### （二）坚持地方人大及其常委会在地方立法工作中的主导地位

#### 1. 人大对立法工作的主导地位是由立法工作本身的特殊性所决定的

二十大报告指出，要发展全过程人民民主，保障人民当家作主。人

---

① 栗战书：《认真学习贯彻习近平法治思想为全面建设社会主义现代化国家提供法律保障——在第二十六次全国地方立法工作座谈会上的讲话》，载《中国人大》2020 年第 22 期。

② 冯玉军：《〈立法法〉修改：理念原则、机制创新与完善建议》，载《交大法学》2023 年第 2 期。

民民主是社会主义的生命，是全面建设社会主义现代化国家的应有之义。全过程人民民主是社会主义民主政治的本质属性，是最广泛、最真实、最管用的民主。人民代表大会制度是落实人民当家作主、保障人民有序参与政治、依法实行民主权利的制度保障，具体来说必须支持和保证人大及其常委会依法行使立法权等各项职权，维护国家法治统一、尊严、权威；加强人大代表工作能力建设，密切人大代表同人民群众的联系以及健全吸纳民意、汇集民智工作机制，建设好基层立法联系点等。[①]

长期以来，我国的地方立法工作存在“国家权力的部门化、部门的权力利益化、部门的利益法制化”的顽疾。即地方立法工作中，主要由部门或者行政机关主导，负责立法议案的起草；而部门主导的结果就是其在配置权利义务或者权力职责时，多以自己的利益为出发点；继而这种权利义务或者权力职责失衡的设计再交由人大讨论、表决通过从而固定为规范性法律文件。但是，这种操作显然是违背中国特色社会主义法治理念的。因为，“政府滥用法律的为害之大远远比不上立法者的腐化。”[②]对此，在《立法法》修改工作启动之前，中央就对新时期的立法工作提出了更新更高的要求，针对“立法工作中的部门化倾向、争权诿责”等问题，提出完善立法体制，坚持人大在立法中的主导地位，“规范行政机关在立法过程中的各项权力，使立法真正体现广大人民群众的根本利益”。[③]

坚持人大对立法工作的主导地位，就是要求人大及其常委会在立法工作中总揽全局、整合各方资源，主持完成立法各环节工作，以实现各方利益诉求的平衡。[④] 有立法权的人大及其常委会在立法工作中主导性地位的确立，不仅是其作为国家权力机关地位的应然体现，也是加强和改

---

① 习近平：《高举中国特色社会主义伟大旗帜　为全面建设社会主义现代化国家而团结奋斗——在中国共产党第二十次全国代表大会上的报告》，载《人民日报》2022 年 10 月 26 日，第 1 版。

② ［法］卢梭：《社会契约论》，何兆武译，商务印书馆 1980 年版，第 88 页。

③ 本书编写组：《〈中共中央关于全面推进依法治国若干重大问题的决定〉辅导读本》，人民出版社 2014 年版，第 7 页。

④ 参见李克杰：《“人大主导立法”原则下的立法体制机制重塑》，载《北方法学》2017 年第 1 期。

进我国立法工作，提升立法质量，全面推进依法治国的重大抉择。[1] 这种重大的制度安排，主要具有以下积极功用：第一，有助于扭转地方立法中存在的理念偏差，回归地方立法权应然的制度逻辑，从而发挥地方立法权阶段性更新立法的功能优势，弥合中央立法长期稳定之“不足”，从而促进国家法制的稳定与统一。[2] 第二，有助于排除地方政府及其职能部门对于地方立法工作的不当干预和利益影响，消解在地方立法中长期存在的地方立法部门化、部门立法利益化等问题，从而维护立法和法律权威。第三，坚持市人大及其常委会在设区的市立法工作中的主导作用，还有利于回应地方发展的差异化需求和人民群众正当的法权要求，体现立法为民的理念。[3]

对于所有设区的市来说，加强市人大及其常委会对立法工作的主导地位是一个普遍性要求，但因主体身份不同，这一要求也有所区别。对于原 49 个“较大的市”来说，自 1982 年《地方各级人民代表大会和地方各级人民政府组织法》修正以来，就已开始从事立法工作，因此这些城市的立法机制相对成熟、立法工作流程相对规范、人员配备相对齐全、专业技能与业务水平也相对较高，因此 2015 年《立法法》修正后，它们的工作主要是对既有的立法体制及机制在中央的统一部署下、省和自治区人大及其常委会的具体指导下进行适当的调整和优化。

对于自治州来说，自新中国成立后一直享有民族自治地方的自治立法权，但自 1954 年《宪法》以来，该立法权只能由民族自治地方的人大行使，该项权力在改革开放前一直处于休眠状态；即便是改革开放以后民族自治地方的人大开始陆续制定自治条例与单行条例，该项权力也未得到常态化、制度化的行使。因而，对于这些自治州来说，一方面，它们虽然具有一定的立法经验、拥有一定成果，但市人大及其常委会的机制

① 参见蒋笃运：《关于设区的市提高立法质量的对策研究》，载《河南社会科学》2016 年第 10 期。

② 参见张紧跟：《当代中国政府间关系导论》，社会科学文献出版社 2009 年版，第 169 页。

③ 江必新：《贯彻习近平法治思想　完善以宪法为核心的中国特色社会主义法律体系》，载《中国人大》2020 年第 24 期。

是不完善的、程序是不健全的，欠缺相对稳定的立法队伍；另一方面，既有的自治立法机制不仅难以承载一般地方立法权的行使，双重立法权的权力结构给自治州的立法工作带来前所未有的挑战，需要他们在实践中积极探索自治立法权与一般地方立法权如何分别行使的协调方案。

对于新获地方立法权授权的广大的设区的市来说，2015 年《立法法》的两次修正对地方立法权的松绑，终于使他们积压多年的立法冲动得到了释放。但对于所有首次被赋权的设区的市而言，具体承接此项权力尚面临一些体制、机制障碍。相较于 49 个“较大的市”和 30 个自治州，首获赋权的设区的市长期欠缺立法经验，机构设置不完善、立法队伍薄弱以及相应的保障措施也不充分。因而，这些城市的人大及其常委会的立法体制构建、立法机制的健全成为中央以及上级人大及其常委会重点考察的对象，亦成为其实际行使地方立法权的前提。

2. 全国人大常委会和上级人大及其常委会应加以必要的指导和考察

由于设区的市、自治州等地级市在地区差异上差距比较大，数量也比较多，这一工作需要进行积极稳妥地逐步推进，因此全国人大常委会和省级人大常委会应对设区的市的立法筹备工作给予必要的指导和考察。为此，全国人大在《立法法》中预先作出制度安排①，将实质启动设区的市地方立法权的“阀门”②交由省和自治区人大常委会来掌控，要求设区的市在实际取得地方立法权之前应做好相应的筹备工作，并以此作为其实际开展立法工作的前提。

因此，对于市级政权来说，作为一种预先的制度设计，《立法法》第 81 条第 3 款应具有以下规范功能：其一，《立法法》的修正给所有设区的

---

① 《立法法》第 81 条第 4 款规定，除省、自治区的人民政府所在地的市，经济特区所在地的市和国务院已经批准的较大的市以外，其他设区的市开始制定地方性法规的具体步骤和时间，由省、自治区的人民代表大会常务委员会综合考虑本省、自治区所辖的设区的市的人口数量、地域面积、经济社会发展情况以及立法需求、立法能力等因素确定，并报全国人民代表大会常务委员会和国务院备案。

② 从《宪法》第 100 条第 2 款以及《立法法》第 81 条第 4 款的立法目的来看，省级人大常委会对于设区的市地方立法权控制的“阀门”，应是一种形式上或者过渡性的进度控制权，只能用于调控市级地方立法机关开展立法工作的进度，而非对设区的市地方立法权之授权。

市均授予了取得地方立法权的资格(原49个“较大的市”除外)。其二,对于新获地方立法权资格的设区的市来说,立法权的授予并不意味着其能立即开展地方立法工作,即地方立法权的实际取得及行使尚需要满足一定的条件[①]。其三,设区的市地方立法权的“激活”尚需省、自治区人大常委会的确认[②]。其四,省级人大常委会对设区的市的地方立法权进行确权时,应重点考察设区的市的承接此项权力的筹备工作,而不能放松审查标准一股脑予以放行。

与此同时,对于省级人大常委会而言,《立法法》第81条第5款还具有以下规范意义:其一,授权其对设区的市开始立法之确定权;其二,设区的市开始立法需要确定“具体步骤和时间”,这不仅是基于提升设区的市立法能力的需要,也是为省级人大常委会做好相应准备工作所设定的回旋时间;其三,设区的市开始立法的“具体步骤和时间”,由省、自治区人大常委会“报全国人大常委会和国务院备案”。地方人大和政府在行使地方立法权过程中,要随时与上级人大常委会和政府加强沟通,遇有重大问题及时请示。[③]

3. 健全立法机制优化立法体制以提升立法能力

人大在立法工作的主导地位的确立,依赖其自身立法机制的健全以及立法体制的完善。

第一,在理念上,地方立法权的具体行使必须实现从政府主导向人大主导的转变,即不断强化人大及其常委会在立法规划的编制、立法计划的确定、立法项目的选定、立法调研的开展、立法草案的起草、立法舆论的征集等方面的主导权。

---

① 因此《立法法》中关于“设区的市的人口数量、地域面积、经济社会发展情况以及立法需求、立法能力等因素”的规定,可以视为设区的市行使地方立法权需要满足之“行为能力要件”。

② 对于省级人大常委会而言,《立法法》第81条第4款还具有以下规范意义:其一,授权其对设区的市开始立法之确定权;其二,设区的市开始立法需要确定“具体步骤和时间”,这不仅是基于提升设区的市立法能力的需要,也是为省级人大常委会做好相应准备工作所设定的回旋时间;其三,设区的市开始立法的“具体步骤和时间”,由省、自治区人大常委会“报全国人大常委会和国务院备案”。

③ 刘风景、李丹阳:《中国立法体制的调整与完善》,载《学术交流》2015年第10期。

第二,在组织配置上,设区的市要完善市人大及其常委会内部组织机构的设置。这是市级立法机关具体行使立法权的重要组织保障,也是地方立法工作走向专业化、规范化和法治化的必然要求。对此,我们建议全国范围内的设区的市人大及其常委会应设立独立、统一、专门的立法机构以具体承接相应的立法工作,比如市人大应设置法律委员会以负责地方法规的审议、市人大常委会设置法制工作委员会以承办立法具体事务和综合性的立法工作等[①],从而实现全国人大立法系统体系内部相关工作的有序对接。

第三,在立法工作队伍的建设上,市人大及其常委会应优化立法人才资源配置,实现立法专业人才引进、培养和交流的机制有效运行。高素质的立法人才是地方立法机关立法能力的重要组成因素,也是地方立法文本质量的重要保证。设区的市应把立法工作队伍的建设作为提升立法能力的主要抓手,整合既有立法资源,建立人才培养的常态机制,拓展人才来源渠道,吸引优秀立法人才,实现立法机构与科研院所之间人才交流互动[②],畅通立法人才职业化上升通道,从而组建成一支业务水平高、专业能力强、政治过硬的立法工作队伍。

第四,设区的市还应完善相应的配套机制以保障地方立法工作的有序进行。比如完善公民有序参与立法各项机制、筹备地方立法专家咨询顾问制度,探索与完善多元化主体的立法协同机制等。[③]

4. 设立基层立法联系点以落实全过程人民民主的重大理念

依照马克思主义法哲学的观点,立法就是将党的意志与人民的诉求

---

① 参见余跃进:《设区的市行使地方立法权的几点思考》,载《中国人大》2015 年第 10 期。

② 如中共中央办公厅于 2016 年 6 月 27 日印发了《从律师和法学专家中公开选拔立法工作者、法官、检察官办法》,并要求各地区各部门遵照执行。其中第二条规定“具有立法权的人大常委会的法制工作机构、政府法制部门、人民法院、人民检察院应当将从符合条件的律师、法学专家中公开选拔立法工作者、法官、检察官工作纳入队伍建设规划”。

③ 段东升:《设区的市地方立法的困境与进路》,载《学术交流》2021 年第 4 期。

通过法定程序上升为国家意志的重大政治活动。[①] 习近平总书记指出，评价一个国家政治制度是不是民主的、有效的，其中重要一项就是看“人民群众能否畅通表达利益要求，社会各方面能否有效参与国家政治生活”。[②] 在立法层面反映为将全过程人民民主的重要理念和实践成果转化为法律制度和机制的要求，以更好地贯彻立法为民的原则。这意味着在立法过程中，要将体现人民利益、反映人民意愿、维护人民权益、促进人民福祉的目标贯彻到立法工作的各个环节和各个方面，以满足人民的法治需求。《全国人民代表大会组织法》以及《地方各级人民代表大会和地方各级人民政府组织法》的修法经验和立法成果，为《立法法》的第二次修正提供了良好的借鉴。2023 年《立法法》增设了第 1 款规定，即“立法应当坚持和发展全过程人民民主，尊重和保障人权，保障和促进社会公平正义。”[③]

在地方立法工作上，为了落实全过程人民民主，首先要求在立法内容上服务人民、体现人民意愿、维护人民利益，同时要求在立法程序上依靠人民，坚持公开透明、促进人民参与。这一重要理念在地方立法中的贯彻落实对内容和程序提出明确要求，确保立法与人民利益紧密相连并促进人民对立法活动的积极参与。为了加强立法决策与立法根基之间的沟通，减少甚至消除长期以来部门立法本位主义在实践中对地方立法工作的不利影响，自党的十八届四中全会以来“建立基层立法联系点”成为立法直接听取基层群众意见的又一项制度创新。[④] 基于实践经验和各地区的需求，自 2015 年起，全国人大常委会法工委在 31 个省、自治区、直辖市设立了 31 个基层立法和 1 个立法联系点。截至 2022 年 12 月，共在基层立法联系点征求了 142 部法律草案的意见，成功收集了

---

① 王晨：《关于〈中华人民共和国立法法（修正草案）〉的说明》，载《人民日报》2023 年 3 月 6 日，第 7 版。

② 习近平：《习近平谈治国理政》第 4 卷，外文出版社 2022 年版，第 258 ~ 261 页。

③ 吴传毅：《从“中国之治”看立法法的修改》，载《人民之友》2023 年第 4 期。

④ 杜军玲：《“管法之法”再启修正：为立“良法”护航》，载《人民政协报》2023 年 2 月 21 日，第 3 版。

1.5万多条意见,并采纳了2800多条意见。这一系列举措有助于实现人民民主与国家意志的有机统一,进一步促进了地方立法工作的发展和完善。基层立法联系点这一创新举措,为国家立法机关直接联系基层群众,提供了有效渠道,是探索全过程人民民主过程中的有效实践。党的二十大报告提出:"健全吸纳民意、汇集民智工作机制,建设好基层立法联系点。"因此,为了更好体现立法坚持全过程人民民主的要求,根据党中央精神和实践做法,2023年《立法法》新增了第70条,对中央立法以及地方立法中的基层立法联系点的设立、运用予以明确规定,这一变动是在立法上坚持全过程人民民主的生动体现。

### (三)实现改革决策和立法工作的统一

长期以来,中国的改革与立法已形成了密不可分的关系,二者相互联系又相互对立。立法的主要特点在于特定、稳定,而改革的主要特点在于变。立法就是在变化发展的社会关系中找出相对成熟、稳定的社会关系,通过法定程序将其上升为法律,从而将特定类型的社会关系纳入法律的调整范围;改革特点在于变,客观上会改变已经相对稳定的社会关系以释放制度红利来推动事物发展。① 在某种程度上,改革与立法是对立的,实践中经常出现"良性违法改革"的现象,改革突破了当下制度和规则,而现有法律规定也限制了改革的进行。改革与立法,二者在表面上看起来是互相冲突、不可协调的。对此,我国在长期的立法实践中也总结出"宜粗不宜细"的原则,或是先行以满足管理需求为前提"粗略"立法,为改革提供制度支撑;或是通过试点改革、积累经验,有稳定成果后再通过立法对改革成果进行确认。"宜粗不宜细"的立法方式保证了深化改革在法治的轨道运行。为了进一步全面依法治国、深化改革,必须进一步研究改革与立法的对立统一关系,以确保在法治下推进改革,在改革中完善法治。

随着中国特色社会主义法律体系的建成以及全面深化改革的持续

---

① 冯玉军:《〈立法法〉修改:理念原则、机制创新与完善建议》,载《交大法学》2023年第2期。

推进,立法和改革之间的关系发生了重大变化。习近平总书记在很多场合都曾就改革和法治的关系发表一系列的重要讲话,形成了许多经典论述,如“改革和法治如鸟之两翼、车之两轮”,[①]“改革和法治相辅相成、相伴而生”,要求“在法治下推进改革,在改革中完善法治”,“凡属重大改革要于法有据,需要修改法律的可以先修改法律,先立后破,有序推进。有的重要改革举措,需要得到法律授权的,要按照法律程序进行”。中国的立法与改革之间的关系,不仅不应该是分裂,反而是对立统一的,因此要“坚持改革决策和立法决策相统一、相衔接,立法主动适应改革,积极发挥引导、推进、规范、保障改革的作用”。[②] 为了贯彻习近平总书记关于改革与法治关系的重要论述,发挥立法对改革的引领性和保障作用,为了适应改革开放和经济社会发展的要求,全国人大及其常委会坚定不移地在法治的基础上推动改革、在改革的过程中完善法治,加大了与改革相关的法律制定、修改、废止和解释的力度。具体而言,就是采用“打包”修改、制定授权决议和改革决议等形式,及时为各项改革提供了法律支持,确保党和国家机构以及经济社会发展各个领域的重大改革举措顺利落实,积累了一些有效的做法和经验。[③]

习近平总书记对于改革和法治关系有诸多经典总结,《立法法》的二次修正中,全国人大将其法律化规范表达为一项立法原则,即“改革决策和立法工作的相统一”。所谓“改革决策和立法工作的相统一”,既要做到重大改革有法可依、依法改革,也要主动立法,主动将试点改革实践中卓有成效的成果用法律加以确定。在改革过程中,能否做到改革决策和立法工作的相统一,取决于能否把握好改革的决策和立法的决策相衔接,在改革过程中积极思考需要什么样的法律,有了改革成果,又如何依靠立法加以确定。对于改革成果,其中比较成熟且成

---

① 习近平:《论坚持全面依法治国》,中央文献出版社 2020 年版,第 39 页。

② 习近平:《论坚持全面依法治国》,中央文献出版社 2020 年版,第 38 页。

③ 据统计,党的十八大以来,全国人大常委会作出了 48 项授权决定和改革决定,同时通过“打包”修改方式修改法律 152 件次,保障在法治轨道中推进改革。

功的,值得推广的,则应当考虑通过立法活动在法律关系中加以确定;有所成果而又暂时缺乏推广的条件、时机尚不成熟的,可以在立法中扩大授权的范围或延长授权的期限,以期取得更好的成果;对于在改革实践中发现改革需要推进、改革成果需要保障,而现行法律、法规和规章限制甚至阻碍了改革的进行,则应当及时修改或废止。[①] 为了贯彻习近平总书记所提出的"改革和立法相统一"的科学论断,2023 年的《立法法》作出了如下的规定:其一,新增了第 9 条规定,即"立法应当适应改革需要,坚持在法治下推进改革和在改革中完善法治相统一,引导、推动、规范、保障相关改革,发挥法治在国家治理体系和治理能力现代化中的重要作用"。其二,修改了 2015 年《立法法》第 13 条的规定,对就特定事项授权的期限和范围以及实践经验的法律化表达的要件进行了补充完善。2023 年《立法法》第 16 条规定,"全国人民代表大会及其常务委员会可以根据改革发展的需要,决定就特定事项授权在规定期限和范围内暂时调整或者暂时停止适用法律的部分规定。暂时调整或者暂时停止适用法律的部分规定的事项,实践证明可行的,由全国人民代表大会及其常务委员会及时修改有关法律;修改法律的条件尚不成熟的,可以延长授权的期限,或者恢复施行有关法律规定。"

(四)创新工作形式编制立法技术规范提升立法的体系性

1. 丰富和完善立法工作形式

与不断增加的立法需求相适应,立法的形式也越来越多元,成为中国特色社会主义法律体系完善过程中的一部分。2015 年《立法法》第一次修正以来,中央、地方立法形式变得更加多元,实践中适应了不断增加的立法需求,与中央立法相比,地方立法能够运用的手段相比《立法法》修正前,更加地灵活。在中央层面,全国人大及其常委会在总结立法工作经验的基础上,形成了立、改、废、释、决定以及法典编纂等工作形式;

① 冯玉军:《党领导国家立法的历史与经验初探》,载《党内法规演技》2015 年第 6 期。

在地方层面，省市两级立法机关亦形成了立法程序先行、灵活使用“打包”“改废并举”的工作方式。因此，为了贯彻党中央关于推进科学立法、民主立法、依法立法以及丰富立法形式等要求，在总结实践经验的基础上，2023 年《立法法》新增的条文，对“立改废释纂”以及“决定”等立法形式作出了统筹安排。此外，对于立法工作中的清理，2023 年《立法法》总结以往做法作出统一规定，即“对法律、行政法规、地方性法规、自治条例和单行条例、规章和其他规范性文件，制定机关根据维护法制统一的原则和改革发展的需要进行清理”。

2. 编制立法技术规范以及立法规划规范立法活动

立法技术规范是立法实践中逐步形成的技术规范。立法技术相对其他技术，在主体、客体、程序、规范化上都有其特殊的一面，立法工作应遵守一定的技术规范。就内容而言，立法技术规范包括立法体例、文本结构和词语表述等方面的规范。而在功能上，立法技术规范能够为立法工作提供指导，规范立法行为，并最终提升立法质量。因此，编制立法技术规范可以为立法工作提供必要的技术支持，有利于推进科学立法、民主立法、依法立法。全国人大常委会一直重视立法技术规范工作，全国人大常委会法工委对立法技术规范多次进行专题研究，总结实践经验，于 2012 年 12 月编印了《立法工作规范手册(试行)》。2015 年立法法修改，对法律结构、题注等立法技术问题作出原则规定。《法治中国建设规划(2020－2025 年)》提出“完善立法技术规范，加强立法指引”。目前，全国人大常委会法工委正在推进完善《立法工作规范手册(试行)》。在立法法的二次修正过程中，立法技术规范的编制成为此次法律修正的重要内容之一，为此 2023 年《立法法》特意在第 65 条之下新增第 4 款之规定，以强化立法技术规范的作用，授权全国人民代表大会常务委员会工作机构编制立法技术规范，从而为全国的立法工作提供指引。

首先，地方立法权主体在编制立法规划时应实事求是从实际出发，着眼于地方社会经济发展的突出问题，自觉将立法规划与中央决策相协调,深刻总结地方发展的实践经验,充分发挥地方立法机关和地方政府的积极性和创造性。这也就是说,立法规划的编制要同时满足大局观和地方差异化发展两个方面的要求。大局观是指地方在编制立法规划时,其一,要牢固把握正确的政治方向,严守党的政治纪律和政治规矩;其二,在规划编制的过程中党委、人大与政府应及时沟通协调;其三,涉及本地区重大经济和社会发展问题的立法规划要及时报告上级和中央,认真落实上级和中央提出的立法建议;其四,要将中央的大政方针融入地方立法规划之中,确保中央的重大决策部署得以更好地贯彻落实[①]。地方差异化发展意味着地方在编制立法规划时不能片面地参照域外以及其他兄弟省市的发展规划,而要从本地区经济和社会发展实践出发,认真总结地方发展经验。社会发展并无统一标准的模样范式,"量体裁衣"才是破解地方发展突出问题的有效解决路径。

其次,地方立法权主体在确定立法计划时应坚持问题导向,对立法规划中所列的重大立法任务进行合理排序,而不能四面出击,集中有限的立法资源推进地方立法工作有序地进行。相较于宏观长期的立法规划,立法计划具有短期性、具体性的特点,是地方立法权主体开展具体立法工作的"时间表"。故而,立法计划在地方立法工作中居于中心地位,是落实地方立法规划以及开展地方具体立法项目的重要环节。具体来说,立法计划的确定应充分考虑以下问题:一是在确定立法规划之前,地方立法权主体应从地方立法权的功能定位出发,对立法规划所梳理的立法任务进行区分。对于其中可能超越立法权限以及跨地域性特点的立法任务,应向上级乃至中央相关部门请示立法意见,必要时可以申请由上级启动相应立法任务的立法工作。二是在对立法任务进行区分后,对于处于法定立法权限之内的立法任务,地方人

① 汪俊英:《关于设区的市立法权的若干思考》,载《学习论坛》2016 年第 3 期。

大及其常委会和地方政府也应根据中央和上级部门的部署、地方治理的迫切程度以及民众的法权要求期望等因素予以排序，切勿不分轻重缓急“四面出击”同时上马。三是对于确属法定立法权限的事项、确有立法必要且立法时机成熟的立法任务应纳入立法计划，以为后期立法项目的选择提供依据。

最后，立法计划确定后，地方立法部门应当立足本地区发展的实际情况，针对计划确立的立法任务选择立法项目。立法项目是地方立法主体正式启动立法活动的直接根据，因此一定要慎之又慎。从地方立法主体对于立法项目的发布以及立法工作实践来看，部分立法项目的选定缺乏充分的讨论和必要性论证，导致立法项目重复、地区特色不彰。因此地方立法主体在今后立法项目的选择上，一是要转变立项思路，从以往贪大求全、华而不实向精细化立法转变①；二是为了积聚立法共识，夯实立法民意基础，地方立法主体应当进一步建立健全立法项目的征集和论证制度②；三是在项目的选择上尽可能选择一些切口小、易操作的立法项目以突出地方特色，发挥地方立法查漏补缺的功能性优势；四是立法项目一经选定，就应当严格按照规划、计划执行，严禁将一些论证不充分的立法项目突击“插队”，破坏立法工作的正常节奏。

## 三、地方立法权的新成果

在党中央的坚强领导下，地方各级立法机关在全国人大及其常委会的统一部署下，深入贯彻习近平总书记系列重要讲话精神和党的十八

---

① 所谓精细化立法就是指立法项目的选择应尽量具体，立法的内容应尽量明确，以确保立法文件中每一项制度可执行、易操作。参见全国人大常委会法工委研究室编：《全国地方立法研讨会讲话汇编》，中国民主法制出版社2017年版，第61页。

② 如开展法制部门之间的协商、建立专家论证咨询机制以及探索立法机关和社会公众之间沟通和交流等。参见路江通：《立法咨询委员会：人大立法咨询制度的一个重要创新》，载《中国人大》2004年第21期。

大、十九大、二十大会议精神以及治国理政新理念新思想新战略，紧紧围绕贯彻落实党中央决策部署，认真行使宪法法律赋予的职权，不断加强和改进立法工作，经过7年多的努力奋斗，地方立法工作取得了不错的成绩。地方立法工作的总体特点表现为：第一，更加自觉地坚持党对立法工作领导，努力将习近平总书记关于全面依法治国特别是立法工作的新理念新思想新战略贯穿立法工作全过程。第二，紧紧围绕“五位一体”总体布局和“四个全面”战略布局开展工作，重点领域立法取得突出成就。第三，坚持立法先行，发挥立法对改革的引领推动作用，实现立法与改革协调推进。第四，认真贯彻党中央决策部署，及时就重大事项从立法上作出决定。第五，与时俱进健全和创新立法体制机制，推动依法立法、科学立法、民主立法取得重要进展。①

### （一）2015年《立法法》修正后地方立法工作取得的新成绩

2015年《立法法》修正后各省、自治区人大及其常委会高度重视，大力推进设区的市立法工作，各设区的市人大及其常委会也积极开展筹备工作，探索创新地方立法工作体制，增设相应立法专门机构，积极引进立法人才，完善立法工作程序。经过7年多的努力奋斗，地方立法工作取得了不错的成绩。

1. 省级人大常委会对设区的市的立法确权工作全部完成

自安徽省第十二届人民代表大会常务委员会第十九次会议于2015年5月21日率先作出的《安徽省人民代表大会常务委员会关于确定宿州市等六个设区的市开始行使地方立法权的决定》开始②，至西藏自治区第十一届人民代表大会常务委员会第三十二次会议于2021年9月

---

① 《学习贯彻习近平总书记在庆祝中国共产党成立100周年大会上的重要讲话精神——全国人大常委会党组举行会议》，载《中国人大》2021年第13期；《学习贯彻习近平总书记在中央人大工作会议上的重要讲话和会议精神——全国人大常委会党组举行会议》，载《中国人大》2021年第20期。

② 参见安徽省人民代表大会常务委员会：《安徽省人民代表大会常务委员会关于确定宿州市等六个设区的市开始行使地方立法权的决定》（2015年5月21日安徽省第十二届人民代表大会常务委员会第十九次会议通过）。

29日作出的《西藏自治区人民代表大会常务委员会关于确定那曲市人民代表大会及其常务委员会开始制定地方性法规的时间的决定》止[①]，全国27个省、自治区共制定了51个确权决定，其中吉林、辽宁、内蒙古、山西、陕西、甘肃、青海、山东、福建、湖北以及贵州等11个省和自治区实行一次性批准，其余16个省、自治区实行分批放开，截至2022年3月全国共有274个[②]市级政权（具体包括设区的市、自治州以及4个不设区的市[③]）被批准可以行使地方立法权。

值得注意的是，27个省和自治区人大常委会关于设区的市具体开始制定地方性法规的时间，大致作出了以下3种类型的规定：

一是自确权性地方性法规公布之日起，设区的市就可以开始制定地方性法规，包括吉林、甘肃、福建、陕西、黑龙江、宁夏、江苏、江西、湖南、四川、安徽、新疆等省和自治区对辖区内所有设区的市人大及其常委会的确权，以及河北省对本辖区内的张家口市、承德市、沧州市、衡水市人大及其常务委员会的确权和河南省对本辖区内南阳市、焦作市、濮阳市、三门峡市人大及其常务委员会的确权。

二是确权性地方性法规本身规定了市级政权开始制定地方性法规的时间，包括辽宁、内蒙古、青海、山东、湖北、贵州、广西、海南、西藏等省和自治区对辖区内所有设区的市人大及其常委会的确权，以及山西对本辖区内运城、晋城市人大及其常委会的确权，河北省对本辖区内廊坊

---

① 参见西藏自治区人民代表大会常务委员会：《西藏自治区人民代表大会常务委员会关于确定那曲市人民代表大会及其常务委员会开始制定地方性法规的时间的决定》（2021年9月29日西藏自治区第十一届人民代表大会常务委员会第三十二次会议通过）。

② 需要特殊说明的是，因国务院于2019年1月9日批复同意山东省调整济南市莱芜市行政区划，撤销莱芜市，将其所辖区域划归济南市管辖，截至2022年3月我国新获地方立法权的设区的市、自治州以及4个不设区的市的总量缩减一个，共计273个。

③ 《立法法》（修正案）在第104条第4款规定了广东省东莞市和中山市、甘肃省嘉峪关市、海南省三沙市比照适用本决定有关赋予设区的市地方立法权的规定。因国务院于2020年4月18日发布公告，批准海南省三沙市设立西沙区、南沙区。自此，三沙市被归入设区的市范畴，我国享有地方立法权的不设区的市只剩下广东省东莞市和中山市、甘肃省嘉峪关市3个，但享有地方立法权的市级政权总量却并不因此发生变化。

市、保定市、邢台市、秦皇岛市人大及其常委会的确权和云南对本辖区内昭通市、曲靖市、玉溪市、保山市、文山壮族苗族自治州、丽江市、临沧市、楚雄彝族自治州、红河哈尼族彝族自治州、普洱市、西双版纳傣族自治州、大理白族自治州、德宏傣族景颇族自治州和怒江傈僳族自治州人大及其常委会的确权。

三是确权性地方性法规本身规定市人大及其常委会应满足一定的条件方能制定地方性法规。其一，设区的市人大及其常委会的体制机制完善之时。比如山西省规定本辖区内的忻州、吕梁、晋中、长治、临汾市人民代表大会及其常务委员会自本市人民代表大会依法产生法制委员会之日起，可以开始制定地方性法规；河南省规定本辖区内的平顶山、开封、安阳、鹤壁、驻马店、漯河市、新乡、许昌、商丘、周口、信阳市人民代表大会及其常务委员会自本市人民代表大会依法设立法制委员会后，可以开始制定地方性法规；云南省规定本辖区内迪庆藏族自治州人民代表大会及其常务委员会自州人民代表大会依法设立法制委员会之日起，开始制定地方性法规。其二，待省人民代表大会常务委员会评估确定后，才可以开始制定地方性法规。比如山西省的阳泉、朔州市人民代表大会及其常务委员会待省人民代表大会常务委员会评估确定后，可以开始制定地方性法规。

2. 所有设区的市均已启动地方立法工作

截至 2022 年 3 月，全国 322 个设区的市均已启动立法工作。除西藏那曲市外，其余 321 个设区的市均已制定地方性法规。[①] 自 2015 年 3 月至 2022 年 2 月，设区的市共制定地方性法规 3811 件、修改 1394 件、

---

① 2022 年 1 月 13 日，那曲市人大法制委员会对《那曲市制定地方性法规条例（草案）》进行了审议，对《条例（草案）》进行进一步修改完善，形成了《条例（草案修改稿）》。会议还形成了《关于〈条例（草案）〉审议结果的报告》，http://www.xznqnews.com/news/nqyw/202201/t20220114_4031404.html。2022 年 3 月 23 日西藏自治区十一届人大常委会召开第 92 次主任会议审查《那曲市制定地方性法规条例》，http://www.xzxw.com/zw/zwyw/202203/t20220324_4125385.html。

废止447件,总计5652件。[①] 其中,2015年3～12月设区的市制定、修改以及废止地方性法规分别为94件、158件、63件,合计315件;2016年设区的市制定、修改以及废止地方性法规分别为365件、102件、24件,合计491件;2017年设区的市制定、修改以及废止地方性法规分别为405件、158件、64件,合计627件;2018年设区的市制定、修改以及废止地方性法规分别为441件、277件、93件,合计811件;2019年设区的市制定、修改以及废止地方性法规分别为730件、210件、56件,合计996件;2020年设区的市制定、修改以及废止地方性法规分别为791件、218件、59件,共计1068件;2021年设区的市制定、修改以及废止地方性法规分别为916件、251件、78件,共计1245件;2022件1～2月设区的市制定、修改以及废止地方性法规分别为69件、20件、10件,共计99件。(见表1)

**表1 立法法修正后设区的市制定、修改以及废止地方性法规统计**

| 年份 | 制定 | 修改 | 废止 | 共计 |
|---|---|---|---|---|
| 2015年3～12月 | 94 | 158 | 63 | 315 |
| 2016年 | 365 | 102 | 24 | 491 |
| 2017年 | 405 | 158 | 64 | 627 |
| 2018年 | 441 | 277 | 93 | 811 |
| 2019年 | 730 | 210 | 56 | 996 |
| 2020年 | 791 | 218 | 59 | 1068 |
| 2021年 | 916 | 251 | 78 | 1245 |
| 2022年1～2月 | 69 | 20 | 10 | 99 |
| 总计 | 3811 | 1394 | 447 | 5652 |

3.31个省、自治区、直辖市人大及其常委会立法工作的基本情况

据不完全统计,截至2021年年底,全国31个省、自治区、直辖市人大

---

① 设区的市地方立法数据统计均来自笔者对国家法律法规数据库中收录的地方立法文件的收集与整合,https://flk.npc.gov.cn/dfxfg.html。

及其常委会共制定地方性法规 5033 件、修改 2858 件、废止 469 件，总计 8360 件。其中，2015 年 3～12 月省级人大及其常委会制定、修改以及废止地方性法规分别为 525 件、260 件、33 件，合计 818 件；2016 年省级人大及其常委会制定、修改以及废止地方性法规分别为 683 件、387 件、58 件，合计 1128 件；2017 年省级人大及其常委会制定、修改以及废止地方性法规分别为 599 件、300 件、43 件，合计 942 件；2018 年省级人大及其常委会制定、修改以及废止地方性法规分别为 898 件、648 件、99 件，合计 1645 件；2019 年省级人大及其常委会制定、修改以及废止地方性法规分别为 553 件、331 件、52 件，合计 936 件；2020 年省级人大及其常委会制定、修改以及废止地方性法规分别为 843 件、496 件、76 件，共计 1415 件；2021 年省级人大及其常委会制定、修改以及废止地方性法规分别为 879 件、421 件、103 件，共计 1403 件；2022 年 1～2 月省级人大及其常委会制定、修改以及废止地方性法规分别为 53 件、15 件、5 件，共计 73 件。（见表 2）

**表 2　立法法修正后省级人大及其常委会制定、修改以及废止地方性法规统计**

| 年份 | 制定 | 修改 | 废止 | 共计 |
|---|---|---|---|---|
| 2015 年 3～12 月 | 525 | 260 | 33 | 818 |
| 2016 年 | 683 | 387 | 58 | 1128 |
| 2017 年 | 599 | 300 | 43 | 942 |
| 2018 年 | 898 | 648 | 99 | 1645 |
| 2019 年 | 553 | 331 | 52 | 936 |
| 2020 年 | 843 | 496 | 76 | 1415 |
| 2021 年 | 879 | 421 | 103 | 1403 |
| 2022 年 1～2 月 | 53 | 15 | 5 | 73 |
| 总计 | 5033 | 2858 | 469 | 8360 |

4. 其他市级立法机关的立法工作情况

除上述统计的地方性法规外，地方立法工作的成绩还体现在自治地方所制定、修改以及废止的自治条例与单行条例和经济特区所制定、修改以及废止的特区法规。具体来说,2015 年《立法法》(修正案)施行后,自 2015 年 3 月至 2021 年 12 月,民族自治地方(含 5 个自治区、30 个自治州与 117 个自治县,共计有 152 个民族自治立法单位)共制定自治条例和单行条例 442 件、修改 78 件、废止 50 件,总计 570 件。其中,2015 年 3 ~ 12 月民族自治地方制定、修改以及废止自治条例和单行条例分别为 44 件、1 件、0 件,合计 45 件;2016 年民族自治地方制定、修改以及废止自治条例和单行条例分别为 40 件、3 件、2 件,合计 44 件;2017 年民族自治地方制定、修改以及废止自治条例和单行条例分别为 30 件、3 件、2 件,合计 35 件;2018 年民族自治地方制定、修改以及废止自治条例和单行条例分别为 57 件、16 件、5 件,合计 78 件;2019 年民族自治地方制定、修改以及废止自治条例和单行条例分别为 92 件、22 件、18 件,合计 132 件;2020 年民族自治地方制定、修改以及废止自治条例和单行条例分别为 96 件、13 件、13 件,共计 122 件;2021 年民族自治地方制定、修改以及废止自治条例和单行条例分别为 83 件、20 件、11 件,共计 114 件。(见表 3)

**表 3　立法法修正后民族自治地方制定、修改以及废止自治条例和单行条例统计**

| 年份 | 制定 | 修改 | 废止 | 共计 |
|---|---|---|---|---|
| 2015 年 3 ~ 12 月 | 44 | 1 | 0 | 45 |
| 2016 年 | 40 | 3 | 1 | 44 |
| 2017 年 | 30 | 3 | 2 | 35 |
| 2018 年 | 57 | 16 | 5 | 78 |
| 2019 年 | 92 | 22 | 18 | 132 |
| 2020 年 | 96 | 13 | 13 | 122 |
| 2021 年 | 83 | 20 | 11 | 114 |
| 总计 | 442 | 78 | 50 | 570 |

自 2015 年 3 月至 2021 年 12 月,拥有特区法规制定权的主体(含厦门、汕头、深圳以及珠海 4 个经济特区市和福建、广东以及海南 3 个含经济特区的省,共计 7 个经济特区法规制定主体)共制定、修改以及废止的

特区条例分别为368件、193件、17件，共计578件。其中2015年经济特区所制定、修改以及废止的特区条例分别为28件、6件、1件，共计35件；2016年经济特区所制定、修改以及废止的特区条例分别为28件、7件、3件，共计38件；2017年经济特区所制定、修改以及废止的特区条例分别为28件、14件、2件，共计44件；2018年经济特区所制定、修改以及废止的特区条例分别为39件、25件、1件，共计65件；2019年经济特区所制定、修改以及废止的特区条例分别为136件、110件、3件，共计249件；2020年经济特区所制定、修改以及废止的特区条例分别为63件、19件、5件，共计87件；2021年经济特区所制定、修改以及废止的特区条例分别为46件、12件、2件，共计60件。（见表4）

**表4　立法法修正后经济特区制定、修改以及废止特区条例统计**

| 年份 | 制定 | 修改 | 废止 | 共计 |
|---|---|---|---|---|
| 2015年3～12月 | 28 | 6 | 1 | 35 |
| 2016年 | 28 | 7 | 3 | 38 |
| 2017年 | 28 | 14 | 2 | 44 |
| 2018年 | 39 | 25 | 1 | 65 |
| 2019年 | 136 | 110 | 3 | 249 |
| 2020年 | 63 | 19 | 5 | 87 |
| 2021年 | 46 | 12 | 2 | 60 |
| 总计 | 368 | 193 | 17 | 578 |

### （二）2015年《立法法》修正后地方立法的新特点

从上述的立法成果统计数据可以看出，2015年《立法法》修正后地方立法工作取得了很大的成绩，特别是在丰富完善我国社会主义法律体系，引领和推动地方治理和改革方面发挥了重要作用。①

① 毛雨：《设区的市地方立法工作分析与完善》，载《中国法律评论》2018年第5期。

1. 立法程序先行，省市两级地方立法条例的制定、修改工作基本完成

在2015年《立法法》（修正案）通过后，为了进一步规范地方性法规的制定程序，在全国人大常委会的统一部署下，省市两级人民代表大会根据宪法、全国人民代表大会组织法、全国人大议事规则、全国人大常委会议事规则以及地方各级人民代表大会和地方各级人民政府组织法等法律规定，并结合地方立法工作实际情况，制定、修改了地方立法条例。

具体来说，这项工作主要体现在以下两个方面：一是31个省、自治区、直辖市人大和原49个较大的市人大根据2015年《立法法》（修正案）及时修改地方立法条例。截至2022年3月，全国31个省、自治区、直辖市和原49个较大的市的地方立法条例的修订工作全部完成。二是新获授权的273个设区的市（含30个自治州、3个不设区的市）着手起草本市的立法条例。截至2022年3月，除西藏自治区的那曲市外，其余272个设区的市均已制定了地方立法条例。值得注意的是，30个自治州在立法条例中对单行条例、自治条例以及地方性法规的制定程序，作了较为明确的规定，进一步厘清了单行条例与地方性法规的规范事项区别。自此，省市两级的地方立法条例的制定、修改工作基本完成，地方性法规案、自治条例和单行条例案的提出、审议和表决等工作更加“有法可依、有章可循”。

2. 立法事项日益丰富完善，发挥了地方立法执行、补充与探索性功能性优势

通过对2015年3月～2022年2月所有设区的市地方性法规的名称进行词源分析，我们发现“管理”“保护”“防治”“促进”是市级立法的高频词汇，构成了市级地方立法工作的核心。具体来说，市级人大及其常委会在恪守法定立法权限的前提下，针对市容管理、城乡规划、饮用水保护、环境保护、污染防治、非物质文化遗产保护和文明促进等方面，出台了一系列的地方性法规，充分发挥了地方立法在城乡建设与管理、环境保护以及历史文化等事项上的实施性、补充性以及探索性功能。

相较于市级立法多着眼于地方治理中的中观以及微观问题，省级立法则重在贯彻落实党的十九大报告精神、落实新发展理念，集中在促进高

质量发展、惠民、环保、弘德以及区域协同5个重大领域。具体来说，省级立法在优化营商环境、促进产业创新、新冠疫情防控、应急事件管理、垃圾分类、乡村振兴、脱贫攻坚、公民权益保障、生态文明建设以及动植物保护、京津冀协同立法、长三角一体化等二十多个事项方面不断推动地方治理取得新成效。

3. 为应对地方旺盛的立法需求，地方立法节奏和效率明显加快

随着社会经济的快速发展，全社会对立法的需求日益旺盛，加之新冠疫情等重大突发事件所引发的临时性立法需求，近年来地方立法的节奏与效率明显加快。具体体现在以下4个方面：

一是在地方性法规的制定上，立法的速度和频率明显加快。其一，在立法程序上，相较于2015年《立法法》（修正案）第29条、第30条中法律案的审议规定，有19个省、自治区、直辖市的《地方立法条例》将地方性法规议案的审议次数与程序均作了相应的调整，比如《江苏省制定和批准地方性法规条例》（2016年修正）第37条第1款，就规定"列入常务委员会会议议程的地方性法规案，一般经两次常务委员会会议审议后再交付表决。"其二，为了应对以新冠疫情防控为代表的各种重大突发事件，各地人大在第一时间就通过了疫情防控、禁止滥食野生动等有关决定、决议，部分地方性法规的出台从起草到上会表决通过甚至仅耗时一周的时间。[①]

二是在地方性法规的修改和废止上，灵活使用"打包""改废并举"等工作形式。为了维护国家的法制统一，在法律、行政法规修改后，地方立法主体及时跟进，结合本地实际情况对有关地方性法规作出调整，积极进行修改和废止工作。为了提升立法工作效率，地方立法主体积极探索新型的立法工作形式。具体体现为以下几个方面：以"打包"的形式进行多部地方性法规集体修改或废止，从而取代既有的以单一规定进行的法规修改或者废止。例如，青海省第十三届人民代表大会常务委员会第十八次会议于2020年7月22日通过《青海省人民代表大会常务委员会关于

---

① 闫然：《地方立法统计分析报告：2019－2020年》，载《地方立法研究》2020年第6期。

修改〈青海省预算管理条例〉等五十四部地方性法规的决定》,一次性就对54部地方性法规进行了修改;淄博市第十五届人民代表大会常务委员会第二十八次会议于2019年12月29日通过《淄博市人民代表大会常务委员会关于废止〈淄博市土地管理若干规定〉等十三件地方性法规的决定》一次性废止了13部地方性法规。

三是就同一主题对多部地方性法规进行修改或者废止。如湖北省第十三届人民代表大会常务委员会第十六次会议于2020年6月3日通过的《湖北省人民代表大会常务委员会关于集中修改食品药品安全领域地方性法规的决定》,就同时对《湖北省食品安全条例》、《湖北省药品管理条例》、《湖北省实施〈中华人民共和国农产品质量安全法〉办法》以及《湖北省中医药条例》分别作出修改。

四是修改和废止并举,在同一个决定中同时对多部地方性法规分别进行修改和废止。比如,黑龙江省第十三届人民代表大会常务委员会第三次会议于2018年4月26日通过《黑龙江省人民代表大会常务委员会关于废止和修改〈黑龙江省统计监督处罚条例〉等72部地方性法规的决定》,在这一个决定中废止了《黑龙江省统计监督处罚条例》等8部地方性法规,同时对《黑龙江省河道管理条例》等64部地方性法规作了相应的修改。

总之,上述地方人大立法工作所取得的历史性成就,离不开习近平新时代中国特色社会主义思想指引。[①] 十八大以来习近平总书记就社会主义民主政治建设、法治建设、人大制度和人大工作发表一系列重要论述,是习近平新时代中国特色社会主义思想的重要组成部分,是新时代坚持和完善人民代表大会制度的根本遵循,是新时代加强和改进人大工作的根本保障。栗战书委员长强调,学习好、研究好、宣传好、贯彻好习近平总书记关于坚持和完善人民代表大会制度的重要思想,是人大同志的首要

---

① 汪洋:《在习近平新时代中国特色社会主义思想指引下人大工作取得历史性成就》,载《中国人大》2021年第19期。

任务和看家本领,也是做好新时代人大工作的根本保证。[①]

## 四、进一步做好地方立法工作的思考

### (一)凸显地方特色提升地方立法质量破解地方立法形式主义难题

在优异的立法成绩背后,地方立法工作也显露出一些负面现象,比如消极循旧的立法倾向限制了地方立法的创制性表达、片面追求立法政绩造成地方立法呈现高度同质性等形式主义问题。地方立法的形式主义之弊,严重制约了地方立法应有功能之发挥。[②] 一是片面追求立法政绩,轻视地方立法实际的景观式立法,不仅严重违背立法这种特殊法律活动自身的特性以及立法程序内在的约束性特征;而且因为缺乏问题导向、忽视总结地方立法需要,势必难以有效回应地方治理难题。如果继续任其放任自流,还将引发法律体系内部的混乱与冲突,不利于法律的理解和适用,实与"良法善治"的期望相悖。二是消极循旧的立法倾向,导致地方的独特性优势以及民众的正当法权要求未能得到应有的回应和制度化表达;地方立法"独立型创制"的严重不足,意味着立法文本质量不高、地方特色不彰、针对性不够、操作性不强。[③]

对于这一问题,地方立法部门应当给予高度重视,施行有效的措施予以预防和治理。

首先,坚守地方立法权应有之功能定位,充分挖掘地方立法在国家治理中的特殊功用。在中国这样一个历史悠久、地域辽阔、民族众多的大国,国家治理的难度、深度与广度难以想象,特别是在社会急剧转型的当下,将国家治理的职责全部归于中央既不可能也不可行。因此,为了应对千差万别的具体情况,因应地方间发展不平衡的难题,必须在中央立法之

---

① 栗战书:《在十三届全国人大常委会第三十三次会议上的讲话》,载《中国人大》2022 年第 5 期。

② 封丽霞:《地方立法的形式主义困境与出路》,载《地方立法研究》2021 年第 6 期。

③ 段东升:《设区的市地方立法的困境与进路》,载《学术交流》2021 年第 4 期。

外,另辟蹊径,将立法权下沉以调动地方治理的积极性。[①] 因而,地方立法权的应有功能系在国家法制统一的框架内,立足地方民众特殊需求,破解地方治理中的特殊问题,从而弥补中央立法之不足,进而以地方治理的局部善治促进国家整体的治理能力和治理水平的提升。

其次,在恪守法定立法权限的前提下,积极探索大胆创新。在法定的立法权限内,地方立法部门应当扭转消极循旧的立法倾向,针对地方治理中的个性化、差异化难题,进行创制性立法;同时对于社会发展中新事物与新领域,要敢于探索加强论证提升认知,将其引入法治的轨道上来。

最后,建立科学的立法评估机制,保障地方立法特色的实效。"立得住、行得通、真管用"是地方立法符合地方实际,体现地方特色的本质要求。而在地方立法工作中,科学的立法评估机制是保障地方立法彰显地方特色的重要立法制度,亦是引导地方立法行为的指挥棒与方向盘。因此,在地方立法实践中,市人大及其常委会应确立科学、系统的评估机制,将立法评估贯穿于特定立法项目的始终。[②] 即在立项评估阶段应仔细考察项目是否符合法定权限、立法需求有无必要以及立法时机是否成熟等,在草案审议阶段应仔细甄别草案是否存在立法重复、越权立法甚至立法抵触等立法风险,在立法后评估阶段还应进一步展开立法质量、立法实效以及社会评价调研,以期为地方立法的进一步改进提供科学依据。

### (二)地方政府规章之"二年期的规章创制权"的权限边界

实践中,对于地方政府规章争议较大集中在"二年期的规章创制权"的具体权限范围。这一问题在规范层面,主要表现为《立法法》第 93 条第 6 款与《行政处罚法》第 14 条第 2 款之间的龃龉。《立法法》在对市级地方政府进行普惠授权的同时,进一步强化了对公民、法人和其他组织权利的法律保护,具体体现为该法第 93 条第 6 款规定,"没有法律、行政法规、地方性法规的依据,地方政府规章不得设定减损公民、法人和其他组

---

① 参见《彭真文选》,人民出版社 1991 年版,第 387 页;周旺生:《立法学》,法律出版社 2000 年版,第 376 页。

② 刘洪源、赵诗杨:《设区市的立法地方特色问题研究》,载《贵州民族研究》2021 年第 6 期。

织权利或者增加其义务的规范。"而《行政处罚法》第 14 条第 2 款规定,"尚未制定法律、法规的,地方政府规章对违反行政管理秩序的行为,可以设定警告、通报批评或者一定数额罚款的行政处罚。罚款的限额由省、自治区、直辖市人民代表大会常务委员会规定。"

从权源角度看,地方政府的规章制定权应以"法律、行政法规、地方性法规"为依据,但对于该权源之内涵应作进一步探明,即地方政府的规章制定权之依据系"法律、行政法规、地方性法规"之基本原则抑或"法律、行政法规、地方性法规"之具体规则。若为前者,则地方政府在制定规章时可以利用法律解释方法来探寻其法源基础,于此情形地方政府之规章制定权几无限制,因而上述规范冲突无从发生;若为后者,则地方政府规章制定权则有明确的限制,于此情形下上述法律间的实然冲突则会发生。基于《立法法》地方立法权赋权与限权并存的制度设计,应采纳后一情形之观点。

因此,对于《立法法》"减损公民、法人和其他组织权利或者增加其义务"与《行政处罚法》"罚款"之规范竞合,应由全国人大常委会作出法律解释实为最佳选择。从内容上看,《立法法》第 93 条第 6 款中"减损公民、法人和其他组织权利或者增加其义务"是一个相对宽泛的概念,其范围当然可以涵盖《行政处罚法》第 14 条第 2 款"警告、通报批评或者一定数额罚款",故而二者就地方政府规章之行政处罚权之规定,形成了一般法与特别法关系。而对于特别法与一般法间的适用难题,《立法法》第 103 条规定,同一机关制定的特别规定与一般规定不一致的,适用特别规定;但考虑到此一冲突涉及地方政府规章制定权宽狭之重大问题,且两部法律均经过多次修改,故而我们认为应援引《立法法》第 105 条第 1 款规定,即"法律之间对同一事项的新的一般规定与旧的特别规定不一致,不能确定如何适用时,由全国人民代表大会常务委员会裁决"。因而,对于两部法律之间的冲突,由全国人大常委会就此问题作出法定裁决才是最佳解决方案。

值得注意的是,对此一问题,亦有学者作出否定性判断:一是因两者在适用场域存在层次差异，所以这一问题在理论层面不能成立；二是即便存在所谓的"竞合"，亦可在逻辑层面加以推演以及规范层面进行论证，对这一问题加以排除。[①] 法律法规以及规章规定的权利义务，一般都有明确的内涵及外延，而行政行为的复杂性、多样性则意味着政府及其管理部门在行政活动中对相对人可能造成的不利影响亦具有复杂、多样的特点，因而不能一概地认定为权利的减损或者义务的增加。若采取这一解释倾向，将严重挫伤地方政府制定规章的积极性和主动性。[②]

---

① 郑毅：《对我国〈立法法〉修改后若干疑难问题的诠释与回应》，载《政治与法律》2016 年第 1 期。

② 刘松山：《地方人大立法规划的十个问题》，载《地方立法研究》2020 年第 4 期。

# 第七章　创新发展区域协同立法

改革开放以来,基于地理位置、经济发展、生态保护和文化传统等因素,我国逐步形成了不同的经济区域,如长江三角洲经济区、珠江三角洲经济区和环渤海经济圈等。党的十八大以来,我国区域经济社会协调发展的趋势更加明显,尤其是京津冀协同发展等战略的提出,更是加快了区域经济社会一体化发展和协同治理的进程。区域一体化发展和区域协同治理内在地要求法治保障与协调,而这种要求首先反映在地方立法层面。所谓区域协同立法,是指特定区域内享有地方立法权的省、自治区、直辖市之间或设区的市之间,为保障和推进区域经济社会一体化发展,或者为区域公共事务治理提供更为直接的法律依据,而开展的地方立法协作活动。区域协同立法是我国立法活动领域出现的新事物,是区域发展和治理实践中各地方立法机关创新立法模式的有益探索,对我国现行立法体制的运行产生了重要影响。

## 一、区域协同立法的政策与法律依据

### (一)区域协同立法的特征与功能

区域发展与治理需要法律的保障,而立法又是法律供给的基本机制。“法律既然是社会生活的共同规范和规则,必然要有一权威机构通过一定的程序予以制定,谓之‘立法’。”[①]区域协同立法是一项专业性和综合性都很强的立法活动。专业性强是因为区域协同立法是一项专门的立法活动,涉及地方立法权限分配、地方立法权行使方式和地方立法程序等法律规定和法律理论知识。综合性强是因为区域协同立法既涉及区域立法事项协同调整,也涉及地方立法权协同行使,还涉及各地方立法机关之间的工作协调等。区域协同立法既不是中央立法,也不同于一般的地方立法,它是基于地方立法机关共同探索与协作而形成的一种立法模式,并受到区域发展与治理实践的直接影响。

第一,区域协同立法是建立在地方立法协作基础上的一种新型立法模式。地方立法是区域协同立法的基本依托。立法权属于国家公权力的基本种类之一,其行使要遵循权力法定原则,即立法权的主体、权限和行使程序等都要建立在明确的法律规定基础上,而不能违背或者超越有关法律规定。在我国,享有立法权的主体及其权限等都由《立法法》明确加以规定,并且可将相关立法主体分为中央立法主体和地方立法主体。据此,我国并不存在一种法定的区域立法主体,区域协同立法的权力只能依托于法定的中央立法权或者地方立法权。虽然中央立法机关有权对区域发展与治理事务进行立法调整,但是由于区域发展与治理事务主要属于地方性事务,依托地方立法有助于更好发挥立法对区域发展与治理的调整与保障功能。区域经济学研究者将法律方法视为区域经济管理的基本方法之一,并认为“地方经济法规对区域经济运行有着最

---

① 戚渊:《论立法权》,中国法制出版社2002年版,第10页。

直接、最广泛的影响”。[①] 从区域协同立法的字面中也不难看出，所谓的协同就是发生在特定区域内同层级与同类型的地方立法机关开展的立法协调与合作。因此，区域协同立法的权力依托是地方立法权，运行原理是地方立法协作或者地方立法权在协调基础上的合作行使。

第二，区域协同立法的制度依据有别于一般的地方立法。一般地方立法主要指省、自治区、直辖市和设区的市两级地方立法机关的立法，包括有关地方人民代表大会及其常委会制定地方性法规的活动和地方人民政府制定地方政府规章的活动，这两级地方立法机关的立法活动都以《立法法》为直接依据。区域协同立法则有所不同。区域协同立法要依托地方立法权以及《立法法》等法律法规有关立法权限和立法程序等规定，但区域协同立法活动的开展在2022年《地方各级人民代表大会和地方各级人民政府组织法》修改之前，长期以来并无直接的规定。实践中，区域协同立法的启动与开展往往要以有关区域公共政策、区域合作协议等为制度依据。这些区域公共政策或区域合作协议不仅自身具有规范属性与规范功能，同时也为区域协同立法提供了调整内容、保障对象和协作机制等，可以作为区域协同立法活动的直接制度依据。例如，《长江三角洲地区区域规划》中将本区域的发展战略定位为亚太地区重要的国家门户、全球重要的现代服务业和先进制造业中心和具有较强国际竞争力的世界级城市群等。显然，长江三角洲地区有关地方立法机关在开展协同立法时，应当将该区域规划中所确定的发展战略定位，作为其立法调整的重要内容及立法宗旨的重要指向。再如，2006年初，东北地区三个省级人民政府签订了《东北三省政府立法协作框架协议》，为该地区开展协同立法提供了直接的制度依据，也明确了东北三省协同立法重点调整的对象或事务。

第三，区域协同立法的开展深度与区域一体化发展及治理需要程度密切相关。区域协同立法是区域经济社会一体化的产物，是要回应和保

① 朱传耿、沈山、仇方道：《区域经济学》（第二版），中国社会科学出版社2007年版，第449页。

障区域治理实践的制度性活动。一个区域内各地方立法机关开展协同立法的意愿与开展效果等，从根本上取决于该区域一体化发展及其治理需要程度。如果该区域经济社会一体化发展程度不高，那么基于区域发展和治理的协同立法的需求也不会很强烈。过去十余年间，我国在省级和设区的市级两个层面制定了大量的区域发展规划，从而建构了数十个发展区域。然而，并非所有规划的区域都有着深厚的一体化发展基础，也并非所有规划的区域都得到了充分的发展。有些区域在一体化发展和治理方面进展有限，其对区域协同立法的需求也较为有限。相比较而言，京津冀地区、长江三角洲地区和粤港澳大湾区等几个区域，近年来一体化发展程度不断加深，涉及的区域治理事务越来越多，相应的体制机制改革与建设也越来越多，这些客观上都为区域协同立法提供了相应的作用空间，因此，这些区域在协同立法方面取得的成绩也更为突出。

区域协同立法是区域发展和治理实践中出现的一种新型立法模式，因此区域协同立法的首要功能是服务区域一体化发展和治理实践，满足实践中的法律需求。在区域协同立法开展过程中，有关地方立法机关的行为要遵循现行《立法法》所设定的立法体制和相关立法制度，所以区域协同立法对于我国现行立法体制和制度创新也会产生深刻影响，进而带动在立法理论上的研究与反思。综上，区域协同立法的功能主要体现在实践、制度和理论三个层面。

首先，在实践层面上，区域协同立法意在为特定区域经济社会一体化发展或区域公共事务治理提供直接的法律保障，或者消除地方立法之间的冲突与壁垒。区域发展与治理应该是一种规则治理。尽管这种规则的来源可能是法律，可能是公共政策，也可能是区域发展规划等其他规范形式，但法律的稳定性与规范效力是其他类型的规范不能替代的，因此，区域协同立法作为直接向区域发展和治理实践输出法律规则的机制，便是不可替代的。东北三省早在2006年就开始探索区域立法协作，而近年来京津冀地区和长江三角洲地区等在区域协同立法方面更是取得了实质性成果，有些是消除了地方立法差异所产生的区域内部的立法冲突,有些则是协同输出了区域一体化发展或治理所需要的共同法律规则。如上所述,可以视为区域协同立法的实践保障功能。

其次,在制度层面上,区域协同立法既是我国现行立法体制框架中的产物,反过来也充实了我国立法体制的内涵,这可以视为区域协同立法的制度创新功能。区域协同立法的出现,有助于重新定位我国中央立法和地方立法的关系。区域协同立法是各地方立法机关在遵守《立法法》基础上,充分发挥地方立法积极性的表现,是创新地方立法权行使方式的表现。由于区域协同立法有着现实需求,因此需要在制度层面及时加以调整或完善,为此种新型立法模式提供更明确和更宽阔的制度空间。概言之,区域协同立法的制度创新功能,既体现为对现行立法体制和相关立法制度的创造性运用,也体现为其对创新现行立法体制和相关立法制度所形成的潜在促动力。

最后,在理论层面上,对区域协同立法所带来的一系列实践与制度问题,需要从理论上做出科学合理的阐释或回应,这为我国立法理论研究拓展了新的空间。虽然区域协同立法取得了一定的成效,但是区域协同立法的法律依据与制度空间如何确定,区域内各地方立法机关参与协同立法的动力是什么,如何确保区域协同立法得到有效的实施等,这些都是区域协同立法所带来的理论问题。只有从理论上对上述问题做出科学合理的解答,在现有法学、政治学和经济学等相关理论基础上,构建一套与之相兼容的区域协同立法理论,才能更好地推动区域协同立法的实践和制度构建。

### (二)区域协同立法的政策依据

公共政策在区域协同立法实践中扮演着重要的角色。一方面,公共政策作为区域发展和治理实践中的一类重要规范,推动了区域经济社会一体化的进程,为区域协同立法拓展了更大的作用空间。另一方面,公共政策也为区域协同立法提供了制度性依据。区域发展与治理实践中的公共政策主要有以下3种类型。

类型一:党的报告决议和国家发展规划中的区域发展与治理政策。

党和国家历来重视通过政策方式来推动和保证区域发展和治理。例如，2000 年 10 月，中共十五届五中全会通过的《中共中央关于制定国民经济和社会发展第十个五年计划的建议》中，就把实施西部大开发、促进地区协调发展作为一项战略任务。近几届党的全国代表大会和重要决议中，都将统筹协调区域发展作为重要的战略举措加以论及。如 2012 年党的十八大报告明确："继续实施区域发展总体战略，充分发挥各地区比较优势，优先推进西部大开发，全面振兴东北地区等老工业基地，大力促进中部地区崛起，积极支持东部地区率先发展。"2017 年党的十九大报告再次强调了"区域协调发展战略"，指出要"强化举措推进西部大开发形成新格局，深化改革加快东北等老工业基地振兴，发挥优势推动中部地区崛起，创新引领率先实现东部地区优化发展，建立更加有效的区域协调发展新机制。"2022 年党的二十大报告中将"促进区域协调发展"作为"加快构建新发展格局，着力推动高质量发展"的重要组成部分，提出"深入实施区域协调发展战略、区域重大战略、主体功能区战略、新型城镇化战略，优化重大生产力布局，构建优势互补、高质量发展的区域经济布局和国土空间体系。"①

党的会议报告或决议中有关区域发展和治理的表述，反映的是作为执政党的中国共产党对于区域发展和治理的基本政策与措施，而这些政策的提出也为区域发展和治理国家政策的制定奠定了基础。

就国家发展规划而言，从 2006 年"十一五"发展规划开始，每个五年发展规划中都有关于区域发展和治理的政策表述。例如，在 2016 年编制实施的"十三五"规划纲要中，"推动区域协调发展"设置在第九篇中，开篇便提出"以区域发展总体战略为基础，以'一带一路'建设、京津冀协同发展、长江经济带发展为引领，形成沿海沿江沿线经济带为主的纵向横向经济轴带，塑造要素有序自由流动、主体功能约束有效、基本公

---

① 习近平：《高举中国特色社会主义伟大旗帜　为全面建设社会主义现代化国家而团结奋斗——在中国共产党第二十次全国代表大会上的报告(2022 年 10 月 16 日)》，人民出版社 2022 年版，第 281 页。

共服务均等、资源环境可承载的区域协调发展新格局。”该篇下设五个专章的内容用以具体阐述区域发展总体战略以及重点区域发展定位，即“深入实施区域发展总体战略（第三十七章）”“推动京津冀协同发展（第三十八章）”“推进长江经济带发展（第三十九章）”“扶持特殊类型地区发展（第四十章）”和“拓展蓝色经济空间（第四十一章）”等。由此可见，区域协调发展战略一直是作为一项基本战略被实施，并且也确实有力地推进并优化了我国区域发展格局。

类型二：国务院及其工作部门针对特定区域所制定的政策，具体包括3种情形：一是以国务院名义制定和下发的有关特定区域或特定类型区域的发展政策。例如，为了全面推动东北等老工业基地振兴，国务院分别于2014年8月和2016年4月先后出台了《关于近期支持东北振兴若干重大政策举措的意见》和《中共中央国务院关于全面振兴东北地区等老工业基地的若干意见》两个重要的政策性文件。其中，在后一个文件中，就如何加快实现东北地区等老工业基地全面振兴做了系统的规划，在明确发展总体思路和目标基础上制定了若干政策措施，然后就政府职能转变、国有企业改革、民营经济发展，以及如何融入参与“一带一路”建设和对接京津冀等经济区，构建区域合作新格局提出了具体的对策。再如，为深化泛珠江三角洲地区的合作，国务院于2016年3月出台了《关于深化泛珠三角区域合作的指导意见》，该意见就泛珠江三角洲地区如何优化区域经济发展格局、共同培育先进产业集群和推进统一市场建设等提出了一系列具体的政策性意见。

二是由国务院批准的特定区域的发展规划。此类区域公共政策一般由特定区域的政府之间合作编制或者由共同的上一级政府编制，然后由国务院发展改革委员会予以批准。自2008年以来出现的20余个区域发展规划都是通过这种方式而成为国家区域发展规划的，如国务院发展改革委员会2008年批准通过的《珠江三角洲地区改革发展规划纲要（2008－2020年）》、2009年批准通过的《辽宁沿海经济带发展规划》、2011年批准通过的《山东半岛蓝色经济区发展规划》、2012年批准通过的《黔中经济区发展规划》、2015 年批准通过的《环渤海地区合作发展纲要》和《京津冀协同发展规划》等,不一而足。此类区域发展规划对于特定区域发展和治理而言,属于本区域一项基础性制度依据,是统领该区域发展与治理各项工作的基础性规范。

三是国务院工作部门制定实施的有关促进区域发展或治理的政策。例如,2009 年 8 月,国家海洋局和山东省人民政府在济南正式签署《共同推进山东半岛蓝色经济区建设战略合作框架协议》,合力打造山东半岛蓝色经济区,促进我国海洋事业的发展。协议指出,双方将把打造山东半岛蓝色经济区作为共同的重大战略任务全力推进,在促进山东海洋经济在重点领域实现突破、科技和人才支撑、建设用海需求、海洋环境保护、海洋观测预报与防灾减灾体系建设等方面进行合作。2015 年 12 月,国家发展改革委和交通运输部联合发布《京津冀协同发展交通一体化规划》。该规划提出,要扎实推进京津冀地区交通的网络化布局、智能化管理和一体化服务,到 2020 年基本形成多节点、网格状的区域交通网络。

类型三:特定区域内地方政府制定的区域发展或治理相关的政策。特定区域内地方政府制定的区域发展或治理相关政策,指的是基于各种区域发展规划而形成的各区域内部有关政府,为了实施发展规划而合作编制或单独制定的一些公共政策。具体又包括两种情形:

一是区域内政府间合作或自行编制的具体领域或事务的发展规划。一般而言,每个区域都会有一个总括性的或者基础性的区域发展规划,而且各参与区域合作的政府都希望该基础性区域发展规划能够获得国务院批准而成为国家发展规划区域,无论是否获得国务院批准,为了贯彻落实该基础性区域发展规划,区域各政府或政府工作部门之间会以此为依据,编制实施一系列具体的发展规划。如果属于城市群区域,其所在的省政府或省政府之间会编制相应的具体规划或颁行具体的政策。例如,山东半岛蓝色经济区发展规划被国务院批准实施之后,中共山东省委山东省人民政府于 2011 年 5 月下发了《关于贯彻落实〈山东半岛蓝色经济区发展规划〉的实施意见》(鲁发[2011]8号),山东省人民政府下发了《关于金融支持山东半岛蓝色经济区发展的意见》(鲁政发[2011]50号),作为落实基础性区域发展规划的具体政策性文件。

二是区域内各政府或工作部门自行编制实施的规划或政策。例如,2015年4月《京津冀协同发展规划》批准下发后,天津市政府于7月通过《京津冀协同发展规划纲要》实施方案,将推动高铁、市郊铁路、城市轨道"三网融合";完善两港物流体系,发挥海空两港枢纽作用,增强两港载体功能;提升传统航运服务业,大力发展高端服务业,加快发展邮轮经济。同样是在《山东半岛蓝色经济区发展规划》获批实施之后,位于蓝色经济区内的烟台市政府也制定实施了《烟台市蓝色经济区发展规划》和《烟台市蓝色经济区建设专项资金管理暂行办法》等政策文件。

总之,党和国家有关区域发展和治理的全国性规划,从政策层面确认并优化了我国区域协调发展的战略格局和功能定位,也为区域协同立法提供了最高位阶的政策依据。国务院及其工作部门、特定区域内地方政府这两类主体所制定的区域发展和治理政策,既是对党和国家有关全国性区域发展规划的落实,也是结合区域发展和治理的实情或需要所做出的更具针对性的安排。无论何种主体制定的区域发展规划,都为区域协同立法提供了具体的调整或作用对象,也是区域协同立法开展重要的制度依据。

(三)区域协同立法的法律依据

政策与法律是区域一体化发展和区域公共治理所不可缺少的两类基本规范形式,两者也同时为区域协同立法提供了相应的制度空间。相比非常明确且具持续性的政策性依据,区域协同立法在很长一段时间内都缺少明确的法律依据。直到2022年10月公布的《立法法(修正草案)》中才规定了区域协同立法问题。尽管如此,这并不意味着区域协同立法在出现之初就违背了公权力法定的基本法治原则。当前区域发展与治理实践中区域协同立法所采取的模式,都在我国现行宪法和法律所设定的立法体制框架之内,尤其是宪法和法律中有关地方立法和地方政府职权的规定等,可以作为区域协同立法的法律依据。

首先,《宪法》关于中央和地方关系以及地方政府职权的相关规定,可以作为区域协同立法宪法上的依据。宪法是国家根本法,是一切国家公权力运行的根本依据。区域协同立法主要涉及中央和地方关系、地方人民代表大会和地方人民政府的职权两个宪法性问题,故宪法中相应的规定可以视为其根本依据。其中,《宪法》第 3 条第 4 款规定:"中央和地方国家机构职权的划分,遵循在中央的统一领导下,充分发挥地方的主动性、积极性的原则。"区域协同立法是地方立法机关积极探索新的立法模式,以更好调整和保障区域发展和治理事务的表现,也是宪法所规定的地方国家立法机关充分发挥其主动性和积极性的题中之义。由于区域协同立法依托地方立法而实施,而地方立法又属于有关地方人民代表大会和人民政府职权行使的方式,因此《宪法》第 99 条关于地方人民代表大会职权的规定、第 100 条关于地方性法规制定权的规定、第 104 条关于地方人民代表大会常务委员会职权的规定,以及第 107 条关于地方人民政府职权的规定,可以视为区域协同立法在立法权限上的宪法依据。

其次,《立法法》中有关区域协同法和地方立法权限与程序等相关规定,可以作为区域协同立法的直接法律依据。2022 年 10 月的《立法法(修正案)》中增加区域协同立法的规定,即"省、自治区、直辖市和设区的市,自治州的人民代表大会及其常务委员会根据区域协调发展的需要,可以协同制定地方性法规。在本行政区域或者有关区域内实施;省、自治区、直辖市和设区的市、自治州可以建立区域协同立法工作机制。"自此,我国区域协同立法开始具备了明确而直接的法律依据。《立法法》中关于地方立法权限和立法程序的相关规定,可以作为区域协同立法相对直接的法律依据,《立法法》详细规定了地方立法权限和立法程序,可以作为区域协同立法在权限和程序方面的依据。《地方各级人民代表大会和地方各级人民政府组织法》中有关地方立法权的规定,《规章制定程序条例》中有关地方政府规章制定程序的相关规定,以及各省和设区的市制定的有关地方性法规和地方政府规章制定程序条例的规定,都是区域协同立法相对直接的法律依据。

最后,《环境保护法》《水污染防治法》和《大气污染防治法》等法律法规中有关跨行政区划事务治理中地方政府职权以及区域协商协同机制的相关规定,也为区域协同立法提供了相应的作用空间和法律依据。生态环境和自然资源保护在多数情况下需要跨行政区划合作才能更好地实现。一方面,《环境保护法》等相关法律法规为地方政府设定了环境和自然资源保护的职权,这在客观上推动了各地方政府寻求通过区域合作的方式行使职权,以更好地完成法律所设定的义务或中央政府所设定的考核要求。例如,《水污染防治法》规定地方各级人民政府对本行政区域的水环境质量负责,应当及时采取措施防治水污染,同时又规定防治水污染应当按流域或者按区域进行统一规划。在这种情况下,区域协同立法作为区域合作的一种重要方式,无论对于地方政府履行本行政区域水污染防治职责,还是实现跨行政区域水污染防治,都有着积极的意义。另一方面,《环境保护法》等相关法律法规还规定了建立跨行政区划协商协同机制的要求。例如,《环境保护法》第 20 条规定,国家建立跨行政区域的重点区域、流域环境污染和生态破坏联合防治协调机制,实行统一规划、统一标准、统一监测、统一的防治措施。其他跨行政区域的环境污染和生态破坏的防治,由上级人民政府协调解决,或者由有关地方人民政府协商解决。再如,《大气污染防治法》第 2 条第 2 款规定:“防治大气污染,应当加强对燃煤、工业、机动车船、扬尘、农业等大气污染的综合防治,推行区域大气污染联合防治,对颗粒物、二氧化硫、氮氧化物、挥发性有机物、氨等大气污染物和温室气体实施协同控制。”这两部法律中所规定的跨行政区域联合防治协调机制、地方政府协商解决机制和协同控制机制等,也都为区域协同立法提供了发挥作用的空间,都可以作为区域协同立法的法律依据。

## 二、区域协同立法的法理基础、创新模式与法治意义

### (一)区域协同立法的法理基础

虽然区域协同立法是区域发展和治理中的新事物,但这种立法模式根植于我国经济、社会和治理实践之中,根植于中国特色社会主义法治实践之中,有着坚实的法理基础。对此,我们可以从经济基础、法律功能、法治动因和立法体制等方面来理解。

第一,区域协同立法的出现及其运行有着深刻的经济基础,由我国社会主义市场经济的发展所推动和决定。根据马克思主义基本原理,经济基础决定上层建筑,而法律属于上层建筑的基本内容。法律的本质是由特定社会的物质生活条件决定的。正是特定的社会物质生活条件使人们产生了法律的需要,同时又决定着法的本质、发展和功能定位等。所谓的社会物质生活条件包括与人类生存相关的地理环境、人口和物质资料的生产方式,其中物质资料的生产方式是决定性的内容。区域协同立法作为一项法律活动,其发展程度在根本上由特定区域内经济发展程度所决定,其属性则由该区域的物质生活条件所决定。如果该区域经济社会文化一体化发展程度较高,区域内部的聚合力较强,那么该区域内各地方开展协同立法的意愿就越强,也就越容易取得实质性成效。鉴于区域经济社会一体化发展从属于中国特色社会主义市场经济的发展,因此,我国社会主义市场经济的发展程度从根本上决定了区域协同立法的成效水平。

第二,区域协同立法反映了法律所具有的社会功能,尤其反映了立法对区域经济社会发展和公共事务治理的调整与保障功能。法律兼有规范功能和社会功能。其中,规范功能包括对主体行为的指引、预测、评价、教育和强制等功能,而社会功能主要是法律对于政治、经济、社会和生态环境等所能发挥的积极作用。法律的社会功能主要是一种宏观层面上的功能,是法律作为一个相对独立的系统,对于政治、经济、社会和生态环境等系统可能产生的影响。区域协同立法是向区域发展与治理

实践输出法律规则的一种基本机制,目的在于为区域发展与治理提供更为直接和有效的法律依据。尽管这种法律规则的属性、内容与作用空间从根本上取决于区域物质条件和发展实践,但区域协同立法的调整与保障功能,是区域发展与治理有效开展的必备要素。这种要素又是诸如区域公共政策和区域合作协议等其他规范无法替代的。

第三,区域发展和治理要求特定区域内的地方立法在区域层面的和谐统一,是区域协同立法实践开展的法治动因。法制统一是任何一个国家或地区法治建设应遵循和实现的基本原则。区域经济社会一体化的发展与区域公共事务治理,不仅需要在区域层面有更为直接和明确的法律规则,更要求区域层面来自不同地方立法机关所制定的法律文件应该是和谐统一的。换言之,法律体系和规则协调,同各个领域做到有法可依一样,都是法治建设的基本要求。然而,实践中由于区域层面不存在一个统一的立法主体,相关法律规则的供给主要依托区域内的各地方立法机关,而且各地方立法机关基于所在行政区划发展或治理需要,已经制定的地方性法规或地方政府规章之间,可能会由于维护本地方利益的考虑而导致各地方之间的法律冲突。王春业通过对长江三角洲区域内两省一市正在实施的地方立法条款的逐一比照,总结了三地在多个领域存在的立法冲突,如外商企业税收优惠方面的冲突、环境保护立法方面的不协调、劳动法规方面的冲突,以及道路交通安全法方面的冲突等。[①]因此,通过区域协同立法来实现地方立法在区域层面的和谐统一,是中国特色社会主义法治建设在区域层面的基本要求,也是推动区域协同立法实践开展的重要法治动因。

第四,区域协同立法建立在我国现行立法体制基础上,后者既为区域协同立法提供了权力来源,也为其限定了运行框架或作用空间。立法是一项公权力行为。在法治国家中,任何公权力的行使都需要有法律依据,都要受相应的权力体制或框架的规范或约束。区域协同立法是地方

① 王春业:《我国经济区域法制一体化研究》,人民出版社 2010 年版,第 60 ~ 67 页。

立法权行使的一种方式，因此，要受到我国现行立法体制有关中央和地方立法权力配置尤其是地方立法权限的约束，要遵循有关立法权行使程序与方式等规则要求。例如，设区的市地方立法机关是区域协同立法的重要参与主体。当设区的市地方立法机关参与区域协同立法时，需要遵循《立法法》有关设区的市地方立法权限的规定，即限于城乡建设与管理、生态文明建设、历史文化保护和基层治理等方面的事项。

（二）区域协同立法的创新模式

区域发展与治理过程中应该选择怎样的立法模式？这并不是一个容易回答的问题。中央立法和地方立法是现行立法体制框架中两类基本立法模式。然而，无论是中央立法还是地方立法都无法很好地满足区域发展与治理的法制需求。其中，中央立法受制于立法信息收集、精力和资源有限等因素，无力做到及时充分地向区域发展与治理实践输出所需的法律，而且区域发展与治理的基本主体毕竟是各地方政府，如何充分调动地方立法的积极性，才是更需努力的方向。一般地方立法同样难以独自担当起为区域发展与治理供给法律性文件的重任。“地方立法对于市场经济的形成和发展也可起到正负两方面的作用。”①在这种情况下，学者们开始探讨区域立法问题，并提出了区域立法协调、地方立法协作或者区域协同立法等理论学说，但对于区域发展和治理实践中该采用怎样的立法模式并未形成一致观点。

例如，王春业主张，由区域内各行政区划政府有关人员在协商自愿的基础上组成区域行政立法委员会，作为区域行政立法机构，经中央国家权力机关或国务院授权，就同样的或类似的事项制定能适用于各行政区划的统一的区域行政立法。② 宋方青、朱志昊曾将学者们关于选择何种区域立法模式的主张归纳为两种：一种是通过共同立法来完成对区域

① 熊英：《区域经济发展中的地方立法问题》，载刘隆亨主编《中国区域开发的法制理论与实践》，北京大学出版社2006年版，第79页。

② 王春业：《区域行政立法模式研究——以区域经济一体化为背景》，法律出版社2009年版，第2页。

立法的整合，前述王春业的主张便属于此类，另一种则是通过区域内各有权立法主体磋商协调，进而各自进入立法程序。在评述了这两种模式的合理与不足之后，两位学者提出了全国人大及其常委会专门授权的模式主张，即“将通过全国人大及其常委会授权将地方政府立法合作的磋商以形式化、制度化的方式确定下来，人大的授权并不具有实体性的内容，而更多的是程序、权限范围、审查适用等方面的规则”[①]。其实，无论学者们主张何种立法模式，其共同之处在于对地方立法的依托，也即将区域立法定位为一种特殊的地方立法，分歧在于这种特殊的地方立法是采用统一机构模式，还是磋商协调模式，抑或中央授权认可模式。

孟庆瑜曾结合京津冀地区发展与治理的实践情况，指出“立法模式选择的科学与否，直接关系到法律制度创建与法治系统运行的效果。基于京津冀协同立法的实际需要和模式创新，应该选择中央专门立法、地方协作立法和地方单行立法相结合的立法模式”[②]。尽管如此，经过一段时期的实践后，很多学者逐渐意识到统一立法模式在制度和实践层面遇到较多困难，中央立法也没有非常积极地介入区域发展与治理实践，因此许多学者的研究开始更加务实，继续回归到现行立法体制框架内，通过构建一些具体的协作机制，来稳步推进地方立法协作基础上的区域协同立法。如焦洪昌、席志文对于京津冀区域协同立法的起草，提出了4种不同的形式：(1)由京津冀三地人大法制工作部门各自负责组织起草，然后将各自起草的地方性法规文本通过一定的方式进行内容上的协调，形成区域内统一的立法草案文本。(2)由京津冀三地人大常委会协商，确定由某一地的人大常委会负责重点项目的立法草案文本的起草工作，该地在起草时积极与其他两地沟通协商，听取意见。(3)由京津冀三地人大常委会协商，确定委托给某一社会组织或学术团体，由第三方完成重点立法项目的起草工作。(4)由京津冀三地人大常委会抽调法

---

① 宋方青、朱志昊：《论我国区域立法合作》，载《政治与法律》2009年第11期。

② 孟庆瑜：《论京津冀协同发展的立法保障》，载《学习与探索》2017年第10期。

制工作部门的人员成立协同立法工作小组，就重点立法项目开展起草工作。[①]

其实，早在2008年王腊生就曾经发文对地方立法协作的目的和发展方向进行过论述，认为"地方立法协作的主要目的是在一定区域内有关立法主体对某一事项采取共同的立法行动，形成一致的行为规则。共同立法是地方立法协作的必然结果，也是地方立法协作这一概念中的最重要的组成部分"[②]。现在看来，这段有关地方立法协作的论述依然是可取的。区域立法的目的是在区域层面就特定事项的法律调整，形成一致的法律规则，从而为区域发展与治理提供和谐统一的法制保障与法治环境。至于地方立法协作可以采取哪些具体的方式，刘平有过专门的讨论与分析，认为区域立法协作具体可以有统一型、互补型和松散型三种形式。其中，统一型立法协作是指该协作立法区域内相关立法部门共同立法，文本的全部内容一致。互补型立法协作是指该协作区域内的立法主体之间共同协商，其文本的内容既有统一条款，也可有所差异。松散型立法协作是由协作区域内的地方人大或政府共同议定立法主题，但由于立法规范对象不完全一致或者立法调整手段差异较大等，可以在统一立法精神前提下，由各地立法机关分别立法而非统一文本条款。[③]

总之，从最初很多学者热衷于讨论在区域层面构建一个立法主体，统一负责区域立法活动，或者期待中央立法以直接立法或授权立法等方式的介入，到后来更多的学者主张采用协同立法的模式，可见学者们关于区域立法模式的认识经过了一个不断深入的过程，这个过程也是一个不断趋向务实的过程。

### （三）区域协同立法的法治意义

从法治建设的视角看，区域协同立法是我国社会主义法治建设实践的一项具体工作，也是推进全面依法治国的一个重要着力点。对于区域

---

① 焦洪昌、席志文：《京津冀人大协同立法的路径》，载《法学》2016年第3期。

② 王腊生：《地方立法协作重大问题探讨》，载《法治论丛》2008年第3期。

③ 刘平：《立法原理、程序与技术》，学林出版社、上海人民出版社2017年版，第133～134页。

协同立法的法治意义，我们可以从以下 4 个方面来把握：

第一，区域协同立法有助于更好地发挥立法和法律在区域发展和治理中的规范作用，进而提升区域发展和治理的规范化或法治化程度。区域发展应该是一种有序发展，区域治理也应该是一种规范治理。无论是有序发展还是规范治理，立法和法律非但不应缺位，反而应该逐渐扮演基础性和框架性角色。这是区域发展或治理规范化或法治化的题中之义。区域协同立法可以为区域发展的有序化和区域治理的规范化提供更为直接有效的法律规范，尽管这种提供可能只是建立在一种分别立法而非共同制定一部法律性文件的基础之上。

第二，区域协同立法是对我国地方立法权行使方式的有益探索，也可以视为全面依法治国所要求的科学立法和民主立法的具体实践。2014 年党的十八届四中全会通过的《中共中央关于全面推进依法治国若干重大问题的决定》中将科学立法作为全面依法治国的基本要求之一，并提出要完善我国立法体制和深入推进科学立法、民主立法。区域协同立法建立在我国现行立法体制框架基础之上，同时对于该体制框架中地方立法权传统的行使方式而言是一种创造性探索。各地方立法机关通过对地方立法权行使方式的创新，改进和充实了我国立法体制有关地方立法权行使方式的传统设定，显然是一种积极的探索与实践。不仅如此，区域内各立法机关通过协商合作方式开展立法，为区域发展和治理提供法律保障，也是贯彻民主立法原则的具体表现。

第三，区域协同立法的实施有助于在区域范围内推进执法规则的统一，这也是推进全面依法治国的内在要求。执法是法治建设的一个重要环节，而严格执法是全面依法治国的基本要求之一。在区域发展和治理实践中，跨行政区划的执法是推进区域一体化发展和公共事务治理不可或缺的手段，而影响跨行政区划执法的一个重要因素往往不是缺少法律依据，而是各地方针对同一事务所制定的法律规制存在不一致或者冲突。这种现象不仅影响了区域执法工作，也影响了区域发展的有序化和治理的规范化，不符合全面依法治国的内在要求。因此，通过区域协同立法的方式在区域层面提供相一致或相协调的法律规则,进而为区域层面的执法提供统一的法律依据,对于区域发展和治理以及法治建设而言是有益的也是必要的。

第四,由区域协同立法所引领的区域法治建设,在某种意义上会促使一种区域法治竞争局面的形成,这对于我国全面依法治国的推进具有积极意义。"全面依法治国,建设法治中国,必须高度重视区域法治发展。在不同的经济发展水平、社会结构、历史进程、文化传统和地理环境等因素的影响和作用下,当代中国不同区域间的法治发展形成了历史的差异性,这是中国这样一个东方大国的经济社会发展不平衡规律在法治建设领域中的集中体现。"①立法是法治建设的重要起点,区域发展与治理实践中出现的协同立法既是区域法治建设的一部分,也是区域法治建设的重要引擎。相对于国家法治,区域法治仍是一种地方法治。近年来,地方法治与地方法治竞争问题引发了许多学者的关注。周尚君认为:"地方法治竞争作为制度竞争的一个重要表现形式,主要是指通过立法、司法、执法和社会治理活动,实现以产权切实保障、市场监管规范、司法独立公正和执法高效文明为基本特征的地方制度供给机制和制度环境的改善,实现地方与地方之间以比较制度优势而胜出的竞争范式。"②如果区域法治是地方法治的升级版,那么区域法治竞争可以视为地方法治竞争的升级版。③ 我国法治建设内含一种普遍性的要求。区域法治竞争对应着区域经济社会的竞争,以更好地促进区域经济社会一体化以及更好地实现区域公共事务治理为其内在价值追求,旨在克服既有的行政区经济及对应的地方法治竞争的局限。因此,区域法治建设以及在此基础上出现的区域法治竞争,更加符合国家法治建设的普遍性要求,有助于更好地推进全面依法治国实践。

---

① 公丕祥:《认真对待区域法治发展》,载公丕祥主编《区域法治发展研究》第 1 卷,法律出版社 2016 年版,第 15 页。

② 周尚君:《地方法治竞争范式及其制度约束》,载《中国法学》2017 年第 3 期。

③ 陈光:《论区域法治竞争视角下的地方立法协调》,载《东方法学》2019 年第 5 期。

## 三、区域协同立法的实践样态、实施困境与改进建议

### (一)区域协同立法的实践样态

无论是理论研究者还是实务工作者,对于立法和法律在区域发展与治理实践中的作用,都有着基本的认知与共识,也都希望能够不断创新区域协同立法的实践样态,使其发挥更大的作用。相较于学者们的热烈讨论,地方立法机关在区域立法实践中秉持更加谨慎的立场。

例如,东北地区是较早开展区域立法协作的区域,早在2006年东北地区3个省级政府之间就签订了《东北三省政府立法协作框架协议》,按照该框架协议,东北三省政府的立法协作将采取3种方式:对于政府关注、群众关心的难点、热点、重点立法项目,三省将成立联合工作组;对于共性的立法项目,由一省牵头组织起草,其他两省予以配合;对于三省有共识的其他项目,由各省独立立法,而成果三省共享——这被分别概括为紧密型、半紧密型和分散型的协作。立法协作框架协议签订后,三省立法机关确也在车辆养路费征收标准统一、社会信用体系建设等领域开展过立法协作。东北三省的"立法结盟"做法一度引起广泛关注和热烈讨论。然而,东北地区三省立法协作的实际进展和所取得的成效仍属有限,很多体制机制问题仍需要进一步明确和解决。

对于近年来区域发展与治理实践中协同立法模式,宋保振、陈金钊将其概括为3种类型:一是中央制定型,即在顶层立法理念指引下,共同起草制定统一法律规范。二是示范协调型,即以区域内某省或某地域立法为主导,使用示范方法协调立法内容的"示范协调型"。三是共同协商型,即以区域为基础,各立法主体依据共同确定之立法文件进行立法的"共同协商型"。[①] 不过,正如两位学者文中论述的那样,中央制定型模式侧重由中央立法以满足全国需要,突出全国人大和国务院的职能以及立法程序的重要性。即使在运用该模式最典型的粤港澳大湾区立法

---

① 宋保振、陈金钊:《区域协同立法模式探究——以长三角为例》,载《江海学刊》2019年第6期。

中，许多体制机制问题仍在探索尚未得到有效解决。例如，粤港澳大湾区内的环境治理合作已经进行多年，但立法协同体系尚未形成，环境立法协同机构有待完善，以及环境立法协同保障机制不健全等。[①] 至于东北地区所确立的示范协调型，相关立法成果也较为有限。

相较而言，共同协商型这种松散模式由于具有适用上更强的开放性与灵活性，其更容易在实践中被接受并取得相应的成效。这种实践模式正如陈俊在讨论区域一体化进程中的地方立法协调问题时所概括的那样，“并不需要由中央事先作出批准。即便是各地经协商达成共识形成的一个共同的立法草案文本，也是由区域各地的人大或政府依照地方立法程序制定通过。在通过之后的表现形式，依然是地方立法（地方性法规或地方政府规章），并且，仍然只在各自行政区划内施行。”[②]纵观近年来区域协同立法实践，大都未超出这样的操作模式，只不过在具体的立法实践中又会呈现差异，即有些区域协同立法完全建立在各地方立法主体自行的共同协商基础上，有些则是在共同的上一级立法机关介入协调基础上共同协商。

据《法治日报》报道，2020 年 1 月 18 日，《天津市机动车和非道路移动机械排放污染防治条例》经天津市十七届人大三次会议审议通过。在此之前，河北版、北京版的这一同文本条例已分别于 1 月 11 日、17 日经两地人大会议通过，3 部条例将于 2020 年 5 月 1 日起同步施行。这标志着京津冀首部区域协同立法，同时也是全国首部区域全面协同立法项目的完成。[③] 从这一报道中，我们可以直接获知这样 3 点信息：一是京津冀地区已经开展了实质性的协同立法活动，并取得了具体的立法成果；二是京津冀区域协同立法在具体操作方面，采取的是“同一文本、分别通过”的方式；三是京津冀地区通过的该部条例，是京津冀和全国首部区域协同立法项目。2021 年 11 月，山东省人大常委会法工委组织青

---

① 谈萧、黄梦慧：《论粤港澳大湾区环境立法的协同》，载《广东行政学院学报》2020 年第 4 期。

② 陈俊：《区域一体化进程中的地方立法协调机制研究》，法律出版社 2013 年版，第 270 页。

③ 周宵鹏：《京津冀打造地方协同立法新样本》，载《法治日报》2020 年 3 月 22 日，第 1 版。

岛、烟台、潍坊、威海和日照五个设区的市法工委、海洋发展和渔业部门等，在青岛召开海洋牧场条例座谈会，形成相对统一的条文条款。之后，这五个城市在此基础上先后通过了各自的海洋牧场管理条例。这也是胶东经济区首个协同立法项目，在各自的条例中都规定了本市与其他四个设区的市在编制海洋牧场规划时相互衔接，建立海洋牧场管理信息沟通和重大时间通报制度等四个方面协同推进海洋牧场管理工作。

与上述实践模式稍有不同的是广东省汕头、潮州、揭阳三个城市关于潮剧保护的协同立法。汕头、潮州和揭阳三个城市同属潮州文化区域，潮剧是该区域重要的地方特色剧种，被誉为“南国鲜花”，是潮汕文化的核心内容和亮丽名片。这是三地开展区域协同立法的基础。2021年4月，广东省人大常委会召开协同立法工作会，确定了“一方(潮州)起草，多方征求意见，协同确定主要制度，允许保留地方特色”的工作方式。潮州人大常委会在牵头开展协同立法过程中，主动加强同汕头和揭阳两地立法机关的沟通协调，最后3个城市的人大常委会分别通过了《汕头市潮剧保护传承条例》《潮州市潮剧保护传承条例》《揭阳市潮剧保护传承条例》。这3部条例在2021年12月广东省十三届人大常委会第三十七次会议上同日获得审查批准。从这一区域协同立法实践中，我们也可以获知3点信息：一是一省之内的区域协同立法过程中，省级人大常委会可以发挥统筹协调作用，为区域协同立法确定基本方向和要求；二是区域协同立法可以采取“一方牵头、协同确定”的工作方式；三是区域协同立法并不追求立法内容的完全一致，各地方立法机关仍然可以在协同基础上保留各自的特色。

总之，作为立法实践中产生的一种新型立法模式，区域协同立法的出现一方面赋予了我国现行的立法体制以新的内涵，另一方面也为如何调整现行立法体制乃至国家结构形式，使其更好地融合于现行体制之中，提出了新的课题。刘松山认为，“理论中，对区域协同立法的主体、事项、方式及协同合作的法律性质与法律效力，迄今尚缺乏充分的研究，特别是在单一制国家中，如何确立横向行政区域之间的法律关系，需要深加注意。一些地方开展的区域协同立法实践,取得了积极经验,但是否符合宪法法律的规定,值得怀疑。"①这段论述只是从宪法角度反思了区域协同立法所面临的困境。其实,区域协同立法在实施中面临多重困境。虽然区域立法协作在理论上已经有很多讨论,在不同区域的发展与治理实践中也探索了多年,但区域协同立法实践所取得的成果依然较为有限。这为区域内各地方立法机关提出了这样的问题:区域发展与治理究竟需要怎样的立法?在对此问题进行反思和回答基础上,参与区域协同立法的各地方立法机关还是应该积极采取措施,更好地推进和实施区域协同立法,以发挥其在保障区域发展和治理实践中应有的功能。

(二)理论反思:区域发展与治理需要怎样的立法

区域发展与治理作为社会发展的一个维度,是由若干不同类别的社会关系所构成,除了其中有些社会关系或公共事务具有一定的区域属性之外,别无他异。因此,区域发展与治理过程中必然存在法律运行的必要与空间,这一点并无异议。问题在于,如何更为准确地看待那些受到区域型构的或具有区域属性的社会关系或公共事务与立法之间的关系呢?这恐怕要分情形具体视之:一是区域合作与发展的程度或深度。一般而言,区域合作与发展的时间越久、领域越宽、程度越深,各相关领域的社会关系或利益关系也越加稳定,对立法或法律的需求也会越明确。二是待立法调整的事项区域属性的强弱程度。特定区域之中并非所有的社会关系或公共事务都与区域发展有关或者具有区域属性,那些区域属性较强的社会关系或公共事务才涉及是否立法以及怎样立法的问题。三是立法调整的必要性。即使区域合作与发展到一定程度,那些区域属性较强的社会关系或公共事务也未必一定都要由立法或法律加以调整。

综合上述3种情形,立法或法律作为国家或政府推动或规制区域发展的基本手段之一,其功能和地位是不可替代的,尤其是随着区域一体化和政府行为规范化的双重加深,今后要讨论的问题不是需不需要立法

---

① 刘松山:《区域协同立法的宪法法律问题》,载《中国法律评论》2019年第4期。

或法律,而是怎样的立法或法律才更为适合或真正为区域发展和治理所需要。这里所谓的立法调整并不意味着一定要进行专门性的立法,而是指对于区域发展和治理中的某些事项既可以进行专门立法,也可以在其他立法中设置相应的条款。相关立法既可以是中央立法,也可以是地方立法,还可以是区域立法。许多学者在讨论区域立法时,往往专注于中央的专门立法等。这种思维和建议是有局限的。诚然,区域发展中许多根本性或全局性的问题需要由中央立法给出明确的规定,例如,财税制度、政府职权的授予以及区域合作协议的效力等,但这并不意味着中央专门立法是唯一适当的立法模式。如果某些区域性事项确实需要中央立法,但又不足以或不适合单独立法,立法者可以通过修改已有相关法律的方式,如增加、删减或者修改有关区域性发展事项的条款,来实现立法调整的目的。在立法层级的选择上,可以根据需要调整的区域发展或治理事项的性质、影响范围或重要程度等,来确定是中央立法还是地方立法调整。区域协同立法也可以作为区域发展所需法律的供给模式之一。至于某一事项最终选择何种立法模式,要由立法决策者根据实际需要并遵循适当原则加以确定。

区域发展与治理立法除了针对具体事务进行调整外,还有一种情形便是如《辽宁沿海经济带发展促进条例》这样的促进型的立法。这种类型的立法又在多大程度上是必要的呢?此类立法价值的大小主要受两个因素影响:区域发展的程度与立法自身的品质。其中,区域发展程度指的是特定区域内各生产要素在区域范围内优化配置的程度及所产出的实际效益,各类社会主体参与区域发展的广度与深度,以及由此而形成的对区域发展的依赖程度等。一般而言,区域发展程度越高对发展促进条例的需求度越强,后者能够作为的空间以及产生实效的可能也就越大。立法自身的品质则是指通过区域协同方式所完成的立法,是否符合科学性、民主性和合法性要求,是否具有现实意义和实践操作性等。另外,我们强调立法与法律在区域发展与治理中的作用,并不意味着法律规范的功能具有不可替代性,更不代表其他形式的规范就没有存在和作用的价值。这也是我们在反思区域发展与治理需要怎样的立法时，不能忽视的一个问题。任何迷信法律唯一性的做法，同法律虚无主义思想一样，都是有问题的。

（三）区域协同立法实施面临的三重困境

困境一：区域协同立法如何可能的理论困境。在现有的立法体制框架内推进区域协同立法，并试图将其作为满足区域发展和治理法制需求的基本依托时，我们会面临的一个无法回避的理论难题，即这种合作在理论上为何是可能的。区域协同立法并非由各方成立一个综合的立法机构，来统一负责区域发展与治理所需要的法律文件，而是建立在各地方立法机关相互协调、协同一致的基础上。区域协同立法中的“协同”主要表现在两个方面：一是立法内容上的一致或不冲突，无论是新制定有关地方性法规或地方政府规章，还是对已有立法进行修改或者清理；二是区域内各地方立法机关在立法环节或立法活动层面的协同。前者是静态上的协同，指向的是协同结果，后者是动态上的协同，指向的是立法过程。无论哪个层面上的“协同”，都是一种立法合作行为。美国经济学者奥尔森认为，“除非一个集团中人数很少，或者除非存在强制或其他某些特殊手段以使个人按照他们的共同利益行事，有理性的、寻求自我利益的个人不会采取行动以实现他们共同的或集团的利益。”[①]这虽然主要是从经济学视角基于一种理性人假设去讨论合作问题，但实际上合作困境不只是一个经济学问题，而是具有一定的普遍性，可以被用来分析大部分的合作现象，包括政治和社会等领域。据此，促使区域内各地方立法机关开展协同立法的动力何在，也即为何区域协同立法是可能的，这需要进行更为深入的理论证成与分析，而不能将其视为一种当然的行为或结果。

困境二：区域协同立法缺乏充分作用空间的制度困境。根据《立法

---

① ［美］曼瑟尔·奥尔森：《集体行动的逻辑》，陈郁等译，上海三联书店、上海人民出版社 1995 年版，第 4 页。

法》等相关法律规定，区域协同立法实践中存在两类不同的地方立法机关，分别为省级地方立法机关和设区的市地方立法机关。其中，设区的市地方立法所调整的事项限于城乡建设与管理、生态文明建设、历史文化保护、基层治理等城市管理方面的事项，难以对城市群发展和治理中的其他重要事项进行立法调整。这种情况下，就需要省级地方立法机关在必要时对一些设区的市地方立法机关无权调整的事项进行立法。如何准确地确定省级地方立法和设区的市地方立法在城市群发展中的分工与合作，现有的法律规定并不是非常明确。再者，政策的强势是城市群发展和治理中地方协同立法要面对的一个基本困境。政策和法律是制度的两种基本表现形式，当前在城市群发展和治理中主要的制度形式是政策而非法律。这虽然有其合理性，但也压缩了法律的存在和作用空间。政策的制定者同时也是法制的供给者，当地方各级政府决策者的头脑中政策意识过于浓厚时，法制就很难获得本应获得的空间，由此建立在地方立法协作基础上的区域协同立法也就举步维艰。

困境三：如何充分调动各方参与的积极性的实践困境。区域协同立法的主要功能之一是为区域治理提供法律依据，更好地推进区域治理法治化。“区域治理作为一个复杂的社会系统工程，是基于一定的经济、政治、文化和自然等因素而联系在一起的地域的政府、企业、非政府组织以及社会公众对区域公共事务进行的协调和自主治理的过程。”①概言之，区域治理所涉及的主体是多元的，而区域协同立法过程中应当尽可能充分地调动多元治理主体参与其中，以更好地提升区域协同立法的质量与实践应用。然而，即使区域协同立法在制度上可以寻得一定的运行空间，但是在区域发展和治理实践中，除了部分区域之外，协同立法并没有在所有的区域获得充分的重视，也即很多区域内的各地方立法机关对于协同立法没有表现出足够的热情。例如，作为地处东三省区域的辽宁沿海经济带，虽然东三省地区在地方立法协作方面一度风生水起，但是

① 金太军等：《区域治理中的行政协调研究》，广东人民出版社2011年版，第1页。

辽宁沿海经济带作为城市群区域类型，却没有根据城市群的特点以及其发展和治理需要，进一步探索和实践有关地方立法合作。不仅如此，由于很多区域发展规划中仍以政府投资大的项目或工程建设为主，社会公共事务的覆盖面有限，所以区域发展和治理中社会组织和公众的参与度也比较有限。这一方面压缩了区域协同立法的作用空间，另一方面也使得区域协同立法缺少更为坚实的社会基础。导致该现象的一个重要原因可能是很多区域发展规划主要是一种经济发展规划，它延续的是经济建设为中心的路线方针，而根据唯经济的发展思维所制定的区域发展规划在实施过程中，也就难以吸引社会组织和公众的充分参与，包括对立法活动的参与。当然，参与意识不高、参与机制不完善等原因也影响着社会组织和公众对区域发展和治理以及协同立法的参与。

### （四）破解区域协同立法实施困境的对策建议

准确定位区域协同立法在区域发展与治理实践中的角色，既要重视协同立法的积极作用，又要认识到协同立法自身的不足或局限，采取有针对性的改进措施，只有这样，才有助于破解当前区域协同立法实施过程中所面临的各种困境。对此，提出如下 5 点建议，供区域协同立法各相关主体参考。

第一，区域内各地方立法机关给予协同立法以更大的重视，健全开展区域协同立法所需要的相关机制。近年来，我国陆续规划了很多发展性区域，而每个区域的发展和治理都会对立法和法律产生需求。但是，并非所有的区域都非常重视区域协同立法工作。这是区域协同立法很难在实践中获得长足、深入发展的一个重要原因。因此建议区域内各地方立法机关提高对协同立法的重视程度，切实推动协同立法的开展，唯此才有可能针对实践中出现的理论与制度问题，寻求解决之策。不仅如此，区域内各地方立法机关还应该积极探索建立健全保障区域协同立法有效开展的各种机制，例如，利益协调机制和联席会议机制等。通过利益协调机制的运行，使各方能够真正意识到协同立法所能带来的收益，以及参与协同立法对于区域利益分配的重要影响。这样区域内各地方立法机关,尤其是决策者,才有更大的动力参与协同立法工作。联席会议机制发挥着立法决策、工作协调和信息分享等多重功能,对于区域协同立法的有序开展而言,是不可或缺的一种机制。区域内各有关党政机关和地方立法机关,应该健全联席会议机制并充分发挥其在协同立法中的作用。

第二,中央立法主体以更加积极但恰当的方式介入区域协同立法,为区域协同立法提供更为明确的规则支持。尽管区域协同立法主要是一种地方性的立法,但中央立法在某些方面同样不可或缺。鉴于区域协同立法在现行《宪法》和《立法法》等相关法律中缺少明确的法律依据,使得各地方立法机关无论在权限方面还是程序方面,都非常谨慎。对此,中央立法主体尤其全国人民代表大会可以考虑制定一部区域发展与治理基本法,明确认可实践中已经出现的协同立法,或者以法条授权的方式规定地方立法机关可以就哪些区域性事务开展协同立法等。这样就可以在不对现行《立法法》或立法体制做修改的情况下,赋予区域协同立法以更明确的法律地位和更大的作用空间。

第三,区域协同立法应该以解决具体问题为导向,提升协同立法自身的实践品质。区域协同立法诞生于区域发展与治理实践之中,具有很强的时代与实践意义,因此,它要以为区域发展与治理中具体事项调整提供明确而直接的法律依据,作为其存在的意义或目的。各地方立法机关在参与或开展区域协同立法时,应该以解决实际问题或调整具体事务为导向,避免制定那种较为概括的或者政策宣示色彩较浓的立法。只有增强区域协同立法自身的实践品质,才可能使协同立法的结果对区域发展与治理产生真正的实效。

第四,区域协同立法应注重和加强法律同公共政策等其他形式规范的衔接与合作。法律只是区域发展多元规范中的一种形式,它无法取代其他规范形式。立法决策者应当处理或协调好法律与其他规范形式的关系。况且,实践中立法或法律也并没有发挥出那种"唯我独尊"的实质性功能,反而是各类公共政策、合作协议和软法等规范形式在制度设计与规则输出方面扮演着重要的角色。协调好法律与其他规范之间的关系,实现法律与其他规范之间的有效衔接与合作,应当是区域协同立法决策者的基本理念。但是,应当明确立法或法律在区域一体化发展和公共治理中的主导规范地位,使区域多元规范在法治的框架内发挥各自的功能。正如石佑启、朱最新在阐述珠三角一体化的政策法律问题时指出的那样:“我们强调珠三角一体化需要法律保障,并非意味着珠三角一体化不需要政策的灵活性,只是强调在珠三角一体化中法律是第一位的,政策是第二位的,政策不能突破法律的规定,只能在法治的框架内发挥作用。”①

第五,区域协同立法应当保持开放性,确保公众参与机制的有效性。区域协同立法虽然直接指向的是区域发展和治理中的某项公共事务,但这些事务之所以具有公共性并需要通过法律加以调整,本身就意味着这些事务以及协同立法活动本身同社会公众的利益是密切相关的。这就要求区域协同立法要保持开放性,尤其是向社会公众的开放性,充分发挥已有的公众参与立法机制的作用,将社会公众或立法相关利益主体的意见、建议或诉求等,通过合理的渠道、方式或机制收集上来,真正有机地反映在区域协同立法的过程与结果之中,使公众参与对改进区域协同立法产生切实的推动作用。那样,才能从根本上赋予并保证区域协同立法的生命力,真正发挥区域协同立法在区域发展与治理中的制度功能。

---

① 石佑启、朱最新:《珠三角一体化的政策法律问题研究》,人民出版社2012年版,第67页。

# 第八章　形成宪法法律法规有效实施的监督保障制度

“天下之事，不难于立法，而难于法之必行。”随着中国特色社会主义法律体系如期形成，立法工作的重心从制定新法为主，转向立法与保障法律法规执行并重。党的十八届四中全会明确提出要形成严密的法治监督体系。2021年10月，习近平总书记在中央人大工作会议上指出，要用好宪法赋予人大的监督权，实行正确监督、有效监督、依法监督，维护国家法治统一、尊严、权威，确保法律法规得到有效实施。多年来，我国各级人大及其常委会依照宪法法律赋予的职权，在合宪性审查、备案审查、执法检查等方面不断丰富积累法治监督的方式方法，形成了独具特色的宪法法律法规有效实施的监督保障制度。

## 一、推进合宪性审查工作

合宪性，是宪法作为根本法的基本价值要求，也是宪法至上和法治原则的必然体现；而合宪性审查，则是维护宪法权威，体现宪法的生命力，推进科学立法、民主立法、依法立法，实现良法善治的重要保障。

（一）我国合宪性审查制度概况

1. 合宪性审查制度的发展历程

我国国家意义上的合宪性审查制度始于1954年宪法，该宪法第31条第6项规定：全国人大常委会有权“撤销国务院的同宪法、法律和法令相抵触的决议和命令”，只有进行合宪性审查，才能判断国务院的决议和命令是否同宪法相抵触，并最终决定可否撤销。正式确立我国国家层面的合宪性审查制度的是1982年宪法，“八二宪法”沿袭并发展了“五四宪法”所确立的合宪性审查制度的模式，现行宪法明确规定了我国的合宪性审查制度形式，第62条规定：“全国人民代表大会行使下列职权：……（二）监督宪法的实施；……”第67条规定：“全国人民代表大会常务委员会行使下列职权：（一）解释宪法，监督宪法的实施；……”[①] 2000年10月第九届全国人大常委会第三十四次委员长会议通过《行政法规、地方性法规、自治条例和单行条例、经济特区法规备案审查工作程序》、2005年12月第十届全国人大常委会第四十次委员长会议通过《司法解释备案审查工作程序》等都对合宪性审查进行了规定。2013年党的十八届三中全会通过《关于全面深化改革若干重大问题的决定》，将健全宪法监督实施机制和健全备案审查制度作为改革的具体任务。2014年党的十八届四中全会通过《关于全面推进依法治国若干重大问题的决定》，在国家层面首次明确提出“宪法监督制度”。2017年党的十九大召开，首次提出“合宪性审查”这一概念，直接推动了专门负责合宪性审查工作的专门委员会法律委员会的更名，2018年3月11日，第十三届全国人大一次会议通过宪法第44条修正案，将宪法第70条第1款规定的“全国人大法律委员会”更名为“全国人大宪法和法律委员会”；6月22日，第十三届全国人大常委会第三次会议通过了《关于全国人民代表大会宪法和法律委员会职责问题的决定》，明确宪法和法律委员会在

---

① 参见范进学：《论中国合宪性审查制度的特色与风格》，载《政法论丛》2018年第3期。

继续承担统一审议法律草案等工作的基础上，增加推动宪法实施、开展宪法解释、推进合宪性审查、加强宪法监督、配合宪法宣传等工作职责，使宪法和法律委员会行使职权有了法律依据。2018 年，习近平总书记在第十九届中央政治局第四次集体学习时指出："要完善宪法监督制度，积极稳妥推进合宪性审查工作，加强备案审查制度和能力建设。"2019 年党的十九届四中全会再次强调，推进合宪性审查工作，依法撤销和纠正违宪违法的规范性文件。2019 年 12 月，第十三届全国人大常委会第四十四次委员长会议通过了《法规、司法解释备案审查工作办法》，对在备案审查中发现合宪性问题的情形及其处理作出相关规定。

2. 国外合宪性审查的主要模式

一是普通法院审查模式。其是指普通法院在审理具体案件时，对该案件所涉及的作为该案件审理依据的法律、法规及行政命令等规范性文件，当事人及法院均有权对其合宪性质疑；法院经过审查，若认为违宪，有权在判决中拒绝适用。其中以美国的司法审查制度为代表，从普通法院进行的具体审查着手，即合宪性审查基于"事后的""特定的"具体案件展开，这种模式体现了个案性和具体性，法院的自主性很强。这是以司法权和司宪权合一为根本特点的一种模式，但"司法审查的最大缺陷在于，它以一个非民主产生的机构去审查民主选举产生的立法机构制定的法律的合宪性"①。也许司法审查的一些问题会一直存在，但谁也不能否认，这一制度的影响已波及世界。

二是宪法法院审查模式。其是指在普通法院之外专门设立宪法法院，根本特点是司法权和司宪权分立，其审查方式有两种：一种是抽象审查，即根据提请要求，直接对法律文本进行审查，在程序上不依附于某一具体案件；另一种审查方式是宪法诉愿，即某个公民认为自己宪法上的权利受到侵犯，可以先通过其他法律途径进行诉讼，当其他法律途径全部用完之后还不能得到救济时，就可以向宪法法院提起诉讼，要求宪法

① 参见汪庆华：《对谁的不信任？》，载《中外法学》2004 年第 5 期。

法院进行违宪审查，保护他宪法上的权利。[①] 虽然奥地利法学家凯尔森提出宪法法院这一概念，奥地利于1920年设立了宪法法院，但宪法法院审查模式的代表性国家是德国。德国宪法法院的特征是通过技术上的去政治化来增强合宪性审查的可接受性和权威性，采用事前审查与事后审查相结合的方式，事前审查是指在法律颁布前提出违宪审查，一旦法律被认定为违宪，则不会进行颁布；事后审查是在违宪法律导致具体诉讼发生之后进行事后审查，以保护具体当事人的宪法权利。

三是宪法委员会审查模式。设立宪法委员会的初衷在于制约议会权力，为议会的立法活动装上一个“减震”装置，被视为“一门对准议会的大炮”，因而合宪性审查就是约束议会、平衡政治的重要方式。不同于普通法院以及宪法法院的机构设计，宪法委员会将自身嵌入政治过程之中，采用了一种独立机构的形式约束议会的立法活动。它既不是法院或特殊的法院，亦非议会的组成部分。[②] 法国是宪法委员会审查模式的代表。法国宪法委员会具有以下3个特征：从其基础来看，宪法委员会的活动方式和权力特点皆是政治过程的一部分；在组织结构上，宪法委员会的成员为9人，任期为9年，不得连任，每3年更新1/3，成员中3名由共和国总统任命，3名由国民议会议长任命，3名由参议院议长任命，各前任共和国总统是宪法委员会当然的终身成员；在审查程序上，它在事前针对议会正在进行的立法进行有实质约束力的抽象审查，部分组织法法案和政治性法案必须提请审查，议会、总统、总理还可以就其他法案主动提请审查。这种模式审查的主要内容偏重于法律、法规、法律文件等抽象违宪行为，缺乏宪法的具体适用。

四是立法机关行使违宪审查权。“采用这种审查模式可以保证立法权、宪法解释权、违宪审查权等统一在国家最高权力机关，保证违宪审

---

① 林来梵：《宪法学讲义》，法律出版社2011年版，第150页。

② 参见张千帆：《宪法学导论》，法律出版社2008年版，第165页。

查的权威性和有效性。”[①]其特点体现在：第一，立法机关的地位高于其他国家机关；第二，立法机关一般不审查自己制定的法律，最主要是审查法律以下的行政法规、规章等。但是，在实践中，由于这类体制缺乏日常的专门监督机构及具体的操作程序，加之权力机关任务繁重且又多为自我监督，审查的实际效用较差。目前有立法机关行使违宪审查权的国家主要包括英国、新西兰、荷兰等。

（二）我国合宪性审查制度的主要特点

我国合宪性审查制度是一种独具中国特色与风格的审查制度，它是由党内审查与国家审查构成的二元审查机制并存与融合的混合型制度。国外的制度能够给我们一定的启示，但是制度形式的选择需要考虑具体的环境和条件。世界上没有一成不变的制度模式，只有最符合一国现实的制度。我国的合宪性审查制度既不是普通法院型的美国模式，也不是宪法法院或者宪法委员会型的欧陆模式。与国外的合宪性审查制度存在以下不同之处：

1. 理论基础不同，西方国家合宪性审查制度的理论基础主要是三权分立思想以及权力制衡理论，而我国的理论基础是人民主权理论、民主集中制理论以及人民代表大会制度下的监督理论。

2. 制度前提不同。西方国家的合宪性审查制度建立在西方政治制度基础之上，与多党制、联邦制等政党制度、选举制度、议会制度、地方自治制度的特点和要求相一致。我国则建立在人民代表大会制度基础上，体现中国共产党领导、人民当家作主、单一制国家结构、社会主义法治统一的特点和要求。

3. 功能定位不同。西方国家的主要目的主要是对议会和政府的权力进行制约，使其在宪法框定的范围内行使立法权和行政权。我国则通过纠正违宪、违法的法律法规等保障宪法实施、保证党中央令行禁止、维

① 全国人大常委会法制工作委员会法规备案审查室著：《规范性文件备案审查理论与实务》，中国民主法制出版社2020年版，第231页。

护法制统一，最终目的则是维护人民的根本利益。[①]

（三）我国合宪性审查制度的主要内容

1. 合宪性审查主体

合宪性审查的主体限于宪法确定的监督宪法实施的主体，即全国人大及其常委会。实践中，全国人大宪法和法律委员会、法制工作委员会承担宪法实施、开展宪法解释、推进合宪性审查工作等职责。党的十八大以来，全国人大常委会稳步推进合宪性审查工作，现已取得重大突破，如2021年，在第十三届全国人大常委会第三十次会议审议人口与计划生育法修正草案时，法工委提供了《关于修改人口与计划生育法涉及宪法规定问题的研究意见》的合宪性审查研究报告，作为常委会会议参阅文件，阐明了我国宪法有关计划生育的规定，具有包容性和适应性，修改人口与计划生育法符合宪法规定和精神。这在合宪性审查工作中是第一次，具有开创意义。[②]

在地方性法规、地方政府规章和其他规范性文件的起草、制定过程中，涉及宪法问题需要研究、咨询、评估的，可以由省级人大法制委、常委会法制工作机构汇总并进行初步研究；认为确有合宪性、涉宪性问题的，统一由省级人大常委会向全国人大常委会提出审查请求。例如，根据《全国人民代表大会常务委员会法制工作委员会关于2019年备案审查工作情况的报告》中提到的案例，有的地方性法规规定，公安机关交通管理部门调查交通事故时可以查阅、复制当事人通信记录。经审查认为，该规定不符合保护公民通信自由和通信秘密的原则和精神；对公民通信自由和通信秘密保护的例外只能是在特定情形下由法律作出规定，有关地方性法规所作的规定已超越立法权限。经向制定机关指出后，有关规定已经修改。

---

① 参见全国人大常委会法制工作委员会法规备案审查室著：《规范性文件备案审查理论与实务》，中国民主法制出版社2020年版，第230页。

② 参见《这一年，勇毅笃行　成果丰硕——全国人大常委会法工委2021年工作回眸》，载中国人大网，2022年3月29日。

2. 合宪性审查标准

在我国，合宪性审查之"宪"是指具有根本法地位和最高法效力的现行宪法，"合宪"是指符合现行宪法，"违宪"是指违反现行宪法。其直接标准是宪法规范，审查机关在对规范性文件进行合宪性审查时，其基本分析逻辑是：首先将争议的宪法问题纳入宪法规范的具体范畴或者领域之中；其次结合宪法精神、宪法基本原则对该宪法规范的具体含义进行解释和界定；最后得出规范性文件中所存在的宪法争议问题是否违反宪法及在何种层面上违反宪法。[①] 根据我国现状，宪法和法律委员会合宪性审查标准应分为形式合宪性审查与实质合宪性审查两个层面。

一是形式合宪性审查。就形式标准而言，宪法和法律委员会可以从制定法律的依据、立法主体权限以及立法程序是否合宪等角度进行合宪性形式审查。如果形式上不具有合宪性，那就不必对其继续进行实质合宪性审查。形式合宪是法律合宪的基础，通过建立一个形式合宪的整体审查标准，有助于宪法和法律委员会直接将法律文本与宪法文本相对比便可作出宪法判断，而无须对宪法事实进行审查。

二是实质合宪性审查。就实质标准而言，宪法和法律委员会可以使用比例原则进行合宪性审查。比例原则包括适当性、必要性以及手段与目的是否相称 3 个方面。在运用比例原则进行合宪性审查时，宪法和法律委员会要坚持谦抑性，除非有明显证据证明其违反了宪法，否则应当在逻辑上推定立法行为合乎宪法，即采用合宪性推定的价值预设进行审查。

(四) 我国合宪性审查对象

根据宪法第 5 条规定，合宪性审查对象为法律、行政法规和地方性法规；立法法第 108 条、第 110 条规定，合宪性审查对象为法律、行政法规、地方性法规、自治条例和单行条例；《法规、司法解释备案审查工作

---

① 参见胡锦光：《论我国合宪性审查与合法性审查的区别》，载《备案审查研究》2021 年第 1 辑。

办法》第 2 条、第 20 条规定，合宪性审查的对象为行政法规、监察法规、地方性法规、自治州和自治县的自治条例和单行条例、经济特区法规、司法解释及其他有关规范性文件。

由上述规定可见，宪法及有关法律等规定对合宪性审查对象的规定不太统一。合宪性审查的范围如果过于宽泛，需要考虑未来合宪性审查机构的人员是否充足，能力是否匹配，审查手段是否完备，能否减少对已有政治秩序的过度冲击；若审查范围较为狭窄，则不能完全满足社会大众对建立有效合宪性审查制度的期待。统而言之，现行立法所确定的合宪性审查对象是全国人大常委会的法律、行政法规、监察法规、地方性法规、自治条例和单行条例、授权法规、司法解释及其他有关规范性文件。

(五)我国合宪性审查程序

目前，我国合宪性审查制度还未就程序作出专门的制度性规定，实践中与全国人大常委会合法性审查程序基本相同。

1. 合宪性审查的具体机构

2018 年 6 月 22 日，第十三届全国人大常委会第三次会议通过了《关于全国人民代表大会宪法和法律委员会职责问题的决定》，明确宪法和法律委员会在继续承担统一审议法律草案等工作的基础上，增加推动宪法实施、开展宪法解释、推进合宪性审查、加强宪法监督、配合宪法宣传等工作职责，使宪法和法律委员会行使职权有了法律依据。2019 年全国人大常委会委员长会议通过的《法规、司法解释备案审查工作办法》第 20 条规定：“对法规、司法解释及其他有关规范性文件中涉及宪法的问题，宪法和法律委员会、法制工作委员会应当主动进行合宪性审查研究，提出书面审查研究意见，并及时反馈制定机关。”

由此可见，协助全国人大及其常委会进行合宪性审查的机构除宪法和法律委员会外，还包括常委会法工委。例如，2019 年 12 月，全国人大常委会法工委在向常委会报告年度备案审查工作情况时提到“2018 年对全国政协委员提出的关于对收容教育制度进行合宪性审查的提案进行了研究，在当年备案审查工作情况报告中提出了适时废止收容教育制度的建议”,体现出合宪性审查工作的相关情况。

2. 启动主体

根据立法法、《法规、司法解释备案审查工作办法》及实践中的做法,我国合宪性审查的启动主体主要是:

第一,备案审查主体。根据《立法法》第 109 条规定,行政法规报全国人大常委会备案;省、自治区、直辖市的人大及其常委会制定的地方性法规,报全国人大常委会和国务院备案;设区的市、自治州的人大及其常委会制定的地方性法规,由省、自治区的人大常委会报全国人大常委会和国务院备案;自治州、自治县的人大制定的自治条例和单行条例,由省、自治区、直辖市的人大常委会报全国人大常委会和国务院备案;根据授权制定的法规应当报授权决定规定的机关备案。根据《立法法》和《法规、司法解释备案审查工作办法》等相关规定,备案审查主体在进行备案审查时,对规范性文件中的涉宪性、合宪性问题,进行研究或审查。

第二,批准审查主体。根据宪法第 116 条规定,自治区的自治条例和单行条例,报全国人大常委会批准后生效。因此,全国人大常委会对报请批准的自治区的自治条例和单行条例的合宪性必然要进行审查。

第三,有权国家机关提出审查要求。国务院、中央军事委员会、最高人民法院、最高人民检察院和各省、自治区、直辖市的人大常委会认为行政法规、地方性法规、自治条例和单行条例、经济特区法规、司法解释同宪法相抵触,有权向全国人大常委会书面提出审查要求,由全国人大常委会办公厅报秘书长批转有关的全国人大专门委员会进行审查。

第四,公民、组织提出审查建议。除上述第三点规定的国家机关之外的其他国家机关和企业事业组织、社会团体及公民个人有权向全国人大常委会提出审查建议。

第五,人大代表、政协委员提出审查建议。例如,“2018 年全国政协十三届一次会议期间,有全国政协委员提出议案,建议对收容教育制度进行合宪性审查;2019 年全国人大二次会议期间,有 30 名全国人大代表联名提出了关于废止收容教育制度的议案。”[①]

3. 审查过程和处理

从中央有关合宪性审查的指导性文件来看，对合宪性审查工作的机制程序作出了一定安排：对法律案和相关议案中的合宪性、涉宪性问题，由全国人大宪法和法律委、常委会法制工作机构负责提出研究意见，在有关法律案修改情况汇报、审议结果报告中或者以其他适当方式作出必要的说明和反映，提出妥善处理建议。必要时，在表决通过法律案和相关议案前作出合宪性安排。对有关方面提出的合宪性审查请求，由全国人大宪法和法律委、常委会法制工作机构负责提出审查意见或者研究意见，必要时，经委员长会议审议通过后向有关方面作出书面反馈。

（六）推进合宪性审查工作的展望

党的十九大报告对合宪性审查的表述已经说明了“在政治决断层面，合宪性审查的制度或机制已经形成，所需推进者是基于已经形成的制度或机制而开展的‘工作’，而不是对现有合宪性审查的制度或机制的重构和变革”[②]。党的二十大报告对“加强宪法实施和监督”作了进一步强调，要求健全保证宪法全面实施的制度体系，更好发挥宪法在治国理政中的重要作用，维护宪法权威。[③] 因此，对于如何推进合宪性审查，应当在我国现行特色合宪性制度的基础上进行完善。

1. 进一步完善合宪性审查工作机制。宪法规定了由全国人大常委会进行宪法解释，行使宪法监督权，说明以全国人大常委会为中心构建相关工作机制具有充分的制度基础。然而，宪法虽然限定了合宪性审查的最终权力归属，但对于权力运行方式和具体工作机制却没有规定。合

---

① 沈春耀：《全国人民代表大会常务委员会法制工作委员会关于2018年备案审查工作情况的报告》。

② 祝捷：《论合宪性审查的政治决断和制度推进——基于党的十九大报告的解读》，载《法学杂志》2017年第12期。

③ 习近平：《高举中国特色社会主义伟大旗帜　为全面建设社会主义现代化国家而团结奋斗——在中国共产党第二十次全国代表大会上的报告(2022年10月16日)》，人民出版社2022年版，第41页。

宪性审查的具体制度内容需要建构和填充，既包括全国人大常委会必须加强制度机制建设、程序建设和队伍建设，也包括它要通过一定的形式联系和协调机制来充实其专业性。

2. 健全全国人大及其常委会宪法解释程序机制。这是加强宪法实施和监督的制度突破口，也是推进合宪性审查工作的必要制度建设。健全宪法解释程序机制，关键是要说明如何进行宪法解释，包括宪法解释如何启动、解释权如何行使以及解释的效力如何定位。

3. 汇编具有典型意义合宪性审查的案例。我国近年来发生的合宪性审查案件确实对合宪性审查发展的进程有一定的推动作用，但这些案件中大多数未作合宪与否的判断。合宪性审查主要的审查标准，即规范性文件内容是否与宪法规范内容、宪法精神意旨相符合。因此，在全国人大常委会的审查中，首先应该通过宪法解释等书面审查来判定规范性文件的合宪性，审查机关在审查过程中，应予阐释说明其合宪或违宪的理由，以使得提出审查主体及其他公众对此结论信服。其次，经审查后应得出被审查对象是否违宪的结论。最后，对被审查认定违宪的规范性文件的制定机关作出审查意见，必要时予以撤销。汇编具备此3点要求的案例，更有助于地方人大判断地方性法规等规范性文件是否合宪。

## 二、规范性文件备案审查新要求

规范性文件备案审查是宪法法律赋予人大及其常委会的一项重要职权，是保障宪法法律实施、维护国家法制统一的一项重要制度。汉语词典解释，“备案”意为向主管机关报告事由存案以备考查；“审查”意为检查、分析、核对有关情况并评定是否正确妥当。备案审查，顾名思义，是国家机关通过“备案”和“审查”相结合的方式对规范性文件进行监督的制度，具体指法定机关将其制定的法规、司法解释等规范性文件依规定期限和程序报送有权机关备案，由备案机关存档，并依法进行审查处理的法律制度。立法法赋予设区的市地方立法权后，立法主体数量大大增加，备案审查工作任务明显增多，维护法制统一的责任更加重大，加强备案审查工作显得更加紧迫。

(一)我国备案审查制度的发展历程

1979 年制定的《地方各级人民代表大会和地方各级人民政府组织法》(以下简称《地方组织法》)中规定,地方性法规应报全国人大常委会和国务院备案。全国人大常委会的备案审查制度开始拉开序幕。1982 年新宪法制定后,第 100 条和第 116 条分别规定了省、直辖市制定的地方法规与自治州、自治县的自治条例和单行条例的备案制度(自治区制定的自治条例和单行条例需报全国人大常委会批准,故未单独规定备案制度)。地方立法的授权得到了宪法层面的肯定,法规备案制度也首次在宪法中得到了确认。同年修订的《地方组织法》则对备案作出比宪法更为详细和完备的规定,地方性法规均需报全国人大常委会备案。到了 1995 年,《地方组织法》再次修订,该法在法规备案的基础上又加入了规章的备案制度,我国的备案制度至此基本建立起来。

从实践工作上看,1984 年全国人大常委会办公厅联络局取代政法室后,承担原来的法规备案工作。这段时期备案工作的方针是 3 个词:登记、统计、存档,不涉及审查的问题。但 1988 年以后有关方面就要求全国人大常委会对报送备案的法规进行审查,只是由于种种原因,直到 1993 年 7 月才有全国人大常委会办公厅秘书局开始这一工作。"据统计,送交八届全国人大各专门委员会审查的地方性法规近 6300 件,八届全国人大对备案法规审查了 3100 多件,全国共发现 90 多件与上位法有抵触的法规,都反馈给了地方人大。全国人大只收到 8 件反馈意见,最终只有 1 件按全国人大内务司法委员会的意见予以了纠正。"①

2000 年《立法法》的实施无疑是我国备案审查制度发展史上的一个里程碑。《立法法》中关于备案审查制度的规定主要集中表现在以下几个方面:其一,以专章对现有的备案制度进行了体系化的梳理;其二,将

---

① 王书成:《宪法审查"忧虑"及方法论寻求——合宪性推定之运用》,载《浙江学刊》2011 年第 1 期。

行政法规纳入向全国人大常委会备案的范围;其三,首次在立法层面上将“审查”与“备案”联系起来。但《立法法》第 90 条至第 92 条所规定的并不是立法机关所践行的主动审查,而是被动审查。2003 年 8 月,第十届全国人大常委会第六次委员长会议对《行政法规、地方性法规、自治条例和单行条例、经济特区法规备案审查工作程序》进行了修订,将法规审查方式修改为被动审查和主动审查相结合的方式。2004 年 5 月,全国人大常委会在法律工作委员会下增设了法规审查备案室,专门负责法规的备案审查工作。2005 年制定的《司法解释备案审查工作程序》在司法解释的备案审查问题上同样肯定了被动审查与主动审查相结合的做法。2006 年 8 月通过的《监督法》,专章对规范性文件备案审查作了规定,从两个方面进一步完善规范性文件备案审查制度:其一,规定了对立法法规定以外的地方国家机关制定的决议、决定、命令等规范性文件的备案审查;其二,规定了对司法解释的备案审查。现行宪法第 116 条规定,自治州、自治县的自治条例和单行条例,报省或者自治区的人大常委会批准后生效,并报全国人大常委会备案。现行《立法法》第 109 条规定,行政法规报全国人大常委会备案;省、自治区、直辖市的人大及其常委会制定的地方性法规,报全国人大常委会和国务院备案;设区的市、自治州的人大及其常委会制定的地方性法规,由省、自治区的人大常委会报全国人大常委会和国务院备案;自治州、自治县的人大制定的自治条例和单行条例,由省、自治区、直辖市的人大常委会报全国人大常委会和国务院备案;根据授权制定的法规应当报授权决定规定的机关备案。全国人大常委会委员长会议通过的《法规备案审查工作程序》规定,经济特区根据授权制定的法规应当在公布后的 30 日内由制定机关办公厅(室)负责报送全国人大常委会备案。全国人大常委会委员长会议通过的《司法解释备案审查工作程序》规定,最高人民法院、最高人民检察院制定的司法解释,应当自公布之日起 30 日内报送全国人大常委会备案。2019 年 12 月 16 日,第十三届全国人大常委会第四十四次委员长会议通过了《法规、司法解释备案审查工作办法》,将《法规备案审查工作程序》《司法解释备案审查工作程序》修改成统一的备案审查规定。

(二)备案审查的方式

备案审查主要有3种方式:依职权进行的审查,即主动审查;依申请进行的审查,即被动审查;有重点的专项审查,即专项审查。

1. 依职权进行的审查。也称主动审查,是指依据法律、法规赋予的职权,各相关委员会、法制工作委员会主动对报送备案的规章、决议决定和其他规范性文件进行的审查。《立法法》第111条规定,全国人民代表大会专门委员会、常务委员会工作机构可以对报送备案的行政法规、地方性法规、自治条例和单行条例等进行主动审查,并可以根据需要进行专项审查。国务院备案审查工作机构可以对报送备案的地方性法规、自治条例和单行条例,部门规章和省、自治区、直辖市的人民政府制定的规章进行主动审查,并可以根据需要进行专项审查。为进一步做好主动审查相关工作,各省均有具体细化规定,如江苏省在全国率先建立主动审查三方同步审查机制等。

2. 依申请进行的审查。也称被动审查,是指各有关委员会、法制工作委员会根据有关国家机关、社会团体、企业事业单位和公民依法书面提出的审查建议,对有关规范性文件进行的审查。《立法法》第110条规定,国务院、中央军事委员会、国家监察委员会、最高人民法院、最高人民检察院和各省、自治区、直辖市的人民代表大会常务委员会认为行政法规、地方性法规、自治条例和单行条例同宪法或者法律相抵触,或者存在合宪性、合法性问题的,可以向全国人民代表大会常务委员会书面提出进行审查的要求,由全国人民代表大会有关的专门委员会和常务委员会工作机构进行审查、提出意见。第2款规定,前款规定以外的其他国家机关和社会团体、企业事业组织以及公民认为行政法规、地方性法规、自治条例和单行条例同宪法或者法律相抵触的,可以向全国人民代表大会常务委员会书面提出进行审查的建议,由常务委员会工作机构进行审查;必要时,送有关的专门委员会进行审查、提出意见。《监督法》第32条也针对司法解释作了相应规定。提出审查要求或审查建议通常需要满足4个条件:提出主体适格、符合备案审查的范围、有明确的事项和理由、采用书面形式。随着中国特色社会主义法律体系形成并不断完善,全面依法治国不断深入,人民群众的法治意识明显增强,越来越注重通过法治手段在法律框架内表达利益诉求,维护自身合法权益。

3. 有重点的专项审查。专项审查,即为贯彻党中央重大决策部署、保障宪法法律实施或回应社会重大关切,有重点地对某方面或某领域的规范性文件进行的审查。这实质上也属于主动审查,就是组织对某一类、某一领域的法规、司法解释集中进行全面清理和审查研究。比如,为贯彻落实党中央决策部署和全国人大常委会决议要求,2018年全国人大常委会办公厅分别向国务院办公厅、最高人民法院、最高人民检察院以及各省(区、市)人大常委会发函,要求各有关方面做好生态环境保护法规、规章、司法解释等规范性文件的全面清理工作,对不符合、不衔接、不适应法律规定、中央精神、时代要求的,及时进行废止或修改,认真查找并纠正地方性法规中存在的故意"放水"、降低标准、管控不严等问题;2017年,知识产权专业108位研究生联名建议对地方立法中著名商标制度、驰名商标制度进行全面保护并给予奖励支持的规定进行审查,全国人大常委会法工委研究审查后部署各省开展专项审查清理。

### (三)新时代我国备案审查工作的实践探索

党的十八大以来,以习近平同志为核心的党中央深入推进全面依法治国,高度重视宪法实施和监督,就加强备案审查工作作出了一系列决策部署。党的十八届四中全会通过的《中共中央关于全面推进依法治国若干重大问题的决定》指出:"加强备案审查制度和能力建设,把所有规范性文件纳入备案审查范围,依法撤销和纠正违宪违法的规范性文件,禁止地方制发带有立法性质的文件。"党的十九届四中全会通过的《中共中央关于坚持和完善中国特色社会主义制度推进国家治理体系和治理能力现代化若干重大问题的决定》明确要求,加强备案审查制度和能力建设,依法撤销和纠正违宪违法的规范性文件。这就为新时代各级人大及其常委会加强和改进备案审查工作指明了方向。近年来,全国人大和地方各级人大及其常委会按照党中央的决策部署,坚持“有件必备、有备必审、有错必纠”指导方针,备案审查工作取得长足发展。

1. 全国人大常委会备案审查实践持续深化

第十二届全国人大以来,全国人大常委会将备案审查工作列入每年的工作要点和立法、监督工作计划,备案审查工作力度不断加大,实践探索持续深入,在很多方面取得突破性进展。

(1)健全工作机制,完善工作程序

2019 年 12 月 16 日,第十三届全国人大常委会第四十四次委员长会议审议通过了《法规、司法解释备案审查工作办法》,其出台使全国人大常委会的备案审查工作更加制度化、规范化,同时也为地方人大常委会开展工作提供了具体指导和参考依据。一是进一步明确了备案审查的对象范围,逐步推动地方将“一委两院”制定的有关规范性文件全部纳入备案审查范围;二是确定了备案审查工作的目标任务和指导原则;三是提出备案审查信息化建设要求;四是明确了内部职责分工和外部衔接联动机制;五是完善了备案工作程序;六是明确了专门委员会和常委会工作机构的审查职责、审查方式,完善了审查工作程序;七是明确了合宪性、政治性、合法性、适当性审查标准;八是规定了纠正处理流程,增强了纠正程序的刚性;九是建立向全国人大常委会专项报告开展备案审查工作的情况,由常委会会议审议;十是规定备案审查工作情况的反馈和公开。

(2)加大审查纠错工作力度,增强备案审查工作实效

全国人大常委会法工委综合运用主动审查、被动审查、专项审查等多种方式开展审查工作,纠正处理了有关地方性法规中增设“扣留非机动车并托运回原籍”的行政强制规定、著名商标制度的规定、“超生即辞退”的规定等;督促推动最高人民法院修改完善了《关于适用〈中华人民共和国婚姻法〉若干问题的解释(二)》第 24 条关于夫妻共同债务承担

的规定等。①

为贯彻党中央重大决策部署，配合重要法律修改，回应社会关注热点，2017 年 7 月，全国人大常委会部署开展生态环境保护类法规、规章、司法解释等规范性文件的全面清理和专项审查。2018 年，部署开展了道路交通安全领域地方性法规专项审查，对在审查中发现的地方性法规中关于对违章多次逾期未接受处理可以先予扣留机动车行驶证的规定，关于对有违法记录的机动车实行累积记分办法的规定等进行了纠正处理。2019 年 11 月，部署开展了食品药品安全方面的地方性法规专项审查和清理，22 个省（区、市）发现 91 件地方性法规存在没有及时跟进相关法律的修改、与上位法新的制度性规定不衔接、在法律责任的设定上幅度偏轻、与上位法的规定不一致等问题，各地针对这些法规均制定了详细的处理措施。2020 年部署开展了优化营商环境领域法规的专项审查以及民法典涉及领域的法规、司法解释、规范性文件专项清理等。

（3）积极参与、建立并完善备案审查衔接联动机制，增强备案审查工作合力

2015 年，按照党中央文件要求，建立与中央办公厅、国务院法制工作机构、中央军委办公厅之间的备案审查衔接联动机制。积极运用这一机制增强工作协同，在移交审查建议、共商研究意见、共享工作信息、共同培训研讨、协调解决问题等方面逐步建立起常态化工作机制。如 2018 年、2019 年向有关方面转送审查建议 100 余件。同时，积极探索建立与最高人民法院、最高人民检察院、地方人大常委会之间的备案审查工作联系机制，充分有效运用备案审查衔接联动机制，通过座谈会、共同调研等方式推动纠正存在问题的规范性文件。督促有关方面加强对规章、行政规范性文件以及地方“两院”规范性文件进行监督，确保实现规范性文件备案审查全覆盖。

---

① 参见全国人大常委会法制工作委员会法规备案审查室著：《规范性文件备案审查理论与实务》，中国民主法制出版社 2020 年版，第 24 页。

(4)向全国人大常委会专项报告备案审查工作情况制度,实现备案审查工作显性化

2017年12月24日,法制工作委员会主任沈春耀在第十二届全国人大常委会第三十一次会议上作了关于十二届全国人大以来暨2017年备案审查工作情况报告,26日全国人大常委会分组审议了工作报告。这是备案审查制度建立以来全国人大常委会首次听取和审议备案审查工作情况报告,是全国人大常委会依法行使宪法监督职权的重要体现,是推进备案审查工作的重要举措,实现了备案审查工作在全国人大常委会层面的显性化。建立备案审查工作报告制度对于进一步加强备案审查工作,更好地发挥备案审查制度功能,具有深远意义。此后,在2018年、2019年、2020年、2021年法制工作委员会又连续向全国人大常委会专项报告年度备案审查工作情况,取得良好的政治效果、法律效果、社会效果。

(5)着力加强备案审查信息化建设,全面提升工作能力和水平

自2016年以来,全国人大常委会大力推进备案审查信息化建设,通过信息化手段提升备案审查能力。经过4年多的努力,取得了几个方面的成果。一是实现法规、司法解释的电子备案,统一电子备案的格式标准。二是审查工作平台开发完成并上线运行,审查研究工作全过程、各环节都可以做到电子化。三是完成国家法律法规数据库一期建设,宪法法律、行政法规、司法解释、地方性法规数据已审核入库,数据库自2020年2月18日起开放给国务院办公厅、司法部、最高人民法院、最高人民检察院、各省级地方人大常委会试用。而且数据库即将公开发布,供公众免费使用。数据库收录的数据包括:宪法、法律、有关法律问题的决定、法律解释、行政法规、地方性法规、自治条例、单行条例、经济特区法规和司法解释电子文本。四是实现公民、组织在线提交审查建议。公民、组织可通过中国人大网首页上的"审查建议在线提交"链接,经实名注册后,在线向全国人大常委会提出对法规、司法解释的审查建议。全国人大常委会法工委通过备案审查信息平台受理审查建议,自动转入信

息平台的审查工作流程。提出审查建议的公民、组织可以在线查询审查建议的受理情况和研究处理后的反馈。五是省级地方人大均已顺利建成省级备案审查信息平台，绝大部分地方已经将信息平台的使用延伸到所有有立法权的主体，包括设区的市、自治州和自治县，有的省份还延伸到了所有县乡，实现立法主体全覆盖。

为更好地发挥备案审查制度作用，全国人大常委会多措并举提升备案审查工作能力和水平。一是加强对地方人大开展备案审查工作的指导，通过举办培训班、召开座谈会、组织调研、开展备案审查案例交流等方式加强联系、交流经验。二是加强备案审查理论建设，组织专家系列讲座，举办专题理论研讨会，总结备案审查实践规律，构建中国特色社会主义备案审查理论体系框架。三是积极宣传备案审查制度和工作，借助媒体讲好备案审查故事，使社会各方了解备案审查情况，认识备案审查作用，从而扩大备案审查制度影响。

2. 地方人大常委会的备案审查工作新实践

党的十八大以来，地方各级人大常委会积极加强备案审查工作，在机制创新、制度建设、机构队伍建设以及信息平台建设等方面，都取得了不同程度的新进展新成效。

（1）制定有关备案审查的地方性法规或者工作程序，为具体开展备案审查工作提供可操作的依据。许多地方在 2015 年立法法修改后，制定或者修改了有关备案审查的地方性法规，在全国人大常委会备案审查工作办法出台后，各地纷纷制定或者修改地方规定，进一步健全工作机制，明确备案审查范围，规范工作流程，加大纠错力度，增强制度刚性。例如，2020 年 7 月 31 日，江苏省第十三届人民代表大会常务委员会第十七次会议修订了《江苏省各级人民代表大会常务委员会规范性文件备案审查条例》。

（2）设立机构，配备人员。县级以上地方各级人大常委会根据开展备案审查工作的要求相继设立机构，省、自治区、直辖市人大常委会都已设立专门的备案审查工作机构，设区的市的人大常委会绝大多数已经设立专门工作机构从事备案审查工作，没有设立专门机构的，也都确定相关机构配备专人负责备案审查工作，大部分县市区人大也都设立了工作机构，配备了专职或兼职工作人员。

(3)根据地方特点开展规范性文件备案审查工作。一是做到有件必备，目前，地方"一府一委两院"制定的规范性文件已基本纳入同级地方人大常委会备案范围，接受人大监督。不少地方通过建立通报制度、纳入法治政府考核体系等多种形式规范制定机关报送备案的行为，对迟报、漏报、报备不规范等问题及时通报、予以纠正。二是建立听取和审议备案审查工作情况报告制度。截至 2021 年 12 月，31 个省、自治区、直辖市人大常委会和 318 个设区的市、自治州人大常委会已建立听取和审议备案审查工作情况报告制度，部分县级人大常委会也听取审议了备案审查工作情况报告。[①] 三是创新备案审查方式方法，提高审查工作质效。例如，江苏省人大常委会首创"三方同步审查机制"，加强与委员会的沟通协调，发挥委员会的专业优势，根据专家的专业特点，有选择性地对规范性文件予以审查；浙江省推动省法制办公室出台行政规范性文件统一登记、统一编号、统一发布的"三统一"制度，进一步从工作层面解决规范性文件报备范围的问题。

(四)进一步推进备案审查工作的思考

1. 备案审查工作面临的挑战

(1)有件必备有待进一步落实

法治的核心含义，是指在国家治理过程中，按照事先定好的规则办事和解决纠纷，规则面前人人平等，大家都要遵守。上位法规定公民有什么权利，下位法不能随意减损；上位法规定公民应该承担什么义务，下位法不能随意增加。如果可以随意制定规则，那么规则本身就失去了合法性，法治也无从谈起。规范性备案审查工作正是检验这一规则的重要

---

① 参见《全国人民代表大会常务委员会法制工作委员会关于 2021 年备案审查工作情况的报告》，载《备案动态》2021 年 12 月 25 日。

门槛。党中央提出有件必备,就是要把所有规范性文件的制定权纳入法治轨道进行监督,不允许存在不受监督的规范性文件,这也是建设法治国家的必然要求。我国是一个地广物博的国家,23个省、5个自治区、4个直辖市、2个特别行政区,330多个地级市、自治州,2800多个县和市辖区,3万多个乡镇。这些地方的各级人大、政府、党委、法院、检察院等,都有规范性文件制定权,因此每年制发的文件数量十分巨大。这些规范性文件,有的是直接设定权利义务,有的虽然不直接设定权利义务,但是也会对老百姓的权利义务造成各种影响。

随着备案审查力度的不断加大,存在有的制定机关主动降低文件层级的错误走向。比如,应该制定法规、司法解释的,改为制定一般规范性文件;本应制定公开发布的正式规范性文件的,改为制定内部文件或者会议纪要等非正式的文件等。这些制定机关在一定程度上达到了规避备案审查的目的。

(2)审查能力仍显不足

规范性文件备案审查工作的特点之一:层级越低的文件,需要遵守的上位法越多,不仅要符合法律,还要符合行政法规、地方性法规、上级机关的文件。且这些层级较低的文件,对老百姓的日常生活、利益影响更直接,老百姓意见也越大。因此这些文件审查起来,难度也越大。所以,对基层人大的审查能力要求应当更高。但是由于基层人大的机构、人员配备远远不足,很多都是一人一委,有的甚至没有备案审查工作机构,有的虽然有机构但是只有一人,其能力相对市、州人大和省人大的来说比较弱。甚至有的省份辖区内有几十个、上百个县,但是只有几个县开展备案审查工作,开展工作的程度也参差不齐,其主要原因是审查能力明显不足。更重要的质量问题,备案审查工作对工作人员的素质要求非常高,能够胜任工作的人,既要有政策理论水平,又要懂法律专业知识,综合协调能力要强,还要有一定的生活阅历和社会经验,可以说是政治智慧、法治水平、审查技术、工作经验的多方面结合。观察我国备案审查工作队伍的现状,虽然相比前几年有了改善,但是仍难以满足工作需求。

(3)审查流于形式

审查能力不足,从而导致用形式审查代替实质审查,造成了审查流于形式的结果。比如,有的虽然审查了,但是由于法律、政策水平不够,发现不了问题;有的机械理解审查标准,把审查等同于条文的简单比对,而不能在理解法律精神的基础上灵活运用审查标准,导致提出的审查意见质量不高甚至存在错误;有的发现了问题,但是提不出妥当的处理意见等。这些情况严重影响了规范性文件备案审查制度作用的发挥,如何在现有条件下提升审查能力,使之能够与日益提升的审查工作需要相匹配,是各级人大常委会都要思考的一个重要问题。

2. 进一步完善备案审查工作的建议

党的二十大报告明确提出"完善和加强备案审查制度",这是新时代对规范文件备案审查工作的新要求。[①] 备案审查制度的开展也要立足新起点,适应新形势,全面贯彻落实"有件必备、有备必审、有错必纠"的新要求。为进一步开创备案审查工作的新局面,还需在以下多个方面着力。

(1)以全面依法治国的大局观来推动和谋划备案审查工作

推进全面依法治国、建设社会主义法治国家的前提,是建设完备的法律体系。立法与备案审查,是建设法律体系的车之两轮、鸟之双翼,缺一不可。备案审查就是对制定规则的行为进行监督,进行合法性和适当性的检验。如果备案审查工作不到位,发挥不了作用,宪法和法律的实施就会打折、变形、走样,社会主义法治国家就无法建成。因此,各级人大常委会应当树立"不抓备案审查工作是渎职、抓得不紧是失职"的理念。因为备案审查关系到党中央决策部署的落实,关系到宪法法律实施和法制统一,关系到人民群众权利的保护,是头等大事,也是人大监督工

---

① 习近平:《高举中国特色社会主义伟大旗帜　为全面建设社会主义现代化国家而团结奋斗——在中国共产党第二十次全国代表大会上的报告(2022 年 10 月 16 日)》,人民出版社 2022 年版,第 41 页。

作中非常重要、非常有力的抓手。地方各级人大常委会有保障宪法法律在本行政区域内正确实施的职责，而对于发生的具体案件，有公安、法院去处理负责，人大只是监督。但是，如果是政府、监察委、法院、检察院制定的规章、规范性文件出了问题，则只有通过备案审查制度来纠正，人大在这件事情上责无旁贷。为了胜任繁重的备案审查工作任务，首先应当保障人员配备，省级人大常委会，其备案审查工作机构的人员起码要有5人左右，市州一级的要有3人左右，县级人大的最少也要有1～2人专职从事备案审查工作。

（2）严格落实“有件必备”

《法规、司法解释备案审查工作办法》第55条规定，地方各级人大常委会参照本办法对依法接受本级人大常委会监督的地方政府、监察委员会、人民法院、人民检察院等国家机关制定的有关规范性文件进行备案审查。这个规定是专门为地方人大常委会明确备案范围、落实“有件必备”提供一个依据。根据这一规定，凡属于人大监督对象制定的公开发布、反复适用的文件，都应向人大常委会报送备案，不允许存在游离于监督范围之外的规范性文件。地方人大常委会要尽快落实这一规定，把地方政府规章和规范性文件、地方监察委员会、地方法院、地方检察院的规范性文件都纳入同级人大常委会的备案审查范围，实现监督全覆盖。进一步规范报备行为，对制定机关迟报、漏报、报备材料不全、报备不规范等行为及时予以提醒，并督促改正。

（3）严格落实“有备必审”

要进一步加强主动审查，对备案的每一件规范性文件都要开展主动审查，不能备而不审，审查不能流于形式。主动审查是实现有备必审的主要方式，对下级或者同级机关报备的规范性文件进行逐件主动审查，不仅要发现问题，而且要全面掌握一段时期以来本地一府一委两院及下级人大等各级各类国家机关主要围绕哪些方面制定政策、发布文件、出台规章以及做出决议决定。主动审查侧重于对“制度面”的把握。只有了解本地区改革开放、法治建设、经济社会发展的重点、难点和方向、趋势,才能深入把握有关规范性文件制定发布的背景、目的及有关制度设计的含义、指向,才能进一步真正有效地开展审查。

(4)在审查实践中理解、把握、丰富和发展审查标准

审查是备案审查工作的核心环节,能不能审查发现问题,关键是对于审查标准的把握和运用。《法规、司法解释备案审查工作办法》等相关规定针对合宪性、政治性、合法性、适当性审查四个范畴专门规定了审查标准,但要学会在审查实践中理解、把握、丰富和发展审查标准。审查标准不是僵化的,而是动态的、实践的。文字不能准确、全面地概括出审查标准。真正的审查标准蕴含于每个审查的具体案例。与其说是按照审查标准开展审查,不如说是通过审查实践不断丰富和完善审查标准。地方需要总结和梳理辖区内各级人大常委会开展审查工作的案例,随时向全国人大常委会法工委报送,由法制工作委员会印发各地交流参考。通过案例交流,促进各级人大不断加深对审查标准的认识和把握。

(5)严格落实"有错必纠"

强化制度刚性,对审查中发现的问题,采用不同的处理方式,该沟通的沟通、该函询的函询、该约谈的约谈、该通报的通报、该提醒的提醒、该纠正的纠正、该撤销的撤销,制定机关同意修改的,要对其加强跟踪督促,不能久拖不决。要通过审查纠正,总体上实现杜绝立法放水、防止立法抵触、避免立法滞后的目标。

(6)普遍建立向常委会报告备案审查工作制度

全国人大常委会法工委已经连续 5 年向常委会报告备案审查工作情况。在推动各省级人大常委会建立备案审查工作报告制度的基础上,自 2019 年以来,法工委推动各省、自治区指导一到两个设区的市、自治州报告工作,并要求逐步做到全覆盖。这一安排主要是基于两方面的考虑:一是通过报告工作实现备案审查工作在常委会乃至全社会层面的显性化,使各方认识到备案审查不只是备案审查科室或者法工委、法制委层面的工作,还是常委会层面的工作。二是通过报告工作来推动工作。只有实际开展工作,才有内容可以报告。向区县一级人大常委会延伸,

逐渐实现县级以上人大常委会备案审查工作报告全覆盖。报告工作要列入常委会会议议程，在常委会会议上作口头报告并安排审议，根据审议意见修改完善后的工作报告要在常委会公报上刊登。要以报告工作为抓手，实现备案审查工作在常委会层面的显性化，推动备案审查工作不断取得实效。要通过报告工作这一制度抓手和载体，全面撬动市县两级人大常委会的备案审查工作。

(7)进一步提升备案审查能力

地方各级人大常委会应继续加强机构和队伍建设，配足、配强人员。县级人大常委会都应有备案审查工作机构和专职人员。通过业务培训、工作调研、专题研讨、经验交流、案例剖析等多种形式，持续提升队伍专业素质和能力水平。创新审查工作机制，健全备案审查信息平台，建设地方规范性文件数据库并与国家法律法规数据库相连接，充分利用信息平台和国家法律法规数据库，借助信息化手段提高审查能力，解决人手不足的问题。

(8)加强备案审查的理论研究和宣传

推动构建以备案审查为基础的中国特色宪法监督理论体系，发挥专家学者、高等院校、研究机构的积极性，加强对备案审查制度的理论研究，实现理论与实务的互动促进，探索借助外力外脑开展审查的方式和途径。充分利用新闻媒体，对备案审查制度和备案审查工作积极开展宣传，主动向社会公开备案审查工作情况，不断扩大备案审查制度的社会影响。

## 三、增强执法检查成效

开展执法检查，加强对法律法规实施情况的监督，是人大监督工作的重要组成部分，是具有中国特色的保障法律法规有效实施的重要途径。经过多年的实践和发展，执法检查以法律的形式确定下来。如今，执法检查充分发挥“法律巡视”作用，已成为保证宪法法律法规全面有效实施的一把“利剑”。

### （一）执法检查制度的产生与发展

执法检查，是指国家权力机关对宪法、法律、行政法规和地方性法规的贯彻执行情况进行的检查。人大常委会的执法检查不是一般性的工作检查，而是国家权力机关根据法律的授权，针对法律法规的实施情况开展的专门检查。执法检查的主体是各级人大常委会，执法检查的对象是法律法规实施主管部门。

据资料查询，沈阳人大首开执法检查先河。八二宪法颁布以后，由于历史原因，许多同志对法制缺乏认识，法制观念比较淡薄，以权代法、以言代法、有法不依、执法不严等侵犯法制统一和尊严的现象经常发生。1983 年 5 月，沈阳市人大常委会根据《中共中央关于印发彭真同志〈在中央政法委员会扩大会议上的讲话要点〉的通知》和辽宁省委《省委关于认真学习中央〔1983〕10 号文件，检查宪法执行情况的通知》精神，对宪法贯彻执行情况进行了为期一个月的执法检查，在社会上宣传宪法、学习宪法、牢固树立法制观念，养成遵守宪法和法律的观念，并连续 3 年对宪法贯彻落实情况进行执法检查。自沈阳市人大常委会开展执法检查后，其他一些地方人大常委会也纷纷开展了执法检查的探索。1984 年和 1985 年，北京市人大财经委连续两年组织大专院校师生、工商行政管理干部及政府法制部门干部，对《经济合同法》的实施情况进行了检查；安徽省人大常委会从 1985 年开始每年组织一次全省范围的执法检查；浙江、江苏等省人大常委会安排听取有关法律、法规实施情况的汇报；湖南、青海等省还作出关于执法检查的决定。随着立法工作的进展和法律体系的完备，法律的实施与监督被摆到越来越重要的位置。

第七届全国人大常委会肯定了这一做法，在常委会工作要点中作了相应的规定。1991 年 12 月，万里委员长总结地方人大的经验时明确指出："一定要抓好法律制定后的贯彻执行，这方面要下力量进行监督和检查。人大常委会要把制定法律和法律制定后的监督检查放在同等重要地位。"1992 年 2 月万里又在第七届全国人大常委会第二十四次会议上的讲话中指出，对所有法律实施的情况，都要进行检查监督，特别要加强对宪法实施的检查监督。[①] 此后,执法检查成为全国人大和地方各级人大常委会进行法律监督的主要方式。

1993年9月,第八届全国人大常委会第三次会议制定了《全国人民代表大会常务委员会关于加强对法律实施情况检查监督的若干规定》。这一规定总结了各地人大常委会开展执法检查的经验,明确了执法检查的性质、开展执法检查的原则和要求、执法检查报告的提出和审议等内容。这一规定促进了全国人大常委会的执法检查活动,也对地方人大常委会开展执法检查工作具有重要的指导和示范作用。以此为依据,全国很多省、市、自治区开始以立法的形式,对执法检查情况进行总结和规范。例如,1995年4月,四川省人大常委会通过了《四川省各级人大常委会加强对法律实施情况检查监督的规定》;1996年12月广东省人大常委会通过了《广东省各级人民代表大会常务委员会执法检查工作规定》。2006年8月,第十届全国人大常委会第二十三次会议通过《中华人民共和国各级人民代表大会常务委员会监督法》,对执法检查作出了专章规定,将执法检查作为人大常委会监督工作7种方式之一,予以明确规定。执法检查作为监督的重要方式,已成为地方各级人大常委会工作的一项主要内容,并日趋规范。[②]

### (二)党的十八大以来执法检查的实践探索

近年来,各级人大常委会不断加大执法检查的力度,进行了许多创新实践。十三届全国人大常委会从健全完善中国特色社会主义法治体系的高度着眼,把立法和法律实施情况检查放在同等重要地位统筹谋划、一体推进。2021年,第十三届全国人大常委会第106次委员长会议又通过了《全国人大常委会执法检查工作办法》,从执法检查的选题、组织开展、报告和审议、研究处理和反馈等方面对执法检查进行了全面规范。全国31个省级人大常委会也陆续制定了监督条例或有关执法检查

---

① 百度资料:《万里文选》第641页。

② 参见《纪念地方人大设立常委会40周年》,载中国人大网。

的规定。栗战书委员长多次就执法检查工作发表讲话，强调要坚决克服法律监督中的“粗、宽、松、软”现象。全国人大常委会推出加强执法检查工作的一系列新做法新举措，探索形成了包括选题、组织、报告、审议、整改、反馈6个环节的全链条工作流程。

1. 科学选题，确定好执法检查项目

我国法律法规数量众多，而各级人大常委会每年能够开展的执法检查数量有限，要让这项监督工作充分发挥作用，首先就要科学选择、合理确定执法检查项目。根据监督法第22条规定，各级人大常委会参照本法第9条规定的途径，每年选择若干关系改革发展稳定大局和群众切身利益、社会普遍关注的重大问题，有计划地对有关法律、法规实施情况组织执法检查。按照这一要求，执法检查项目的确定和计划的安排，主要围绕以下3个方面：

一是围绕党和国家的工作中心与改革发展稳定大局，选择执法检查项目。如近年来，全国人大常委会围绕党中央确定的环境污染防治、精准脱贫、风险防控三大攻坚战，先后将大气污染防治、水污染防治、固体废物污染环境防治、土壤污染防治、传染病防治等纳入执法检查项目。

二是围绕涉及人民群众切身利益、社会普遍关注的法律法规，确定执法检查项目。如全国人大常委会就食品安全、农产品质量安全、就业促进、反不正当竞争等方面的法律，相继开展执法检查。

三是围绕法律法规的实施执行情况，针对突出问题，确定执法检查项目，例如，对法律法规的实施执行重视不够、认识不到位、实施不正确、保障不够有力等，通过执法检查推动解决。[①]

常委会年度执法检查计划，经委员长会议或者主任会议通过，印发常委会组成人员并向社会公布。公布执法检查计划，目的是要听取社会各方面对拟检查法律法规实施情况的意见，这是增强执法检查效果的重

① 参见许安标：《坚持正确监督、有效监督、依法监督——新时代加强改进人大监督工作的实践与探索》，载《中国法律评论》2021年第5期。

要方式。

2. 精心组织，确保执法检查顺利进行

俗话说："不打无准备之仗。"根据年度执法检查计划，负责具体组织实施执法检查的有关专门委员会或者常委会工作机构应当把准备工作做足做实做细，为执法检查的顺利进行打下良好基础。主要从以下几方面开展工作：

一是深入开展前期调研，全面了解法律法规实施情况，查找薄弱环节、主要问题并提出改进执法、司法工作的初步建议，形成调研报告提交检查组。

二是通过组织召开由有关单位、专家学者、从业人员以及群众代表参加的座谈会等途径广泛听取意见，多方位收集信息，及时向检查组反映。

三是拟定周密细致的执法检查方案，明确检查的重点内容、时间地点、步骤方式等事项。方案要具体详细，对各项工作任务进行细化分解并设定完成时限，务必做到分工明确、责任到人、进度明晰，避免有些工作无人做、有些工作多头管、有些工作完不成。考察地点的选择既要到工作开展好的地方去总结经验，更要到困难较多、情况复杂的地方去研究解决问题。

四是组织检查组成员和工作人员就法律法规和有关知识进行学习培训，为执法检查的顺利开展做好知识储备。要把执法检查同人大常委会及其机关的学习培训紧密结合起来，将其纳入常委会专题讲座和机关培训工作计划。

五是组织召开好"一府两院"的情况汇报会。考虑到许多法律法规的实施涉及多个政府部门，人大常委会应要求本级政府主要负责同志前来汇报、介绍情况。

3. 开拓创新，不断丰富执法检查方式方法

了解法律法规实施的真实情况，是执法检查工作取得实效的基础和前提。检查组要根据所检查法律法规的内容和特点，采取相适应的方式

方法,深入实际、深入基层了解情况,深入群众、深入一线听取人民群众的诉求和反映的问题。常委会组织开展执法检查,具体有两种方式:

一是直接检查。常委会根据年度执法检查计划,按照精干、效能的原则,组织执法检查组。执法检查组的组成人员,从本级人大常委会组成人员以及本级人大有关专门委员会组成人员中确定,并可以邀请本级人大代表参加。执法检查组组长一般由委员长会议或主任会议成员担任,副组长由相关专门委员会的主任委员或工作委员会的主任担任。执法检查工作由本级人大有关专门委员会或者常委会有关工作机构具体组织实施。

二是委托检查。全国人大常委会和省级人大常委会根据需要,可以委托下一级人大常委会对有关法律、法规在本行政区域内的实施情况进行检查。受委托的人大常委会应当将检查情况书面报送上一级人大常委会。

全国人大常委会的执法检查主要采取下列方式:(1)召开座谈会;(2)实地检查;(3)委托第三方机构开展评估或课题研究;(4)查阅有关资料;(5)问卷调查。

以 2018 年全国人大常委会开展大气污染防治法为例,在检查中不断创新工作方法,让执法检查更具实效:

一是分成 4 个检查组分别赴河南、内蒙古、山西、陕西、山东、河北、安徽、江苏等 8 个省区实地检查,同时委托其他省级人大常委会开展自查,实现执法检查“全覆盖”。

二是检查组按照“依照法定职责、限于法定范围、遵守法定程序”的要求,分别召开五级人大代表、一线执法人员和部分企业负责人座谈会,听取意见建议。

三是检查组先后对政府部门和企业负责人进行了大气法问卷调查,分为“政府部门法律责任”和“企业法律责任”两卷,每卷各有 10 道选择题,均选自大气法的内容。答卷结果显示,政府部门负责人答卷正确率仅为 31.2%,企业负责人竟无一人全答对。

四是采取“明察”“暗访”相结合。两者结果大相径庭，“明察”看到的多是以治理成效和经验为主的好典型，“暗访”发现的多是不同程度的违法问题。例如，有的地方仍然在搞以牺牲环境为代价的“黑色增长”，假治理、走过场、应付检查，当地政府干部当着抽查小组的面竟然谎称企业早已关停。有的企业治污主体责任落实不到位，没有依法安装在线监控等环保设施，有的即使安装了环保设施也不运行，被抽查的一家企业环保设施上面布满了灰尘，仪器指针显示为“0”。有的矿山无序开采，缺乏矿产开发和生态修复规划，开采和加工过程缺乏必要的扬尘治理措施……这些违法问题表明，无论是政府部门还是企业，都没有认真履行法律责任，管理粗放，导致治理和关停的力度不到位，处罚力度和责任追究不到位。①

2019 年 3 月，全国人大常委会召开水污染防治法实施情况专家评估座谈会。专家从各自专业角度就水污染防治法实施情况作了发言，这是全国人大常委会第一次在执法检查中引入第三方评估。

4. 抓住重点，提高执法检查报告质量

执法检查报告既是执法检查工作成果的集中反映，也是“一府一委两院”进行整改的重要依据之一。按照监督法第 26 条的规定，执法检查报告应包括“对所检查的法律、法规实施情况进行评价”“提出执法中存在的问题和改进执法工作的建议”以及“对有关法律、法规提出修改完善的建议”3 部分内容。要提高执法检查报告质量，就要着重在这 3 部分内容上下大力气、下真功夫。首先，对法律法规实施情况进行评价务必要客观真实，实事求是地总结有关执法、司法工作。要尽可能多用翔实的数据说明情况，采用的事例要具有代表性。其次，“提出执法中存在的问题”务必要做到准确无误、符合实际，同时要突出重点、抓住关键，不能眉毛胡子一把抓。“改进执法工作的建议”要有针对性、可操作

① 参见《蓝天保卫战　法律剑出鞘——全国人大常委会大气污染防治法执法检查综述》，载《人民日报》2018 年 7 月 9 日。

性，能够有效解决当前执法、司法工作中的主要问题，能够进一步推动法律法规的贯彻实施。

撰写检查报告要敢于较真碰硬，坚持用事实说话，通过准确、翔实案例和数据讲成效、查问题、析原因、提建议，让法律条文“长出的利齿有力咬合”，真正形成监督压力。例如，“2019 年 12 月 24 日第十三届全国人大常委会第十五次会议审议的渔业法执法检查报告，全文提及法条 67 次，涉及法条 31 条（占该法全部条文的 62%），无论是评估法律实施情况、查找存在问题，还是提出整改意见，都充分体现了用法说话、以事见责，具有很强的针对性。”①

5. 创新机制，提高执法检查审议质量

首先，为让更多的常委会组成人员及时了解法律法规实施情况，在执法检查工作正式启动时，由“一府两院”向本级人大常委会而非检查组汇报有关工作情况并提供参阅材料。

其次，检查组及时向常委会组成人员提供有关材料，如赴地方进行检查的分报告在完成后应连同地方有关材料立即向常委会组成人员提供而不用等到常委会会议审议执法检查报告时才集中统一提交，从而使常委会组成人员能够尽早掌握执法检查工作和法律法规实施的有关情况。

最后，为保证常委会组成人员有相对充裕的时间提出审议意见，在常委会会议期间除分组审议执法检查报告外，常委会组成人员在听取执法检查报告后可以随时提交书面审议意见。同时，充分利用现代信息设备创新执法检查的报告方式，为常委会组成人员更加直观地获取信息、从而更好地对报告进行审议创造条件。如全国人大常委会 2014 年开展的旅游法执法检查，采用了口头和视频相结合的报告方式，张德江委员长在十二届全国人大三次会议上所作的常委会工作报告中对这种做法给予了肯定。此外，常委会组成人员也要主动了解法律法规实施情况，

① 李伟：《增强执法检查监督刚性的实践探索》，载《人大工作研究》2020 年第 32 期。

认真研究有关问题,积极准备审议意见。审议发言要坚持问题导向,深入分析问题成因,并对法律法规的正确有效实施提出有针对性和可操作性的意见建议,绝不能泛泛而谈,大而化之。

6. 督促整改,保证执法检查取得实效

整改落实是执法检查工作成果的最终体现。人大常委会听取和审议执法检查报告并不意味着执法检查工作的结束,而是标志着执法检查进入了"出实效"的新阶段。各级人大常委会在总结经验的基础上,采取更加有效的方式督促"一府两院"进行整改,确保执法检查报告和常委会组成人员的审议意见受到重视、得到有效落实。

一是严格把关。人大有关专门委员会或者常委会工作机构密切关注、及时了解整改工作的进展情况,一方面听取整改机关的工作汇报,另一方面也深入实际开展调研,深入群众听取意见,"耳听""眼看"并举,掌握整改工作的真实情况,及时向常委会报告。在收到"一府两院"送交的关于研究处理执法检查报告和常委会组成人员审议意见情况的报告征求意见稿时,认真对待,仔细研究报告中的整改措施能否解决执法检查报告和常委会组成人员审议意见中提出的问题、能否推动法律法规的正确有效实施,实事求是地提出修改意见和建议,保证研究处理情况的报告质量。

二是切实做好审议工作。按照监督法第 27 条的规定,对于"一府两院"提交的研究处理情况的报告,"必要时,由委员长会议或者主任会议决定提请常务委员会审议"。长期以来,大部分研究处理情况的报告都只是以书面形式向人大常委会提交,人大常委会只是将报告印发其组成人员但并不对报告进行审议。近年来,一些地方人大常委会为增强执法检查工作实效,对部分法律法规实施机关提交的研究处理情况的报告进行了审议,并要求其负责人向常委会会议作报告。

三是强化跟踪检查。首先,常委会或者受其委托的有关专门委员会、常委会工作机构依法开展跟踪检查时,对于执法检查报告和常委会组成人员审议意见中所反映的重要问题"咬定青山不放松",督促整改机关拿出行之有效的政策举措,确保问题切实得到解决。其次,人大常委会工作报告中对“一府两院”的整改落实情况充分加以反映,把执法检查同人大代表审议常委会以及“一府两院”的工作报告紧密结合起来,通过人民代表大会这一平台督促“一府两院”进行整改。此外,对于敷衍塞责、不认真进行整改的法律法规实施机关,执法检查组及时约谈其负责人。人大常委会还可以综合运用听取和审议“一府两院”的专项工作报告、询问和质询、特定问题调查等监督方式,形成合力推动法律法规实施;必要时可以依法作出决议、决定,形成具有法律效力的文件推动整改工作深入进行。

(三)增强执法检查成效的思考

执法检查在人大常委会监督中,日益成为显性的监督方式,实效性不断增强,但与党中央要求和人民群众的期望相比,还有进一步改善和提升的空间。栗战书委员长对做好执法检查工作、增强监督实效,提出明确要求,指出“开展执法检查,就要以法律规定为准绳,一个条款一个条款对照检查,把法律制度的引领、规范、保障作用充分发挥出来”。[①]

一是要准确把握执法检查的定位和目的。人大执法检查是国家权力机关对法律实施情况的检查监督,不同于一般的工作检查、行政督察,也不是一般的工作调研、工作指导,目的是保证法律全面有效实施,让法律制度的牙齿真正“咬合”起来。要依照法定职责、限于法定范围、遵守法定程序开展检查,不直接处理问题,不代行“一府一委两院”的职权,而是督促有关国家机关把法律执行到位、落到实处。

二是要紧扣法律法规规定开展检查。法律法规是党的主张和人民意志的集中体现,是治国理政最大的规矩,是社会共同遵守的最大公约数。法律法规的权威和效力要比一般的号召和政策措施大得多、管用得多。法律法规的每一条规定都经过深入调研、反复论证,是对经验规律的总结,凝聚着各方共识,具有很强的针对性和可操作性,为依法开展相

---

① 栗战书:《做好执法检查工作、增强监督实效》,载中国人大网,2019 年 7 月 11 日。

关工作提供了依据和遵循。开展执法检查,就要以法律规定为准绳,一个条款一个条款对照检查,把法律制度的引领、规范、保障作用充分发挥出来。法律各项规定真正落到实处,工作就能取得事半功倍的效果。

三是要坚持问题导向,创新工作方式方法。执法检查既要了解法律法规实施的全面情况,更要善于抓问题、抓典型、抓案例,通过"解剖麻雀"以点带面,找准影响法律法规实施的症结关键和深层次原因。要敢于动真碰硬,该曝光的曝光,该点名的点名,不搞遮遮掩掩、语焉不详,真正形成监督压力。如引入第三方评估、加大暗访暗查力度、推进法律知识问卷调查常态化等。

四是要起草好、审议好执法检查报告。因为执法检查与一般工作调研、指导、检查、督察不同,因此,执法检查报告也不同于一般的调研报告、工作报告。执法检查报告主要是报告相关法律法规落实情况的,不是报告这部法律法规所涉及的这一领域工作的;不是评功摆好,而更多的是查找法律实施存在问题的;不是论述道理,而是提出明确具体的落实法律的要求;不是对政府和有关方面提出改进工作的建议,而是强调政府和有关方面必须严格履行法律责任。报告要如实反映法律实施情况特别是存在的问题,用准确翔实、硬硬梆梆、有说服力的案例和数据说话。常委会组成人员审议报告时也要聚焦法律实施,提前准备、深入思考,做到言之有物、言之有理、言之有据、言之可行。

五是要抓好督促落实工作,务求取得实效。常委会工作机构要及时将审议意见连同执法检查报告送有关方面研究处理。有关专门委员会要加强跟踪监督,督促有关方面认真研究改进工作,完善制度机制,并在规定期限内向常委会报告整改落实情况。对法律实施中一些长期得不到解决的突出问题,可以再次组织执法检查或者听取审议相关专项工作报告、开展专题调研、满意度测评等,持续监督,一抓到底,确保取得实实在在的效果。

## 四、不断开拓有效保证法律法规实施的新途径

### (一)立法后评估制度

1. 立法后评估的概念

从立法后评估的实践活动来看,全国各个省份对其概念规定并不一致,如江苏省称为“立法后评估”,福建省称为“立法效果评估”,云南省称为“立法回头看”,江西省称为“法规质量评价”;从理论研究方面来说,有的专家主张使用“法律绩效评估”,有的称“法规实施效果反馈”。随着“立法后评估”这一新制度在各地实践中的多次使用,全国人大常委会和国务院也都是使用“立法后评估”这一概念。立法后评估,一般是指在法律、法规颁布实施一段时间后,结合法律、法规的实施情况,包括取得的成效、存在的问题,对特定的法律、法规所进行的评价,目的在于更好地实施、修改完善被评估的法律、法规,并从中总结经验,为开展相关立法提供借鉴和指导。

地方人大开展的立法后评估,是在地方性法规制定出台并实施一段时间后,按照规定的程序和标准,运用科学的方法,以委托第三方等形式,对地方性法规的立法情况、执行情况进行综合评价,针对存在的问题,提出完善立法和改进执法等评估意见的活动,实现“良法善治”,有利于促进法规的有效实施。通过立法后评估,分析是立法本身的问题还是执法的问题以及这些问题背后的原因,发现法律法规实施中存在的问题;通过立法后评估,使立法机关对立法的实施绩效、立法预期和立法实效之间的差距以及立法技术等方面的欠缺有一个清楚的认识,从而吸取经验教训,提高立法水平。

2. 立法后评估的实践探索

(1)实践探索

有部分人大工作者和学者的研究表明,我国立法后评估工作首先是从地方开始的。早在1997年,广州市人大常委会法工委就对该市1992年至1996年制定的8件地方性法规进行了称之为“立法检查”的立法

后评估工作。随后,多地地方人大相继开展了立法后评估工作的探索和实践。

2000 年以来,山东省先后对省私营企业和个体工商户权益保护条例、产品质量法实施办法、法律援助条例和就业促进条例进行了立法回头看。其评估的重点在于权利和义务的设置是否合理,公民的权利是否得到了切实的保障及法规的执行情况等。

2004 年以来,云南省先后对省邮政条例、广播电视管理条例和农村土地承包条例进行了立法回头看,其工作的重点主要在法规的实施效果、其是否与上位法发生冲突、法规实施中存在的问题、其是否具有可操作性等。

2010 年,全国人大常委会首次开展立法后评估试点工作,对科学技术进步法和农业机械化促进法中的有关制度进行立法后评估。2011 年 6 月,第十一届全国人大常委会第二十一次会议审议了全国人大常委会法制工作委员会关于立法后评估试点工作情况的报告。这也是全国人大常委会首次审议立法后评估报告。

2011 年,江苏省对《江苏省道路运输市场管理条例》进行了立法后评估,通过问卷调查、专题调研、公开征求意见、实地考察、委托评估等方式认真开展评估工作,形成报告并报送省人大常委会,在规范道路运输经营活动、维护道路运输市场秩序方面,发挥了重要作用。

2018 年,广东省佛山市采取听取法规实施部门自评汇报、第三方评估、座谈会、实地考察等形式,对《佛山市机动车和非道路移动机械排气污染防治条例》《佛山市历史文化街区和历史建筑保护条例》实施的基本情况、涉及制度的执行情况以及条例存在的缺陷和不足开展了立法后评估。

2022 年,江苏省拟通过省人大监察司法委等 6 个专工委和 6 家省人大常委会立法研究与服务基地相结合的方式,对省社区矫正工作条例、发展规划条例、河道管理条例、学前教育条例、保护和促进华侨投资条例和湿地保护条例进行立法后评估工作,以期有利于保障法规的实施和修改。

(2)制度建设

2004 年国务院发布《全面推进依法行政实施纲要》第 18 条规定:“建立和完善行政法规、规章修改、废止的工作制度和规章、规范性文件的定期清理制度。要适应完善社会主义市场经济体制、扩大对外开放和社会全面进步的需要,适时对现行行政法规、规章进行修改或者废止,切实解决法律规范之间的矛盾和冲突。规章、规范性文件施行后,制定机关、实施机关应当定期对其实施情况进行评估。实施机关应当将评估意见报告制定机关;制定机关要定期对规章、规范性文件进行清理。”这是国家首次从制度规定层面要求开展立法后评估工作。

2012 年 9 月 25 日,广州市第十四届人大常委会第七次会议通过《广州市人大常委会立法后评估办法》,对评估主体和对象、评估准备工作、量化评估指标、评估方式和评估程序、评估成果的应用等作了较为全面、合理的规定。

2013 年 6 月 18 日,南京市第十五届人民代表大会常务委员会第八次主任会议通过《南京市人大常委会立法后评估办法》,对评估主体、对象和标准等作出明确规定。

2015 年,立法法修改,赋予所有设区的市、自治州和 4 个不设区的地级市地方立法权,增加法律通过前评估、法律清理、制定配套规定、立法后评估等一系列推进科学立法的措施,其中明确规定“全国人民代表大会有关的专门委员会、常务委员会工作机构对有关法律或者法律中有关规定进行立法后评估。评估情况应当向常务委员会报告”。

此后,《江苏省人民代表大会常务委员会立法后评估办法》《安徽省人大常委会立法后评估办法》《合肥市人民代表大会常务委员会立法后评估办法》《兰州市人民代表大会常务委员会立法后评估办法》《临沂市人民代表大会常务委员会立法后评估办法》等成果也相继“出炉”,立法后评估制度逐渐建立健全。这些制度规定都要求通过对重点立法开展立法后评估,发现执行中存在的问题,从而对法律法规进行修改完善,将人大立法和监督紧密结合起来，通过监督来提高立法质量。

3. 完善立法后评估制度的思考

建立健全立法后评估制度对提高立法质量和法律法规实施有着重要意义。立法后评估制度的内容包括：评估主体、评估对象、评估内容、评估标准、评估方法、评估程序等多个方面，这些方面互相联系、共同作用。做好立法后评估工作，需要围绕这些方面进一步完善相关制度。

1. 明确评估主体

目前我国的立法后评估主要体现为内部评估，虽说这样更容易获得立法与执法信息、有充分的经费保障、评估结论更能得到重视等，但也存在不可避免的缺陷，主要体现为：一是评估活动容易流于形式，只注重形式化的开展，不注重评估程序、评估标准的设计，甚至不注重立法后评估的结果及其运用；二是由立法机关自己评价自己制定的法律法规，使评价结果的公正性大受置疑。①

实践中，有的以立法机关的内部组成机构作为组织实施主体，如江西省的三次立法后评估，其组织实施主体均为省人大法制委员会和省人大常委会法制工作委员会；有的以立法机关的组成机构与对口管理部门联合组成立法后评估的组织实施主体，如北京市人大常委会对市城市规划条例的评估，其组织实施主体就是市人大常委会法制办、市人大有关专门委员会和市政府有关部门；"有的以对口政府管理部门为主组织立法后评估，如黑龙江省对省农业机械管理条例等五部地方性法规的评估，其组织实施主体就是对口的政府管理部门如省农业厅、省环保局、省建设厅等。"②

根据法律法规调整的对象、内容不同，总结实践经验，可以探索通过问卷调查、召开座谈会等形式引入相关行业的公众参与，明确立法后评估的组织实施主体，或者为保证评估结果的客观、公正，从有关高校、研

---

① 黄东霞：《浅议立法后评估制度的构建》，2012年10月12日，江西人大新闻网。

② 参见黄东霞：《浅议立法后评估制度的构建》，2012年10月12日，江西人大新闻网。

究机构、行业组织、社会团体中遴选出具有较高理论和专业水平的有关专家组成专家组,参加立法后评估的调研、分析、论证及编写评估报告。

2. 确定科学的评估标准

科学的立法后评估标准,是做好立法后评估工作的重要前提,便于评估主体依据确定的指标去衡量、评价立法成果,避免随意性、盲目性和不必要的重复劳动。具体而言,立法后评估标准主要包含以下内容:

一是合法性评估。立法必须在法定权限内开展,遵循法定程序,不得与宪法、基本法律和其他上位法的规定和精神相抵触。评估法规等制定是否符合立法权限、立法程序,在内容上是否违背上位法的规定,只有同时符合上述规定,才能说明一部法律法规符合合法性标准的要求。

二是合理性评估。评估内容是否体现公平、公正原则,各项管理措施是否必要、适当,法律责任的设定是否与违法行为的事实、性质、情节以及社会危害程度相当。

三是协调性评估。评估其与同位阶的规章、配套的规范性文件以及国家政策是否存在冲突,按要求建立的配套制度是否完备,是否互相衔接。

四是可操作性评估。具体要求是:法律法规是否符合经济社会发展的需要;法律法规适用的范围是否准确;法律法规对行政执法主体的行政管理职责的规定是否合法、得当;法律法规所设定的行为规范是否有利于维护公共利益和社会秩序,有利于保障公民、法人的合法权益;法律法规规定的行政处罚、行政许可、行政强制是否合理等。

五是立法技术性评估。从立法技术的角度对法律法规进行评估主要包括以下几个方面:逻辑结构是否科学严谨、层次分明,符合逻辑要求,各个部分的比例和安排是否得当;规范的内容是否协调,具体内容的规定是否与立法宗旨、立法指导思想相一致;条文内容是否准确,前后是否一致;法律语言的运用和文字表述是否正确规范、严谨精练等。

六是绩效性评估。评估是否得到普遍遵守和执行,是否有效地解决行政管理中存在的问题,是否实现预期的立法目的,实施后取得的经济社会效益是否明显高于规章制定和执行的成本。

3. 正确运用多种评估方法

科学的立法后评估方法是确保评估工作规范化、程序化、科学化、系统化的有力保证。采用不同的评估方法，可能会得出彼此差异的结论，因此，要根据评估目的、评估标准及评估范围，科学地选择所需的评估方法，才能保证立法后评估的顺利开展。在立法后评估活动中，一项重要的前提工作是收集大量充分的评估信息，在此基础上才能进行科学的分析评价。常见的收集评估信息的方法有以下几种：

一是听取执法机关的意见。执法机关一般对法律法规的实施情况都比较了解，对于实施过程中产生的矛盾和问题掌握着第一手资料，执法机关提出的评估意见，往往比较有针对性，也有利于更深入地了解法律法规的贯彻执行情况，但缺点是评估意见中可能存在部门利益倾向。

二是委托下级人大常委会评估。对一些地方特色比较明显且适用范围较小的法规开展立法后评估，可以由上级人大常委会委托下级人大常委会在其行政区域内进行评估。由下级人大常委会对法规在当地的实施情况进行专题调研，了解法规存在的问题，形成评估报告后，报上级人大常委会。

三是问卷调查。不少地方在开展立法后评估中曾使用过问卷调查的方法，取得了比较好的效果。具体做法是将法律法规中需要评估的内容制作成调查问卷，发放给特定或不特定的社会公众，将反馈回来的数据进行科学地分析归纳，形成评估报告。由于是直接面向管理相对人开展调查，因此其真实程度比较高，基本上能够客观地反映法律法规的实施效果。在实践中，如果问卷数量比较多、工作量比较大，可以委托专业的中介机构共同来完成问卷调查。

四是开展专题调研。在评估过程中，针对法律法规中暴露出来的一些重大问题，评估主体可以采取组织有关部门共同参加，赴有关地区进行实地考察、专题调研的方法对这些重大问题进行重点评估。根据需要，还可以听取有关方面的汇报、召开座谈会听取意见等方式一并进行。

五是座谈会调查法。召开座谈会听取各方面的意见是一种比较简单、成本低廉、行之有效的评估方法,也是目前我国立法机关运用得比较多的一种评估方法。根据被评估法律法规的适用范围、矛盾的焦点、实际执行情况,由评估主体选择不同的群体代表或深入到不同的执法部门、社会团体、典型社区召开座谈会,广泛听取各方面意见。

"法律的生命在于它的实行",一部法的质量好不好,归根到底要看它的实施情况,看它能否经得起实践检验,达到预期的立法目标。对立法质量进行评估具有创新意义,迈出这一步等于立法过程延伸了一大步。在我国的社会主义法制建设进程中,随着法律体系的不断健全,我国未来的立法工作主要面临的将不是新法的制定,而是大量法律法规的修改和废止工作。因此,立法后评估作为"二次立法",对提高立法的整体质量,推进我国社会主义法治建设具有重大的意义。

(二)法规实施情况报告制度

1. 法规实施情况报告制度的概念

在法律法规实施中,因有些法规存在执法难度大、执法主体不作为、执法力量薄弱等因素,导致未在实践工作中发挥出本该有的实效,甚至成为"一纸空文"。如何解决这类问题,建立法规实施情况报告制度不失为一个必要且迫切的途径。为了促进法规的实施,加强对地方性法规的实施情况的监督工作,一些地方的人大要求所在地区的法规实施单位,每年以工作报告的形式,向地方人大及其常委会报告其所实施法规的执行情况,供地方人大及其常委会全面掌握本地区法规的执行情况,以此督促法规实施单位履行法定职责,更好地促进法规的实施。

法规实施情况报告制度,是指由对法规负有组织实施职责的主体向立法机关定期报告法规实施情况的制度。目前,国内有的省市已建立并逐步实行法规实施情况报告制度,其主要目的是从法规实施情况中落实立法工作,从而改进立法质量。

2. 法规实施情况报告制度的意义

实施法规实施情况报告制度:一是有利于加强人大对本级制定出台

地方性法规的执行情况进行监督，提高工作效率，增强监督实效，树立立法机关的权威；二是有利于加强立法机关与执法机构的联系，增强实施主体依法行政的责任感和使命感，做到有法必依、严格执法，增强法规的严肃性和约束性，增强全社会的法律意识；三是有利于维护管理相对人的合法权益和政府形象，督促行政主体必须按照法规规定规范行政行为，依法行政、公正依法，不滥用职权、不以权谋私，预防和纠正执法过错，保护行政相对人的合法权益不受侵犯，维护政府公正廉明的形象；四是有利于地方立法机关及时掌握地方性法规实施中存在的问题，为地方立法机关适时作出完善地方立法的部署和安排提供依据，以提高地方立法质量，进一步解决需要用法规调整、规范的各种实际问题，为改革、开发、发展、稳定和社会全面进步提供法制保障。

3. 法规实施情况报告制度的探索

全国人大及其常委会对法律法规实施情况的监督情况一般采用执法检查的方式，更多的是地方人大及其常委会探索建立法规实施情况报告制度。

山东省是在省级人大常委会中首次建立地方性法规实施情况报告制度的，2013 年 3 月通过了《山东省地方性法规实施情况报告制度》，其中明确规定“制定、修改的法规公布实施满一年的，负责法规实施的单位应当于三十日内，将法规公布实施后第一年的实施情况书面报告省人大常委会”。此后，各省、市级人大相继开展了法规实施情况报告制度的探索和实践。例如，2014 年 10 月，重庆市人大常委会就通过了《重庆市人大常委会主任会议听取地方性法规实施情况报告的规定》。2015 年 5 月 18 日，重庆市人大常委会集中听取了由市高法院、市政府法制办、市政府应急办、市民政局等就《重庆市实施〈中华人民共和国国家赔偿法〉办法》《重庆市突发事件应对条例》《重庆市村民委员会选举办法》《重庆市实施〈中华人民共和国水土保持法〉办法》《重庆市土地房屋权属登记条例》和《重庆市非物质文化遗产条例》6 部地方性法规实施情况的汇报，以便及时发现问题，查找工作中的不足。再如，2018 年 11

月，江苏省人大常委会出台《关于进一步提高地方立法质量的若干意见》，对法规实施情况报告作出规定。2020 年，省人大常委会在借鉴兄弟省份、南京市等经验的基础上，制定了《法规实施情况报告规定》，明确省人大及其常委会制定、修改的地方性法规施行满二年的，法规规定的省有关主管机关应当向省人大常委会书面报告法规实施情况。从制度上更加规范法规实施情况报告制度，以便保障法规的实施和修改完善。

4. 法规实施情况报告制度的完善建议

建立健全地方性法规实施情况报告制度，有利于推动人大常委会从法规的重点监督向全面监督转变，主管机关从被动接受监督向主动接受监督转变，法规实施从阶段性监督向常态化监督转变，以便更好地保障地方性法规遵守和执行，推动立法权和监督权的衔接。

（1）法规年度实施情况报告的范围和主体

建立法规实施情况报告制度，主要是为了使立法机关及时了解法规的质量和效果，有针对性地解决立法中存在的问题和不足。因此必须先明确反馈的范围和内容，这样，才能使各反馈主体对照检查、收集反馈法规实施的信息，避免工作中的盲目性。凡是已经颁布实施的地方性法规，都应当列入立法反馈的范围，凡是法规实施中自身存在的问题及其执行效果，都可以作为立法反馈的内容。具体应包括以下几种情况：一是法规所调整的社会关系超越了现实客观条件或发生了重要变化，原有的规定不能再适应的情况。二是法规某些规定在局部符合但在全局则不符合实际，造成难以执行、不能执行或执行后弊大于利的情况。三是法规之间、下位法与上位法之间不协调甚至互相冲突造成矛盾的情况。四是法规条文表述过于原则，不具体、不明确、不贴切，容易引起歧义、误解、偏差，造成不便于操作的情况。五是法规规定执法部门与管理相对人的权利和义务不平衡、不一致的情况。六是法规在实施前与实施后相比较取得了哪些成效的情况。

法规实施情况报告制度的主体是执法机关，执法机关在做出法规实施情况报告前，应征求法规实施中涉及的有关部门和单位，对法规实施负有执法监督检查职责的专门机关，法规实施中涉及的管理相对人等意见，应体现报告的民主性、科学性。此外，政府法制工作机构承担行政执法监督、推进依法行政等职能，作为政府法制综合部门更能掌握法规实施中的问题，应当体现其职能和作用。政府法制工作机构应当每年度向人大常委会书面报告关于法规的年度行政执法监督情况。

立法的最终目的在于实施。为了促进所有法规的贯彻实施，并兼顾合理性、必要性，应采用全面覆盖与个别排除的方式界定法规报告范围，提交实施情况报告的法规范围涵盖所有现行有效的地方性法规。执法单位在每年年底前以书面形式报告法规年度实施情况。考虑到与常委会其他工作的衔接，一年内人大常委会开展过执法检查、立法后评估、听取和审议有关法规实施的专项工作报告，以及列入下一年立法计划即将修订的法规，其年度实施情况已经通过上述工作得以掌握，则不必重复报告；实施未满一年的法规，其实施效果和存在问题尚不明朗，缺乏报告的必要性，也不在报告之列。

(2)重点监督的法规范围

监督法规实施应当突出重点，这样会取得实效。对实施刚满一年的新法以及其他需要重点监督的法规作出更严格的报送及审查要求，以确保监督实效，其他法规则可以简化报告要求。法规是对较长一段时期社会关系的调整与规范，有些法规调整事项变化大、法规实施情况复杂，需要及时跟进；有些法规外部环境相对稳定，实施困难小。因此实践中不必也不应“一刀切”，应当根据法规的不同情况，对报告的程序和要求作区别规定。

法规年度实施情况报告的形式分为详细报告和简易报告。应当提交详细报告的法规包括实施一年以上未满二年、上位法或者实施形势发生重大变化，以及有关委员会认为需要详细报告的法规。除此之外的其他法规提交简易报告即可。新法、上位法或者实施形势发生重大变化，是客观标准；委员会认为需要详细报告的情形，是一项主观标准。之所以作此授权，一是因为委员会对对口联系部门作为执法机关实施的法规所调整领域比较了解，清楚哪些法规需要加强监督；二是监督法第 9 条确定了选择听取和审议专项工作报告、开展执法检查议题的途径，有关委员会据此梳理出需重点监督的法规后，可以要求其提交实施情况详细报告，作为其他监督手段的有力补充。

详细报告和简易报告的内容区别：详细报告应当包括法规宣传贯彻情况、主要制度实施情况、法规配套规定制定及实施情况、上位法对法规实施产生的影响、法规实施中存在的主要问题及其原因分析、完善法规的意见和建议等。简易报告，可以以表格形式报告法规的实施效果、实施中存在的主要问题、有关意见和建议等。

(3)人大各委员会的审查职责

法规实施情况报告制度，不仅是执法机关单方面实施报告行为，更应由人大常委会审议，某种程度上后者更为重要。

执法机关做出的法规实施情况报告，常委会相关工作机构对报告负有审查职责，收到法规实施情况报告后，有关委员会应当及时审查并形成审查报告，审查中，有关委员会可以通过专题调研、座谈会等形式，对照法规规定对实施情况报告进行审查。有关委员会形成的审查报告应包括以下内容：对报告总体情况及法规主要制度执行情况进行评价、对实施中存在的问题进行分析和归纳、针对实施问题提出执法或者立法方面的建议等。

相关委员会将上述审查报告提交主任会议讨论。主任会议提出意见后，由法制工作委员会综合法规实施的整体情况，及时形成综合报告，提请常委会会议审议。法制工作委员会对主任会议意见、有关委员会审查情况、法规实施情况、行政执法监督情况进行归纳分析，提交的综合报告应当对法规实施总体情况进行综合评价、对执法问题形成综合意见和建议，并提出有关立法建议的解决方案。

(4)审查成果的运用与反馈

法规实施情况报告制度，应该追求实效。如果法规实施情况报告制度不与常委会其他工作相挂钩，不与启动法规清理程序挂钩，如果法规实施情况报告的结果不能通过地方性法规的修改修正和废止的立法活动体现出来，那么，法规实施情况报告制度就难以促进立法质量的提高，会走入“为报告而报告”歧途。

因此，法规实施情况报告制度应与常委会开展的各项工作紧密衔接，以增强常委会履职的主动性和针对性。常委会或主任会议可以根据有关委员会的审查建议和有关意见，安排听取和审议专项工作报告，开展执法检查或者立法后评估，将立、改、废法规列入立法计划或者立法项目库。此外，为了强化法规实施情况报告制度的督促检查效果，实施报告的提交情况和常委会审议意见应当通报法规实施单位和政府法制工作机构。

### （三）其他新途径

在法律体系愈加完善的前提下，在不断加强合宪性审查、备案审查制度等建设，不断完善执法检查、立法后评估、法规实施情况报告等制度的同时，全国人大和地方人大也在积极探索保证法律法规实施的其他新途径。

#### 1. 立法新闻发言人制度

2019 年全国人大常委会首次设立了法工委新闻发言人、外事委新闻发言人制度，该制度的主要内容包括：发布人大立法规划和年度立法计划等重要立法工作安排、重要立法项目进展、重大立法活动等信息；根据会议宣传工作方案，介绍提请常委会会议二审、三审的有关法规草案主要修改情况，发布常委会会议审议通过的有关法规的主要内容，主动作出舆情风险提示；根据需要，阶段性发布人大常委会立法工作的进展和成效；关注、研判立法舆情，积极回应舆情热点，及时释疑解惑；发布其他需要向社会公布的立法工作信息。这一制度拓展了信息公开的渠道，提高了国家立法机关工作的透明度，推进对社会舆论关切的及时回应。随着全国人大相关工作的开展，各地人大常委会先后根据地方特色组织相关工作。例如，江苏省人大常委会法工委 2021 年积极推进设立新闻发言人制度，及时通报重大立法活动信息，介绍提请常委会会议审议的有关法规草案主要修改情况，发布法规重点内容，宣传解读有关法规情况，及时回应社会关切，这样有利于营造更加公开、透明的法治信息环境，保证社会公众充分行使知情权和监督权，能够进一步提高政府决策的透明度，推动民众知法、守法、用法，将利民制度变为惠民实效。

2. 法律法规宣传贯彻动员部署会

人大常委会切实增强做好法律法规贯彻实施的责任感、使命感，从高度重视贯彻实施、扎实推进规定落地落实、全面加强实施监督管理等各个方面对法律法规贯彻实施工作作出具体部署，明确重点任务和关键环节，要求各有关单位压实工作责任、依法履职尽责、严格规范执法、加强工作联动，切实把法律法规的各项规定和要求执行好、实施好。同时，深入开展学习宣传，大力营造良好的法治氛围，加快制定配套措施，加强人大监督，推动条例全面贯彻实施。如近年来，《江苏省红十字会条例》《江苏省公共交通治安管理条例》《江苏省院前医疗急救条例》等条例在正式实施之前，积极召开贯彻实施座谈会，以便省内各地各部门充分认识条例颁布实施的重要意义，切实增强做好条例贯彻实施的责任感、使命感，确保条例的各项规定落地见效。

## 主要参考文献

**（一）**

［1］习近平：《习近平谈治国理政》第3卷，中央文献研究室2014年版。

［2］习近平：《关于〈中共中央关于全面推进依法治国若干重大问题的决定〉的说明》，载《中国共产党第十八届中央委员会第四次全体会议文件汇编》，人民出版社2014年版。

［3］习近平：《关于〈中共中央关于全面推进依法治国若干重大问题的决定〉的说明》，载《〈中共中央关于全面推进依法治国若干重大问题的决定〉辅导读本》，人民出版社2014年版；习近平：《在十八届中央政治局第四次集体学习时的讲话》（2013年2月23日），载《习近平关于全面依法治国论述摘编》，中央文献出版社2015年版。

［4］《习近平关于全面依法治国论述摘编》，中央文献出版社2015年版。

［5］习近平：《决胜全面建成小康社会夺取新时代中国特色社会主义伟大胜利》（2017年10月18日），人民出版社2017年版。

[6]习近平:《关于〈中共中央关于全面推进依法治国若干重大问题的决定〉的说明》(2014 年 10 月 20 日),载习近平:《论坚持全面依法治国》,中央文献出版社 2020 年版。

[7]习近平:《推进全面依法治国,发挥法治在国家治理体系和治理能力现代化中的积极作用》(2020 年 2 月 5 日),载习近平:《论坚持全面依法治国》,中央文献出版社 2020 年版。

[8]习近平:《为做好党和国家各项工作营造良好法治环境》(2019 年 2 月 25 日),载习近平:《论坚持全面依法治国》,中央文献出版社 2020 年版。

[9]习近平:《充分认识颁布实施民法典重大意义　依法更好保障人民合法权益》,载习近平:《论坚持全面依法治国》,中央文献出版社 2020 年版。

[10]习近平:《关于我国宪法和推进全面依法治国》(2018 年 2 月 24 日),载习近平《论坚持全面依法治国》,中央文献出版社 2020 年版。

[11]习近平:《加快建设社会主义法治国家》(2014 年 10 月 23 日),载《求是》杂志 2015 年第 1 期。

[12]习近平:《加快建设社会主义法治国家》,载《求是》2015 年第 1 期。

[13]习近平:《在第十三届全国人民代表大会第一次会议上的讲话》,载《中国人大》2018 年第 6 期。

[14]习近平:《加强党对全面依法治国的领导》,载《求是》2019 年第 4 期。

[15]习近平:《坚定不移走中国特色社会主义法治道路为全面建设社会主义现代化国家提供有力法治保障》,载《求是》2021 年第 5 期。

[16]习近平:《在中央人大工作会议上的讲话》,载《求是》2022 年第 5 期。

[17]习近平:《坚持走中国特色社会主义法治道路　更好推进中国特色社会主义法治体系建设》,载《求是》2022 年第 4 期。

[18]习近平:《高举中国特色社会主义伟大旗帜　为全面建设社会主义现代化国家而团结奋斗——在中国共产党第二十次全国代表大会上的报告》(2022年10月16日),人民出版社2022年版。

[19]《中国共产党第二十次全国代表大会文件汇编》,人民出版社2022年版。

## (二)

[20]《习近平法治思想概论》编写组:《习近平法治思想概论》,高等教育出版社2021年版。

[21]本书编写组:《〈中共中央关于全面推进依法治国若干重大问题的决定〉辅导读本》,人民出版社2014年版。

[22]本书编写组:《党的十九大报告学习辅导百问》,学习出版社、党建读物出版社2017年版。

[23]本书编写组:《〈中共中央关于全面推进依法治国若干重大问题的决定〉辅导读本》,人民出版社2014年版。

[24]本书编写组编著:《〈中共中央关于制定国民经济和社会发展第十四个五年规划和二〇三五年远景目标的建议〉辅导读本》,人民出版社2020年版。

[25]陈俊:《区域一体化进程中的地方立法协调机制研究》,法律出版社2013年版。

[26]陈俊等:《中国的立法体制研究》,经济科学出版社2020年版。

[27]邓小平:《邓小平文选》第2卷,人民出版社1994年版。

[28]郭道晖总主编:《当代中国立法》,中国民主法制出版社1998年版。

[29]金太军等:《区域治理中的行政协调研究》,广东人民出版社2011年版。

[30]李建国:《关于〈中华人民共和国立法法修正案〉(草案)的说明》,引自《中华人民共和国立法法》,法律出版社2015年版。

[31]李睿宸:《为法治中国的恢宏画卷再添新篇——十三届全国人大及其常委会一年工作亮点回眸》,载《光明日报》2022 年 3 月 3 日,第 1 版。

[32]刘海涛:《地方立法研究》,中国民主法制出版社 2002 年版。

[33]刘平:《立法原理、程序与技术》,学林出版社、上海人民出版社 2017 年版。

[34]林来梵:《宪法学讲义》,法律出版社 2011 年版。

[35]苗连营:《立法程序论》,中国检察出版社 2001 年版。

[36]彭真:《论新时期的社会主义民主与法制建设》,中央文献出版社 1989 年版。

[37]彭真:《彭真文选》,人民出版社 1991 年版。

[38]全国人大常委会法工委研究室编:《全国地方立法研讨会讲话汇编》,中国民主法制出版社 2017 年版。

[39]全国人大常委会法制工作委员会法规备案审查室著:《规范性文件备案审查理论与实务》,中国民主法制出版社 2020 年版。

[40]戚渊:《论立法权》,中国法制出版社 2002 年版。

[41]阮荣祥:《地方立法的理论与实践》,社会科学文献出版社 2008 年版。

[42]沈春耀、许安标主编:《大智立法:新中国成立 70 年立法历程》,法律出版社 2019 年版。

[43]石佑启、朱最新:《珠三角一体化的政策法律问题研究》,人民出版社 2012 年版。

[44]佘绪新、周旺生、李小娟:《地方立法质量研究》,湖南大学出版社 2002 年版。

[45]武增主编:《中华人民共和国立法法解读》,中国法制出版社 2015 年版。

[46]王安石:《临川先生文集》,中华书局 1959 年版。

[47]王春业:《区域行政立法模式研究——以区域经济一体化为背

景》,法律出版社 2009 年版。

[48]王春业:《我国经济区域法制一体化研究》,人民出版社 2010 年版。

[49]熊英:《区域经济发展中的地方立法问题》,载刘隆亨主编《中国区域开发的法制理论与实践》,北京大学出版社 2006 年版。

[50]中共中央马克思恩格斯列宁斯大林著作编译局编译:《列宁全集》第 27 卷,人民出版社 1958 年版。

[51]中共中央马克思恩格斯列宁斯大林著作编译局编译:《马克思恩格斯全集》第 1 卷,人民出版社 1995 年版。

[52]《中国特色社会主义法律体系》白皮书,2011 年 10 月,国务院新闻办公室发表。

[53]中国社会科学院语言研究所编:《现代汉语词典》,商务印书馆 2002 年版。

[54]《中共中央关于全面推进依法治国若干重大问题的决定》,人民出版社 2014 年版。

[55]中共中央文献研究室编:《十八大以来重要文献选编》(上),中央文献出版社 2014 年版。

[56]《中共中央关于党的百年奋斗重大成就和历史经验的决议》,人民出版社 2021 年版。

[57]中共中央宣传部、中央全面依法治国委员会办公室:《习近平法治思想学习纲要》,人民出版社、学习出版社 2021 年版。

[58]最高人民法院中国特色社会主义法治理论研究中心:《法治中国——学习习近平总书记关于法治的重要论述》,人民法院出版社 2014 年版。

[59]周旺生著:《立法学教程》,北京大学出版社 2006 年版。

[60]周旺生:《立法学》(第 2 版),法律出版社 2009 年版。

[61]张文山:《通往自治的桥梁——自治条例与单行条例研究》,中央民族大学出版社 2009 年版。

［62］张千帆:《宪法学导论》,法律出版社 2008 年版。

［63］张永和主编:《立法学》,法律出版社 2009 年版。

［64］张紧跟:《当代中国政府间关系导论》,社会科学文献出版社 2009 年版。

［65］朱传耿、沈山、仇方道:《区域经济学》(第 2 版),中国社会科学出版社 2007 年版。

［66］朱力宇、张曙光:《立法学》(第 3 版),中国人民大学出版社 2009 年版。

［67］［古希腊］亚里士多德:《政治学》,吴寿彭译,商务印书馆 1965 年版。

［68］［法］卢梭:《社会契约论》,何兆武译,商务印书馆 1980 年版。

［69］［美］曼瑟尔·奥尔森:《集体行动的逻辑》,陈郁等译,上海三联书店、上海人民出版社 1995 年版。

［70］［英］边沁:《立法理论》,李贵方等译,中国人民公安大学出版社 2005 年版。

## (三)

［71］陈光:《论区域法治竞争视角下的地方立法协调》,载《东方法学》2019 年第 5 期。

［72］陈国刚:《论设区的市地方立法权——基于〈立法法〉的梳理与解读》,载《学习与探索》2016 年第 7 期。

［73］程庆栋:《论设区的市的立法权:权限范围与权力行使》,载《政治与法律》2015 年第 8 期。

［74］段东升:《设区的市地方立法的困境与进路》,载《学术交流》2021 年第 4 期。

［75］瞿郑龙:《新时代法典化的法理——"法典化时代的法理研究"学术研讨会暨"法理研究行动计划"第十五次例会述评》,载《法制与社会发展》2021 年第 2 期。

［76］方洁:《设区的市地方立法的范围之解释》,载《浙江社会科学》2017 年第 12 期

［77］范进学:《论中国合宪性审查制度的特色与风格》,载《政法论丛》2018 年第 3 期。

［78］封丽霞:《新时代中国立法发展的理念与实践》,载《山东大学学报(哲学社会科学版)》2018 年第 5 期。

［79］封丽霞:《以科学立法引领良法善治》,载《领导科学论坛》2018 年第 10 期。

［80］封丽霞:《高品质立法与国家治理现代化》,载《中国领导科学》2020 年第 1 期。

［81］封丽霞:《中国共产党领导立法的历史进程与基本经验——十八大以来党领导立法的制度创新》,载《中国法律评论》2021 年第 3 期。

［82］封丽霞:《地方立法的形式主义困境与出路》,载《地方立法研究》2021 年第 6 期。

［83］公丕祥:《习近平法治思想中的改革论述》,载《东方法学》2021 年第 2 期。

［84］胡锦光:《论我国合宪性审查与合法性审查的区别》,载《备案审查研究》2021 年第 1 辑。

［85］郝铁川:《文化传统与当代中国立法特色的形成》,载《中国法学》1994 年第 5 期。

［86］黄文艺:《论立法质量:关于提高我国立法质量的思考》,载《河南省政法管理干部学院学报》2002 年第 3 期。

［87］胡康生:《对中国特色社会主义法律体系几个问题的研讨》,载《中国人大》2010 年第 19 期。

［88］江必新,戢太雷:《习近平法治建设重大关系理论》,载《东南法学》2021 年第 2 期。

［89］焦洪昌、席志文:《京津冀人大协同立法的路径》,载《法学》2016 年第 3 期。

[90]焦洪昌、马骁:《地方立法权扩容与国家治理现代化》,载《中共中央党校学报》2014 年第 5 期。

[91]蒋笃运:《关于设区的市提高立法质量的对策研究》,载《河南社会科学》2016 年第 10 期。

[92]姜孝贤:《论我国立法体制的优化》,载《法制与社会发展》2021 年第 5 期。

[93]雷磊:《法教义学能为立法贡献什么?》,载《现代法学》2018 年第 2 期。

[94]雷磊:《作为科学的法教义学?》,载《比较法研究》2019 年第 6 期。

[95]栗战书:《在省级人大立法工作交流会上的讲话》(2019 年 9 月 4 日),载《中国人大》2019 年第 18 期。

[96]栗战书:《习近平法治思想是全面依法治国的根本遵循和行动指南》,载《求是》2021 年第 2 期。

[97]李伟:《增强执法检查监督刚性的实践探索》,载《人大工作研究》2020 年第 32 期。

[98]李家莹:《中国特色社会主义法律体系相关问题综述》,载《青春岁月》2013 年第 22 期。

[99]李克杰:《〈立法法〉修改:点赞与检讨——兼论全国人大常委会立法的“部门化”倾向》,载《东方法学》2015 年第 6 期。

[100]李克杰:《“人大主导立法”原则下的立法体制机制重塑》,载《北方法学》2017 年第 1 期。

[101]李建国:《全面贯彻实施修改后的立法法　为实现良法善治提供制度保障》,载《中国人大》2015 年第 9 期

[102]李适时:《全面贯彻实施修改后的立法法——在第二十一次全国地方立法研讨会上的总结》,载《中国人大》2015 年第 21 期。

[103]李晶:《涉外民事管辖权立法完善研究》,载《政治与法律》2013 年第 8 期。

[104]李先波、谢文斌:《我国有关涉外侵权民事关系法律适用立法评析》,载《湖南师范大学社会科学学报》2013 年第 1 期。

[105]李桂林:《论良法的标准》,载《法学评论》2000 年第 2 期。

[106]刘洪源,赵诗杨:《设区市的立法地方特色问题研究》,载《贵州民族研究》2021 年第 6 期。

[107]刘风景、李丹阳:《中国立法体制的调整与完善》,载《学术交流》2015 年第 10 期。

[108]路江通:《立法咨询委员会:人大立法咨询制度的一个重要创新》,载《中国人大》2004 年第 21 期。

[109]刘松山:《区域协同立法的宪法法律问题》,载《中国法律评论》2019 年第 4 期。

[110]刘松山:《国家立法三十年的回顾与展望》,载《中国法学》2009 年第 1 期。

[111]刘松山:《地方人大立法规划的十个问题》,载《地方立法研究》2020 年第 4 期。

[112]刘彦宁:《新时代如何推进科学立法民主立法依法立法》,载《中国党政干部论坛》2018 年第 9 期。

[113]刘锐:《法律数量不足和质量不高:法治建设需要破除的两大掣肘》,载《行政管理改革》2016 年第 6 期。

[114]毛雨:《设区的市地方立法工作分析与完善》,载《中国法律评论》2018 年第 5 期。

[115]孟庆瑜:《论京津冀协同发展的立法保障》,载《学习与探索》2017 年第 10 期。

[116]倪洪涛:《新中国地方立法权:历史、歧视及矫正——以 2015 年〈立法法〉修改为中心的论证》,载《湘潭大学学报(哲学社会科学版)》2017 年第 6 期。

[117]彭君:《党领导立法的规范分析与完善路径》,载《法学杂志》2018 年第 5 期。

[118]乔晓阳:《在新的起点上加强地方立法工作》,载《地方立法研究》2016 年第 1 期。

[119]任才峰:《科学立法、民主立法、依法立法的理论与实践》,载《人大研究》2019 年第 1 期。

[120]宋方青、朱志昊:《论我国区域立法合作》,载《政治与法律》2009 年第 11 期。

[121]宋方青:《习近平法治思想中的立法原则》,载《东方法学》2021 年第 2 期。

[122]宋保振、陈金钊:《区域协同立法模式探究——以长三角为例》,载《江海学刊》2019 年第 6 期。

[123]谈萧、黄梦慧:《论粤港澳大湾区环境立法的协同》,载《广东行政学院学报》2020 年第 4 期。

[124]王建芹、赵银:《加强与完善党领导立法工作制度的若干思考》,载《廉政文化研究》2021 年第 1 期。

[125]王逸吟、刘梦:《五道防线管住地方立法权——全国人大常委会法工委负责人答问立法法修改》,载《光明日报》2015 年 3 月 10 日,第 10 版。

[126]王良:《坚持开门立法推进立法民主化》,载《中国人大》2019 年第 24 期。

[127]王怡:《社会主义核心价值观如何入法——一个立法学的分析框架》,载《法学》2019 年第 9 期。

[128]王利明:《法治:良法与善治》,载《中国人民大学学报》2015 年第 2 期。

[129]王理万:《中国法典编纂的初心与线索》,载《财经法学》2019 年第 1 期。

[130]王辉:《我国海外劳工权益立法保护与国际协调机制研究》,载《江苏社会科学》2016 年第 3 期。

[131]李振宁:《人大立法坚持"以人民为中心"的理论逻辑和制度

展开》,载《山东行政学院学报》2021 年第 1 期。

[132]王春业:《论立法权扩容背景下地方立法的节制》,载《法学论坛》2018 年第 1 期。

[133]王春业:《设区的市地方立法权运行现状之考察》,载《北京行政学院学报》2016 年第 6 期。

[134]王书成:《宪法审查“忧虑”及方法论寻求——合宪性推定之运用》,载《浙江学刊》2011 年第 1 期。

[135]汪俊英:《关于设区的市立法权的若干思考》,载《学习论坛》2016 年第 3 期。

[136]汪庆华:《对谁的不信任?》,载《中外法学》2004 年第 5 期。

[137]吴邦国:《形成中国特色社会主义法律体系的重大意义和基本经验》,载《求是》2011 年第 3 期。

[138]新华社:《全过程人民民主的中国实践》,载《求是》2022 年第 6 期。

[139]新华社:《习近平在中央全面依法治国工作会议上强调　坚定不移走中国特色社会主义法治道路　为全面建设社会主义现代化国家提供有力法治保障》,载《中国人大》2020 年第 22 期。

[140]谢宇:《习近平法治思想中的涉外法治理念——时代背景、实践需求与具体路径》,载《云南社会科学》2021 年第 5 期。

[141]许德风:《论法教义学与价值判断——以民法方法为重点》,载《中外法学》2008 年第 2 期。

[142]许德风:《法教义学的应用》,载《中外法学》2013 年第 5 期。

[143]许安标:《坚持正确监督、有效监督、依法监督——新时代加强改进人大监督工作的实践与探索》,载《中国法律:中英文版》2021 年第 5 期。

[144]尹中卿:《有中国特色社会主义法律体系的构成、特征和要求》,载《楚天主人》2001 年第 9 期。

[145]闫佳:《新时代加强涉外领域立法的思考》,载《中国司法》

2021 年第 11 期。

[146]闫然:《立法法修改五周年设区的市地方立法实施情况回顾与展望》,载《中国法律评论》2020 年第 6 期。

[147]闫然:《地方立法统计分析报告:2019 - 2020 年》,载《地方立法研究》2020 年第 6 期。

[148]易有禄:《设区市立法权的权限解析》,载《政法论丛》2016 年第 2 期。

[149]严海良:《设区的市立法批准制度之检视——以〈宪法〉第一百条第二款为基础的展开》,载《学海》2020 年第 2 期。

[150]余跃进:《设区的市行使地方立法权的几点思考》,载《中国人大》2015 年第 10 期。

[151]伊士国、杨玄宇:《论设区的市立法权限——兼评新〈立法法〉第 72 条》,载《河北法学》2017 年第 11 期。

[152]《中共中央关于全面推进依法治国若干重大问题的决定(2014 年 10 月 23 日中国共产党第十八届中央委员会第四次全体会议通过)》,载《求是》2014 年第 21 期。

[153]赵一单:《党领导立法的组织演变》,载《环球法律评论》2021 年第 6 期。

[154]赵一单:《依法立法原则的法理阐释——基于法教义学的立场》,载《法制与社会发展》2020 年第 5 期。

[155]张文显:《中国法治 40 年:历程、轨迹和经验》,载《吉林大学科学学报》2018 年第 5 期。

[156]张文显:《治国理政的法治理念和法治思维》,载《中国社会科学》2017 年第 4 期。

[157]张文显:《习近平法治思想研究(下)——习近平全面依法治国的核心观点》,载《法制与社会发展》2016 年第 4 期。

[158]张文显:《民法典的中国故事和中国法理》,载《法制与社会发展》2020 年第 5 期。

[159]张锦莉:《社会主义核心价值观融入地方立法的思考》,载《人大建设》2020 年第 10 期。

[160]张鸣起:《学习十九大报告重要法治论述笔谈》,载《中国法学》2017 年第 6 期

[161]张德江:《全国人民代表大会常务委员会工作报告——2014 年 3 月 9 日在第十二届全国人民代表大会第二次会议上》,载《中国人大》2014 年第 6 期。

[162]张龑:《涉外法治的概念与体系》,载《中国法学》2022 年第 2 期。

[163]张春生:《宪法和现行立法体制》,载《中国法学》2002 年第 6 期。

[164]章剑生:《设区的市地方立法权"限制条款"及其妥当性》,载《浙江社会科学》2017 年第 12 期。

[165]郑磊、贾圣真:《从"较大的市"到"设区的市":地方立法主体的扩容与宪法发展》,载《华东政法大学学报》2016 年第 4 期。

[166]郑毅:《〈立法法〉修改后自治州一般地方立法权与自治立法权关系研究》,载《法学评论》2018 年第 4 期。

[167]郑毅:《对我国〈立法法〉修改后若干疑难问题的诠释与回应》,载《政治与法律》2016 年第 1 期。

[168]郑泰安、郑文睿:《地方立法需求与社会经济变迁——兼论设区的市立法权限范围》,载《法学》2017 年第 2 期。

[169]周伟:《论设区的市立法权收与放的统一》,载《法学》2017 年第 7 期。

[170]周尚君:《地方法治竞争范式及其制度约束》,载《中国法学》2017 年第 3 期。

[171]周俐、闫鹏涛:《关于科学立法的几个层次》,载《人大研究》2012 年第 11 期。

[172]朱苏力:《当代中国的中央与地方分权——重读毛泽东〈论十

大关系〉第五节》，载《中国社会科学》2004 年第 2 期。

[173]祝捷:《论合宪性审查的政治决断和制度推进——基于党的十九大报告的解读》，载《法学杂志》2017 年第 12 期。

[174]翟姝影、裴兆斌:《完善我国涉外民事诉讼管辖权分析》，载《沈阳农业大学学报(社会科学版)》2018 年第 5 期。

[175]陈明慧:《我省探索人大代表联系新机制——常委会期间，来了列席代表》，载《新华日报》2019 年 3 月 27 日，第 3 版。

[176]陈斯喜:《中国特色社会主义法律体系的主要特征》，载《人民日报》2011 年 3 月 13 日。

[177]刘华东:《奋力书写新时代良法善治新篇章》，载《光明日报》2021 年 10 月 11 日。

[178]刘坤、贾月洋:《倾听人民呼声　回应人民期待——十三届全国人大五次会议首场新闻发布会侧记》，载《光明日报》2022 年 3 月 5 日。

[179]李睿宸:《为法治中国的恢宏画卷再添新篇——十三届全国人大及其常委会一年工作亮点回眸》，载《光明日报》2022 年 3 月 3 日。

[180]焦洪昌:《中国特色社会主义法律体系的鲜明特质》，载《光明日报》2021 年 11 月 3 日。

[181]沈春耀:《在新的起点上推动地方立法工作与时俱进完善发展——在第二十四次全国地方立法工作座谈会上的小结》，载《法制日报》2018 年 9 月 25 日。

[182]沈春耀:《全国人民代表大会宪法和法律委员会关于〈中华人民共和国人民法院组织法(修订草案)〉审议结果的报告》，载《全国人民代表大会常务委员会公报》2018 年第 6 号。

[183]沈春耀:《全国人民代表大会常务委员会法制工作委员会关于 2018 年备案审查工作情况的报告》，载《全国人民代表大会常务委员会公报》2019 年第 1 号。

[184]吴邦国:《在十一届全国人大四次会议上作的常委会工作报

告》,载《人民日报》2011 年 3 月 11 日。

[185]吴邦国:《全国人民代表大会常务委员会工作报告——2011 年 3 月 10 日在第十一届全国人民代表大第四次会议上》,载《全国人大常委会公报》2011 年第 3 期。

[186]《完善立法机制　提高立法质量》,载《人民日报》2017 年 12 月 29 日。

[187]信春鹰:《人民代表大会制度是实现我国全过程人民民主的重要制度载体》,载《人民日报》2021 年 11 月 15 日。

[188]徐显明:《论中国特色社会主义法律体系的形成和完善》,载《人民日报》2009 年 3 月 12 日。

[189]杨景宇:《形成并完善中国特色社会主义法律体系需要把握好的几点》,载《人民日报》2009 年 3 月 11 日。

[190]中华人民共和国国务院新闻办公室:《中国人权法治化保障的新进展》,载《人民日报》2017 年 12 月 16 日,第 6 版。

[191]张毅、廖文根等:《人民美好生活的法治保障——写在〈中华人民共和国民法典〉诞生之际》,载《人民日报》2020 年 5 月 31 日,第 1 版。

[192]周宵鹏:《京津冀打造地方协同立法新样本》,载《法治日报》2020 年 3 月 22 日,第 1 版。

[193]朱宁宁:《落实有件必备 推进有备必审 坚持有错必纠》,载《法治日报》2021 年 12 月 22 日。

[194]方明:《正确理解设区的市地方立法的权限范围》,载《新华日报》2016 年 10 月 25 日。

# 后　记

本书是南京师范大学中国法治现代化研究院组织编写的《新时代的中国式法治现代化研究丛书》第2卷，由中国法治现代化研究院立法发展研究所承担主要编写任务。作者简介和具体分工如下：

主编：王腊生，江苏省人大法制委员会主任委员，南京师范大学中国法治现代化研究院立法发展研究所所长。负责撰写绪论、第三章。

副主编：张鹏，南京师范大学中国法治现代化研究院立法发展研究所副所长、副教授。负责撰写第二章。

李亮，安徽医科大学法学院副教授、硕士生导师。负责撰写第一章。

殷书建，江苏警官学院法律系讲师。参与撰写第二章、第三章。

王伟，江苏省人大监察和司法委员会办公室副主任。负责撰写第四章。

张婷婷，中共广东省委党校（广东行政学院）法学教研部副教授。负责撰写第五章。

李晟，广州大学公法研究中心研究助理。参与撰写第五章。

段东升，南京师范大学法学院博士生，负责撰写第六章。

章鹏，南京师范大学法学院硕士生，负责共同撰写第六章。

陈光，大连理工大学马克思主义学院副院长、教授。负责撰写第七章。

贾晓红，江苏省人大常委会法工委备案审查处处长。负责撰写第八章。

张孝林，江苏君远律师事务所律师。参与撰写第八章。

王腊生、张鹏、范晓雪、祁威负责最后统稿。

作 者

2022 年 11 月